Weiblichkeit leben

Astrid Leila Bust

Weiblichkeit leben

Die Hinwendung zum Femininen

Ellert & Richter Verlag

Inhalt

8 Vorwort

12 Einführung

22 **Die Vermännlichung der Frau**
23 Die Ablehnung weiblicher Werte
24 Zehn Aspekte der verkümmerten femininen Seite

33 **Ich schaue in den Spiegel – und sehe meine Mutter**
33 Das Herz schlägt für die Mutter
37 Übung: Das Leben der Mutter erkunden
38 Der Prototyp: die bewusste Mutter
41 Zwischen Glucke und Rabenmutter
42 *Die Glucke*
45 *Die sich Aufopfernde*
48 *Die körperlich oder seelisch kranke Mutter*
50 *Die Rabenmutter*
53 *Die verschiedenen Muttertypen: ein Fazit*
54 Mütter sind asexy

58 **Sich aus dem weiblichen Karma befreien**
58 Die Loslösung von den eigenen Emotionen
62 Die Loslösung vom kollektiven Schmerz
64 Die Loslösung vom Opferbewusstsein
66 Kein Schmerz existiert ohne Grund
67 Die Kompensation des Schmerzes

Inhalt

69	**Die erste große Liebe: der Vater**
69	Die Vaterbeziehung im Leben eines Mädchens
71	Körperliche und emotionale Präsenz
74	„Du bist mein Ein und Alles" – der Balanceakt zwischen Liebe und Abgrenzung
77	Grenzverletzungen und sexuelle Übergriffe
80	Papa-Töchter – die unbeantwortete Liebe
82	Das Model
89	Die Karrierefrau
99	Die Rebellin
104	Die Narzisstin
115	Die Vaterwunde heilen
119	Abschied vom Vater
120	Übung: Abschied vom Vater nehmen
122	Die Folge: symbiotische und autarke Frauen
123	Der Traum vom Märchenprinzen
127	Die autarke Frau oder: Unabhängigkeit um jeden Preis
133	Zu neuen Ufern
134	**Zurück ins Frauenland**
134	Der heilsame Frauenkreis: Selbstverantwortung und Hingabe
139	Die Stärkung des Yin, der weiblichen Essenz
142	Geerdete Weiblichkeit
143	*Shakti – die weibliche essenzielle Energie*
146	Das negative Männerbild aufgeben
148	Befreiung von den sexuellen Grundängsten
155	Heilige und Hure – die Befreiung von archetypischen männlichen Frauenbildern
156	*Die große Göttin und das weibliche Prinzip*
161	**Weibliche Sexualität**
162	Unser Körper – unser Leben
168	Übung: Ein Ja zu meinem Körper finden
169	Verantwortung für die eigene Sexualität übernehmen
171	*Selbstliebe*
174	Übung: „Ich liebe mich"

Inhalt

176 Übung: Lernen Sie Ihre Vulva kennen und lieben
177 Übung: Stimulierung des G-Punktes
179 Sexuelle Wunden heilen
185 Übung: Die Vagina sprechen lassen
187 Weibliche Sexualität – was ist das?
189 *Der weibliche Orgasmus*
195 Übung: Erwecken Sie Ihr orgasmisches Potenzial

198 **Eine neue Vision von Weiblichkeit: die Dakini**

203 **Neue Wege in Partnerschaft und Erotik**
203 Tango Argentino
205 Der Tanz der Polaritäten
207 Am Anfang ist Eros
208 Sicherheit und Geborgenheit contra Abenteuer und Erregung
211 Erotik lebt von der Distanz
211 Gleichmachungswahn versus Erotik

216 **Mann bleibt Mann und Frau bleibt Frau**
216 Ich bin nicht du – und du darfst anders sein als ich
218 Ich kenne dich nicht
221 Ich, du und wir
223 Liebe contra Sex
225 Das Single-Separee
231 Ich muss nicht recht behalten
234 Intimität und Nähe
236 Übung: Sich verbinden
238 Erotische Kommunikation will gelernt sein
239 „Ich trete dir nicht zu nah, wenn du dich mir zeigst" – Kommunikation, die verbindet
242 Projektionen – „Zwei sind nötig, damit sich einer erkennt" (Gregory Bateson)
246 Übung: Projektionen zurücknehmen
247 Ich lasse dich frei
252 Du darfst deine Geheimnisse für dich behalten
254 Du darfst dich umschauen
256 *Vom Umgang mit Eifersucht*
257 *Der Lockruf des Fremden*

260 Deine männliche Größe steigert mein Verlangen nach dir
263 „Bis dass der Tod uns scheidet" – ist schon lange gestorben
270 Eine Vision von Partnerschaft

272 **Sie sind die Frau Ihres Lebens**
272 Die Aufmerksamkeit auf sich selbst richten
272 Aktives Warten
273 Die Verbindung mit dem Weiblichen in uns suchen
274 Das Leben genießen
276 Körperliche Berührung
276 Kleiden Sie sich bewusst
277 Machen Sie Ihren Tag zu einem freudvollen Tag!
278 Mit sich selbst Zeit verbringen
283 Übung: Meditieren Sie in Stille
285 Ausblick: Sie sind die Frau Ihres Lebens

288 Anmerkungen
289 Literatur und Quellennachweise

Vorwort

Dieses Buch ist aus meiner therapeutischen Arbeit mit Frauen entstanden. In den letzten Jahren kommen zunehmend weibliche Klienten zu mir, die unter einer Rollenkonfusion und Verunsicherung in ihrer Identität als Frau leiden. Die Frage, die sie bewegt, ist: „Wer bin ich als Frau, und worin zeigt sich Weiblichkeit?"
Die letzten dreißig Jahre haben zu einem tiefgreifenden Rollenwandel geführt. Frauen warfen alte Rollenklischees über Bord und sorgten für einen gleichberechtigten Platz in Beruf und Gesellschaft. Klug und gut ausgebildet, treten sie selbstbewusst auf, sind eigenständig und unabhängig. Auf ihrem Weg in die Unabhängigkeit orientierten sich die Frauen überwiegend am Bild des Mannes, seinen Werten und Verhaltensweisen, seinem erfolgreichen Gestus und seiner Rhetorik. Die Entwicklung männlicher Fähigkeiten ging jedoch auf Kosten der Weiblichkeit, die vielfach verdrängt wurde. Die Folge davon ist ein Gefühl von innerer Leere und Verlorenheit, das die Frauen zunehmend beschleicht, wenngleich ihnen dies äußerlich erst einmal nicht anzumerken ist. Der Bezug zur eigenen Weiblichkeit, die geschlechtliche Identität, ging verloren.
Vorher waren die männlichen und weiblichen Sphären streng geteilt und klar definiert. Die Komplementarität der Geschlechterrollen gab beiden Geschlechtern eine klar umrissene Identität. Doch mit der Angleichung von Mann und Frau sowohl im öffentlichen, beruflichen als auch im privaten Bereich verloren beide Geschlechter ihre Identität. Seit beide gleiche Berufe, Rollen und Funktionen ausführen, gleiche Kleidung tragen und Interessen haben, stellt sich die Frage, was Mann und Frau unterscheidet beziehungsweise was dann noch typisch männlich und weiblich ist. Diese existenzielle Frage führt nicht nur zu besagtem Loch im eigenen Inneren, sondern beeinflusst das Verhältnis zueinander und auch zu sich selbst.

Die Suche nach weiblicher Identität berührt die Frage nach der ursprünglichen Bestimmung, die auch im Kontext von Sexualität, Selbstverständnis und Partnerschaft zu beantworten ist. Dieses Buch will Frauen auf der Suche nach sich selbst und ihrer Weiblichkeit unterstützen. Dabei schreibe ich als Sexual- und Paartherapeutin und berücksichtige vor allem die psychologischen und persönlichen Aspekte der weiblichen Identitätssuche; der gesellschaftlich-politische Bereich spielt nur als Hintergrund eine Rolle.

Meinen Ausführungen liegt die Annahme zugrunde, dass Männer und Frauen nicht nur durch ihre Anatomie und Hormone verschieden sind, sondern dadurch bedingt auch ein unterschiedliches Energiesystem besitzen, was ihre Persönlichkeit neben vielen anderen Faktoren grundlegend prägt. Auch wenn Körperlichkeit und Energie in diesem Buch einen zentralen Stellenwert haben, distanziere ich mich von jeder Art des Naturalismus. Frauen können heute frei wählen, ob sie Karriere machen oder eine Familie gründen wollen oder beides. Sie haben die Möglichkeit, die Ehe einzugehen, längere Liebesbeziehungen zu führen oder allein zu leben. Sie entscheiden selbst.

Unabhängig davon, wie Sie Ihr Leben gestalten, vermittelt Ihnen dieses Buch Hintergrundwissen und auch einige konkrete Übungen, um Ihre Weiblichkeit zu entdecken und ein selbstständiges, freies, glückliches und genussvolles Leben als Frau zu führen.

Die Hinwendung zum Weiblichen ist eine Einladung für neugierige und suchende Frauen. Sie will Frauen ermutigen, die eigene natürliche, weibliche Lebenskraft anzuerkennen und ihr Leben dadurch zu bereichern. Dies ist unabhängig von Ihrem Alter und gesellschaftlichem Status sowie vom Beruf, ob Sie als Singlefrau leben, verheiratet oder alleinerziehende Mutter sind. Doch mit dem Buch treffen Sie eine bewusste Wahl, sich selbst als Frau zu erforschen und Ihr Leben und Ihre Beziehungen ganz bewusst glücklicher und erfüllender zu gestalten.

Mit diesem Buch haben Sie sich entschieden, die grundlegende Lektüre zum Thema Weiblichkeit zu lesen. Dieses von mir 2012 erstmals veröffentlichte Buch ist wohl das meist gelesene der deutschsprachigen Frauenbücher. Es initiierte ein neues Verständnis von Frausein und Weiblichkeit jenseits des Gender Mainstreams und ist mittlerweile als eine Art „Frauenbibel" die Grundlage für viele Coaches, Therapeuten und Seminarleiterinnen, die mit Frauen arbeiten. Dieses ergänzte Vorwort geht auf die gesellschaftlichen Veränderungen unseres Geschlechterverständnisses der letzten zehn Jahre ein.

In Deutschland gibt es seit dem 1.1.2019 ein drittes Geschlecht, genannt „divers". Dies ist ein weiterer konsequenter Schritt zum Erfolg des Gender Mainstream, der staatlich gefördert wird und die Massenmedien dominiert. Damit wird offensichtlich: Unsere Gesellschaft soll sich in Richtung Beliebigkeit der Geschlechter, der männlichen und weiblichen Rollen und der Identitäten entwickeln. Das Ideal: androgyne Menschen und Transgender, die ihr Geschlecht nach Belieben ändern und wechseln können. Diese Entwicklung des Gender Mainstream gibt es nicht nur in Deutschland – sondern weltweit. Immer mehr gewinnt die südkoreanische (K-Pop) und japanische (Animes) Pop-Kultur Einfluss auf junge Menschen.

Das hat zur Folge, dass im Westen immer mehr Jungen und Mädchen das Androgyne als Schönheitsideal entdecken und sich damit identifizieren, unabhängig vom eigenen Geschlecht. Themen wie Homosexualität und Transgender bekommen in diesem Zusammenhang eine immer größere Bedeutung.

Doch was macht diese Entwicklung mit den Menschen? Bei Kinder- und Jugendpsychologen ist der K-Pop gut bekannt. Denn zu ihnen kommen (oder werden von den Eltern geschickt) immer mehr Jugendliche, die sich fälschlicherweise für Transgender erachten und eine Geschlechtsumwandlung machen wollen. In einer Phase der Suche nach der eigenen geschlechtlichen Identität werden die jungen Menschen allein gelassen. Statt attraktive Vorbilder für das eigene Geschlecht zu finden, sind sie der Beliebigkeit der Geschlechter ausgesetzt, was das Finden der eigenen Identität sicherlich erschwert und nicht erleichtert.

Aber auch bei erwachsenen Männern und Frauen ist für uns als Paartherapeuten ein deutlicher Einfluss von Transgender Mainstream festzustellen. Männer wie Frauen fühlen sich häufig in ihrer männlichen und weiblichen Identität verunsichert. Frauen vermännlichen und leben immer mehr ihre maskuline Seite, ihre Weiblichkeit verkümmert dabei zusehens. Frauen schämen sich, wenn sie sich dafür entscheiden, als Hausfrau und Mutter zuhause zu bleiben, denn sie riskieren einen Shitstorm, wenn sie dies öffentlich bekunden. Die von mir aufgezeigte gesellschaftliche Entwicklung führt zu einer großen Verwirrung in Bezug auf männliche und weibliche Identität, was zu Verunsicherung und Schwächung bei vielen Frauen als auch Männern führt. Darüber hinaus fördert der Gender Mainstream eine Auflösung der geschlechtlichen Identitäten.

Daher ist dieses Buch aktueller denn je für alle Frauen, die ihre Weiblichkeit finden und stärken sowie ihr weibliches Potenzial befreien wollen. Es hilft Frauen, nicht nur eigene Probleme oder Themen zu verstehen, sondern auch die gesellschaftlichen Ursachen zu erkennen, warum viele Frauen mit ihrer Weiblichkeit hadern und es schwer haben, ihre eigene weibliche Identität zu finden.

Ich möchte in diesem Zusammenhang auch auf das Buch „Männlichkeit leben" von Björn Thorsten Leimbach hinweisen, mit dem ich seit 25 Jahren zusammen arbeite. Als Paar- und Sexualtherapeuten stärken wir Männer und Frauen in ihrer Polarität. Das führt zu mehr Selbstbewusstsein und auch zu glücklichen und erfolgreichen Beziehungen. Damit stellen wir uns ganz bewusst gegen die politisch geförderte Entwicklung des Gender Mainstream, das eine Angleichung und letztendlich Auflösung von Männlichkeit und Weiblichkeit anstrebt.

Ich bedanke mich an dieser Stelle bei meinen zahlreichen Leserinnen und ihren Zuschriften, sowie den Hörerinnen meiner Podcasts und wünsche Ihnen als Leserin neue und erhellende Erkenntnisse auf Ihrem Weg als Frau.

Ihre Leila Bust

Einführung

Auf der Suche nach weiblicher Identität stellt sich die Frage: „Was ist feminin?" Bis in die 1960er-Jahre hinein war dies leicht zu beantworten. Es galt als natürlich und selbstverständlich, dass die Frau einem Mann anhing und Kinder bekam. Die Fortpflanzung wurde als ihre von der Natur vorgegebene Aufgabe oder als religiöse Pflicht angesehen, die nicht hinterfragt wurde. Es war der natürliche Lebensplan einer jeden Frau, der sich die Sinnfrage des eigenen Lebens in den meisten Fällen nicht stellte. Entsprechend waren die körperlichen Vorgaben, als Schönheitsideal definiert, was dem Gebären und dem Wohl des Kindes vermeintlich diente: ausladende Hüften und ein großer Busen, der genügend Milch geben sollte. Auch die Definition von weiblichen Eigenschaften wurde aus ihrer Aufgabe als Ehefrau und Mutter heraus definiert. Die Frau sollte anpassungsfähig sein und sich unterordnen. Vor allem benötigte sie Opferbereitschaft und Pflichtbewusstsein. Doch seit die große Mehrheit von Frauen Verhütungsmittel verwendet, werden Schwangerschaft und Geburt nicht mehr als naturgegeben betrachtet, die Ambivalenzen der Mutterschaft deutlicher wahrgenommen, die Monogamie der Ehe kritisch hinterfragt. Manche wollen heiraten und Kinder bekommen, andere wollen keine, und die meisten wollen erst einmal beruflich erfolgreich sein und darin Anerkennung erhalten. Selbstverwirklichung wird eher im beruflichen Kontext gesucht als in der Mutterschaft.

Dafür entwickelten Frauen Werte und Qualitäten, die sie darin unterstützten, ökonomisch unabhängig und beruflich erfolgreich zu werden, wie Eigenverantwortung, Selbstbewusstsein und Zielstrebigkeit – Eigenschaften, die sie beim Mann abguckten.

Die ökonomische Unabhängigkeit sowie die Liberalisierung familiärer Ideale haben ganz entschieden dazu beigetragen, dass Frauen heute eher Karriere statt Kind wählen und nicht unter allen

Umständen in einer Beziehung bleiben, in der sie unglücklich sind. Doch fühlen sich die Frauen von heute dank ihrer äußeren Freiheit auch innerlich frei? Sind sie in ihrer Unabhängigkeit noch bereit zu lieben und sich an einen anderen Menschen zu binden? Denn bei dem Wandel des Frauenbildes wurde meiner Meinung nach etwas ganz Wesentliches versäumt: Die äußeren Räume von Freiheit wurden inhaltlich nicht gefüllt, und die Frage nach der eigenen Identität wurde nicht gestellt.

Der von der Frauenbewegung der 1960er-Jahre initiierte Rollenwandel bewirkte ein neues Selbstverständnis und revolutionierte die alten Rollen. Dabei orientierten sich die Frauen am Mann: an seinen Werten und Verhaltensweisen. Ihre Forderung war ja gleiche Macht für Männer und Frauen. Um dies zu erreichen, mussten Frauen besser und erfolgreicher als die Männer werden. So verließen sie Schulen und Universitäten mit den besten Abschlüssen, übernahmen dank Gleichstellungsgesetzen zunehmend einflussreiche Positionen in Beruf und Politik. Dabei lernten sie vom Mann: Sie übernahmen dessen erfolgreichen Gestus und seine Rhetorik, schauten sich seine Verhaltensweisen ab. Sie entwickelten persönliche und gesellschaftliche Visionen, lernten ihre Bedürfnisse und Wünsche klarer zu formulieren und durchzusetzen und stellten eventuelle Kinderwünsche hintan.

Frauen verstärkten damit ihre männlichen Fähigkeiten, wurden durchsetzungsfähig und unabhängig. Dies war ein wichtiger Schritt zur Befreiung und Eigenständigkeit der Frau, durch den beide Geschlechter sich auf Augenhöhe begegnen. Innerlich blieb dabei jedoch eine gewisse Abhängigkeit vom Mann, da seine Werte übernommen und nur wenige feminine Qualitäten und Orientierungen – jenseits der männlichen Werteskala – entwickelt wurden. Die Persönlichkeit der Frau wurde bei dieser gesellschaftlichen Entwicklung immer maskuliner, und sie trat mit den Männern in Konkurrenz. So erscheint Frausein heute häufig fast wie ein Zerrbild von Männlichkeit und will erst noch zu einer wirklich erfüllten und gelebten Weiblichkeit befreit und entwickelt werden.

Worin aber zeigt sich Weiblichkeit?
Die feminine Energie repräsentiert sich in einer offenen und rezeptiven Haltung und kann sich gut auf andere einstellen. Empathie, Mitgefühl und die Fähigkeit, mit dem anderen ganz zu

verschmelzen und sich in ihm aufzulösen, sind weitere Ausdrucksformen des Femininen. Das Feminine ist reine Lebenskraft und Daseinsfreude sowie Schönheit, Ästhetik, Anmut und Zartheit, die sich im Eros ausdrücken, aber auch Wildheit, Ekstase und Chaos gehören dazu. Die Intuition, die zusammen mit der spontanen Kreativität Dinge initiiert, bewegt und verändert, sowie der gute Kontakt zu den eigenen Gefühlen und die Fähigkeit, sie auszudrücken, sind feminine Qualitäten. Das tiefste Wesen weiblicher Energie ist Liebe, die sich verschenken will, ohne Wenn und Aber, ohne Ziel sich ganz hingeben will. Hingabe geschieht nur im Hier und Jetzt, im gegenwärtigen Augenblick. Das Feminine nimmt die Welt eher über die Sinne wahr und akzeptiert das Wahrgenommene erst einmal so, wie es ist, statt es zu analysieren oder zu beurteilen. Die unmittelbare Sinneswahrnehmung lässt uns ganz im Erleben sein, führt uns in die Präsenz und Körperlichkeit, statt dass wir unseren Gedanken nachhängen. Feminine Energie lebt nur diesen Augenblick und den nächsten – wieder neu. Sie atmet, bewegt sich, berührt, verströmt sich, ohne irgendwo ankommen zu müssen, ohne ein bestimmtes Ziel damit zu verfolgen. Im Gegensatz zur maskulinen Ernergie, die zielgerichtet ist und mit ihrem Verhalten einen bestimmten Plan verfolgt.

Feminine Energie beinhaltet immer Möglichkeiten, die wir in uns zur Verfügung haben. Wir können sie realisieren oder verdrängen.[1] Nach der indischen Energielehre hat die Frau in der Regel überwiegend feminine Energie und einen geringeren Anteil an maskuliner. Beim Mann verhält es sich in der Regel genau umgekehrt. Wenn eine Frau ihre feminine Essenz kennt, bejaht und auf die eine oder andere Weise umsetzt, wird sie sich selbst gut, heil, komplett und erfüllt fühlen. Sie vermag dann ihre Beziehungen glücklich und befriedigend zu gestalten und wird zum Segen für ihre Umwelt. Das heißt, dass sich die anderen gern in ihrer Nähe aufhalten, dass sie eine natürliche Anziehung hat und die Menschen sich in ihrer Gegenwart bereichert fühlen.

Wenn Frauen ihre ursprüngliche feminine Energie nicht leben und sie stattdessen mit zu viel maskuliner Energie verdrängen, kann das negative Auswirkungen auf ihre Persönlichkeit und ihr Leben haben, wie körperliche Krankheitssymptome oder Probleme in Beziehung und Partnerschaft. Sind sie nicht mit ihrer wesenseigenen Energie verbunden, bringen sie sich um die Möglichkeit, wahre Liebe in ihrem Leben zu erfahren. Das Leben erschöpft sich dann leicht in Äußerlichkeiten und im Erfüllen bestimmter Rollen. Doch das Glück und der Reichtum wahrer Liebe, die immer aus der essenziellen eigenen Quelle kommt, bleibt ihnen verborgen.

Eine Frau, die ihr essenzielles feminines Wesen verdrängt, kann sich mit den Jahren im wahrsten Sinne des Wortes „ausgetrocknet" fühlen. Sie fühlt sich innerlich ausgezehrt und ausgebrannt und kann anderen nichts mehr geben. Sie verausgabt sich in ihren Pflichten und Aufgaben, ohne dabei innerlich beteiligt zu sein oder gar Freude zu erleben. Indem sie ihr tiefstes Wesen ignoriert, wird ihr Leben auf Dauer traurig und leer. Um dieses unangenehme Gefühl zu vermeiden, tut die Frau meist noch mehr, wird noch aktiver, ergeht sich noch zielorientierter in äußeren Aktivitäten, die die innere Leere füllen sollen. Dies ist meiner Meinung nach ein wesentlicher Faktor, warum heute viele Frauen unter Burn-out leiden, und zwar mit zunehmender Tendenz junge Frauen um die dreißig, die sich zwischen den verschiedenen Anforderungen von Familie, Kindern und Job aufreiben. Die meisten Therapeuten sind sich darin einig, dass ein Burn-out von außen verstärkt und ausgelöst wird, der Ursprung jedoch in eigenen Leistungsansprüchen zu suchen ist. Meiner Meinung nach geht die Ursache für Burn-out noch tiefer. Ich sehe sie in der inneren Zerrissenheit, die entsteht, wenn eine Frau in einer falschen Angepasstheit zu viel maskuline Energie entwickelt und ihre wesenseigene feminine Energie nicht auslebt.

Davon betroffen sind auch unsere Liebesbeziehungen und Partnerschaften. Die Gleichberechtigung, die in Beruf und Politik sinnvoll und erfolgreich ist, zeigt sich in der Intimsphäre von Liebe und Partnerschaft als fehl am Platz und ruft Unzufriedenheit und gegenseitige Ablehnung hervor. Der Grund dafür liegt darin, dass sowohl Mann als auch Frau sich den anderen in der ihm/ihr eigenen Energie und Wesensart wünscht. Diese ist bei den Männern männlich, bei den Frauen weiblich, was nach meiner Erfahrung zumindest bei etwa achtzig Prozent aller Männer und Frauen zutrifft. Beide jedoch lehnen oftmals ihre geschlechtliche Zugehörigkeit ab und unterdrücken die eigene Energie. Der Mann unterdrückt seine maskuline Essenz, weil er befürchtet, die Frau könnte nicht damit umgehen und ihn zurückweisen. Die Frau hat keinen

Zugang mehr zu ihrer femininen Essenz, denn sie hat das männliche Wesen mit seinen Qualitäten so verinnerlicht, dass sie es für ihr eigenes hält. Sie hat dies in dem Glauben getan, dass sie sich nur so an der Seite des Mannes behaupten kann und nicht wieder untergeht im Niemandsland der Vergessenen ihrer weiblichen Vorfahren. Niemand kann jedoch auf längere Zeit die ihm eigene Wesensart, seine Essenz verdrängen, ohne dauerhaft Schaden zu nehmen. Niemand kann annehmen, dass die Liebe zwischen zwei Menschen fließt, wenn beide eine verkehrte Rolle spielen und die eigene Energie zurückhalten. Das Vortäuschen falscher Tatsachen führt zur Enttäuschung auf beiden Seiten. Frau und Mann ziehen sich voneinander zurück oder bekämpfen sich, denn sie sind wütend, da sie sich vom anderen betrogen fühlen, der das Geschenk der ihm eigenen sexuellen Essenz zurückhält. Die Enttäuschung und Wut drücken sich vortrefflich in den gegenseitigen Beschimpfungen als „Mannweib" für die Frauen und „Weichei" oder „Waschlappen" für die Männer aus.

Wer bin ich als Frau?
Viele Frauen kommen aus diesem Grund irgendwann in ihrem Leben an einen Punkt, an dem es für sie nicht mehr weitergeht. Dies können Probleme in Beziehung, Partnerschaft oder Sexualität sein oder auch Krankheitssymptome, die Stress und Überforderung zum Ausdruck bringen. Wohin aber kann es für diese Frauen gehen? Vielen fehlt ein positives Vorbild von Weiblichkeit, an dem sie sich orientieren können. Die Medienstars präsentieren sich nur in Äußerlichkeiten und vermitteln kaum innere Werte und erstrebenswerte Lebensmodelle. Gerade jungen Frauen fehlen Vorbilder, die in ihrer femininen Ausstrahlung und ihrem Lebenskonzept überzeugen, jenseits der narzisstischen Glitzer- und Glamourscheinwelt der Frauenzeitschriften, die sowieso für die meisten Frauen nicht zugänglich ist.

Die Modelle, die in unserer Gesellschaft angeboten werden, sind einerseits ziemlich begrenzt, andererseits halten sie letztendlich nicht das, was sie versprechen. Da scheint es nur zwei Alternativen zu geben: die romantische monogame Ehe, die an alten Rollenkonstellationen festhält, oder die unabhängige, erfolgsorientierte und gut funktionierende Frau, die Werte und Verhaltenskodex der männlichen Leistungsgesellschaft übernimmt. Es sind diese beiden Lebensmodelle, die heute von Frauen mehr unbewusst mangels Alternativen und Fantasie übernommen werden, je nachdem, was sie an Modellen in ihrer Ursprungsfamilie vorgelebt bekommen haben. Auch in diesen gesellschaftlich favorisierten Lebensmodellen, die völlig berechtigt auch meistens ein bis zwei Jahrzehnte funktionieren, kann die Frau irgendwann an einen Punkt kommen, an dem sie sich eingeengt, frustriert, enttäuscht und unglücklich fühlt. Hier stellen sich dann häufig die Fragen: „War das alles? Wer bin ich als Frau? Wozu bin ich hier? Und was möchte ich noch erleben?"

Für eine neue Vision von Weiblichkeit
Ich bin zutiefst der Überzeugung, dass es unsere wesentliche Aufgabe als Frau ist, dieses Dasein in unserem weiblichen Körper ganz anzunehmen und voller Freude zu leben – unabhängig von den äußeren Rollen- und Lebenskonzepten. Die Verwirklichung unserer essenziellen weiblichen Energie und Wesensart ermöglicht uns ein Leben, das sich aktiv und aufregend anfühlt, angefüllt mit Freude, Liebe und glücklichen Beziehungen.

Die Frauenbewegung, die im Außen viel bewirkt hat, hat ihren Weg noch nicht vollendet. Sie ist auf halbem Weg stecken geblieben, da sie sich zu sehr am Mann orientiert hat. Stets ist er das Leitbild der Frau geblieben, mit dem sie sich verglichen, an dem sie sich gemessen, das sie bekämpft und an dem sie sich aufgerieben hat in ihrem Bestreben, besser zu sein und den Mann zu übertrumpfen. Wir Frauen haben bis heute nicht verstanden, dass das, was wir suchen, in uns selbst liegt. Wir müssen uns nicht mit dem Mann vergleichen, denn wir sind ein ganz anderes Wesen als er. Wir brauchen auch nicht mit ihm zu kämpfen, um frei zu sein, denn wir sind es bereits. Wir müssen ihn auch nicht abwehren und uns von ihm trennen, um uns selbst treu zu sein.

Und wir müssen auch nicht länger unser Lebens- und Liebesglück von ihm erwarten, denn den Schlüssel zur Liebe tragen wir in unserem Herzen. So geht es darum, den Blick weg vom Mann zunächst einmal nur auf sich selbst zu richten und nicht von sich selbst abzulenken.

Die Zeit ist reif, dass wir Frauen uns auf uns selbst besinnen und unsere eigene Freiheit und Liebe erkennen. Und dass wir unsere naturgegebene weibliche Lebenskraft würdigen und leben. Diesem Zweck soll dieses Buch dienen. Und es soll für ein neues Miteinander von Frau und Mann werben, denn wenn die Liebe und Wertschätzung für das eigene Feminine und Maskuline wiederentdeckt wird, werden sich beide angstfrei und ohne Schuldgefühle füreinander öffnen können. Sie werden sich wieder aufeinander zubewegen, jedoch erst, nachdem jeder sich im eigenen Frau- und Mannsein wiedergefunden und sich darin ganz verankert hat. Erst dann fühlen sich beide sicher genug, um sich einander wieder vertrauensvoll zu nähern. Denn wer sich selbst nicht liebt und respektiert, kann nicht erwarten, dass der andere ihn liebt und respektiert.

Die Zuwendung zu sich selbst
Es ist an der Zeit, dass Frauen sich mit voller Intensität wieder sich selbst zuwenden. Das fällt vielen schwer. In den 1970er-Jahren wuchsen Frauengruppen wie Pilze aus dem Boden. In Scharen versammelten sich die Frauen, um mit Spekulum und Vibratoren sich selbst zu erforschen. Sie stellten sich ins Zentrum des eigenen Interesses und der eigenen Aufmerksamkeit. Heute beobachte ich einen entgegengesetzten Trend bei vielen Frauen. Sie schauen unentwegt auf die Männer und sind überwiegend mit ihnen beschäftigt. Entweder mit dem konkreten Partner oder den Männern allgemein. Dabei steht die Kritik an Männern im Vordergrund. Der Hauptvorwurf: Sie seien den Frauen nicht mehr gewachsen. Da Frauen sich für Beziehungen zuständig fühlen, ist ihr Blick auf die Männer gerichtet: analysierend, interpretierend, bewertend. Frauen glauben zu wissen, wo es für die Männer langgeht – oftmals besser als diese selbst.

Wenn die Frau sich jedoch wünscht, dass der Mann wieder seine männlichen Qualitäten entwickelt, bedeutet dies im Umkehrschluss, dass sie sich auf den Weg machen sollte, ihre Aufmerksamkeit für eine Weile vom Mann abzuziehen, um sich liebevoll sich selbst zuzuwenden und das eigene ursprünglich Weibliche in den Fokus zu rücken. Erst dann wird sie bemerken, wie sehr sie die ganze Zeit innerlich mit anderen Dingen – vorzugsweise dem Mann – beschäftigt war und wie wenig Aufmerksamkeit sie sich möglicherweise selbst schenkt.

Die feminine Frau

Eine Frau, die ihre Weiblichkeit entdeckt und ganz angenommen hat, fühlt sich überaus wohl in ihrem Körper, der Würde und Stolz ausdrückt. Ihr Körper ist keine Ware und auch kein Instrument, das sich auf die äußere Form beschränkt. Eine feminine Frau wertschätzt ihren weiblichen Körper. Sie erfreut sich an seinen vielfältigen Empfindungen, die durch die Sinne wahrgenommen werden. Ihr ganzes Wesen strahlt eine natürliche Sinnlichkeit aus, mit der sie sich zeigt und in Kontakt geht. Sie fühlt ihre Einzigartigkeit und Schönheit, die sich nicht an engen Schönheitsidealen misst, sondern von innen heraus erlebt wird und von ihrer Freude an sich selbst durchdrungen ist. Es ist ihr inneres Strahlen, das sie stark und selbstbewusst sein lässt, ohne sich dabei mit anderen vergleichen zu müssen. Ihre Freude und Liebe, die stark ist, empfängt sie durch ihre offene Haltung dem Leben und den Menschen gegenüber.

So wie sie sich ihrer eigenen Schönheit bewusst ist, kann sie diese auch in jeder anderen Frau sehen und anerkennen. Sie liebt das Zusammensein mit anderen Frauen, die nicht länger als Konkurrentinnen um die Gunst des Mannes buhlen, sondern sich einfach miteinander freuen. Sie pflegen ihre Freundschaft; sie tanzen oder singen miteinander, tauschen sich über Beruf, Persönliches, Kleider oder Intimes aus, sind zärtlich miteinander. Sie stärken und bestätigen sich gegenseitig in ihrer Weiblichkeit. Die feminine Frau kann auch gut mit sich allein sein. Sie ist in Harmonie mit sich selbst und wirkt bei Streit und Konflikten mit anderen ausgleichend. Innerlich frei von Konventionen und Klischees hat sie Zugang zum vollen Potenzial ihrer Sexualität, das ihr ein erfülltes Liebesleben ermöglicht. Die feminine Frau gibt sich selbst Anerkennung und Wertschätzung, was ihr ein natürliches Selbstbewusstsein verleiht. Sie ist eine Frau, die sich selbst von ganzem Herzen liebt und dadurch innerlich frei ist von der Bestätigung anderer, insbesondere der des Mannes.

Die feminine Frau hat durchaus auch maskuline Qualitäten in sich entwickelt, die sie braucht, um auf eigenen Beinen zu stehen und im Beruf erfolgreich zu sein. Sie ist frei, sich ihr Leben so zu gestalten, wie es zu ihr passt – unabhängig von äußeren Konventionen. Auch wenn sie einfühlsam ist, weiß sie, was sie will, und vertritt dies anderen gegenüber. Sie übernimmt die Verantwortung für ihr Leben und ist motiviert, selbst das Beste daraus zu machen und ihr Lebensglück nicht von anderen abhängig zu machen.

Die Suche nach weiblicher Identität

Jede Frau ist in ihrem Leben auf der Suche nach sich selbst – unbewusst oder bewusst. Manche von ihnen sind noch jung und stehen am Anfang ihres Beziehungslebens. Andere haben schon viele Jahre in Beziehung und Partnerschaft verbracht. Meist beginnt die Suche nach sich selbst erst, wenn eine Frau nach außen hin schon einiges erreicht hat, zum Beispiel Karriere gemacht hat, oder die Kinder etwas älter sind oder eine Ehe oder längere Partnerschaft gerade beendet wurde. Für wen ist also dieses Buch geschrieben?

- Für Frauen, die neugierig und mutig auf der Suche nach sich selbst sind.
- Für Frauen, die ihre Weiblichkeit finden oder weiter entfalten wollen.
- Für Frauen, die wieder mehr Lebensfreude und Liebe aus sich heraus spüren möchten.
- Für Frauen, die eine erfüllte Sexualität erleben möchten.
- Für Frauen, die sich von den Männern zurückgezogen haben und mittlerweile unter ihrer männlich geprägten Lebensweise leiden.
- Für Frauen, die sich (wieder) begeistern wollen für ihren Partner und den Widerspruch von liebevoller Partnerschaft und lebendiger Sexualität lösen möchten.
- Für Frauen, die eine erfüllende Sexualität mit ihrem Partner teilen und sie nicht außerhalb suchen wollen.
- Für Frauen, die sich nicht mehr für ihren Partner begeistern können, ohne wirklich zu wissen, warum das so ist.
- Für Frauen, die wissen wollen, wie sie ihre langweilig gewordene Partnerschaft, in der schon seit Jahren kein Sex mehr stattfindet oder nur noch als Pflichtprogramm wahrgenommen wird, wiederbeleben können.
- Für Frauen, die ihr Leben durch ihre neu- oder wiederentdeckte Weiblichkeit bereichern wollen.

So richtet sich dieses Buch an alle Frauen, die (wieder) Kontakt zu ihrem ursprünglichen weiblichen Inneren finden wollen, die ihr inneres Strahlen wiedergewinnen wollen, das sie so attraktiv macht, und die ihren inneren Flow (wieder) erleben wollen, der das Leben leicht und erfüllend gestaltet. Dieses Buch ist ein Plädoyer für die Liebe zu sich selbst.

Wir Frauen sind für die Liebe geschaffen! Das scheint erst einmal wie eine esoterische Floskel. Ich hoffe jedoch, liebe Leserin, dass ich Ihnen auf den kommenden Seiten plausibel darlegen kann, was das konkret bedeutet.

In diesem Buch vermittle ich Wege zu einer neu verstandenen und zeitgemäßen Weiblichkeit, die Frauen ermöglicht, voller Freude und Stolz ihre femininen Seiten und Qualitäten zu leben. Meinen Ausführungen liegt dabei die Annahme zugrunde, dass Mann und Frau grundsätzlich in ihrem Wesen verschieden sind und Beziehungen umso besser gelingen, wenn die Partner diese Unterschiede akzeptieren und die Polarität zwischen ihnen bewusst leben und gestalten.

Dabei gehe ich selbstverständlich von dem Konsens aus, dass Männer und Frauen gesellschaftlich, politisch und ökonomisch völlig gleichwertig sind. Und dass ihnen in ihrer spezifischen Geschlechtlichkeit ebenso wie Menschen jeglicher sexueller Neigung Achtung und Respekt gebührt. Auf dieser Basis der Gleichstellung und der gegenseitigen Achtung ist es erst möglich, die Unterschiedlichkeit zwischen Mann und Frau sowie das Spiel der maskulinen und femininen Polarität zu erforschen.

Die Vermännlichung der Frau

Die Frauen haben in den 1970er-Jahren Einzug gehalten in die bis dahin männlich dominierte Gesellschaft. Mit ihrer kämpferischen Energie haben sie eine Bewegung initiiert, die auf der politischen Ebene per Gesetz die Gleichstellung der Frau garantieren sollte. Mit Quotenregelung, Gleichstellungsgesetzen und öffentlich geförderten frauenspezifischen Angeboten haben sie dafür gesorgt, dass sich die Rolle der Frau in unserer Gesellschaft grundlegend verändert hat. Alte, längst überholte Denkstrukturen und festgelegte geschlechtsspezifische Verhaltensweisen wurden hinterfragt und aufgelöst. Die gesetzlich verankerte Gleichstellung der Frau führte dazu, dass sich eine Bewusstseinsveränderung unter Frauen, aber auch bei den Männern etablierte. Bis dato war die nicht hinterfragte klassische Rolle der Frau in der Regel auf die Erziehung der Kinder und fürsorgliche ehrenamtliche Tätigkeiten ausgerichtet. Die drei Ks – Kirche, Küche, Kinder –, die zur Identität jeder Frau gehörten, wurden jetzt abgelöst von drei neuen Ks: Karriere, Kampf und Kompromisslosigkeit.

Ihren vehementen Kampf fochten die Frauen mit den Waffen der Männer: Einsatz ihres messerscharfen Verstandes, fokussierte Willenskraft, Zielgerichtetheit und Schlagfertigkeit. Damit übernahmen sie die zuvor den Männern zugeschriebenen Qualitäten für die Frauenwelt. Die Übernahme und Verinnerlichung der männlichen Eigenschaften verdrängte die klassischen weiblichen Werte wie Einfühlungsvermögen, Hingabefähigkeit und Harmonie. Der gute Kontakt zum Körper, seinen Gefühlen und Sinneswahrnehmungen galt als mütterlich-weibliche Qualität und wurde oftmals gemeinsam mit der Mutter abgelehnt und abgespalten. Gefühle oder gar das Zeigen von Schwäche waren den angriffslustigen Frauen fremd und wurden als „kampfuntauglich" vermieden.

Die Ablehnung weiblicher Werte

Vielen Frauen war in dieser Zeit die komplette Frauenwelt, repräsentiert von der Mutter, suspekt oder gar zutiefst zuwider. Sie erlebten in ihren Müttern und Großmüttern oft Generationen, die in einer passiven Rolle, fremdbestimmt vom Mann, sich willenlos in ihr Schicksal von Abhängigkeit und Bevormundung ergeben hatten. Sie verurteilten die mütterlich-weibliche Welt als beschränkt, engstirnig und unfrei und lehnten es ab, daran zu partizipieren. Mit der Abwehr der Mutter sowie der von ihr vorgelebten Weiblichkeit wurden jedoch zugleich auch all jene weiblichen Qualitäten verneint und verdrängt, die sich leise hinter all den negativen Auswüchsen verbargen. Der Frauenwelt mit ihren unkontrollierten Gefühlsduseleien und Dramen und den unergründlichen depressiven Verstimmungen sollte endgültig der K.-o.-Schlag versetzt werden. Ratio war angesagt.

Die Frauen fühlten sich endlich als Mitglied der leistungsorientierten Männerwelt und identifizierten sich vollkommen mit den väterlich-männlichen Werten: Leistungswille, Selbstdisziplin, Willensstärke, vernunftgesteuertes erfolgsorientiertes Handeln. Frauen standen allein und unabhängig ihren Mann in einer männlich dominierten Welt. Mit Selbstdisziplin und Leistungswillen bewältigten sie die Dreifachbelastung von Beruf, Kindererziehung und Haushalt. Da war für Gefühle, Entspannung oder gar Schwächen wenig Platz.

So erreichten die Frauenrechtlerinnen große Erfolge, die wir Frauen heute selbstverständlich und gern in Anspruch nehmen und auf die niemand mehr verzichten will. Gleichzeitig wurden jedoch mit der Disqualifizierung der weiblichen Werte und Qualitäten diese fast ausradiert. Damit haben die Frauenrechtlerinnen sicherlich unbeabsichtigt das Tor zu Kampf, Konkurrenzdenken und Leistung geöffnet, von denen Frauen heute zunehmend geprägt sind. Mit der Entwertung weiblicher Qualitäten sind sie auch verantwortlich dafür, dass viele Frauen sich ihrer Identität beraubt und damit wurzellos fühlen.

Meiner Erfahrung nach sind die meisten Frauen nicht glücklich, wenn ihre männliche Seite sich erfolgreich im Konkurrenzkampf gegen die Männer durchsetzt. Eine tiefe, unerfüllte Sehnsucht nach Weiblichkeit, nach Hingabe und Harmonie, nach innerem

Frieden, Verbundenheit und intensiven Gefühlen bleibt. So fühlt sich manch erfolgreiche und autonome Frau leer, ausgebrannt und einsam – trotz vieler Bestätigungen und sozialer Kontakte.

Zehn Aspekte der verkümmerten femininen Seite

Wenn die ursprüngliche feminine Seite der Frau verkümmert, kann sich dies in verschiedenen Aspekten zeigen:

1. Der vermännlichte Frauenkörper
Die Vermännlichung der Frau kann sich zunächst am Körper zeigen. Das Ideal der körperlichen Maße gleicht heute eher dem schlanken, kantigeren männlichen Körperbau als den rundlicheren weiblichen Formen mit ausladenden Hüften. Früher ging man davon aus, dass ein breites Becken Geburten begünstigt, sodass es als ein Zeichen mütterlich-weiblicher Qualität galt. Da Mutterschaft in unserer Gesellschaft jedoch nicht mehr per se als weibliche Aufgabe anerkannt wird, verliert auch die körperliche Entsprechung ihre Akzeptanz. Das weibliche Schönheitsideal verändert sich. Hinzu kommt ein eher funktionales, distanziertes Verhältnis zum eigenen Körper, was bisher eher dem Mann zugeschrieben wurde. Der Körper wird wie eine Maschine betrachtet. Er hat zu laufen, wird mit Sport ertüchtigt und mit Kosmetik verschönert, damit er gut funktioniert und die Frau Bestätigung bekommt.

2. Mangelndes Körpergefühl
Eine weibliche Qualität ist das intensive Erleben mit allen Sinnen; sehen, schmecken, riechen, fühlen und hören. Um die Sinne aber öffnen zu können, sie empfänglich zu machen, braucht es ein gutes Körpergefühl, denn sinnliche Wahrnehmung hat immer mit einem ausgeprägten Körperbewusstsein zu tun. Um intensiv zu fühlen, muss die Frau zunächst sensibel für ihren eigenen Körper werden, ihm Aufmerksamkeit schenken, ihn gut kennen und sich wohl in ihm fühlen. Doch viele Frauen betrachten ihren eigenen Körper mit der männlichen Bewertungsbrille: Ist er gesund, funktioniert er gut und wirkt er attraktiv auf andere? Das führt zu Distanz zum eigenen Körper: Er wird dann eher wie ein Werkzeug betrachtet, anstatt ihn liebevoll von innen zu fühlen. Dieser männlich-distanzierte Umgang mit dem eigenen Körper entfremdet

Frauen von sich selbst. Der liebevolle Zugang zum eigenen Körper ist meiner Erfahrung nach jedoch die Basis für ein gutes Verhältnis zur eigenen Weiblichkeit.

3. Selbstkritik
Mit dem kritischen Verstand, den Frauen verstärkt entwickelten, beurteilen sie nicht nur die Männer, sondern bewerten sie vor allem sich selbst. Statt sich selbst anzunehmen und wertzuschätzen, was weibliche Attribute sind, disqualifizieren sie sich durch erbarmungslose Selbstkritik sowohl dem eigenen Körper als auch ihrem Verhalten gegenüber. Fast jede Frau kennt den morgendlichen kritischen Blick in den Spiegel, um den kleinsten versteckten Makel zu entdecken. Kein Mann betrachtet eine Frau so kritisch, wie sie es selbst tut. Den meisten Männern fallen die kleinen Mängel, unter denen manche Frauen leiden, gar nicht auf. Wunderschöne Frauen kasteien sich täglich durch überkritische Blicke und einen leistungsorientierten Anspruch ihrem Körper gegenüber. Diese distanzierte und harte Betrachtungsweise lässt auf eine mangelnde Wertschätzung sich selbst gegenüber schließen.

4. Funktionieren und organisieren
So wie der Körper funktionieren muss, unterliegt auch die übrige Lebensweise der Frau eher männlichen Prinzipien. Sowohl berufliche wie auch private Anforderungen werden mit Qualitäten wie Disziplin, Willensstärke und Durchsetzungsvermögen gemeistert. Arbeitskollegen und -kolleginnen werden als Konkurrenten gesehen, die der Karriere im Weg stehen. Fast die Hälfte aller Frauen in den Großstädten leben autonom und stehen ihre Frau ohne Mann – und oftmals mit Kind. Die Alleinerziehenden sind fast ausschließlich damit beschäftigt zu tun, zu organisieren, zu funktionieren und zu managen. Bedingt durch die Doppelbelastung von Beruf und Kindererziehung fühlen sie sich bald chronisch überfordert, ausgebrannt und leer. Hierbei kommt das weibliche Prinzip, das sich im Miteinandersein, im Entspannen, im Spielen mit den Kindern, im Verweilen schöner Augenblicke zeigt, zu kurz.

5. Trennung von Verstand und Gefühl
Die einseitige Förderung ihres kritischen Verstands sorgt dafür, dass Frauen sich nicht mehr so leicht von Männern etwas weisma-

chen lassen. Aber es fällt ihnen auch zunehmend schwer, sich für einen Mann zu begeistern und sich verführen zu lassen. Skeptisch seziert die Frau jede seiner Bemerkungen, bewertet seine Verhaltensweisen. Es fehlt die tolerante und großzügige Haltung, die auch einmal fünf gerade sein lassen kann. Damit hält sie den Mann auf Distanz und sichert sich die Kontrolle im Kontakt mit ihm. Solche Verhaltensweisen, die wir uns antrainiert haben, stellen wir gar nicht mehr infrage und halten sie für selbstverständlich. Die immer größer werdende Kluft zwischen Gefühl und Ratio erschwert es Frauen, sich für jemanden zu entscheiden. Einerseits möchten sie sich mit jemandem verbinden, andererseits werden sie von ihren bewertenden Gedanken terrorisiert: „Ich kann meinen Kopf nicht loslassen", „Ich kann einfach nicht abschalten" oder „Ich verliebe mich nicht mehr" sind typische Kommentare von Frauen mit zu viel männlicher Energie.

6. Frauen haben in Partnerschaften die Führung
Besonders drastisch aber zeigt sich die Vermännlichung von Frauen in Partnerschaft und Sexualität. Für viele Frauen ist es selbstverständlich, dass sie die Hosen anhaben, und zwar bei Tag und bei Nacht. Sehr humorvoll wird dies in dem Ein-Frau-Theaterstück „Cavewoman" dargestellt. Sagt der Freund zur Frau: „Na, in deiner Beziehung hast du doch auch die Hosen an." Entgegnet sie: „Na und? Wenn sie mir doch passen." Diesen Standpunkt vertreten einige Frauen, für die es selbstverständlich ist, dass sie Entscheidungen für beide treffen. Mit dem Argument, dass der Mann sich sowieso nicht dafür interessiert oder kein Engagement zeigt, richtet die Frau die gemeinsame Wohnung oder das Haus ein, plant den nächsten gemeinsamen Urlaub, lädt die Freunde zur Eröffnungsparty ein und nötigt ihm beim Einkauf eine Stil- und Farbberatung auf, ob er das will oder nicht. Mit großer Selbstverständlichkeit und Disziplin organisiert sie das Alltagsleben und wundert sich irgendwann, dass der Mann sich immer mehr zurückzieht. Hier geht alles nach ihren Vorstellungen, nach ihren Plänen. Den Mann erstaunt das nicht, und es fühlt sich für ihn auch vollkommen normal an, wenn er sich ihrem Willen fügt und anpasst. Denn er hat häufig bereits von Kindesbeinen an bei der dominanten Mutter und dem nicht anwesenden Vater gelernt, dass die Mama-Frau das Sagen hat und er um des lieben Friedens willen lieber

schweigt und klein beigibt. Er bringt sich dafür mit seinen weiblichen Qualitäten ein, sorgt dafür, dass die gemeinsame Zeit harmonisch verläuft, sorgt für Entspannung, Humor und Spiel, hört ihr zu, wenn sie von ihrem stressigen Alltag erzählt, und sucht sie mit seinen Zärtlichkeiten milde zu stimmen.

Das wäre ja eine Arbeitsteilung, mit der sich beide glücklich bis an ihr Lebensende arrangieren könnten, wenn es nicht die Unzufriedenheit der Frau gäbe, die sich einen adäquaten Mann gewünscht hat, der ihr einen Teil der Aufgaben und der Verantwortung abnimmt, einen Mann, der ihr gewachsen ist und seinen eigenen Standpunkt vertritt, und keinen kleinen Jungen, der zu allem Ja und Amen sagt. Dass auch die Frau mit ihrem Mann das Drama ihrer Kindheit mit ihrem schwachen oder permanent abwesenden Vater auf die aktuelle Bühne ihrer Partnerschaft holt, versteht sie meist nicht. Dieses aktuelle leidige Thema wird auf herzerfrischende, humorvolle Weise in vielen Frauenbüchern selbstironisch dargestellt – jedoch ohne Alternative, wie es anders gehen kann.

7. Vom Alpha- zum Betamann

In den letzten Jahren lese ich in einschlägigen Frauenbüchern und höre in meinen Frauentrainings von immer mehr Frauen, die die emotionale Abhängigkeit ihrer Männer beklagen oder auch deren tendenzielle Lustlosigkeit. Doch in Ländern wie Deutschland, Belgien oder Schweden mit einer hohen Lebenserwartung und guter Gesundheit punkten Männer mit femininem Aussehen und weiblichen Eigenschaften. Sind Frauen beruflich erfolgreich und ökonomisch unabhängig, scheinen sie ohnehin femininere Männer für eine Partnerschaft zu bevorzugen, da sie ihnen verständnisvoller, kommunikativer und für Familie und Kinder aufgeschlossener und kooperativer erscheinen.

Und selbst wenn die Frau zunächst auf den klassischen erfolgreichen Macho mit schmalen Lippen, vorgestrecktem Kinn und arroganter Haltung steht, sorgt sie im Laufe der Partnerschaft dafür, dass sie ihren anfänglichen dominanten Alphamann „betaisiert". Dies geschieht durch unbewusste Verhaltensmechanismen, mit deren Hilfe die Frau den Mann und die Beziehung kontrollieren will. Dieses eher instinktive Verhalten entstammt überwiegend dem „Reptilienhirn" (auch Stammhirn genannt), dem entwicklungsgeschichtlich ältesten Teil unseres Gehirns, der für alle unbewusst ablaufenden Grundfunktionen im Leben verantwortlich ist: Bewegung, Jagen, Revierabsteckung, Triebe, Paarungsverhalten, Flirt. Hinter ihrem Verhalten steht das Bedürfnis der Frau, den Mann beim Aufziehen und Versorgen der Kinder einzubinden und sich des Schutzes vor Bedrohungen von außen zu versichern. Die Betaisierung des Mannes geschieht durch verschiedene Tests (sogenannte Shittests), mit denen die Frau die Loyalität und Stärke ihres Partners testet, sowie meist unbewusste „Erziehungsmaßnahmen", mit denen sie Kontrolle über ihn und seine Kontakte ausübt, wie das Einfordern von Rechenschaftsberichten, emotionale Dramen, um seine Aufmerksamkeit zu fixieren, Wecken von Schuld- und Schamgefühlen, Manipulation, Liebes- und Sexentzug und so weiter. Die Art und Weise, wie ihr Partner darauf reagiert, bestimmt dann ihr weiteres Verhalten ihm gegenüber. Bleibt der Mann in diesem Test nicht souverän, gelassen und standfest, hat er verloren. Er gibt die Kontrolle auf und nimmt die Opferrolle ein. Eine Frau kann sich jedoch mit so einer Haltung ihres Partners nicht zufrieden geben. Sie wird nichts unversucht lassen und ihn weiter provozieren, in der Hoffnung, dass er doch noch seinen Mann steht und ihr Paroli bietet. Geschieht dies nicht, beginnt die Abwärtsspirale der Beziehung: Die Frau verliert die Achtung und das Vertrauen gegenüber dem Mann, sie beginnt ihn zu traktieren und zu kommandieren und wird bei diesem Prozess immer mehr zur dominanten Mutter, die den Mann lobt oder bestraft und von ihm eine Anpassung an ihre Vorstellungen fordert. Dabei bestimmt dann ausschließlich sie, wie die Atmosphäre zu Hause ist, wie viel Nähe oder Distanz zwischen ihnen ist und wann sie Sex haben. In Auseinandersetzungen fühlt er sich meist als der Verlierer, und er versucht seiner Partnerin zu entfliehen, was sie wütend macht. Je mehr eine Frau gegenüber ihrem Partner jedoch in die dominante Rolle der Mutter schlüpft, umso mehr verliert sie den Zugang zu ihrer fraulichen Seite. Ihr Mann wird zu einem weinerlichen, abhängigen Jungen; sie dagegen verhärtet und vertrocknet dabei. Die Vorgehensweisen der Betaisierung des Partners sind individuell etwas unterschiedlich, aber jede Frau beherrscht sie instinktiv oder auch bewusst. Das hat allerdings schwerwiegende unangenehme Nebeneffekte: Die Beziehung wird durch gegenseitiges Misstrauen vergiftet und der Partner respektlos oder im besten Fall mitleidig behandelt. So oder so sinkt seine Attraktivität unter Null. Da muss dann irgendwann ein neuer, aufregender Alphamann her.

8. *Vermännlichte Sexualität*
Die Sexualität von uns Frauen verläuft zum großen Teil immer noch nach den Vorgaben der männlichen Sexualität. Erst langsam verbreitet sich die Erfahrung und Erkenntnis, dass eine Sexualität unter weiblicher Maßgabe anders ist, als sie viele Frauen leben. Es gibt einige Frauen, die nur schwer oder gar nicht einen Orgasmus bekommen können. In der Sexualberatung nennen sie auch meist gleich die Ursache hierfür: „ Ich kann mich nicht fallen lassen; ich kann nicht die Kontrolle aufgeben." Die Fähigkeit, als Frau einen Orgasmus zuzulassen, setzt tatsächlich viele weibliche Qualitäten voraus, die die Frau dann neu entdecken und entwickeln darf: die Fähigkeit, ganz im eigenen Körper präsent zu sein und diesen von innen zu fühlen, die Fähigkeit, sich mit den eigenen körperlichen Empfindungen sowie mit dem Partner verbinden zu können. Zu lernen, ganz in den Augenblick hinein zu entspannen und die Kontrolle der Gedanken zugunsten des Fühlens aufgeben zu können. Nicht damit beschäftigt zu sein, in welchen Stellungen sie besonders vorteilhaft zur Geltung kommt, sondern die verschiedenen Körpergefühle lustvoll und frei ausdrücken zu dürfen.

Der lieblose Umgang mit dem eigenen Körper degradiert vor allem bei jungen Frauen die Selbstbefriedigung zu einem gefühlsarmen Masturbieren, wie es auch von Männern bekannt ist: ein zielgerichtetes Erzeugen eines klitoralen Orgasmus mittels Brausekopf oder Vibrator. Der Körper wird hierbei überhaupt nicht mehr liebevoll berührt, stattdessen wird in Minutenschnelle Druck abgelassen – als Stressabbau oder Einschlafhilfe. Einen vaginalen oder gar einen Ganzkörperorgasmus kennen nur wenige Frauen, denn das braucht Vertrauen und Hingabe im Sex – an den Partner, aber vor allem an sich selbst als Frau. Daher sind meiner Erfahrung nach viele Frauen von einer erfüllenden weiblichen Sexualität noch weit entfernt. Die Note „befriedigend" im Sinne von gegenseitiger Bedürfnisbefriedigung reicht vielen aus – obwohl noch viel unentdecktes und ekstatisches, ja sogar heilendes Potenzial in der Kraft der weiblichen Sexualität liegt.

9. Somatische Krankheitssymptome

Um einen gleichberechtigten Platz in dieser Gesellschaft zu erringen und sich aus alten konventionellen Rollen zu befreien, mussten Frauen das männliche Feuer entwickeln: Eroberung, Abenteuer, Kampf, Zielstrebigkeit und Schnelligkeit. Doch zu viel Feuer führt zum Burn-out – wie der Name schon sagt. Das weibliche, ausgleichende Element ist das Wasser: Es fließt, umspült und spiegelt die Umwelt wider. Es passt sich dem Untergrund an, ohne sich selbst zu verlieren. Es entspannt, harmonisiert und verbindet. Wenn das feminine Wasserelement fehlt, kommt es zu einer Expansion des inneren Feuerelements, was sich bei anhaltendem Zustand in diversen körperlichen Krankheitssymptomen äußern kann. Zu hohe Leistungsansprüche und Überlastung ohne entspannenden Ausgleich können zu Rückenproblemen und Bandscheibenvorfällen führen.

Starke Nackenverspannungen, und als Folge davon Migräne, können das Resultat von großer Verantwortung und zu viel Kontrolle sein. Diese somatischen Symptome nehmen in den letzten Jahren gerade bei jungen Frauen zu. Dahinter lässt sich fast immer ein hoher Leistungsanspruch an sich selbst bei geringem Selbstwertgefühl entdecken sowie das Fehlen einer inneren Balance und Harmonie. Permanente Anspannung und Kontrolle in Beruf, Partnerschaft, Kindererziehung und selbst im Sex fordern ihren Preis.

10. Beruf statt Mutterschaft

Frauen in Deutschland fällt die Entscheidung für ein Kind zunehmend schwer. In dem Artikel „Was sie wirklich will" belegt der Focus (Nr. 28/11) laut eigener Umfrage, dass mehr als vierzig Prozent der deutschen Frauen im Alter von 25 bis 49 Jahren in einem kinderlosen Haushalt leben. Dafür mag sicherlich zum einen der äußere Faktor verantwortlich sein, dass es noch immer nicht genügend Kindertagesstätten gibt. Aber auch die berechtigte Sorge, beruflich nicht wieder den Anschluss zu finden und der beruflichen Karriere damit zu schaden, lässt Frauen zögern, Mutter zu werden. Ein weiterer, tieferer Grund dafür liegt jedoch meines Erachtens im Verständnis von der gesellschaftlichen Rolle der Frau beziehungsweise vom Status der Mutter. Denn nach dem traditionellen Rollenverständnis tritt im deutschsprachigen Raum die Frau zugunsten der Mutterschaft vollständig in den Hintergrund. Da die Mutter bei uns als der wichtigste und natürliche Ansprechpartner des Kleinkindes gilt, ist von ihr unbedingte Aufmerksamkeit und Verfügbarkeit gefordert – und das 24 Stunden am Tag. Die beruflichen Ambitionen sowie alle anderen legitimen Interessen müssen demnach hinter der Fürsorge für das Kind zurücktreten. Seit die Mutterschaft aber bei deutschen Frauen nicht mehr als Inbegriff des weibliches Daseins gilt, erleben Frauen den Konflikt zwischen Kind und dem eigenen Leben als Frau, der manche in die Zerreißprobe führt.

Auch der hohe Grad an Individualismus und das Streben nach Selbstverwirklichung machen die Mutterschaft für Frauen nicht unbedingt attraktiv. Denn die damit verbundenen Werte der Freiheit und Unabhängigkeit stehen in starkem Widerspruch zu den Anforderungen eines Kindes. Die bisherige Sorge um sich selbst muss der Fürsorge für ein anderes Wesen weichen und die Freiheit, zu tun, was frau will, zugunsten der Hingabe aufgegeben werden.

Die Qualitäten der Mutterschaft erscheinen vielen erst einmal als ein Widerspruch zu dem, was sie zuvor entwickelt haben und ihnen wichtig war. Geduld, Langsamkeit, Abhängigkeit, Fürsorge, Einfühlungsvermögen und Hingabe sind keine Attribute, die Frauen wertschätzen, da sie in unserer Gesellschaft wenig Anerkennung finden und für das berufliche Fortkommen wenig sinnvoll und nützlich erscheinen. Diesen tieferen Grund habe ich oft in Gesprächen mit Frauen herausgehört, die mit dem ersten Kind zu Hause geblieben sind und die Rückkehr ins Berufsleben immer wieder hinausgezögert oder ganz abgelehnt haben: Ihnen fehlte die Flexibilität, zu den Verhaltensanforderungen des Berufslebens zurückzukehren. Dieser tiefere Grund spielt auch eine Rolle bei Frauen, die bewusst auf Kinder verzichtet haben, weil sie die dafür erforderlichen Qualitäten für sich ablehnen und sie als hinderlich für ihr Frausein und auch für ihre berufliche Karriere ansehen. Mutterschaft und die damit verbundene Lebensart sind in die moderne Vorstellung von Frausein schwer integrierbar.

Doch allein die Veranlagung zur Mutterschaft fordert jede Frau heraus, sich mit diesem Thema auseinanderzusetzen und einen eigenen Standpunkt und Umgang damit zu finden.

Auf der Suche nach weiblicher Identität bedarf es jedoch nicht nur der Auseinandersetzung mit dem eigenen Muttersein. Die

Tatsache, dass wir alle eine Mutter haben und von dieser Frau geboren und zumeist auch aufgezogen wurden, macht deutlich, dass wir elementar in unserem Frausein von der eigenen Mutter geprägt sind.

Ich schaue in den Spiegel – und sehe meine Mutter

*„Zwei Dinge sollen Kinder von ihren Eltern bekommen:
Wurzeln und Flügel."*
(Johann Wolfgang von Goethe)

Die Begleitung eines Kindes stellt immer eine besondere Herausforderung dar. Jedes Kind ist ein Individuum und braucht daher eine für sich angemessene und nährende Zuwendung. Kinder ernähren sich vor allem von dem Stoff, von dem wir alle nie genug kriegen können, und das ist Liebe.

Für unser Frausein ist die Beziehung zur Mutter elementar. Von ihr haben wir alles für unsere weibliche Identität gelernt. Von klein auf, oft schon mit der Muttermilch aufgenommen, haben wir bereits nonverbal von ihr die ersten Botschaften über das Leben und uns selbst, über Körperlichkeit und Sexualität erhalten. Gerade weil wir das gleiche Geschlecht haben, wirkt die Identifizierung mit der Mutter subtil und nachhaltig.

Jedes Kind, egal ob Junge oder Mädchen, braucht Mutter und Vater. In der Spiegelung der Mutterliebe entwickelt das kleine Mädchen sein Grundvertrauen in das Leben und die Menschen. So wie die Mutter das Kind annimmt, fühlt es sich vom Leben angenommen. Es erfährt die Sinnhaftigkeit seines Daseins unabhängig von dem, was es ist und leistet. Dies geschieht in den ersten Lebensmonaten und -jahren, welche die Entwicklungspsychologie als orale Phase der Kindheit beschreibt.

Das Herz schlägt für die Mutter

Unser Leben beginnt im Bauch der Mutter. Neun Monate lang sind wir über die Nabelschnur untrennbar mit ihr verbunden. Wir atmen mit ihr, wir fühlen mit ihr, leben in ihr. Wir wachsen in einem sicheren, warmen und geborgenen Klima heran, in dem wir uns gehalten, genährt und getragen fühlen. Es ist für alles gesorgt, und wir dürfen heranwachsen und uns entfalten in der natürlichen Einfachheit des Seins. Wir sind eins mit der Mutter, und es gibt noch keine Unterscheidung von Ich und Du. Was immer die Mutter denkt und fühlt, sind auch unsere Empfindungen. All ihre Stimmungen, ihre Emotionen, ihr Glücklich- oder Unglücklichsein empfangen wir direkt als unsere eigenen Stimmungen und Gefühle.

Wenn die Nabelschnur durchschnitten wird, atmen wir selbst, doch die Symbiose mit der Mutter bleibt auch noch nach der Geburt und Abnabelung die ersten Monate unseres Lebens bestehen. Nun erleben wir uns in der Spiegelung durch die Mutter. Durch den liebevollen Körperkontakt mit ihr erhalten wir ein Gefühl für uns selbst: durch ihre Zärtlichkeit, ihr Streicheln und Berühren, das Gehaltensein auf ihrem Arm und durch das Stillen. Das sind die wichtigsten Botschaften von der Mutter an das kleine Mädchen. In dem Maße, in dem wir diese körperlichen Zuwendungen erleben, können wir ein Selbstwertgefühl aufbauen und die Gewissheit entwickeln, dass wir liebenswerte, wundervolle und ganz besondere Kinder sind. Wir können uns glücklich fühlen und uns weiterhin getragen wissen von ihrer Liebe. Unserem Entwicklungsprozess gemäß haben wir dann gegen Ende des ersten Lebensjahres das Bewusstsein entwickelt, dass Mutter und Kind zwei getrennte Wesen sind. „Ich bin nicht du", realisiert das Kleinkind in dieser Phase. Das ist die zweite Trennung des Kleinkindes von der Mutter, mit der sich sein Autonomieprozess fortsetzt. Manchmal können diese ganz natürlichen Trennungen, die Teil unseres Lebensweges sind, bereits traumatisch für das Kind sein, wie Rückführungen in die Kindheit unter Trance mit Klientinnen und Seminarteilnehmern immer wieder zeigen.

Die Kleinkindzeit, in der das Mädchen den körperlichen Halt und die Liebe der Mutter benötigt, ist sehr fragil und anfällig für erste Verletzungen des Selbstwertes und der Eigenliebe. Vielleicht hat es eine schwere Geburt erlebt, ist zu früh oder zu spät gekommen oder war bereits als Säugling oder Kleinkind einige Wochen von der Mutter getrennt. Trennungen, welcher Art sie auch sind, empfindet ein Kind als sehr schmerzhaft. Es versteht die Gründe dafür nicht und erlebt das Fehlen der Mutter für sich als einen Mangel an Liebe und Körperkontakt.

Hierin wird deutlich, wie eng das Mutter-Kind-Band geflochten ist und wie empfänglich das Kind für alle Botschaften ist, die die Mutter aussendet, auch ohne Sprache. Die körperliche Zuwendung der Mutter vermittelt dem Kind ein stabiles Selbstvertrauen und die Sinnhaftigkeit des Daseins. Es fühlt sich vom Leben angenommen, getragen und geliebt – und dies nicht partiell, sondern in seinem ganzen weiblichen Wesen. Umgekehrt erlebt das Mädchen die fehlende Präsenz und körperliche Zuwendung der Mutter in dieser ersten Lebensphase als emotionale Zurückweisung. Ein unzureichendes Selbstwertgefühl und fehlende Selbstwertschätzung können die Folge sein, die sich dann wie ein roter Faden durch das Leben einer Frau ziehen und ihre Identität sowie ihre Liebesbeziehungen prägen kann.

Lena, eine Frau von 40 Jahren, kam zu mir zum Coaching: Sie war ihr Leben lang Single und litt zunehmend unter dem Alleinsein. Sie hatte bisher nur einige wenige Liebschaften gehabt und hatte auch nicht viele Kontakte und keine wirklichen Freundinnen. Sie war zwar erfolgreich in ihrem Beruf und konnte sich ein angenehmes Leben machen, doch vermisste sie Körpernähe, Liebesbeziehungen und Freundschaften. Wieso das so war, konnte sie mir nicht beantworten. In einer Rückführung in ihre Kindheit hat sie sich dann als Baby mehrere Monate allein in einem Brutkasten gesehen. Ohne jeden Kontakt zur Mutter konnte sie das ganze Ausmaß ihrer Einsamkeit von damals noch einmal erleben. Die Überzeugung, die sich in dieser schmerzhaften Situation gebildet hatte – „Ich bin so, dass niemand mich will" –, hat dafür gesorgt, dass sie in ihrem kindlichen Trauma stecken blieb und keine längeren verbindlichen Beziehungen aufbauen konnte. Erst die Loslösung von ihrer Überzeugung und das Zulassen des dahinterliegenden Schmerzes ließen sie frei, um neue Schritte zu wagen und auf andere Menschen zuzugehen.

Natürlich wusste sie von ihren Eltern, dass sie als „Frühchen" lange Zeit im Brutkasten gelegen hatte. Aber sie konnte vorher nicht ermessen, welche Bedeutung diese Erfahrung für ihr Leben hatte, und sie stellte keinen Zusammenhang her zwischen ihrem kindlichen Trauma und ihrem Unvermögen, verbindliche Liebesbeziehungen und Freundschaften zu knüpfen.

Schwierigkeiten mit der weiblichen Identität, eine unbefriedigende Sexualität oder fehlende verbindliche Beziehungen können einen Hinweis auf mütterliche Botschaften geben, die wir unbewusst übernommen haben. Daher haben es einige Frauen schwer, die eigene Mutter anzunehmen, oder lehnen sie sogar in deren Persönlichkeit ab, wenn sie als Kind darunter gelitten haben. Während meiner Studienzeit errang ein Buch von Barbara Franck die Bestsellerliste: „Ich schau in den Spiegel und sehe meine Mutter". Das war und ist für die meisten Frauen das Allerletzte, was sie im Spiegel sehen wollen. Und dennoch ist es so. Die meisten von uns haben keine Mutter erlebt, mit der sie sich bewusst identifizieren würden. Lieber tun wir das mit anderen: Künstlerinnen, Schauspielerinnen oder anderen großen Frauen aus Kunst, Kultur und sozialen Bewegungen, die Großartiges in ihrem Leben geschaffen haben. Daran ist auch nichts verkehrt. Es ist wundervoll, wenn wir solche Frauen in unserem Leben haben, die uns ein Vorbild sind, von denen wir lernen können und denen wir vielleicht sogar nacheifern wollen. Doch kommen wir trotzdem nicht an unserer Mutter vorbei. Auch wenn eine Frau bei der Großmutter aufgewachsen ist, bei Pflegeeltern oder beim Vater, hatte sie dennoch eine Mutter, die sie entscheidend in ihrem Frausein geprägt hat. Aus den Erfahrungen meiner langjährigen Arbeit behaupte ich: Solange eine Frau nicht bereit ist, ihre Mutter anzuschauen, ihr Wesen zu verstehen und zu akzeptieren, dass sie von ihr alles für ihr Frausein bekommen hat, so lange kann sie sich nicht selbst lieben. Es ist wie ein Riss, der durch sie hindurchgeht und der sie zutiefst von sich selbst trennt. Der Riss der tiefen Ablehnung zeigt sich in ihrem Umgang mit sich selbst, der Körperlichkeit und Sexualität, aber auch besonders in ihrem Verhältnis zu anderen Frauen. So erlebe ich immer wieder am ersten Abend zu Beginn des Frauentrainings, dass einige erzählen, wie misstrauisch, unsicher und getrennt von den anderen Frauen sie sich fühlen und dass sie mit großem inneren Widerstand im Seminar sind. Auf meine Nachfrage hin berichten sie ohne Ausnahme, dass sie entweder nur noch gelegentlichen oder gar keinen Kontakt mehr zur Mutter haben.

Haben Sie also den Mut, sich einmal eingehend mit Ihrer Mutter zu beschäftigen, wie Sie es vielleicht vorher noch nicht getan haben. Erkunden Sie das Leben dieser Frau, die Ihnen auf eine Art so vertraut ist, und betrachten Sie sie aus einer gewissen Distanz.

Übung: Das Leben der Mutter erkunden
Legen Sie Fotos von ihr aus verschiedenen Zeiten vor sich hin und betrachten Sie sie eingehend. Fotos, auf denen sie allein ist, und Fotos, die sie zusammen mit ihrem Partner zeigen:
- Was war sie für eine Frau?
- Wie war sie als kleines Mädchen und als junge Heranwachsende?
- Macht sie einen glücklichen oder eher unglücklichen Eindruck?
- Lacht sie viel, oder finden Sie sie niemals in heiterer Stimmung vor?
- Wie sieht sie aus? Wie ist ihre Ausstrahlung?
- Können Sie eine sinnliche Frau in ihr entdecken?
- Ist sie (für ihre Zeit) sexy gekleidet oder eher unscheinbar?
- Gibt es Fotos von ihr allein, oder gibt es nur Familienfotos?
- Und welche Botschaften haben Sie von ihr erhalten über Frausein, Sexualität und Liebe – nonverbal oder verbal?
- Welche Botschaften finden sich davon in Ihrem Leben wieder, in Ihrer Sexualität und in Ihrer Partnerschaft?

Nehmen Sie sich etwas Zeit mit den Fotos Ihrer Mutter und diesen Fragen – es lohnt sich.
Ob wir es gut finden oder nicht, die Botschaften unserer Mutter haben uns geprägt und werden von uns in unseren Beziehungen und Partnerschaften reproduziert.

Ich möchte Ihnen im Folgenden ein paar „Muttertypen" vorstellen, die Ihnen helfen können, Ihre Mutter und ihr Verhalten besser zu verstehen. Es geht mir nicht darum, Mütter zu kritisieren oder bloßzustellen. Ich bin selbst Mutter und weiß um die Begrenzungen der Liebe. Vielmehr möchte ich dabei aufzeigen, wie sich dieses „Erbe" Ihrer Mutter möglicherweise auf Ihr Liebesleben und Ihre Partnerschaft ausgewirkt hat, und wünsche mir, dass Sie dadurch Anregungen bekommen, etwas für sich und Ihr Glück zu verändern. Vielleicht sind Sie aber auch selbst Mutter und können die eine oder andere Anregung für den Umgang mit Ihrem Kind daraus entnehmen.

Der Prototyp: die bewusste Mutter

Die ideale Mutter stelle ich mir als eine Frau vor, die sich selbst liebt und wertschätzt und der es leichtfällt, auch ihre kleine Tochter (wie auch den Sohn) zu lieben und zu achten. Indem sie ihre Liebe lebt und diese ihrem Kind schenkt, nimmt sie bewusst ihren Auftrag an und übernimmt Verantwortung, sodass der neue Mensch wachsen kann. Dabei ist ihre Liebe mit Freiheit verbunden, sodass sie ihrem Kind Möglichkeiten und Raum gibt, sich zu dem zu entfalten, was es sein will. Das bedeutet, dass sie ihre eigenen Vorstellungen von diesem Menschen zu reflektieren vermag und ihm diese nicht einfach überstülpt.

Sie ist eine Frau, die ihre Körperlichkeit bejaht und eine sinnliche, sexuell erfüllte Beziehung lebt. Die positive Beziehung zum eigenen Körper vermittelt sie auch dem Mädchen, indem sie ihm viel Körperkontakt gibt, ohne aufdringlich zu sein, und ihr Kind häufig berührt, im Arm hält, mit ihm kuschelt und ihm Halt gibt. Das ist eine gute Basis dafür, dass das Kind sich in seiner Körperlichkeit angenommen fühlt und ein natürliches und bejahendes Verhältnis zum eigenen Körper entwickeln kann.

Da die Mutter selbst einen guten Kontakt zu ihren Gefühlen hat und diese bejaht, versteht sie die ihres Kindes und unterstützt es darin, auch die unliebsamen Emotionen wie Traurigkeit oder Wut auszudrücken. Sie lässt das Kind nicht allein damit, sondern hilft ihm, sie in gute Bahnen zu lenken. Wenn das Kind wütend ist, kann sie mit ihm einen „Monstertanz" tanzen, lässt es mit Schaumstoffschlägern die Sofakissen vertrimmen oder geht mit ihm in den Wald, abgestorbene kleine Baumstämme fällen. Wenn es weint, wird es von ihr getröstet und in den Arm genommen, und wenn es verzweifelt ist, bietet sie ihm eine konstruktive Sichtweise an, damit umzugehen. Sie nimmt die Gefühle des Kindes ernst und vermeidet es, sie zu bagatellisieren.

Die ideale Mutter geht mit einer offenen und freudigen Haltung durchs Leben und ist allem Neuen gegenüber erst einmal aufgeschlossen. Dadurch vermittelt sie ihrem Kind, furchtlos und neugierig gegenüber Menschen und neuen Situationen zu sein. Es lernt so, dass das Leben sich immer wieder in vielen ungewohnten Erlebnissen zeigt, wird kontaktfreudig und kann sich auch in neuen Situationen einbringen, ohne Angst vor Veränderungen zu entwickeln.

Die bewusste Mutter ist eine Frau, die in sich ruht, zwischen den verschiedenen Rollen und Aufgaben in ihrem Leben zu unterscheiden vermag und ein ausgeglichenes Verhältnis zwischen Mutterschaft, Frausein, Partnerschaft und anderen, auch beruflichen Interessen herstellt. Sie achtet darauf, dass ihre Weiblichkeit nicht hinter der Mutterschaft verloren geht, und bewahrt sich ein Eigenleben als Frau. Was sie tut, tut sie mit ganzem Herzen. Ihre klare innere Ausgerichtetheit vermittelt dem Kind Verbindlichkeit, Fürsorge, emotionale Präsenz und liebevolle Zuwendung. Gleichzeitig lässt sie das Kind aber auch immer wieder frei. Wenn sie ihren Beruf ausübt und das Kind in die Kindertagesstätte oder den Kindergarten geht, lässt sie es los und signalisiert ihm, dass die Mutter auch noch eigene, von dem Kind getrennte Interessen und Aufgaben hat. Sie verhindert damit, von ihm vereinnahmt zu werden und sich aufzuopfern, was auch ihrer Tochter oder ihrem Sohn nicht guttun würde. Genauso wichtig ist es, dass die Frau neben ihrer Mutterschaft auch die Paarebene pflegt. Dabei darf das Kind durchaus erleben, dass die Eltern sich ins Schlafzimmer zurückziehen und für sich allein sein wollen. Es lernt so, die Grenzen anderer zu akzeptieren und dass es selbst ebenfalls anderen Grenzen setzen darf. Schilder wie „Bitte im Moment nicht stören" oder „Ich möchte jetzt für mich sein" sollten sowohl die Eltern als auch die Kinder nutzen. Beide Seiten lernen dadurch einen respektvollen Umgang miteinander und die Freiheit des anderen zu achten. Natürlich muss diese Form der Abgrenzung in einem ausgewogenen Verhältnis zum Miteinander stehen. Die körperliche und emotionale Nähe zwischen Mutter/Eltern und Kind darf dadurch nicht beeinträchtigt werden.

Ein weiterer wichtiger Aspekt dabei ist, dass die Mutter-Frau Aufmerksamkeit und Bestätigung in Beruf, Freundschaften und Partnerschaft erhält, sodass sie hierfür nicht ihr Kind missbrauchen muss. Dies verhindert die ausschließliche Identifizierung mit der Mutterschaft, die allzu leicht dazu führt, dass das Kind für das eigene Selbstbewusstsein herhalten oder nach den Vorstellungen der Mutter parieren muss. Gerade weil sie ihr Kind von Herzen liebt, kann sie es innerlich loslassen, sodass es auch zum Vater und zu anderen Menschen eine intensive Beziehung aufbauen kann. Das Mädchen lernt dadurch früh, selbstständig zu sein, und entwickelt dabei auch Entscheidungskompetenz. Es bekommt äußeren und inneren Raum, eigene Bedürfnisse wahrzunehmen, und erfährt, dass es einen eigenen Willen hat, wonach es auch handeln darf. Auch wenn die ideale Mutter einen freundschaftlichen, liebevollen und respektvollen Umgang mit dem Kind pflegt, gibt sie niemals ihre Führung und Verantwortung als Mutter dem Kind gegenüber auf. Das bedeutet, dem Kind auch Grenzen zu setzen, wenn sie dies für erforderlich hält, und sich ihm gegenüber durchzusetzen. Ihre entschiedene Haltung, ihre Aufrichtigkeit und Geradlinigkeit geben dem Kind Sicherheit und Halt. Es weiß, woran es mit der Mutter ist und dass es sich auf sie verlassen kann.

Partnerschaft: Verbindlichkeit und Selbstständigkeit
Eine Frau, die in dieser liebevollen Beziehung zur Mutter heranwachsen durfte, kann ein gesundes Selbstwertgefühl und Selbstvertrauen aufbauen. Sie wird sich selbst als eine liebenswerte, wundervolle und attraktive Frau wahrnehmen, mit einer offenen und neugierigen Haltung dem Leben und den Menschen gegenüber. Sie wird fähig sein, die Balance zwischen Verbindlichkeit und Freiheit, zwischen Hingabe und Selbstständigkeit in der Beziehung zu halten. Da sie das Loslassen und die Eigenständigkeit in der Liebe der Mutter erfahren hat, wird sie auch ihrem Partner innerlich leichter Freiraum geben können. Liebe und Partnerschaft erhalten einen festen Platz in ihrem Leben neben ihrem Beruf, anderen freundschaftlichen Beziehungen und Interessen. Sie nimmt ihr Leben selbstverantwortlich in die Hand und erwartet nicht ihr Glück ausschließlich von ihrem Partner.

Zwischen ihr und ihrem Partner wird ein ausgewogenes Verhältnis von Geben und Nehmen sein. Würde sich das ändern, wäre das ein Grund, die Beziehung zu beenden, da es ihr wichtig ist, dass sich beide in gegenseitiger Achtung und Freiheit verbinden. Weder möchte sie vom anderen gebraucht werden, noch möchte sie selbst abhängig von ihm sein. Der Anspruch an Partnerschaft ist ein liebevolles, aufmerksames Miteinander, bei dem sich beide emotional und kommunikativ gleichermaßen einbringen, sowie ein erfülltes Sexualleben. Kann die Frau diese Ansprüche in einer Partnerschaft nicht auf Dauer realisieren, gibt es keinen Grund für sie, bei dem Mann zu bleiben. Sie zieht es vor, sich selbst treuer zu sein als einem anderen Menschen.

Zwischen Glucke und Rabenmutter

Die meisten von uns Frauen haben jedoch nicht unbedingt so eine liebevolle und klare Mutter erleben dürfen, sondern eher eine begrenzte Form der Zuwendung und Liebe. Wenn wir uns unsere Geschichten mit unseren Müttern anschauen, sollten wir ihnen zugutehalten, dass auch sie ihre spezielle Geschichte mit sich tragen, in der sie wahrscheinlich mehr Leid, Entbehrung und Begrenzungen erlebt haben als wir. Wenn unsere Mutter also keine glückliche und für sie heile Kindheit und Jugend erleben konnte, dann konnte sie auch an uns nur das an Liebe und Wissen weitergeben, was ihr möglich war. Wie schmerzhaft und einengend das auch für Sie war – Sie können davon ausgehen, dass Ihre Mutter ihr Bestes gegeben und Sie geliebt hat.

Bei den hier von mir dargestellten Typen handelt es sich daher um verschiedene Formen von Begrenzungen der Liebesfähigkeit, sodass die Liebe vom Kind verzerrt, eingeschränkt oder verletzend erlebt wurde. Da dies ein unbewusster Vorgang ist, handelt es sich hierbei um Schattenfiguren, die durch die Jahrzehnte, ja durch die Jahrhunderte hindurch weitergegeben wurden von Mutter zu Tochter: Kränkungen, Beschränkungen, Unwissenheit und die Ablehnung essenzieller weiblicher Qualitäten, die keine oder nicht genügend Anerkennung und Wertschätzung fanden, weder in der von Männern beherrschten Gesellschaft noch bei den Frauen. So ist es mir ein Anliegen aufzuzeigen, dass sich hinter diesen Schattenfiguren, unter denen vielleicht auch Sie gelitten haben, wundervolle ursprüngliche weibliche Qualitäten verbergen. Wenn wir daher uns von der Mutter und ihrem Verhalten distanzieren, schneiden wir uns gleichzeitig von unseren weiblichen Wurzeln ab und können nicht voll ins Frausein kommen. Wollen wir jedoch unsere Weiblichkeit mit Freude genießen, ist es notwendig, uns von den Schattenaspekten der Mutter zu befreien und die dahinterliegenden Qualitäten anzunehmen.

Die Glucke

Die Glucke ist ein Muttertyp, den wahrscheinlich überwiegend ältere Frauen erfahren haben. Sie behütet ihre Tochter übermäßig und überschüttet sie mit ihrer Fürsorge. Das Mädchen wird gehätschelt und geküsst, ob es das gerade mag oder nicht. Die Mutter überschüttet ihre Tochter mit ihrer Liebe und Fürsorge. Sie ist superängstlich und lässt das Mädchen ungern allein. Sie gibt das Kind im entsprechenden Alter nicht gern zu anderen und lässt auch dem Vater keine Chance, eine eigene Beziehung zu dem Mädchen aufzubauen. Sie vermeidet alles, was das kleine Mädchen in Gefahr bringen könnte, und behält es zu Hause, solange dies möglich ist. Mit aufmerksamem Blick überwacht sie die Entwicklung und sorgt dafür, dass ihr niemand in ihr Werk pfuscht. Sie schirmt ihre Tochter von der Außenwelt ab, solange das irgendwie geht, also bis zur Schulzeit, und ist bemüht, auch dann noch viel mit ihr zu unternehmen, natürlich nur zu deren Bestem.

Dahinter stecken Bevormundung und ein großes Kontrollbedürfnis. Die Glucke will sich die Liebe und Bindung ihres Mädchens sichern. Die übertriebene Fürsorge, mit der sie ihr Kind überschüttet, lässt eher auf ihre eigenen Bedürfnisse nach Körperkontakt, Nähe und emotionaler Bindung schließen. So wird aus dem vordergründigen Geben der Mutter in Wirklichkeit ein Nehmen – eine subtile Manipulation, um das Kind an sich zu binden. Die Übermutterung, die ein emotionaler Missbrauch ist, bedrängt und vereinnahmt das Kind. Auch wenn solch gluckenhaftes Verhalten der Mutter viel öfter in Bezug auf ihre Söhne anzutreffen ist, führt es doch auch bei Mädchen zu Verunsicherung. Darauf kann ein Mädchen auf zweierlei Weise reagieren: Es wird es später schwer haben, sich von anderen abzugrenzen, und ein angepasstes Verhalten zeigen. Oder es entwickelt ein starkes Bedürfnis nach Abgrenzung. Mit der Abgrenzung von der Mutter-Glucke wird das Mädchen auch deren Verhalten ablehnen, hinter dem sich doch auch eine Qualität verbirgt: die Fürsorglichkeit.

Die Schatten in Liebe und Partnerschaft
Das gluckenhafte Verhalten ihrer Mutter verwechselt die erwachsene Frau mit Liebe, und sie wird sich sehr wahrscheinlich in der Partnerschaft entsprechend verhalten. Sie neigt zu einer unreflek-

tierten und symbiotischen Partnerbeziehung, die von romantischen Vorstellungen geprägt ist. Ihre Sehnsucht nach Verschmelzung, allumfassender Liebe und Harmonie ist sehr groß, und sie wird alles dafür tun, ihren Partner in diese Liebe einzubinden. Wahrscheinlich wird sie einen Partner finden, der eine Mutter mit gleichem gluckenhaften Verhalten hatte, sodass es ihm ganz natürlich erscheint, wenn die Frau ihn bemuttert. Er wird das ebenfalls für Liebe halten. Die Frau umsorgt ihn – auch auf emotionaler Ebene. Die Phase der Verliebtheit wird voraussichtlich als eine lang anhaltende Zeit der Verschmelzung und Symbiose erlebt. Endet der symbiotische Honeymoon, wird die Frau ihren Mann bevormunden und kontrollieren. Sie kann ihrem Partner nicht die Freiheit lassen, Dinge allein zu tun, sie fragt ihn aus, wenn er etwas ohne sie unternimmt, und für öffentliche Events legt sie ihm das angemessene Hemd mit Krawatte hin. Damit, so glaubt sie, beweist sie ihrem Mann ihre Liebe. Der Mann, der sich nicht gelöst hat aus der Bindung mit seiner Mutter, wird dies dankend annehmen. Ihre Bevormundung wird sich irgendwann so weit steigern, dass sie ihm sagt, was er zu tun und zu lassen hat. Zu dem Zeitpunkt verkommt ihre Beziehung zu einer klassischen Mutter-Sohn-Beziehung, in der sie jede Achtung und den Respekt vor ihm verliert. Da scheut sie dann auch nicht mehr davor zurück, ihn in der Öffentlichkeit zu kritisieren und zu blamieren. Je länger er dieses stillschweigend erduldet, umso mehr wird er in ihren Augen zu einem jämmerlichen Waschlappen, den sie durch weitere Respektlosigkeiten zum erhofften Aufbegehren zu provozieren versucht – doch meist vergeblich. Mit den Jahren verstärkt sich ihr Gefühl, immer nur zu geben und nichts mehr von ihm zu bekommen, was sie immer unzufriedener werden lässt. In dieser Beziehungsdynamik erhält die Frau den Eindruck, dass der Mann sie braucht und ohne sie verloren wäre. Wenn sie bereits Kinder hat, bekommt sie noch ein weiteres hinzu: ihren Mann. Spätestens zu diesem Zeitpunkt endet die gemeinsame Sexualität. Und wenn sie nicht ihre Liebe und ihre Bedürfnisse nach körperlicher Nähe und Zärtlichkeit auf ihre Kinder projiziert, wird sie sich einen Liebhaber nehmen.

Es kann aber auch sein, dass eine Frau mit Gluckenmutter eine große Angst und Abneigung gegen symbiotische Beziehungen entwickelt, was die Konsequenz haben kann, dass sie keine verbindlichen Beziehungen und Partnerschaften eingeht. Sie wird dann dafür sorgen, dass der Mann nach einer Liebesnacht schnellstmöglich ihre Wohnung verlässt, oder sie hat Beziehungen, bei denen der Partner ein paar Hundert Kilometer von ihr entfernt wohnt. Vielleicht wählt sie auch einen Beruf, durch den sie viel unterwegs ist, vorzugsweise im Ausland. Das viele Reisen gibt ihr ein Gefühl von Freiheit und macht es ihr leicht, sich immer wieder rechtzeitig von Männern zu verabschieden, bevor sie ihr zu nah kommen und die Beziehung zu eng wird.

Eine moderne Variante der Glucke
Dieser Typus zeigt sich in heutiger Zeit bei einer Mutter, die vielleicht lange auf Nachwuchs gewartet hat und deren Kind ihr Ein und Alles ist. Oder bei einer Frau, die sich jahrelang vor allem ihrem beruflichen Fortkommen gewidmet und sich dann, bevor die biologische Uhr abläuft, noch „ein Kind gegönnt" hat. Dem Mädchen, das bei diesem Muttertyp aufwächst, wird es zunächst an nichts mangeln. Es wohnt wahrscheinlich in einem großen, behaglichen Kinderzimmer, vollgestopft mit allerlei weichem Spielzeug, vor allem aber mit Spielzeug, durch das die Kleine bereits im Säuglings- und Kleinkindalter lernen kann, damit sie die besten Voraussetzungen für die Schule mitbringt. Dieses kleine Mädchen darf sich sehr geliebt fühlen von der Mutter, denn es wird mit körperlicher liebevoller Zuwendung, Wertschätzung und Aufmerksamkeit bedacht. Diese Tochter wird schnell merken, dass ihre Eltern viel in sie investiert haben und dass diese Investitionen von Zeit, Geld und Liebe getätigt werden, damit aus ihr nicht nur „etwas Anständiges" wird, sondern „etwas Großes". Die Mutter wählt nicht nur sehr sorgsam die Kleider der kleinen Prinzessin aus, sondern auch ihr Spielzeug sowie ihre Spielkameraden. Lehrerinnen und andere Erzieherinnen werden danach beurteilt, wie sehr sie das Mädchen in seiner Entwicklung zu fördern vermögen. Und auch ihr selbst ist keine Anstrengung zu viel, das Kind für dessen außerhäusliche Aktivitäten durch die Gegend zu kutschieren. Hier ist das kleine Mädchen der Stern der Mutter, der Mittelpunkt, um den sich alles dreht.

Wahrscheinlich wird die Tochter unter diesem Muttertypus zumindest als Kind noch nicht leiden, denn sie hat alles, was sie braucht, und erhält viel Wertschätzung. Die Botschaften, die hier dem Mädchen vermittelt werden, könnten aber sein, dass Liebe käuflich ist, dass Liebe immer an Erwartungen gebunden ist oder dass Liebe Leistung erfordert. Es könnte sein, dass das junge Mädchen oder die junge Frau sich in der Pubertät gemaßregelt und kontrolliert fühlt und sich gegen diese Art der Mutterliebe auflehnt.

Wenn Eltern ihr Leben zu sehr auf das Töchterchen hin ausrichten, es zum Mittelpunkt und zur Sinnstiftung ihres Lebens machen, dann bekommt das kleine Mädchen eine unangemessene Stellung. Besonders, wenn es ein Einzelkind ist, wird das Mädchen mit zu viel Aufmerksamkeit überschüttet. Die Eltern setzen keine Grenzen und gehen auf jeden Wunsch und jede Stimmung des Kindes ein. Jedes Wehwehchen wird ernst genommen und dem Arzt vorgetragen, bei jeder Verhaltensauffälligkeit sofort therapeutische Hilfe gesucht. Die Eltern richten sich nach dem Kind und ordnen sich in ihrem Leben den Bedürfnissen des Kindes unter. Dadurch bekommt das Mädchen eine unangemessene Macht, denn es lernt schnell: Ich bekomme alles, was ich will; ich kann Mama und Papa kontrollieren. Ohne entsprechende Grenzen und das Erlernen einer gewissen Anpassung wird das Mädchen zur Narzisstin. „Meine Launen sind Gesetz, und die anderen müssen sich fügen." Es lernt nicht, Grenzen zu akzeptieren und sich nach anderen zu richten oder gar unterzuordnen. In der Jugend bieten dann exzentrische Models, Stars und Schauspielerinnen entsprechende Vorbilder für das narzisstische Verhalten. Speziell die Abwesenheit des Vaters oder seine Unfähigkeit, Grenzen zu setzen, erzeugen immer mehr Narzisstinnen unter den jungen Frauen. Diese sind nicht beziehungsfähig, da sie nicht gelernt haben, auf andere einzugehen, ihnen zuzuhören und sich selbst auch mal zurückzunehmen.

Die sich Aufopfernde

Diese Mutterrolle hat eine gewisse Ähnlichkeit mit der Glucke, denn diese Mutter ist auch permanent zu Hause. Dadurch gibt es für das kleine Mädchen kaum ein Entrinnen. Während allerdings die Glucke ihre Tochter mit überschwänglichen Gefühlen der Zuneigung überschüttet, wird sich das Mädchen bei dieser Mutter kaum deren Leidensmiene entziehen können. Dieser Muttertypus tut ebenfalls alles für Mann und Kind, doch macht sie dies nicht aus einer inneren Freude heraus und weil sie ihre Liebsten verwöhnen will, sondern wegen ihres (aufgesetzten) Pflichtbewusstseins. Diese Mutter spielt die perfekte Opferrolle. Aber eben weil sie eine Rolle spielt und nicht mit vollem Herzen und aus eigener Überzeugung dabei ist, fühlt sie sich bald ausgebrannt, ausgenutzt und leer. Während wir uns unter einer Glucke eher einen korpulenteren Frauenkörper vorstellen können, wird die sich aufopfernde Mutter mit der Zeit wahrscheinlich immer hagerer und ausgezehrter.

Auch hier ist das Geben ein falsches Geben, das von der unausgesprochenen Erwartung motiviert ist, dafür belohnt zu werden. Im Himmel vom lieben Gott und auf Erden vom kleinen Mädchen. Dieses fühlt sich in die Pflicht genommen, denn die unausgesprochene Botschaft der Mutter ist: „Ich tue so viel für dich und du dankst es mir so wenig. Sei wenigstens ein braves Mädchen. Sei schön leise und lieb." Was, glauben Sie, wird sich die Tochter im Erleben der Mutter für Überzeugungen über Liebe kreieren? „Wenn ich jemanden liebe, muss ich Opfer bringen." Oder: „Ich muss lieb und brav sein, damit Mama nicht leidet." Sie könnte auch Schuldgefühle entwickeln und zu der Überzeugung kommen: „Ich bin schuld, dass Mama leidet."

So wächst die Tochter mit Beschämung, Schuld und dem Dasein als Opfer auf und wird diese Gefühle mit in ihr Frausein nehmen. Hier muss die Frau – in aller Liebe – sich von der Mutter und dem kollektiven Erbe der weiblichen Familie trennen, wenn sie nicht die alte Opferrolle übernehmen und weitergeben will. Sie muss bewusst aus diesem System der Selbstverleugnung heraustreten, um Kraft und Freude zu erfahren, das Leben schöpferisch selbst in die Hand zu nehmen und zu gestalten.

Die Schatten in Liebe und Partnerschaft
Auch hier verwechselt die Frau Liebe mit Aufopferung und Wohlverhalten und versucht, die Bedürfnisse anderer zu erfüllen, des Mannes, der Kinder, aber auch ihrer Mutter, und das, was diese von ihrer Tochter erwartet, nämlich eine pflichtbewusste Ehefrau und Mutter zu sein. Isabelle und ihre Geschichte geben dafür ein gutes Beispiel ab:

Isabelle ist 38 Jahre alt, schlank und eigentlich sehr hübsch. Aber ihr Gesicht wirkt fahl, eingefallen und grau. Sie ist seit zwölf Jahren verheiratet und hat drei Söhne zwischen fünf und zehn Jahren. Ihr

Ehemann ist ein Professor, der den ganzen Tag arbeitet und auch abends viel unterwegs ist. Sie ist in einem christlichen Elternhaus aufgewachsen und lebt mit ihrer Familie auch in einem christlichen Umfeld, in dem die Rolle der Mutter und Hausfrau noch hoch angesehen wird. Isabelle hat mit ihrer Familiengründung nicht nur ihren Beruf aufgegeben, sondern auch ihre Hobbys, denen sie zuvor leidenschaftlich gern nachgegangen ist. Sie kommt zur Therapie, weil sie rastlos und traurig ist und sich nur noch funktionierend als Hausfrau und Mutter erlebt. Sie hat keine Lebensfreude mehr und weint, weil sie sich innerlich ausgebrannt und leer fühlt. Sie sieht keine Möglichkeit, daran etwas zu ändern, denn sie spürt keinen Kontakt zu sich selbst und weiß nicht, was sie sich wünscht. Auf meine Nachfrage hin stellt sie fest, dass sie noch nie das Gefühl hatte, mit sich in Kontakt zu sein, dass sie sich selbst nicht wahrnehmen kann und auch nicht weiß, wer sie ist und was sie will. „Wer bin ich eigentlich jenseits meiner Rollen und Funktionen?", fragte sie sich selbst.

In der Ausrichtung auf Mann und Familie hin hat sie das Leben ihrer Mutter wiederholt, mit dem gleichen Anspruch, es gut zu machen. Doch konnte sie sich dabei selbst nicht finden. Mit ihrem Mann traute sie sich nicht darüber zu sprechen, denn sie hatte Angst, dass er sie nicht verstehen und deshalb ablehnen würde. Außerdem hatte er nie Zeit. Sie wollte jedoch ganz dringend etwas in ihrem Leben ändern. Nach einigen Sitzungen kam sie dann aber nicht mehr. Sie und ihr Mann waren umgezogen, hatten ein neues Haus gebaut, was sie sehr in Anspruch nahm. Isabelles Beispiel macht deutlich, dass der Preis der Aufopferung immer Selbstverleugnung ist. Zu dem Zeitpunkt, als sie zu mir kam, konnte sie für kurze Zeit die Verantwortung für sich übernehmen, dann aber fiel sie wieder zurück in die alten Muster. Aber wenn sie noch länger in dieser Situation bleibt und nicht den Weg zu sich selbst sucht, wird sie stärker leiden und ihrem Mann irgendwann Vorwürfe machen, dass er ihr Leiden nicht sieht. Oder sie wird mit ihrer Leidensmiene dafür sorgen, dass er es sieht. Das wird ihren Partner jedoch weiter auf Rückzug gehen lassen oder gar in die Flucht schlagen. Denn eine leidende Frau verliert ihr inneres Strahlen, den Glanz in ihren Augen, ihre Würde und Lebensfreude, und das ist nicht besonders anziehend für den Mann.

Wenn eine Frau sehr unter der aufopfernden Mutter gelitten und dies nicht für sich aufgearbeitet hat, kann es auch sein, dass sie genau das Gegenteil macht. Dann führt die Ablehnung dieses mütterlichen Verhaltens sie in Stärke und Macht. Sie wird sich eine berufliche Position schaffen, in der andere für sie arbeiten und sie das Sagen hat, und wird sich möglicherweise auch einen Mann suchen, dem sie sich überlegen fühlt. Diese Überlegenheit steht aber auf sehr wackeligen Füßen, wenn sie damit lediglich ihre eigenen Gefühle von Schuld und Hilflosigkeit zu kompensieren sucht. Diese Menschen können dann leicht zur Tyrannei neigen. Vielleicht spielt der Mann das eine Weile mit. Aber irgendwann wird es ihm wahrscheinlich zu viel, und er geht. Oder er zieht sich innerlich zurück, wird ein noch ärmeres Opfer, als er bisher war, und wird völlig unattraktiv für die Frau, sodass sie geht.

Die körperlich oder seelisch kranke Mutter

Es kommt nicht selten vor, dass Frauen eine kranke Mutter erlebt haben, und das nicht nur einmal für eine gewisse Zeit, sondern über viele Jahre. In dem Moment, in dem die Mutter krank wird und das Mädchen die Verantwortung für Haushalt, Geschwister und die Mutter zumindest zu einem Teil übernehmen muss, ist ihre Kindheit zu Ende. Ist der Vater mit der Krankheit überfordert – besonders dann, wenn seine Frau depressiv wird –, oder ist er ohnehin nicht mehr da und die Frau ist gerade aufgrund der Trennung in Depressionen verfallen, so bleibt dem kleinen Mädchen gar nichts anderes übrig, als sich um alles zu kümmern. Das ist ein schlimmes und sehr einschneidendes Ereignis für das Mädchen, denn die Rollen von Mutter und Kind werden hierbei vertauscht. Die Tochter ist fortan die Große und die Mutter die Kleine. Belastend kann hinzukommen, dass die Mutter der Kleinen ihr Herz ausschüttet, vielleicht auch über ihren Mann, den Vater des Mädchens, klagt und schimpft. So verliert das Mädchen jeden Halt. Nicht nur, dass sie geplagt ist von der Sorge um die Mutter, sie kann auch keinen Halt mehr im Vater finden, denn der ist aus Sicht der Mutter meistens „schuld" an der Situation. Je häufiger oder länger die Mutter sich in ihre Depression oder andere Krankheiten zurückzieht, ohne sich professionelle Hilfe zu suchen, umso mehr bangt das Mädchen um sein Zuhause und damit um seine soziale und emotionale Sicherheit. Es verliert den Boden unter den Füßen. Von daher wird es vehement dafür sorgen müssen, dass es der Mutter wieder besser geht, und wird alles dafür tun. Das Mädchen lernt, groß, stark und vernünftig zu sein, während seine Schulfreundinnen draußen spielen. Wird die Krankheit der Mutter noch dazu als Tabu in der Familie behandelt, kann die Tochter mit niemandem darüber sprechen und schämt sich für die Mutter. Sie steht also sehr allein da. In ihrer Unsicherheit und Hilflosigkeit wird das Mädchen sich fest an seine Aufgaben klammern. Es wird den Haushalt ordentlich führen, die Geschwister, falls vorhanden, gut versorgen und die Mutter nicht aus den Augen lassen. Gleichzeitig wird das Mädchen eine unbändige Wut auf die Mutter entwickeln, die dafür gesorgt hat, dass es nicht mehr sein eigenes kindgerechtes Leben führen darf. Diese Wut darf es jedoch nicht fühlen, und sie wird deshalb tief verdrängt. Es wird auch Wut auf den Vater entwickeln, der unfähig ist, das Problem zu lösen. Und später als Erwachsene wird die Tochter in ihrer verdrängten Wut voller Herablassung auf Mutter und Vater schauen.

Die Schatten in Liebe und Partnerschaft
Wie sich die unterdrückte Wut in Leben und Partnerschaft einer Frau auswirkt, hängt von zweierlei Faktoren ab: der Dauer der Krankheit der Mutter und der Persönlichkeitsstruktur der Frau. Wenn die Wut sehr stark verdrängt wird, kann es sein, dass sie sich nach dem Vorbild der Mutter ebenfalls in Depression und Krankheit zurückzieht, denn nach ihrer kindlichen Erfahrung hat sie gelernt, dass eine Frau durch Krankheit von anderen viel Aufmerksamkeit erhalten kann.

Es kann aber auch sein, dass die Frau mit ihrer Wut im Bauch sich zu einer dominanten Persönlichkeit entwickelt. Möglicherweise wird sie sich eine berufliche Selbstständigkeit aufbauen oder eine führende Position in einem Unternehmen einnehmen, sodass die Wut in zielgerichtete Aktivität umgesetzt wird. Da sie bereits als Kind gelernt hat, die ganze Familie zu managen, fällt es ihr nicht schwer, auch andere Menschen zu führen. Ihren Führungsanspruch nimmt sie allerdings auch mit in ihre Partnerschaft, in der sie dafür sorgt, dass sie alles im Griff hat. Ihr Partner wird eher ein schwacher Mann sein, der sich ihr unterordnet und fügt, denn das kennt sie ja bereits als männliches Vorbild vom

Vater. Es ermöglicht ihr, an den Gefühlen von Überlegenheit und Kontrolle festzuhalten, die sie bereits als Kind entwickeln musste. Vielleicht sucht sie sich aber auch einen „Wutmenschen", das heißt einen Mann mit viel unterdrückter Wut, dann kann sie ihre eigene Wut an ihm und mit ihm ausagieren. In diesem Fall wird sie eine konfliktreiche Kampfbeziehung mit ihrem Partner führen. Da dieser eine vortreffliche Projektionsfläche für die eigene Wut bietet, muss sie sich nicht mit ihren Wutgefühlen auseinandersetzen. Es sei denn, dass die Wut manchmal so unkontrolliert aus ihr hervorbricht, dass sie ganze Geschirrberge zertrümmert, Möbelstücke demoliert oder gewalttätig gegenüber ihrem Partner wird. Dann wird sie anfangen, unter ihrer Wut zu leiden, und sich vielleicht auf den Weg machen, diese anzuschauen und zu hinterfragen.

Die Rabenmutter

Eine Frau, die ihre Freiheit und Unabhängigkeit liebt, kann in innere Konflikte geraten, wenn sie ein Kind bekommt, besonders wenn es nicht geplant war. Dann hat sie es schwer, eine Bindung zu ihrem kleinen Mädchen aufzubauen. Die körperliche und auch emotionale Zuwendung, die das kleine Wesen von der Mutter braucht, kollidiert mit deren Bedürfnis nach Unabhängigkeit. So wird die eigene Tochter zur Konkurrentin, die ihr die Freiheit nimmt. Die Mutter verweigert ihrem Kind das Maß an liebevoller Zuwendung und Körperkontakt, das es eigentlich benötigt. Sie stillt das Mädchen sehr wahrscheinlich früh ab oder kann es erst gar nicht stillen. (Damit sage ich nicht, dass alle Mütter, die nicht stillen können, Rabenmütter sind!) Oftmals hat die unabhängige Mutter als Kind selbst wenig Körperkontakt und Zuwendung erhalten, und häufig geht damit einher, dass sie ihren Körper, ihre Weiblichkeit und Sexualität ablehnt. Diese Botschaft gibt sie unbewusst durch ihr Verhalten an das Mädchen weiter, das dadurch in einem Zustand des Mangels bleibt, den es als Zurückweisung deutet. Durch die fehlende körperliche Zuwendung, die sich in den ersten Monaten im Halten an der Brust und dem Stillen ausdrückt, entsteht in dem Mädchen eine große Unsicherheit und ein Misstrauen gegenüber der Mutter und dem Weiblichen. Dies kann sich auch darin äußern, dass der Säugling von sich aus die Brust der Mutter verweigert.

Liebe ist für einen Säugling nichts Abstraktes, sondern immer ein körperliches Erleben. Durch liebevolles Berühren, Halten, Küssen und Streicheln der Eltern entwickelt der Säugling ein Gefühl von Sicherheit und Vertrauen und die Gewissheit: Ich bin liebenswert, so wie ich bin. Es ist gut und richtig, dass ich da bin. Hat das Mädchen diese Nähe und Zärtlichkeit nicht bekommen, fehlt ihm das Urvertrauen. Der Selbstzweifel und der Zweifel am Leben allgemein sind damit gelegt. Dieses Mädchen wird in seinem ganzen Leben sehr viel äußere Sicherheit suchen und immer wieder die Bestätigung, dass es liebenswert ist – als Erwachsene in erster Linie vom Partner. Meistens hat diese Frau auch keinen guten Kontakt zu ihrem Körper und ihren eigenen Bedürfnissen entwickeln können. Sie lebt wie in einer äußeren Hülle, ohne dass sie sie innerlich ausfüllen kann, und weiß nicht, was sie wirklich braucht.

Das Mutter-Tochter-Verhältnis ist hier sehr belastet, und der Kontakt zueinander wird oftmals ganz abgebrochen, wenn das Mädchen „groß genug" ist. Entweder geht die Mutter weg, weil sie studieren oder sich beruflich etwas aufbauen will, und das Mädchen wird bei der Oma gelassen. Oder die Mutter hat eine neue Liebe gefunden und geht mit dem neuen Partner davon. Manchmal wird der Kontakt auch seitens der Tochter abgebrochen, wenn ihr in späteren Jahren bewusst wird, wie wenig Liebe sie von ihrer Mutter erhalten hat.

Diese Mädchen treffe ich immer häufiger in den jungen Frauen um die dreißig in meinen Frauentrainings an. Und ich bin immer wieder erschüttert über ihre Geschichten und die innere Unsicherheit und Verlorenheit dieser Frauen. Sie sind die Töchter der Mütter der Selbsterfahrungsgeneration. Ihre Geschichten zeigen, dass auch der Selbsterfahrungstrip eine Schattenseite hat, nämlich dann, wenn er zum Egotrip wird.

Dazu Amelies Geschichte, die eine von vielen dieser Frauengeschichten ist: Amelie ist 28 Jahre alt, eine große, sehr schlanke und attraktive Frau, die zu mir ins Training kommt. Sie fällt mir auf, da sie immer im hochgeschlossenen Pullover herumläuft, selbst im Gruppenraum bei Übungen mit viel Körperkontakt und 24° C. Als ich sie einmal salopp darauf anspreche, sagt sie mir, dass sie permanent friere und Erkältungssymptome habe, obwohl sie nicht erkältet sei – dies allerdings nur im Frauentraining. Obwohl Amelie einen schönen

Körper hat, schämt sie sich für ihn, und sie hat sich noch nie in ihrem Leben selbst berührt. Sie hatte immer Beziehungen, wenngleich bisher nie eine glückliche Sexualität; entweder hatte sie Probleme oder ihr Partner. Und sie hatte bis zu diesem Zeitpunkt noch nie eine Freundin, bis auf ihre kleine Schwester. Amelie ist voller Misstrauen anderen Frauen gegenüber. Gleichzeitig hat sie eine große Sehnsucht nach Kontakt, gehalten und liebevoll berührt zu werden. Sie hat die Ausstrahlung eines jungen Mädchens in der Pubertät.

Die Geschichte dahinter: Amelie wird von ihrer Mutter geboren, als diese 17 Jahre alt ist, und wächst mit Mutter und den Großeltern auf. Ihren Vater kennt sie nicht, und die Mutter verweigert auch später noch die Auskunft über ihn. Als Amelie 15 Jahre alt ist, verlässt die Mutter sie und ihre vier Jahre jüngere Schwester und geht mit ihrem neuen Mann ins Ausland, ohne dass geklärt ist, bei wem die Kinder bleiben. Die kleine Schwester kommt in ein Heim, während Amelie bei ihren Großeltern bleiben darf. Trotz dieses Hintergrunds hat sie sich in ihrem Leben etwas aufgebaut: Sie hat studiert und ein eigenes kleines Unternehmen auf die Beine gestellt, mit dem sie sehr zufrieden ist, und ist auch immer wieder Liebesbeziehungen eingegangen.

Die Schatten in Liebe und Partnerschaft

An Amelies Beispiel wird das Erbe einer unabhängigen Mutter deutlich. Sie ist eine sehr unsichere und verlorene Frau, die keinen Kontakt zu ihrem Körper und zu ihren eigenen Bedürfnissen hat. Da sie sehr viel Bestätigung von außen braucht, sucht sie diese vom Partner zu bekommen. Es reicht nicht, wenn der Partner einmal am Tag sagt: „Du bist eine tolle Frau und ich liebe dich", sie muss es immer und immer wieder hören. Sie ist sehr harmoniebedürftig und feinfühlig. Jede kleine Unstimmigkeit in der Partnerschaft, jedes unerwartete Verhalten seitens ihres Partners wirft sie aus der Bahn. Sofort bezieht sie dies auf sich, sucht die „Schuld" bei sich und zermürbt sich mit Selbstzweifeln. Auf Dauer ist es für den Partner schwer auszuhalten, dass er permanent ausgleichen soll, was ihr fehlt: Vertrauen, Selbstwertschätzung und Selbstliebe. Irgendwann wird er nicht mehr bereit sein, ihr die Sicherheit, Wertschätzung und die emotionale sowie körperliche Liebe zu geben. Er wird sich ihr entziehen – erst einmal innerlich, dann äußerlich. Die Frau wird in der Partnerschaft zum kleinen Mädchen, das vom Partner erwartet, was es selbst nicht hat. Sie sucht bei ihm Orientierung und Halt. Da sie keinen guten Kontakt zu ihren Wünschen und Bedürfnissen hat, kann sie sich nicht in die Partnerschaft einbringen. Sie orientiert sich ausschließlich an ihrem Partner. Ihr großes Harmoniebedürfnis lässt sie immer fragen, was sich ihr Partner wünscht, nie, was sie selbst möchte. So macht sich diese Frau in der Partnerschaft immer kleiner und abhängig vom Mann. Am Anfang mag ihm das noch schmeicheln, da er sich dabei großmütig, galant und stark fühlen kann. Aber auf die Dauer werden ihn der Kleinmut und die Selbstunsicherheit seiner Partnerin belasten, und er wird nicht länger bereit sein, die Verantwortung für sie zu übernehmen. Sie wird für ihn unattraktiv, und er wird über kurz oder lang auch den Sex mit ihr verweigern.

Die verschiedenen Muttertypen: ein Fazit

Diese Beispiele mögen zeigen, wie notwendig es ist, dass wir uns unsere Beziehung zu unserer Mutter anschauen, uns mit den „geerbten" Anteilen von ihr auseinandersetzen und unseren Frieden damit finden. Jede Frau hat einen bestimmten Muttertypus erlebt. Vielleicht nicht immer in der Reinform, wie ich ihn dargestellt habe. Vielleicht aber auch noch in extremerem Ausmaß. Da wir als kleine Mädchen abhängig sind von der Liebe unserer Mutter und der Sicherheit eines guten Zuhauses, verdrängen wir für gewöhnlich die schmerzhaften Erlebnisse. Wir wollen ja Mutter und Vater weiter lieben können, denn wir brauchen ihre Liebe. So nimmt jede Frau ihr „Päckchen" an verdrängten Gefühlen mit in ihr Erwachsenenleben und damit auch in ihre Beziehungen und Partnerschaften. Das kleine Mädchen in jeder Frau will aber erlöst werden, die Seele sucht danach, geheilt und ganz zu werden. Dieser Heilungsaspekt ist ein wichtiges unbewusstes Motiv, wonach wir unseren Partner auswählen. Wenn man lange Zeit therapeutisch mit Frauen und Männern arbeitet, kann man feststellen, dass jede Beziehung, insbesondere aber die verbindlichen Partnerschaften, Heilungsbeziehungen sind. Wenn die Frau die Augen öffnet und achtsam mit sich und dem Partner ist, wird sie die Erfahrung machen, dass ihr Partner ein wunderbarer Spiegel für ihr inneres Kind ist und für all die Gefühle und Erlebnisse, die sie lange Zeit verdrängt hat und die nach Befreiung und Erlösung rufen. Unsere Partnerschaftsstrukturen sind den Familien, aus denen wir kommen, sehr ähnlich. Die wenigsten Menschen leben in Kommunen oder anders organisierten Lebensformen. Die meisten bevorzugen die monogame Beziehung und die Familienstrukturen, die sie kennen. So reproduzieren wir nicht nur die äußeren Strukturen von Partnerschaft und Familie, sondern ebenfalls die inneren, unter denen wir gelitten haben. Daher empfiehlt es sich, auch einen Blick auf die Beziehung von Mutter und Vater sowie auf die Sexualität der Mutter zu werfen.

Mütter sind asexy

Die meisten Frauen (zumindest die älteren) haben ihre Mutter kaum nackt gesehen oder erlebt, dass sie mit ihrem Mann Zärtlichkeiten austauschte. Mütter sind für viele Frauen asexuelle Wesen. Woran liegt das? Natürlich hat das Kind erst einmal keine sexuelle Beziehung zu den Eltern, sondern sucht die körperliche Nähe und Wärme als Botschaft der Liebe und des Gefühls, angenommen zu sein. Dennoch empfangen wir auf der nonverbalen Ebene auch Botschaften zur Sexualität, die uns prägen.

Viele unserer Mütter hatten jedoch weder einen besonders guten Kontakt zu ihrem Körper und ihrer Sinnlichkeit noch zu ihrer Sexualität. Sinnlichkeit und Körperbewusstsein waren lange Zeit Fremdwörter für die meisten Frauen. Natürlich hat die Frau sich schon immer schön gemacht und ihre weiblichen Signale gesendet, um einen potenziellen Partner anzuziehen. Doch die Körperkultur unserer Gesellschaft, in der wir Sauna, Massagen aller Art, FKK und Sport genießen können, ist noch relativ jung. Es gab davor wenig Bewusstsein für die eigene Körperlichkeit, Sinnlichkeit und damit auch für die Sexualität. Die weiblichen Reize wurden lediglich gezeigt und gesendet, wenn es darum ging, einen Partner zu finden. Wenn er dann gefunden war, gab es keine Notwendigkeit mehr, sich reizvoll zu zeigen. Spätestens mit dem ersten Kind wurden viele Frauen erst einmal nur noch zur Mutter.

Der Mann hatte seinen Beitrag geleistet und war sexuell gesehen nicht mehr interessant. Nun galt die ganze Aufmerksamkeit der Mutter dem Kind. Viele Frauen haben noch erlebt, dass sich ihre Eltern mit Mama und Papa ansprachen, die Versorgung des Nachwuchses stand also völlig im Zentrum der Partnerschaft. Zärtlichkeiten und Sex zwischen den Eltern gab es schlichtweg nicht mehr. Das Frausein war von der Mutterschaft abgelöst worden. Diese Botschaft haben viele Frauen übernommen, obwohl heute andere Vorstellungen davon herrschen. Doch die unbewussten Programme in uns sind sehr stark. Wenn die Frau kein eigenes Körperbewusstsein entwickelt hat, wenn sie ihre Sinne und Sinnlichkeit nicht bewusst aktiviert und lebt, dann wird sie dem unbewussten Muster, das sie von der Mutter übernommen hat, folgen und sich ausschließlich ihrem Muttersein widmen.

Die Verbannung der Sexualität aus der Mutterschaft
Es spricht gar nichts dagegen, dass eine Frau während ihrer Schwangerschaft Sex hat. Und es spricht auch überhaupt nichts dagegen, dass sie nach der Geburt wieder Sex hat, wenn es keine Komplikationen gab. Natürlich sind Schwangerschaft und Geburt im Leben jeder Frau eine starke körperliche Veränderung, die sie in Anspruch nimmt. Doch nach der Umgewöhnungszeit kann sie ihren sexuellen Aktivitäten wieder nachgehen. Manche Frauen argumentieren allerdings, dass sie viel Energie beim Stillen des Kindes lassen; andere finden wiederum gerade auch beim Stillen sexuelle Erfüllung. Das ist alles schön und gut – doch wo bleibt dabei die Liebesbeziehung?

Sollte die gelebte Sexualität mit dem Partner nicht mehr sein als reine Bedürfnisbefriedigung und auch der Liebe und Verbindung mit dem Partner dienen?

Meine Erfahrung damit ist, dass Frauen, die einen guten Kontakt zu ihrer Sinnlichkeit und Sexualität entwickelt haben, auch während der Schwangerschaft Sex haben und schon bald nach der postnatalen Umstellungsphase wieder sexuell aktiv werden. Doch für einige Frauen ist die Geburt ihres Kindes ein willkommener Anlass, sich aus der Sexualität zurückzuziehen.

Die Geburt eines Kindes bedeutet immer eine Krise für die Partnerschaft, denn in die Zweisamkeit kommt ein drittes Wesen hinzu. Viele Frauen haben nicht gelernt, die Liebe in sich zu entwickeln, und dass diese Liebe mit vielen Menschen geteilt werden kann, nicht nur mit dem eigenen Partner. Sie richten ihre Liebe exklusiv auf den einen Mann und wenden sich nach der Geburt mit ihrer Liebe dem Kind zu. Der Partner bleibt außen vor. Gerade in den ersten Monaten der Stillzeit, in der die Mutter den innigen Kontakt mit ihrem Kind aufbaut und genießen darf, fühlt sich der

Mann häufig ausgeschlossen. Besonders problematisch kann diese Situation werden, wenn die Mutter einen kleinen Jungen bekommen hat. Dann kann es bereits in dieser Phase geschehen, dass der Junge zum kleinen Prinzen wird, den die Mutter mit ihrer ganzen Liebe und Zärtlichkeit überschüttet, sodass nichts mehr für den Mann übrig bleibt. Wird der Mann nicht bewusst mit in die Mutter-Kind-Beziehung einbezogen, damit sich eine Dreiecksbeziehung aufbaut, kann sich eine Mutter-Sohn-Beziehung entwickeln, in der der Partner stets außen vor bleibt und der Sohn zum Partnerersatz wird. Natürlich sollen Sie als Mutter in diesen ersten Monaten Ihre ganze emotionale und körperliche Liebe und Zuwendung dem Kind schenken. Nur achten Sie darauf, dass Sie Ihren Mann mit hineinnehmen. Richten Sie sich Zeiten der Zweisamkeit ein, auch wenn diese nur kurz sein mögen aufgrund der Stillzeiten und unruhigen Nächte. Auch wenn die Zeit der Zweisamkeit kurz ist, geben Sie Ihrem Partner damit zu verstehen, dass er Ihnen nach wie vor wichtig ist. Vielleicht sind Sie zu müde, um grandiosen Sex zu haben, dann können Sie sich aber doch körperlich nah sein, Zärtlichkeiten austauschen und miteinander entspannen. Damit holen Sie Ihren Mann in Ihre Mutter-Kind-Beziehung hinein und Ihr Kind in Ihre Mann-Frau-Beziehung. Um es noch einmal deutlich zu machen: Die Mutter darf ihrem Kind alle Liebe und Zärtlichkeiten geben, die sie ihm geben mag. Sie darf ihr Kind halten. Doch sie sollte ihr Kind auch immer wieder loslassen. Das sind zwei wesentliche Eigenschaften der Mutterschaft. Indem sich die Frau auch dem Mann zuwendet und ihm ihre Aufmerksamkeit gibt, lässt sie in diesen Momenten ihr Kind für eine Weile los. Das ist wichtig für das Kind, egal welchen Geschlechts es ist. Ansonsten stellen Sie die Weichen dafür, dass die Sexualität in Ihrer Partnerschaft immer weniger und irgendwann gar nicht mehr stattfindet. Auf diese Weise wiederholt die Frau unbewusst den alten Rollenkodex der Mutter, auch wenn sie diesen einmal abgelehnt hat.

Die Erfahrungen mit der eigenen Mutter erschweren es Frauen oftmals, ein positives Bild von Weiblichkeit zu entwickeln und die Frauenwelt von Herzen anzunehmen. Je mehr die Tochter unter einem bestimmten Muttertypus gelitten hat, umso stärker wird sie die weibliche Welt als das, was die Mutter verkörpert hat, ablehnen und von sich weisen.

Die Ablehnung der Mutter hindert jedoch Frauen daran, einen eigenen Zugang zu sich selbst zu finden und eine weibliche Identität aufzubauen. Da die Frau nicht weiß, wer sie selbst ist, orientiert sie sich dann am Mann und definiert sich über ihn. Dies hält sie in einer Abhängigkeit von ihm, die sie oftmals daran hindert, sich auf die Suche nach sich selbst zu machen. Für die Suche nach der eigenen weiblichen Identität ist es daher ein bedeutender Schritt, sich mit der Beziehung zur Mutter auseinanderzusetzen und sich mit ihr auszusöhnen.

Sich aus dem weiblichen Karma befreien

In unseren Liebesbeziehungen und Partnerschaften sind wir nicht nur durch unsere individuelle Erlebniswelt und Familiensozialisation geprägt, sondern auch durch die kollektive Geschichte der Frau. Das kollektive weibliche Bewusstsein, das sich über die Jahrhunderte gebildet hat, ist in unserem kollektiven Unbewussten[2] abgespeichert und beeinflusst uns noch heute in unserem Selbstwertgefühl wie auch in unserem Verhältnis zum Mann.

Um die Liebe in ihrer Ganzheit erleben zu können, ist es hilfreich, sich die kollektiven weiblichen Identifizierungen anzuschauen und sich von ihrem verletzenden und einschränkenden Einfluss zu befreien. Mein Anliegen ist es, hier drei der größten Identifizierungen aufzuzeigen, die aus der kollektiven Geschichte von Frauen stammen, die uns in außergewöhnlichem Maße in unserer Freiheit begrenzen und unsere Frau-Mann-Beziehungen negativ bestimmen: Das ist die Identifizierung mit den Emotionen, dem Schmerzkörper und die Identifizierung als Opfer.

Die Loslösung von den eigenen Emotionen

Frauen haben für gewöhnlich einen guten Kontakt zu ihren Gefühlen. Es ist ihre Stärke, Gefühle bei sich wahrzunehmen und diese auch auszudrücken. Sie nehmen sich viel Zeit, sie zu analysieren und mit ihren Freundinnen darüber zu reden. Es stößt bei ihnen auf großes Unverständnis, dass Männer dieser Qualität so wenig abgewinnen können und sich zurückziehen, wenn sie den Vorstoß wagen, mit ihnen über ihre Gefühle zu sprechen. Die Frau könnte das für sich auf die Formel bringen: „Ich fühle, also bin ich." Die Identifizierung mit den eigenen Gefühlen führt allerdings leicht zu deren Überbewertung, sodass sie für die Wahrheit gehalten werden. Frauen leiten davon schnell das Recht ab, zu jeder Zeit und in jeder Situation ihre Gefühle auszudrücken, besonders in der

Partnerschaft. Die Emotionalität hat der Mann bereits als Kind bei seiner Mutter erlebt, und so reagiert er häufig wie ein kleiner Junge, er zieht sich zurück. Die frustrierte Frau, die mit ihren Gefühlen nicht bei ihrem Mann landen kann, sieht dies nicht ein. Sie lässt ihn nicht in Ruhe, sondern versucht, ihn weiter mit ihren Emotionen zu konfrontieren. Wenn er auch darauf nicht eingeht und sich noch mehr zurückzieht, ist die Enttäuschung umso größer. „Du redest nicht mit mir", ist dann ein häufiger Vorwurf. Tatsächlich herrscht in solch einer Situation aber ein Ungleichgewicht zwischen Frau und Mann. Da die Frau keine Probleme hat, ihre Gefühle zu äußern, der Mann diese Fähigkeit aber gar nicht oder nur unzureichend entwickelt hat, ist die Frau in der machtvolleren Position. Vielleicht empfindet sie es in dem Moment als befriedigend, dass sie ihre Gefühle einmal loswird, aber es führt nicht zu der erwarteten Kommunikation. Die beiden befinden sich in einer Sackgasse. Natürlich muss die Frau ihren Partner nicht schonen, ja, sie hat sogar die Aufgabe, die Gefühle in die Beziehung einzubringen. Wenn sie aber emotional gerade sehr geladen ist, ist es besser, sich ein Beispiel am Partner zu nehmen und sich ebenfalls zurückzuziehen und mit den Gefühlen für sich zu bleiben.

Meistens sind es sowieso alte Gefühle, die reaktiviert und oftmals durch einen banalen Anlass ausgelöst werden. Wir sprechen daher auch von Präsentations- und Quellkonflikt. Die Frau ärgert sich zum Beispiel über ihren Mann, der sich nach der Arbeit spontan mit einem Freund zum Joggen verabredet hat. Als er nach Hause kommt, wirft seine Frau ihm vor, dass er ohne Absprache seinen Interessen nachgeht und die Kinder vernachlässigt. Tatsächlich waren die Kinder jedoch beim Sport und wurden von einem anderen Vater mit nach Hause genommen. Es gab also keinen Anlass für den Ärger der Frau. Sie hat jedoch die Gelegenheit genutzt, ihren Partner mit einem Vorwurf zu konfrontieren. Die Quelle dafür liegt in ihrer Unzufriedenheit damit, dass er sich Freiräume gestattet, die sie sich nicht erlaubt, auch wenn sie das könnte. Diese Unzufriedenheit, die sie nicht kommuniziert, entlädt sich dann in unangemessenen Situationen und schafft Drama, aber keine Lösungen. Daher ist es ratsam, die eigenen Gefühle nach deren Ursache zu hinterfragen und zu reflektieren. Sehr schnell kann die Frau dann erkennen, was sich hinter ihren Gefühlen an alten Verletzungen verbirgt. Um ihren Ärger kurzfristig zu entladen, kann sie dann besser joggen gehen, den Boxsack im Keller vertrimmen oder eine Freundin anrufen, die ihr sicherlich gerne zuhört.

Gunnar und Jana kommen zur Paartherapie. Jana weint und tobt und macht ihrem Partner den Vorwurf, dass er fremdgehe und ihre Beziehung damit zerstöre. Gunnar reagiert darauf mit Rückzug. Das bringt Jana noch mehr in Wut. Gunnar erklärt, dass er sich lediglich mit einer Frau zum Tanzen verabredet habe und keinen Sex mit ihr hatte. Auf meine Nachfragen über die Vereinbarungen in ihrer Partnerschaft antwortet Jana etwas ruhiger, dass sie eine offene Beziehung abgesprochen hatten, von der Gunnar aber bisher nie Gebrauch gemacht hat. Sie selbst führte aber in dieser Zeit einige sexuelle Außenbeziehungen mit anderen Männern und Frauen. Im weiteren Verlauf der Paarsitzung konnte Jana sich mit den Gefühlen, die sich hinter diesem Kontrolldrama verbargen, auseinandersetzen. Sie durfte ihre Verlustängste und ihre Hilflosigkeit spüren, die aktiviert wurden, weil sich ihr Partner ihrer Kontrolle entzogen hatte.

Durch ihr emotionales Drama versuchte Jana, ihren Partner ins Unrecht zu setzen, um für sich wieder ein Gefühl der Überlegenheit und Macht zu bekommen. Sich selbst das einzugestehen ist nicht ganz einfach. Mit dem Selbstwertgefühl ist auch der Stolz verletzt. Und doch ist es der einzige Weg, der aus der Sackgasse führt.

Hilfreich ist es in solchen Momenten, wenn die Frau sich zurückzieht und auf sich selbst besinnt. Sie erhält Abstand von ihren eigenen Empfindungen, indem sie sich deutlich macht, dass es einfach Gefühle sind und nicht die Wahrheit. Weder spiegeln ihre Emotionen die Wahrheit über ihren Partner noch die über sie selbst. Und wenn sie auf diese Art ihre Gefühle erforscht, wird sie sehr schnell erkennen, was sich hinter ihnen an Beziehungsmustern und -themen verbirgt: Meistens fühlt sie sich in ihrem Selbstwertgefühl angegriffen und versucht durch emotionale Einschüchterung ihres Partners die Situation zu kontrollieren. In Wirklichkeit bringt der unkontrollierte Ausdruck von Gefühlen die Beziehungspartner niemals zusammen, sondern führt in die Trennung.

Leider haben viele Therapeuten sowie die Selbsterfahrungs- und Esoterikszene die Identifizierung mit den eigenen Gefühlen sehr gefördert. „Ich folge meinem Gefühl" lautet hier das Credo. Keine spirituelle Schulung lehrt jedoch, dass Mann oder Frau den

Empfindungen folgen sollen, denn Gefühle sind lediglich ein Teil unserer Persönlichkeitsstruktur und nicht die Wahrheit. Wenn die Frau sich zurückzieht, kann sich das erst einmal ganz falsch für sie anfühlen. So wie beispielsweise bei einem Paar, das sich trennt, weil beide für sich keine gemeinsame Zukunft mehr sehen. Das kann erst einmal sehr unangenehme Empfindungen hervorrufen, allein weil es ungewohnt ist. Die Entscheidung kann dennoch richtig sein, auch wenn die Partner sich dabei nicht gut fühlen, weil sie mit alten Schuld- und Versagensgefühlen oder der Angst vor dem Alleinsein in Kontakt kommen. Wenn eine Frau, die schon viele Jahre in Partnerschaft lebt, beschließt, ihren Partner nicht länger kontrollieren zu wollen, und die bisher vielleicht gemeinsam genutzten Objekte wie den E-Mail-Account, das Handy oder den Terminkalender separiert, kann das zunächst verwirrend sein, weil es unvertraut und neu ist.

Tatsache ist jedoch, dass es sehr viele Beispiele dafür gibt, dass wir ganz bewusst gegen unsere Gefühle handeln müssen, damit wir gute Resultate erhalten, manchmal sogar, damit wir am Leben bleiben: Wenn sich jemand eine Kontaktlinse einsetzt, muss er das Auge offen halten, obwohl der Impuls da ist, es zuzukneifen. Wenn jemand im Meer badet und von einer Welle erfasst wird, muss er tiefer untertauchen, anstatt dem Impuls zu folgen, nach oben zu schwimmen, denn dann wäre er verloren. Und wenn jemand mit dem Auto ins Aquaplaning gerät, muss er ebenfalls entgegen dem ersten Impuls, auf die Bremse zu treten, die Bremse loslassen, um dort heil herauszukommen.

So scheint es mir ratsam, die Gefühle als das zu betrachten, was sie sind: Teil unserer Persönlichkeit, Schaltungen im Gehirn, die wir aufgrund bestimmter Erfahrungen angelegt und stabilisiert haben und die nun auf Automatik stehen. Diesen Automatikknopf können wir jedoch ausstellen. Der notwendige Schritt dafür ist, sich nicht mit den eigenen Gefühlen zu identifizieren. Sie haben keinen absoluten Wert. Wenn es gelingt, gibt das Freiheit – die Freiheit, zwischen verschiedenen Möglichkeiten unseres Verhaltens zu wählen. Die spirituellen Traditionen nennen das die Überwindung des eigenen Egos.

Die Loslösung vom kollektiven Schmerz

Wir Frauen sind – anders als Männer – in besonderer Weise mit der Erde und dem Körper verbunden. Die alten Naturvölker und -religionen haben dazu umfangreiche Erfahrungen und Wissen gesammelt. Auch wenn wir heute in einer hoch industrialisierten Welt leben, in Städten voller Straßen, Häuser und Technik, und nur noch schwer Zugang zur Natur finden, bleiben wir Frauen doch tief in unserem Wesen mit der Erde verbunden. Diese Verbundenheit mit dem eigenen Körper und dem natürlichen Kreislauf des Lebens ist allerdings für die meisten Frauen in unserem Kulturkreis verloren gegangen.

Als eine mögliche Folge davon können wir den körperlichen Schmerz von Frauen verstehen, die während ihrer Menstruation, Geburt oder in Bezug auf andere zentrale weibliche körperliche Ausdrucksformen leiden. Es ist das Erbe der Mutter, Großmutter, Urgroßmutter und aller weiteren weiblichen Vorfahren, denen der Körper nicht zur Freude gereichte, sondern Plage und Schmerz bedeutete. Noch bis Mitte des letzten Jahrhunderts haben Frauen körperlich hart gearbeitet und dabei oftmals mehr Kinder bekommen, als ihr Körper verkraften konnte. Wenn wir uns das Leben unserer weiblichen Vorfahren vor Augen halten, verwundert es nicht, dass für diese Frauen ihr Dasein Last und Schmerz bedeutete. Sie haben ganz sicher häufig ihren Körper und die Fähigkeit zu gebären verwünscht. Dazu kommt die Verletzung der sexuellen Integrität durch Missbrauch und Entmündigung, die sicherlich nicht spurlos am kollektiven Unbewussten der Frau vorbeigegangen ist. Diese Erfahrung über Jahrhunderte hinweg (siehe das „kollektive Unbewusste", Seite 58) verstehe ich als eine wesentliche Ursache für die kollektive Überzeugung von Frauen, die ihr Frausein und seine weiblich-körperlichen Ausdrucksformen als schmerzhaft erleben. Diese Überzeugung wirkt bis heute in das Leben der modernen, aufgeklärten Frau, die nun frei entscheiden kann, ob sie Kinder haben möchte oder nicht. Zahlreiche Frauen haben Menstruationsschmerzen und sind froh, wenn ihre Regelblutung vorbei ist, statt diese Phase ganz bewusst und mit Freude zu erleben. Oder sie nehmen die Pille, um die Beschwerden zu lindern und ihren Zyklus nicht so ausgeprägt zu erleben.

Auch der Trend zum Kaiserschnitt bei heutigen Geburten weist meiner Meinung nach darauf hin, dass von vielen angenommen wird, Geburten seien zu schmerzhaft oder gefährlich. Oder zumindest lassen sie sich das von einigen Ärzten einreden. „Die Zahl der Kaiserschnitte hat in Deutschland stark zugenommen – auch die der gewünschten", schreibt ein Online-Gesundheitsmagazin. Laut Statistischem Bundesamt hat sich der Anteil der Kaiserschnittentbindungen von 1991 bis 2009 mehr als verdoppelt (1991: 15,3 %, 2009: 31,3 %).

In diesem Zahlenwerk ist der Anteil der Kaiserschnitte, die als unentbehrliche Maßnahme durchgeführt werden, wenn das Leben von Mutter oder Kind bedroht ist, verschwindend gering. Die meisten durchgeführten Kaiserschnitte werden auf Wunsch vorgenommen. Gewünscht entweder von der Klinik, die von dem etwa doppelt so hohen Erlös profitiert, oder von Frauen, die davon ausgehen, dass die natürliche Geburt zu schmerzhaft oder risikoreich ist.

Ältere Frauen wiederum greifen auf hormonelle Unterstützung zurück, weil sie unter den Symptomen der Wechseljahre leiden. Ich verurteile dieses Verhalten nicht, sehe darin jedoch Auswirkungen einer kollektiven Überzeugung, die die zentralen weiblichen Lebenserfahrungen als schmerzhaft deklariert. Meiner Ansicht nach muss das nicht so sein, wie ja auch viele natürliche Geburten zeigen. Ich selbst habe meine Zwillinge als Erstgeburt ganz natürlich und zu Hause innerhalb von vier Stunden mit der Begleitung einer Hebamme und eines Arztes entbunden. Auch wenn die Geburt durch die Konzentration anstrengend war, war es ein grandioses gemeinsames Erlebnis von Atmen, Lachen, Stöhnen und Feiern – gemeinsam mit meinem damaligen Lebenspartner und Vater meiner Kinder sowie zwei Freundinnen, die mich begleitet haben. Meine Erfahrung zeigt: Frauen, die ihren Körper lieben, schätzen und von innen her fühlen, erleben ihren monatlichen Zyklus mit Neugier und Freude und integrieren die körperlichen und emotionalen Empfindungen, die damit verbunden sind.

Wenn eine Frau unter den gerade beschriebenen körperlichen Symptomen leidet, kann es ein wichtiger Schritt sein, sich nach den eigenen tiefsten Überzeugungen über Weiblichkeit, Sexualität oder Körperlichkeit zu befragen. Überzeugungen sind an ihrer Absolutheit und Verallgemeinerung zu erkennen. Diese Sätze beginnen mit „Immer wenn", zum Beispiel „Immer wenn ich menstruiere, habe ich Bauchschmerzen" oder „Immer wenn ich richtig tollen Sex hatte, werde ich hinterher mit einem Scheidenpilz bestraft". Das Erkennen und Verstehen unserer tiefen Überzeugungen ist ein erster Schritt, um sie aufzulösen und frei zu werden.

Die Loslösung vom Opferbewusstsein

Soweit unsere Geschichtsschreibung reicht, lebten Frauen bis ins letzte Jahrhundert hinein in einer von Männern dominierten Welt. Männer bestimmten und kontrollierten das öffentliche, politische und wirtschaftliche Leben. Sie wählten und nahmen sich die Frau, die sie für ihre Familienplanung wollten. Sie definierten die Stellung der Frau innerhalb von Gesellschaft, Ehe- und Familienleben. Die Rolle der Frau war ausgerichtet auf Mann und Familie. Sie war ihrem Mann untergeordnet und hatte zu tun, was er anordnete. Er definierte das Wesen der Frau, ihre Aufgaben, ihre Körperlichkeit und Sexualität. Die Frau hatte für gewöhnlich keine eigene Identität. Sie war absolut abhängig vom Mann, seinem Geldbeutel, seinem Wohlwollen, seinem Willen. Dieses Leben – Generation um Generation weitergegeben – schuf in der Frau die Überzeugung: „Ich bin Opfer." Opfer zu sein erfuhr sie ganz zentral in ihrer Körperlichkeit und Sexualität, denn der Mann nahm sie, wie es ihm gefiel. Wann immer ihm danach war, penetrierte er sie, ohne Rücksicht auf ihr Empfinden und ohne die Konsequenzen seiner Handlungen, etwa eine weitere Schwangerschaft, zu bedenken. Dieser Akt männlicher Aggression hat über die Jahrhunderte hinweg tiefe Schuldgefühle im Mann hinterlassen. Bei der Frau hat dies eine tiefe kollektive Wunde bewirkt, da sie in ihrem Frausein herabgesetzt und in ihrer ureigensten weiblichen Qualität der Hingabe verletzt wurde. Diese Verletzung und der damit verbundene Schmerz führten zu einer zentralen Überzeugung, die bis heute Frauen begleitet, die Probleme mit ihrer Sexualität haben: „Wenn ich mich hingebe, werde ich verletzt." Es ist dieses kollektive Erbe unserer weiblichen Ahnen, um das wir uns hier ganz dringend kümmern sollten. Die Auflösung dieser Überzeugung ist ein wesentlicher Schritt zu einer freien Sexualität. Die Ansicht, die wie ein Zwilling an der anderen hängt, ist: „Der Mann ist immer der Täter, die Frau immer das Opfer." Diese Feststellung, die von kaum jemandem hinterfragt wird, ist Ursache für viele zentrale Konflikte in Liebesbeziehung und Sexualität. Sie ist dafür verantwortlich, dass weder Mann noch Frau ihre ursprüngliche sexuelle Gabe im vollen Umfang leben und einander widmen können. Der Mann hat tief in seinem Unbewussten sein kollektives Schuldgefühl gespeichert, das noch heute in vielen Fällen sein Verhalten gegenüber Frauen bestimmt. Meines Erachtens liegt hierin neben der kindlichen Sozialisation einer der Hauptgründe, weshalb Männer sich Frauen gegenüber kleinmachen, sich nicht abgrenzen können und es ihnen in vielen Dingen recht machen wollen. Der Mann hat große Probleme, seine elementare männliche aggressive Kraft bewusst anzunehmen und zu leben, und dies insbesondere im Kontakt mit der Frau, wie Bjørn Thorsten Leimbach in seinem Buch „Männlichkeit leben" eindrücklich ausgeführt hat. Diese Aggressionshemmung wirkt sich heute eklatant auf Liebesbeziehung und Partnerschaft aus. Sie zeigt sich darin, dass der Mann in der Partnerschaft der Frau in vielen Bereichen unterlegen ist, etwa im Kontakt zu den eigenen Gefühlen oder in der Kommunikation. Sie spiegelt sich aber besonders in der Sexualität wider. Die Konsequenzen der verdrängten männlichen Urenergie beklagen heute viele Frauen, die den Eindruck haben, keinen adäquaten Partner an ihrer Seite zu haben.

Auch vonseiten der Frau bedarf es einer Kurskorrektur ihres eigenen Opferdenkens, denn es schränkt sie ein, ihr volles Potenzial und ihre ureigenste Bestimmung zu leben. Dies zeigt sich besonders in der Sexualität, in der die Frau es schwer hat, sich zu öffnen und empfänglich zu werden, sich fallen zu lassen und sich hinzugeben. Diese Qualitäten bedeuten für sie, passiv und abhängig zu sein, die Kontrolle zu verlieren und verletzt zu werden. Da sie vom Verstand her kein Opfer sein will, lehnt sie diese Fähigkeiten für sich ab und wehrt sich gegen sie. Damit schneidet sie sich jedoch von ihrer weiblichen Energie und dem vollen Erleben ihrer Sexualität ab oder beginnt darunter zu leiden. Hier können mangelndes Lustempfinden, eingeschränktes Erleben des Orgasmus und Vaginismus (Scheidenkrampf, eine unwillkürliche Verkrampfung oder Verspannung des Beckenbodens und des äußeren Drittels der Vaginalmuskulatur, wodurch der Scheideneingang eng oder wie verschlossen erscheint) als mögliche Störungen auftreten, die wiederum die Opferhaltung der Frau verstärken. Hier gilt es für die Frau genau hinzuschauen und sich von den kollektiven Überzeugungen zu trennen. Die Verletzung und der Schmerz bleiben so lange bestehen, bis wir bereit sind, daraus zu lernen.

Kein Schmerz existiert ohne Grund

Kein Schmerz existiert um seiner selbst willen. Ein einfaches Beispiel, das jede/r nachvollziehen kann: Unser Körper ist normalerweise heil und ganz. Wir können ihn natürlich und leicht bewegen. Das ist so selbstverständlich für uns, dass wir nicht darüber nachdenken. Der Körper ist gesund und auf Gesundheit ausgelegt; er besitzt so viele Selbstheilungskräfte, dass er sich ständig selbst regeneriert und erneuert. Selbst wenn der Körper sehr belastet ist durch Stress, Umweltgifte und andere Dinge, schafft er es eine ganze Weile, diese Belastungen zu kompensieren. Erst wenn wir Schmerzen haben, merken wir, dass irgendetwas nicht in Ordnung ist, und gehen zum Arzt. Wird die Ursache behoben, die Krankheit geheilt, existiert der Schmerz nicht länger. Schmerz ist also eine Art Radarsystem, das uns signalisiert, wenn etwas nicht in Ordnung ist. Ignorieren wir diese Signale, versuchen wir irgendwie damit zu leben oder behandeln nur die Symptome, finden wir niemals die Ursache des Schmerzes heraus und können sie somit auch nicht heilen. Das gilt auch für seelischen Schmerz und leidvolle Erfahrungen. Sie sind so lange in unserem Leben, bis wir verstehen, was die Ursache ist. Wenn wir sie erkennen und damit umzugehen lernen, hört der Schmerz auf zu existieren.

Es ist das große Verdienst der Frauen- und Emanzipationsbewegung, dass sie durch ihre Öffentlichkeitsarbeit ein Bewusstsein für die Täter-Opfer-Dynamik geschaffen hat und Frauen darin unterstützte, aus dieser Spirale herauszutreten. Das betrifft ganz besonders die Frauen, die sexuell missbraucht und gewalttätig behandelt wurden. Die Frauenbewegung hat sie dazu ermutigt, ihre Gefühle von Scham und Peinlichkeit zu überwinden, die charakteristisch sind für Missbrauchsopfer, und ihre Geschichten zu erzählen. Dadurch haben diese Frauen viel Solidarität, Mitgefühl und Unterstützung von anderen Frauen erhalten. Frauen haben zusammengefunden, um sich aus dem Schmerz des Opfers zu befreien, und haben sich dabei gegenseitig geholfen und gehalten.

Die Kompensation des Schmerzes

All die Frauen – also auch Sie und ich –, die die Früchte der Frauenbefreiung ernten dürfen, sind diesen Weg aber nicht bis zum Ende gegangen. Sie sind in der Anklage an den Mann stecken geblieben und dadurch nicht weitergekommen. So konnten sie nicht bis zum Urschmerz, der Ursprungssituation, vordringen und konnten nicht erkennen, wer sie selbst wirklich sind und wozu sie da sind: um zu lieben. Und zwar nicht irgendwen, sondern den Mann. Den Mann in seiner ungestümen, aggressiven männlich-sexuellen Energie, vor dem sie noch immer Angst haben und von dem sie sich bedroht fühlen. Umgekehrt natürlich genauso: Der Mann sucht die Frau und will sie in ihrer empfänglichen, weichen und hingebungsvollen weiblich-sexuellen Energie lieben, die er schmerzlich vermisst.

Wirkliche Befreiung und Loslösung vom Schmerz geschieht durch Aussöhnung. Diese gelingt, wenn wir uns selbst und den anderen wertschätzen. Sich mit den eigenen schmerzhaften Gefühlen auseinanderzusetzen ist jedoch viel schwieriger, als dem anderen die Schuld zu geben. Den Mann als Täter anzuklagen und ihn damit ins Unrecht zu setzen, gibt der Frau ein Gefühl von Macht und Überlegenheit, mit dem sie den ursprünglichen Schmerz kompensiert. Eine andere Art der Sublimierung ihres Schmerzes liegt darin, dass sie per Nachahmung versucht, genauso groß, stark und wichtig zu werden wie der Mann. Sie schneidet ihre Haare ab, legt Männerkleidung an, macht Muskeltraining und geht in Konkurrenz zum Mann, was die „Vermännlichung" der Frau zur Folge hat. Nicht die gesellschaftliche und ökonomische Unabhängigkeit der Frau hat dazu geführt. Nicht, weil sie jetzt einen hoch dotierten und stressigen Beruf innehat, ist die Frau vermännlicht, sondern weil sie mit dem Mann konkurriert und dann versucht hat, ihn in die Opferrolle zu drängen, was ihr auch sehr leicht gelungen ist. Damit wurde das Frausein ein zweites Mal verraten. Der erste Verrat kam vom Mann, der zweite von der Frau selbst. Deswegen hat die Frauenbewegung, die Großartiges für Frauen geschaffen hat, sie zugleich auch um ihre Weiblichkeit gebracht und sie damit verraten. Daher haben die Frauen jetzt noch ihren Weg zu Ende zu gehen – nach der äußeren Befreiung braucht es die Hinwendung zu einer neuen Weiblichkeit. Dies geschieht dadurch, dass Frauen nicht länger auf den Mann schauen und sich mit ihm vergleichen, sondern auf sich selbst und andere Frauen. Bei den Männern sieht es ähnlich aus: Zu lange haben sie sich von den Schuldzuweisungen der Frau einschüchtern lassen und sich immer kleiner und schwächer gemacht. Auch Männer müssen sich anderen Männern zuwenden, um sich im Spiegel selbst zu finden und neue Stärke zu entwickeln.

Die erste große Liebe: der Vater

Der erste Mann im Leben einer Frau ist der Vater. Das Verhältnis zu ihm gibt uns wichtige Hinweise auf die Art, wie wir als erwachsene Frauen unsere Liebesbeziehungen gestalten. An ihm erkennen wir den Grad unserer Liebes- und Beziehungsfähigkeit, welchen Typ Mann wir suchen, was wir uns in der Partnerschaft vom anderen erhoffen und wie viel Nähe oder Distanz wir brauchen. Wir erhalten einen Schlüssel für unsere Beziehungsdynamik und ein Verständnis für mögliche Probleme. Denn die Erfahrungen mit dem Vater prägen sich so tief in uns ein, dass alle Liebesbeziehungen wie eine Fortsetzung oder Wiederholung dieser ersten großen Liebe erscheinen.

Daher lohnt es sich, einen Blick auf diese allererste Liebesbeziehung zu werfen. Wie war unser Verhältnis zu unserem Vater? Haben wir ihn geliebt oder abgelehnt? War er unser Vorbild, das wir voller Eifer nachahmten? Was haben wir alles angestellt, um ihm zu gefallen und seine Anerkennung zu gewinnen? Oder waren wir eher eine Rebellin, die gegen den Vater aufbegehrte?

Die Vaterbeziehung im Leben eines Mädchens

Diese erste große Liebe beginnt im Alter von drei bis vier Jahren, in der ödipalen Phase, wenn das kleine Mädchen sein Interesse auf den Vater richtet. Der Kontakt mit dem Vater erschließt dem Kind zum ersten Mal die männliche Welt. In der Begegnung mit ihm erlebt das Mädchen, wie Männer sind, welche Werte sie vertreten und welcher Art ihr Verhältnis zu Frauen ist. Hier bildet sich das Mädchen seine Grundüberzeugungen über die Welt, wie sie funktioniert, und über den Mann und seine Beziehung zum anderen Geschlecht. Diese Überzeugungen wird ein Mädchen nie mehr vergessen. Sie werden im Erwachsenenalter dafür verantwortlich sein, wie die Frau sich im Leben einrichtet. Dies betrifft ihren Beruf und die Art und Weise, wie sie ihn ausfüllt. Vor allem betrifft es ihr Selbstwertgefühl und ihr Selbstbewusstsein als Frau sowie ihre Beziehung zum Mann und ihre Partnerschaften. Wie jedes Kind liebt das Mädchen seinen Vater und will von ihm geliebt werden, und das umfassend, in seinem ganzen Wesen. Die Liebe des kleinen Mädchens fließt voller Offenheit und von ganzem Herzen zum Vater wie zuvor auch schon zur Mutter. Diese Liebe ist selbstvergessen und unschuldig. Absichtslos und ganz natürlich verströmt das Kind von selbst seine Liebe wie eine geöffnete Blüte ihren Duft. Die Liebe und das Lieben gehören zutiefst zu ihm – es kann gar nicht anders, als zu lieben. So richtet es diese Liebe auch auf den Vater und sucht, wie zuvor schon bei der Mutter, die Beantwortung seiner Gefühle von ihm. Der Vater, der seine Tochter liebt, der körperlich und emotional präsent ist, ihr einen Teil seiner Zeit widmet und gerne für sie da ist, vermittelt ihr Selbstbewusstsein und ein starkes Selbstwertgefühl. Sie wird voller Freude und Vertrauen ihre Liebe weiter zum Vater fließen lassen und entwickelt dabei ihre eigene Liebesfähigkeit, die sie später dann auf den Mann als Partner richten wird. Je stärker die Liebe der Tochter fließen darf, weil der Vater präsent ist und ihr Zuwendung gibt, umso stärker ist ihre Liebe zum Mann, ihr Selbstbewusstsein als Frau und ihre Fähigkeit, erfüllende und glückliche Partnerschaften mit Männern einzugehen. Bleibt die Liebe zum Vater jedoch unbeantwortet oder wird sie verletzt, hat die Tochter es schwer, ein gesundes Selbstbewusstsein aufzubauen, sich als Frau wertzuschätzen und ihre Liebe zum Mann frei, selbstbestimmt und glücklich zu leben. Die verletzte Liebe wird sich komplett zurückziehen, zum Beispiel nach körperlichen Übergriffen und sexuellem Missbrauch, während die ungenügend erwiderte Liebe die Hoffnung nie aufgeben wird und den Männern, wie einst dem Vater, hinterherläuft, um doch noch ihre Beantwortung zu finden.

Es ist somit hilfreich, sich die Beziehung zum Vater anzuschauen, auch wenn das in der Psychologie und Therapie eher vernachlässigt wurde, weil man sich dort eher auf die Bedeutung der Mutter für das Kind konzentriert hat. Welch ein Irrtum! Denn das Gelingen oder Scheitern einer Liebesbeziehung hängt davon ab, wie sich die erste Liebesbeziehung der Frau gestaltet hat. Sie ist das Fundament, mit dem sie selbstsicher und selbstbewusst ins Leben geht.

Die innige Zuwendung des Vaters speichert das Mädchen in jeder Zelle seines Körpers mit der Botschaft ab, dass es vom anderen Geschlecht geliebt und bejaht wird. Fehlt der liebevolle Kontakt zwischen Vater und Tochter, wird das Mädchen dies als Mangel seiner selbst und später seiner Weiblichkeit abspeichern. Dies geschieht auch, wenn die Liebe zum Vater „überbeantwortet" wird und die Grenzen des Kindes überschritten werden.

Körperliche und emotionale Präsenz

Das kleine Mädchen braucht die körperliche Anwesenheit des Vaters, nachdem es in den ersten Monaten seines Lebens hauptsächlich die körperliche Nähe und Zuwendung der Mutter erfahren hat. Indem der Vater das Kind mitversorgt, mit ihm spielt, tobt, es zärtlich hält, erfährt es den unschuldigen, spielerischen und innigen Aspekt der gegengeschlechtlichen Liebe. Es fühlt sich gesehen und wertgeschätzt. Es fühlt sich wichtig und schön und entwickelt so ganz natürlich ein gesundes Selbstwertgefühl. Durch die Zuwendung des Vaters kann das Mädchen eine gesunde emotionale Bindung zu ihm aufbauen. Es erfährt, dass der Vater da ist, es von ihm umsorgt wird, mit ihm unbekümmert Spaß und Freude erleben kann. Der Vater eröffnet bestenfalls seiner Tochter später auch die außerhäusliche Welt, indem er verschiedene Unternehmungen mit ihr macht, sie zu herausfordernden Aufgaben und Abenteuern ermutigt und das kleine Mädchen an seiner Welt teilhaben lässt. In dem Maße, wie der Vater dem Mädchen die Herausforderungen zutraut, ohne es zu überfordern, entwickelt es Selbstvertrauen und Mut, ins Leben zu gehen, Neugierde und einen gesunden Ehrgeiz, der sich in vielfältigen Interessen und später auch beruflich bemerkbar machen wird.

Das Mädchen erfährt damit den Vater als ersten männlichen Repräsentanten sowohl in der eher weiblichen Qualität der Fürsorge als auch im männlichen Aspekt, Herausforderungen anzunehmen und zu bestehen. Durch das gemeinsame Erleben entwickelt sich ganz natürlich eine emotionale Bindung zum Vater, die bedeutend ist für die Tragfähigkeit der späteren gegengeschlechtlichen Beziehungen.

Die vaterlose Gesellschaft, in der die letzten Generationen herangewachsen sind, wirkt sich nicht nur erschwerend auf die

Entwicklung der Jungen aus, sondern hat auch nachteilige Auswirkungen für die der Mädchen und für ihre späteren Beziehungen. Zwar werden die Forderungen vehementer, die Männer stärker in erzieherische Funktionen und Berufe einzubeziehen; dem entgegen steht jedoch die Tatsache, dass in den Großstädten bereits fast die Hälfte aller Männer und Frauen als Single leben und viele Kinder nur bei einem Elternteil aufwachsen – und das sind in über neunzig Prozent der Fälle die Mütter.

In meiner Praxis erlebe ich zunehmend junge Frauen, die ohne oder mit gestörtem Kontakt zum Vater aufgewachsen sind. Für sie ist es oftmals schwierig, eine emotionale und vertrauensvolle Beziehung zu einem Mann aufzubauen. Gleichzeitig leiden viele dieser jungen Frauen unter einem Mangel an Selbstvertrauen und liebevoller Selbstwertschätzung, auch wenn es nach außen erst einmal anders erscheint.

Der Vater hat auch die wichtige Aufgabe, seiner Tochter Grenzen zu setzen und ihr beizubringen, dass sich die Welt nicht nur nach ihren Gefühlen und Launen richtet. Und dies ist für die kindliche Entwicklung wichtig, um die omnipotenten Fantasien eines Kindes auf den Boden der Realität zu holen. Das Mädchen wird Grenzen dann gut akzeptieren können, wenn es sich in einer liebevollen und wertschätzenden Beziehung zum Vater angenommen und gesehen fühlt. Es hilft der Tochter, sich selbst und bestimmte Situationen besser einschätzen zu können. Soziale Kompetenz, Einfühlungsvermögen, Anpassungsfähigkeit und Beziehungsfähigkeit brauchen die Reibung mit dem Vater. Das Mädchen lernt, Grenzen zu respektieren, sich selbst zurückzunehmen und Konsequenzen seines Verhaltens zu erleben. Dafür braucht es einen Vater, der in sich selbst als Mann ruht und seine eigenen Regeln hat.

Mädchen, die keine Grenzen gesetzt bekommen, weil der Vater nicht anwesend ist, sich aus der Erziehung raushält oder in seiner Persönlichkeit schwach ist, neigen später dazu, sehr egozentrisch zu werden. Die Welt muss sich um sie drehen; ihre Vorstellungen müssen durchgesetzt werden. So eine Haltung macht es ihnen schwer, die Grenzen anderer zu akzeptieren und die Freiheit und den Willen des anderen zu respektieren.

Daher an dieser Stelle ein Wort an die alleinerziehenden Mütter: Es gibt einen Trend in unserer Gesellschaft, uns weiszumachen, dass Kinder, egal ob Jungen oder Mädchen, für ein gelingendes und glückliches Leben nur die Mutter brauchen. Lehrer, Therapeuten und Sozialarbeiter bestätigen dagegen, wie schwierig diese Situation für die Mutter wie für das Kind ist. Jede Mutter, die die Erziehung allein bewältigen muss, hat den Ehrgeiz, sich selbst und anderen zu beweisen, dass ihr das gelingt. Doch allein ihre Berufstätigkeit mit der Betreuung ihres Kindes und allen anderen Verpflichtungen zu koordinieren kostet sie bereits einige Anstrengungen. Bei manchen Müttern kommen Schuldgefühle dem Kind gegenüber hinzu, die sie dadurch zu kompensieren versuchen, dass sie alles besonders richtig und besonders gut machen wollen, was ebenfalls zu einer permanenten Anspannung führt. Wie auch die persönlichen Hintergründe sein mögen, die meisten alleinerziehenden Mütter fühlen sich überfordert und leben unter Dauerstress. Neben der Doppelbelastung von Beruf und Organisation von Kind und Haushalt liegt die wesentliche Ursache dafür in der Doppelfunktion als Mutter und Vaterersatz. Das heißt, die Mutter kann sich nicht darauf beschränken, ihre weiblichen, mütterlichen Qualitäten – hier speziell im Umgang mit dem Mädchen – einzubringen, sondern muss auch die Aufgaben des Vaters übernehmen. Sie kann sich nicht darauf beschränken, dem Mädchen ihre Liebe und Fürsorge zu schenken, ihm freundschaftlich und wissend zur Seite zu stehen, sondern muss dafür sorgen, dass es in seinen Fähigkeiten und Interessen gefördert wird, und muss ihm Grenzen setzen. Vielen Müttern fällt es schwer, dieser Doppelfunktion gerecht zu werden, und sie entwickeln dann in der Erziehung eher die männlichen Qualitäten, da sie diese für notwendiger erachten, damit der Alltag mit seinen Anforderungen bewältigt wird und dem Kind keine Nachteile in der Schule und später im Beruf entstehen. Die Überforderung und den Stress der Mutter bekommt das Mädchen natürlich mit und fühlt sich als Verursacherin dafür verantwortlich. Es ist naheliegend, dass die Tochter die Mutter zu entlasten wünscht, indem sie früh erwachsen und selbstständig wird oder auch sehr brav und angepasst lebt. Sie verliert dadurch die kindliche Freude und Unbekümmertheit. Statt mit anderen Kindern zu spielen, muss sie sich häufig die Probleme und Nöte der Mutter anhören und wird damit widerstrebend zur erwachsenen Gesprächspartnerin und Freundin der Mutter (und der Sohn zum Partnerersatz).

Die Erkenntnis, die die Tochter daraus für ihre späteren Liebesbeziehungen zieht, ist, dass der Mann im Leben einer Frau gar nicht notwendig ist. Da die soziale und emotionale Bindung zu einem Mann in ihrem Leben fehlt, wird sie es schwer haben, diese auch später herzustellen. Es liegt nahe, dass sie eine von den vielen unabhängigen Frauen wird, die den Großteil ihres Lebens als Single bestreiten, weil einfach kein passender Mann in ihrem Leben auftaucht und weil sie gelernt haben, dass sie auch gut ohne ihn klarkommen.

Aufgrund dessen hinterfrage ich, wenn Frauen, die mit Anfang vierzig allein leben und noch einen Kinderwunsch haben, sich mithilfe eines männlichen Samenspenders in vitro befruchten lassen. In den Gesprächen, die ich mit verschiedenen Frauen diesbezüglich geführt habe, konnte ich mich immer wieder davon überzeugen, wie hier das Kind für die Wünsche der Frau herhalten muss und gebraucht wird, weil die Frau einen bewussten Umgang mit dem Schmerz, kinderlos zu sein, verweigert. Das Drama des Kindes beginnt so schon vor dessen Geburt, indem es für die Bedürfnisbefriedigung der Mutter gezeugt wird.

Doch Jungen wie Mädchen brauchen ihren Vater – das sollte jede Frau erkennen und akzeptieren. Auch wenn sie sich vom Vater trennt und den Schmerz von Verletzung und Trennung noch in sich trägt, muss die Frau um des Kindes willen von ihrem Schmerz absehen und ihm weiterhin einen guten Kontakt zum Vater ermöglichen. Unabhängig davon, wie schlecht sie über ihren Expartner denkt, sollte sie alles dafür tun, dass ihr Kind den Vater behält und diesen auch lieben kann. Dazu gehört, dass sie ihren „Ex" respektvoll behandelt und ebenso über ihn redet. Spricht sie schlecht über ihn oder behandelt sie ihn geringschätzig, bringt sie ihr Kind – Junge wie Mädchen – in große Konflikte. Denn das Kind will seinen Vater weiterlieben können – unabhängig von der abhanden gekommenen Liebe der Erwachsenen und ihren Konflikten.

„Du bist mein Ein und Alles" –
der Balanceakt zwischen Liebe und Abgrenzung

Kehren wir zurück zu dem kleinen Mädchen, dessen Herz voller Liebe für seinen Papa schlägt. Erwidert der Vater die Liebe des kleinen Mädchens durch seine körperliche und emotionale Präsenz, fließt die Liebe des Kindes ungehindert weiter, und es entwickelt eine starke Bindung an ihn. Ja mehr noch, das kleine Mädchen schaut zu ihm auf, mit unschuldigem Vertrauen und Bewunderung. Ich kenne einige Väter, die mit ihrer Liebe und Präsenz ihren Töchtern ganz bewusst dazu verhelfen wollen, als glückliche, selbstbewusste und liebesfähige Frauen ins Leben zu kommen. Diese Vater-Tochter-Beziehungen sind geprägt von einer gegenseitigen tiefen Liebe und von dem väterlichen Interesse und Verständnis. In dieser Beziehung ist die Tochter Papas kleine Prinzessin. Sie darf (fast) alles, und wenn nicht, versucht sie ihn auch schon einmal mit ihrem Charme um den kleinen Finger zu wickeln. Doch trotz des Einvernehmens und Entgegenkommens setzt er ihr, wenn es sein muss, auch Grenzen, die das Mädchen gut akzeptieren kann, da es sich von seiner Liebe getragen fühlt. Schaut der Papa in ihre strahlenden und bewundernden Augen und nimmt ihre kindliche Hand vertrauensvoll in seiner wahr, berührt das sein Herz; es bringt ihn in Kontakt mit einer Qualität seiner männlichen Liebe, die sich groß und stark anfühlt und die das kleine Mädchen beschützen will. Wenn die Tochter sich dann beim Einschlafen an seine Seite kuschelt, murmelt sie vielleicht noch: „Papa, wenn ich groß bin, dann heirate ich dich."

Hier werden wir an den Ödipuskomplex erinnert, ein psychoanalytisches Konzept, anhand dessen Sigmund Freud die psychosexuelle Entwicklung des Kindes erforschte. Demzufolge werden die Liebe und die sexuellen Wünsche des Kindes auf den gegengeschlechtlichen Elternteil projiziert, während der Elternteil gleichen Geschlechts als Konkurrent und Rivale empfunden wird. Freud beschrieb eine präödipale Phase beim Mädchen, in der es die Mutter als Liebesobjekt betrachtet, und eine nachfolgende ödipale Phase, bei der sich die Wünsche des Mädchens auf den Vater richten, sodass ein Wechsel des Liebesobjekts stattfindet. Freud bezog sich bei der Bezeichnung auf den griechischen Mythos von Ödipus, der unwissentlich seinen Vater tötete und seine Mutter heiratete.

Carl Gustav Jung und andere Psychoanalytiker nannten den beim Mädchen gelagerten Komplex analog „Elektrakomplex". Er bezeichnet demnach die überstarke Bindung des Mädchens an den Vater bei gleichzeitiger Feindseligkeit gegenüber der Mutter. Der Name leitet sich von der griechischen Sagengestalt Elektra ab, die den Mord an ihrem Vater Agamemnon rächen wollte und dafür ihren Bruder Orestes zum Mord an ihrer Mutter Klytaimnestra und ihrem Stiefvater Aigisthos anstiftete.

In dieser ödipalen Phase richtet das kleine Mädchen seine ganze Liebesenergie auf den Vater und möchte den Platz an seiner Seite einnehmen. Dieses Verhalten ist also nicht weiter besorgniserregend. Wenn die Eltern eine glückliche Partnerschaft führen, erhält das Mädchen ganz natürlich durch die Mutter eine Grenze gesetzt. Das ist zwar zunächst schmerzlich für das Mädchen, aber es wird sich damit anfreunden, wenn auch zu der Mutter ein warmes, nahes Verhältnis besteht. Diese Grenze, die die Tochter ganz natürlich dadurch erfährt, dass der Vater die Frau an seiner Seite liebt, ist für sie sehr wichtig. Sie lernt dadurch allmählich, ihre Fantasien an der Realität zu überprüfen und ihre Fixierung auf den Vater zu lösen.

Schwierig wird es allerdings, wenn die Fantasie und die Allmachtsgefühle des Mädchens keine Begrenzung erfahren, weil die kindliche Beziehung zum Vater zu eng und zur Mutter zu kühl und distanziert ist. Das geschieht zum Beispiel dann, wenn die Partnerschaft der Eltern problematisch ist, was jedes Kind sehr genau mitbekommt. Dann erlebt das Mädchen eine Mutter, die sich aus Enttäuschung und Frustration von ihrem Mann emotional zurückzieht und den Sex verweigert. Sie sieht die Eltern keine Zärtlichkeiten mehr austauschen und nicht mehr wirklich miteinander reden. Die Tochter, die in dieser Phase dem Vater näher steht als der Mutter, macht diese dafür verantwortlich, dass der Vater unglücklich ist. Sie leidet mit ihm und wünscht sich nichts sehnlicher, als den Papa wieder glücklich zu sehen. Insgeheim verspricht sie sich und ihm: „Papa, ich mache dich glücklich." Dieses Versprechen, mit dem sie sich der Liebe des Vaters versichern will und ihn an die Familie zu binden hofft, ist natürlich völlig unangemessen. In ihren Allmachtsgefühlen maßt sie sich an, die Rolle der Partnerin an der Seite des Vaters zu übernehmen, wird zur Konkurrentin der Mutter und bringt das Familiensystem in „Unordnung".

Unterstützt wird dieser Prozess häufig durch die Geringschätzung der Mutter gegenüber ihrem Mann, die sie sich aneignet, wenn sie über längere Zeit in ihrer Beziehung unglücklich ist. Das Mädchen spürt die Verachtung der Mutter dem Vater gegenüber. Die Mutter muss ihn nicht einmal laut oder ausfallend beschimpfen, beleidigen oder anderweitig herabsetzen. Ihre Tochter fängt den stillen entwertenden Blick der Mutter auf, mit dem sie ihren Mann an- oder ihm hinterherschaut. Sie hört den gereizten Tonfall in ihrer Stimme, wenn sie mit ihm oder über ihn spricht. Das Mädchen sieht hier den Vater von der Mutter ins Unrecht gesetzt und schwört sich: „Ich werde nie so wie Mama." Da die Mutter dem Mädchen dadurch die Identifikation mit sich verbaut, wird die Tochter sich noch enger an die Seite des Vaters stellen. Gleichzeitig erlebt sie hier einen schwachen Vater, der vor der Mutter schweigend kuscht und dieser keine Grenzen setzt. Das wird sie zu der Überzeugung veranlassen, dass sie den Papa (vor der Mutter) schützen, ja retten muss. Ein Mädchen, das beschließt, den Vater glücklich zu machen, oder meint, ihn zu retten müssen, richtet seine Antennen auf den Vater aus und bemüht sich, alles zu tun, worauf er positiv reagiert. Es lehnt ab, was die Mutter repräsentiert, und unterdrückt die eigenen Impulse und Wünsche. Jede Reaktion und Stimmung des Vaters wird das Mädchen auf sich beziehen und sie als Ablehnung oder Zuspruch für das eigene Verhalten interpretieren. Dabei entwickelt es eine hohe Sensibilität, um die Stimmungen und Wünsche des Vaters im Voraus zu erahnen und zu erfüllen.

So entsteht eine sehr enge Vater-Tochter-Beziehung, die symbiotischen Charakter hat. Das Versprechen „Ich werde nicht so wie Mama" verhindert außerdem, dass das Kind zur Frau reift, denn es lehnt alles, was die Mutter an weiblichen Attributen verkörpert, für sich ab. Die Ablehnung des Weiblichen in der Mutter und die Fixierung auf den Vater machen es der Tochter unmöglich, einen Zugang zu sich selbst zu finden und eigene Werte für sich im Leben zu entwickeln. So bleibt auch in ihren erwachsenen Beziehungen eine gewisse Abhängigkeit vom Mann. Sie wird geneigt sein, sich über ihn zu definieren, denn sie weiß nicht, wer sie selbst ist.

Grenzverletzungen und sexuelle Übergriffe

Ebenfalls schwierig wird die enge Vater-Tochter-Beziehung, wenn der Vater unglücklich ist, weil er allein lebt und nicht genügend körperliche und emotionale Zuwendung von einer erwachsenen Frau erhält. Geht er dann nicht bewusst mit dem Mangel an Aufmerksamkeit, Anerkennung, Körperkontakt und Sex um, ist die Versuchung groß, sein Bedürfnis danach und dessen Befriedigung auf das kleine Mädchen zu übertragen und seine Tochter emotional oder sogar körperlich-sexuell zu missbrauchen. Die Grenzen sind hierbei fließend, und es braucht große Achtsamkeit und Bewusstheit in Bezug auf sich selbst und im Umgang mit der kleinen liebenden Tochter, damit der Mann die entsprechenden Grenzen setzt. Der Missbrauch beginnt an der Stelle, wo der Vater die bewundernde und unbekümmerte Liebe seiner Tochter nicht mehr mit gleichmütiger Freude empfängt, sondern diese kindliche Liebe zur Bestätigung seiner selbst und seines Selbstwertgefühls als Mann braucht, weil er diese woanders nicht mehr bekommt. Damit beginnt sich das Verhältnis von Vater und Tochter zu verändern, denn er braucht die Tochter mehr als sie ihn. Er vereinnahmt und missbraucht sie für seine Liebesbedürftigkeit, anstatt die nötigen Grenzen zu setzen. Das kleine Mädchen kennt nicht die Unterscheidung zwischen der eigenen kindlichen Liebe und der erwachsenen sexuellen Lust. Wohl aber der Mann. Er hat die Verantwortung, bei dem innigen Kontakt mit seiner Tochter die nötigen Grenzen zu setzen. Gerade wenn die emotionale Bindung des Mädchens zur Mutter fehlt oder unzureichend ist, weil diese sich kühl und distanziert gibt, passiert es schnell, dass das Mädchen all ihre Liebesenergie auf den Vater richtet.

Vielleicht will dieser die fehlende Liebe zwischen Mutter und Tochter ausgleichen, gibt dabei aber zu viel des Guten und geht zu weit. Dies geschieht, wenn das Kind ständig mit dem Vater kuschelt, der alles dafür tut, um die bewundernden Augen seines kleinen Mädchens auf sich gerichtet zu sehen, wenn er ihr Dinge von sich als Mann erzählt, die sie nichts angehen, und er sie mit in wichtige Entscheidungen einbezieht.

Besonders problematisch ist es, wenn die Tochter mit im Bett des Vaters schläft. Hier sollte der Vater die Motive für sein Verhalten sehr genau überprüfen und ehrlich genug sein, sich einzugestehen, wenn er sich an der körperlichen und liebevollen Zuwendung seiner Tochter erwärmt und diese braucht, und sei es „nur", um sich als liebevoller Vater bestätigt zu wissen. Das ist emotionaler Missbrauch. Hierbei entsteht eine Vereinnahmung des Kindes vonseiten des Vaters, die zu einer Fixierung des Mädchens auf ihn führt. Der Tochter wird dadurch die Möglichkeit genommen, einen guten emotionalen Kontakt zur Mutter aufzubauen, was ihr erschwert, die notwendigen Erfahrungen und Entwicklungsschritte zu sich selbst und ihrer Identität als Frau zu machen.

Die Übergänge zu sexuellem Missbrauch sind fließend, wenn die natürliche Liebe des kleinen Mädchens zu ihrem Vater von diesem in Form der erwachsenen Liebe und Sexualität „überbeantwortet" wird.

Sexueller Missbrauch
Sexueller Missbrauch liegt vor, wenn der Vater, ein anderer männlicher Verwandter (wie es in den meisten Fällen vorkommt) oder generell eine erwachsene Person eine intime Handlung an dem Mädchen ausführt, die dem Lustgewinn des Täters dient. Das können Zungenküsse, Streicheln der Brüste, des Pos oder auch der Genitalien des Mädchens sein. Auch wenn die männliche Bezugsperson das Mädchen anhält, seine Genitalien zu streicheln und zu stimulieren, ist das sexueller Missbrauch. Hierbei wird die erwachsene Sexualität und Lust auf das Mädchen übertragen. Zurück bleibt immer ein Kind, das zutiefst verwirrt ist. Es spürt deutlich den Unterschied zwischen seiner eigenen kindlichen Liebe und der Lust des Erwachsenen und dass etwas Verkehrtes und Verbotenes geschieht, auch wenn es das nicht genau benennen kann. Sexueller Missbrauch hat für das Mädchen und seine Sexualität immer erhebliche einschränkende oder gar vernichtende Folgen: Der Zugang zur eigenen Lust und die Entfaltung der Sexualität werden dadurch gehemmt, wenn nicht sogar zerstört. Signifikante Merkmale eines Missbrauchs sind immer Scham- und Schuldgefühle des Opfers, sich selbst oder dem Mann gegenüber, sowie Ekel und Abwehr bei gewissen sexuellen Praktiken, vor den männlichen Genitalien sowie seinen Sekreten und Gerüchen. Die Frau wird in ihrer Sexualität Probleme bekommen, denn sie wird die Opfer-Täter-Dynamik mit in ihre Beziehungen hineinnehmen und wiederholen. Sie wird entweder obsessiv fixiert sein auf Sexualität oder diese möglichst vermeiden.

Sexueller Missbrauch ist so schwerwiegend und beeinträchtigend, dass jede betroffene Frau eine kompetente therapeutische Begleitung braucht, um diesen aufzuarbeiten und zu heilen, was meistens eine längere Zeit in Anspruch nimmt.

Notwendige Grenzen setzen
So gibt es Situationen in dem guten Vater-Tochter-Kontakt, in denen der Vater der Tochter eine Grenze setzen muss oder besser gesagt sich selbst. Das ist besonders für die Väter schwierig, die selbst Opfer sexueller Übergriffe oder emotionalen Missbrauchs durch ihre Mutter waren. Diese Männer haben es grundsätzlich nicht leicht, im Kontakt mit einer Frau, auch mit der eigenen Tochter, Grenzen zu setzen und in der Liebe Nein zu sagen. Sie sind sehr empfänglich für symbiotische Beziehungen. Ihnen fällt es schwer, sich der Liebe ihrer Tochter gegenüber abzugrenzen, und wenn sie es doch einmal schaffen, plagen sie Schuldgefühle deswegen. Die Vehemenz, mit der sie ihre Tochter vergöttern, erinnert an die Liebe des kleinen Jungen, der seine Mutter wie eine Heilige verehrt hat. Dieser Junge hatte bereits zu seiner Mutter eine zu enge Bindung und wurde von ihrer Liebe und Emotionalität überflutet. Im Kontakt mit der eigenen Tochter „dockt" er automatisch an diese Kindheitstrance wieder an und wiederholt mit ihr, was er bei seiner Mutter bereits erfahren und gelernt hat. Er kann sich dem nur schwer entziehen, denn dieses Beziehungsmuster ist ihm in Fleisch und Blut übergegangen. Hier wiederholt sich dann leicht eine umgekehrte Opfer-Täter-Dynamik, weil dieses Beziehungskonzept so vertraut ist. Auch wenn der erwachsene Vater seine Probleme mit der Mutter erkannt und aufgearbeitet hat und er deswegen dazu neigt, eher unabhängige und unverbindliche Liebesbeziehungen einzugehen, kann ihn die Liebe und Beziehung zur eigenen Tochter in seiner Mutterthematik wieder einholen. Die unschuldige, reine und rührende Liebe seiner Tochter bringt ihn dann in Kontakt mit der unschuldigen Liebe des kleinen Jungen zu seiner Mutter – auch wenn es für ihn schwer sein dürfte, diesen Zusammenhang zu erkennen. Gerade wenn der Vater um sein Problem, Nein zu sagen, weiß, sollte er das in der Beziehung zur Tochter öfter tun, als ihm lieb ist.

Papa-Töchter – die unbeantwortete Liebe

Doch wie wirkt sich im Leben einer Frau die fehlende Vaterliebe aus? Was geschieht mit ihr, wenn der für sie notwendige Spiegel seiner Liebe leer geblieben ist? Was geschieht mit der Sehnsucht der Tochter, wenn es gar keinen Vater für sie gibt, weil er nicht existent oder emotional nicht zugänglich ist und kein Interesse an ihr zeigt? Das väterliche Desinteresse erlebt das Kind als einen Mangel, der mit einem Gefühl der Leere und Haltlosigkeit verbunden ist. Bei diesem Gefühl gibt es nur graduelle Unterschiede, je nachdem, ob der Vater körperlich gar nicht anwesend ist, ob er emotional und geistig nicht präsent oder ob er desinteressiert ist. Da das Kind in der Beantwortung seiner Liebe den Spiegel für den eigenen Selbstwert erfährt, zieht es den Rückschluss, dass es nicht in Ordnung ist, dass irgendetwas mit ihm verkehrt ist. Bleibt diese Erfahrung kein einmaliges Erlebnis, gewinnt das Mädchen daraus die Überzeugung, dass es so, wie es ist, mangelhaft ist. Seine Überzeugung lautet dann sehr wahrscheinlich: „So, wie ich bin, bin ich nicht in Ordnung" oder „Ich bin nicht richtig" oder „Ich genüge nicht" oder ähnliche Varianten, die Gefühle der Mangelhaftigkeit oder des Unwertseins repräsentieren. Diese Grundüberzeugungen, die sie ihr Leben lang begleiten und quälen werden, bezieht die Tochter auf ihr Geschlecht, ihr Frausein. Sie wird keine Mühe scheuen, um diese Überzeugungen in ihrem erwachsenen Leben zu beweisen, indem sie sie einerseits verleugnet und unermüdlich gegen sie ankämpft, andererseits sich selbst und vor allem den Vater-Mann vom Gegenteil ihrer Glaubenssätze zu überzeugen versucht.

Die hier genannten Glaubenssätze sind bei sehr vielen Frauen zu finden, ob jung oder schon älter. Mit dem entwertenden und lieblosen Denken über sich selbst könnten Frauen Seiten füllen. Sie weisen auf die väterliche Wunde der unbeantworteten Liebe hin, auf den großen Schmerz, von dem geliebten Menschen vergessen, übersehen oder missachtet worden zu sein. Die entsprechenden Überzeugungen des Unwertseins verankern sie tief in sich, von wo aus sie ihr Selbstwertgefühl als Frau prägen und ihre Liebesbeziehungen und ihre Sexualität bestimmen. Die mangelnde Beantwortung der Vaterliebe führt zu einer Vaterfixierung, da die Tochter nichts unversucht lässt, um doch noch die Liebe zu gewinnen. Der Vater gerät immer mehr in ihren Fokus. Alle Informationen über ihn wird sie unbewusst aufnehmen und sich sehr genau seine Vorlieben und Abneigungen merken. Dabei kristallisieren sich für sie zwei Schwerpunkte im Leben des Vaters heraus: Das eine sind Frauen, der andere Bereich umfasst seinen Beruf und im weiteren Sinne seine Hobbys, Dinge, in die er Zeit und Geld investiert. Die Interessensgebiete des Vaters erschließen sich dem kleinen Mädchen recht schnell, denn es will herausfinden, was es tun muss, um beim Vater landen zu können. So entwickelt die Tochter Strategien, um wenn schon keine Liebe, dann wenigstens die väterliche Aufmerksamkeit zu erhalten. Diese Strategien werden so verinnerlicht, dass sie zeitlebens untrennbarer Bestandteil ihrer Persönlichkeitsstruktur bleiben – fast wie eine zweite Haut. Sie sind Kompensationen, die aus der väterlichen Wunde hervorgehen. Sie prägen ihr Selbstverständnis von sich als erwachsene Frau, ihre Liebesbeziehungen und ihre Berufswahl. Sie bestimmen die Art und Weise, wie sie mit dem Mann in Kontakt geht, wie sie seine Aufmerksamkeit und Liebe zu gewinnen versucht, und die Werte, die ihr in einer Partnerschaft wichtig sind. Die Strategien, die das Mädchen entwickelt, basieren einerseits auf der Persönlichkeit des Vaters, seinen Interessen und Vorlieben, andererseits auf den Fähigkeiten und Qualitäten, die das Mädchen selbst mitbringt. Aber auch die Familienkonstellation oder die Beziehung des Elternpaares sind mitverantwortlich für die Strategie des kleinen Mädchens.

Hierbei kristallisieren sich deutlich verschiedene „Strategietypen" heraus, die die Tochter annimmt, um die Aufmerksamkeit und Liebe des Vaters zu bekommen: das „Model", die „Karrierefrau", die „Rebellin" und die „Narzisstin". Eine erste deutliche Herausdifferenzierung der Papa-Töchter habe ich sehr anschaulich bei Julia Onken in ihrem Buch „Vatermänner" gefunden, die ich hier weiterentwickelt habe. Ich arbeite die Charaktere deutlich heraus, sodass sie gut zu unterscheiden sind, wobei sie sich im konkreten Leben einer Frau durchaus überschneiden können. Einen dieser verschiedenen Strategietypen entwickelt jedes Mädchen in der ödipalen Phase, wenn seine ganze Aufmerksamkeit und Liebe zum Vater geht und nicht adäquat beantwortet wird.

Das Model

Linda kommt zu mir in die Einzeltherapie. Sie ist eine junge Frau, Anfang dreißig, sehr schlank und sehr hübsch. Die Art, wie sie sich grazil bewegt, wie sie im Sessel Platz nimmt, ihre Haltung sind eine interessante Mischung aus Schüchternheit und Sinnlichkeit. Ihr ganzer

Habitus scheint nur ein Ziel zu verfolgen: Eindruck zu machen. Die Frage, die ich dahinter vermute, lautet: „Komme ich an?"

Linda spricht von ihrem Problem in ihrer Partnerschaft: Sie ist seit 13 Jahren mit ihrer ersten großen Liebe zusammen; seit einigen Jahren auch verheiratet. Doch die Liebe, die intensiven Gefühle für ihren Mann scheinen erloschen. Sie hat keine Lust mehr auf ihn. Meistens wagt sie nicht, dies mitzuteilen, und sie macht beim Sex mit, so gut sie kann. Aber mittlerweile ist sie nicht mehr ständig bereit, in der Liebe mitzuspielen. So kommt es immer öfter vor, dass sie die Annäherungen ihres Mannes zurückweist. Dennoch wagt sie es nicht, über ihre Gefühle zu sprechen, aus Angst, ihn zu verletzen. An ihrem Arbeitsplatz zeigt sie ein ähnliches Verhalten. Sie hat eine Stellung als Chefsekretärin. Stets ist sie bemüht, ihrem Chef alles recht zu machen, für ihn mitzudenken und ihm die Arbeit zu erleichtern. Sie ist fleißig, strebsam und bringt mehr Leistung, als von ihr verlangt wird. Wenn sie mal kritisiert wird, stellt sie sich grundsätzlich infrage und verliert das Vertrauen in sich und ihre Fähigkeiten.

Sie ist mit Anfang dreißig bereits an einem Punkt, an dem sie sich leer und ausgebrannt fühlt. Nun stellt sie fest, dass sie ihr ganzes Leben nach den Wünschen des Mannes ausgerichtet hat, ihres Ehemannes und ihres Chefs, und gar nicht weiß, was sie eigentlich selbst will. Die Krise in ihrer Partnerschaft hat sie zum Nachdenken gebracht, über sich selbst, ihre Beziehungen und ihr Leben. Sie hat den Eindruck, gar nicht wirklich zu wissen, wer sie ist. Aber sie spürt auch eine große Sehnsucht, sich selbst zu leben, sich zu fühlen, die eigenen Wünsche wahrzunehmen. So ist sie zu mir gekommen, weil sie auf der Suche nach sich selbst ist.

In Linda können wir in der Frau das kleine Mädchen erkennen, das unermüdlich bestrebt ist, das Interesse des Vater-Mannes auf sich zu lenken. Sie hat wahrscheinlich schon früh gelernt, dass die Aufmerksamkeit des Vaters von attraktiven Frauen angezogen wird, und ahmt schon als Kind intuitiv das Verhalten der Frauen nach. Bereits mit drei oder vier Jahren verkleidet sich das Mädchen mit den passenden Requisiten aus Mutters Schrank, malt sich Lippen und Fingernägel an und präsentiert sich stolz dem Vater. Das kleine Mädchen bringt bereits die körperlichen Attribute mit auf die Welt, für die es schon in jungen Jahren anerkannt und bestätigt wird. Die großen Kulleraugen und der süße Schmollmund, das lange Haar oder die grazile Figur entlocken dem Vater stolze oder bewundernde Blicke, in denen sich seine Tochter bestätigt und anerkannt fühlt. Sie erfährt auf diese Weise, dass körperliche Attraktion wichtig ist, um Aufmerksamkeit zu erregen. Diese frühe Lehre wird sie ihr Leben lang nicht vergessen und tief verinnerlichen. Es wird zu ihrer zentralen Lebensaufgabe, ihre körperlichen Reize so einzusetzen, dass die Männerblicke interessiert und begehrlich auf sie gerichtet sind. Die Strategie, mit der sie als Mädchen versuchte, Aufmerksamkeit und Anerkennung vom Vater zu bekommen, überträgt die Frau später auf andere Männer.

Die Auswirkungen in Liebe und Partnerschaft
Ihr Körper ist das Mittel, das sie gezielt einsetzt, um das Interesse der Männer zu wecken. Sie ist darauf fixiert, stets sexuelle Reize zu senden und sich kokett in Szene zu setzen, um vom Mann beachtet zu werden. Ihr Erscheinen und Verhalten ist nur von der einen Frage bestimmt: „Wie komme ich an?" Obwohl sie ihren Körper sehr wichtig nimmt, ist ihre Beziehung zu ihm doch distanziert und instrumentalisiert. Sie betrachtet ihn eher von außen, vor dem Spiegel, wie eine Ware, die auf ihren Wert überprüft wird.

Die Model-Tochter ist durch ihre Außenorientierung sehr kritisch mit sich selbst. Sie findet dauernd etwas an ihrem Verhalten oder Körper, das nicht in Ordnung ist und verändert werden muss. Mit Diäten, diversen Sportarten, Kosmetik und Mode kämpft sie ein Leben lang gegen immer wieder neu auftretende Mängel an. Die ganze Schönheitsindustrie lebt von den Model-Töchtern. Diese Frauen können noch so hübsch sein, sie fühlen sich immer mangelhaft oder gar ungenügend. Daher sind ihnen keine Anstrengungen und Kosten zu viel, diese Mängel zu beheben. Diese Strategie ist wie eine Spirale, deren Dynamik immer weiter nach unten zieht. Hinter der Sucht nach dem begehrlichen Blick steht die Suche des kleinen Mädchens, mithilfe der „Ersatzväter" doch noch die Beantwortung seiner Liebe zu finden. Die Model-Tochter richtet daher ihre feinfühligen Antennen völlig auf den Mann aus. Sie nimmt sehr schnell wahr, welche Wünsche und Erwartungen er an sie hat, und erfüllt diese im vorauseilenden Gehorsam. Während sie die Bedürfnisse des Mannes sehr schnell erkennt, bleiben ihr die eigenen völlig unbekannt. Ihr Ausgerichtetsein auf den Mann führt zu einer großen Angepasstheit, die verhindert, dass sie einen guten Kontakt zu sich selbst findet. Daher kann sie sich nicht an sich selbst orientieren, sondern bezieht ihre Lebens- und Liebesorientierung aus der Resonanz, die sie von Männern, wie früher vom Vater, erhält.

Wir dürfen nicht vergessen, dass es sich hierbei um eine Strategie handelt, die das Mädchen in seiner Kindheit entwickelt hat, um vom Vater gesehen und geliebt zu werden. Die Tochter hat sich jedoch nicht in ihrem ganzen Wesen geliebt gefühlt. Die Beantwortung ihrer Liebe war partiell auf die äußere Erscheinungsform des Körpers gerichtet. Damit bleibt in ihr eine Selbstunsicherheit, die sie durch das körperliche „Gefallenwollen" kompensiert. Die Wunde, nicht ganz gesehen und um ihrer selbst Willen geliebt zu werden, bleibt. In ihr verbirgt sich die Überzeugung: „So wie ich bin, bin ich es nicht wert, geliebt zu werden." Somit besitzt die Model-Tochter, auch wenn es nach außen hin anders erscheint, ein niedriges Selbstwertgefühl und Selbstbewusstsein. Dieses zeigt sich in mangelndem Humor und fehlendem lockeren Umgang mit Männern. Ihr großes Manko ist, dass sie jede männliche Äußerung als Kritik auf sich bezieht. Mit ihrer Grundüberzeugung, nicht okay zu sein, befindet sich die Frau in einer permanenten Opferrolle, in der sie darum bettelt und oftmals auch Dramen inszeniert, um Aufmerksamkeit zu erhalten. Sie ist sich ihrer selbst nicht bewusst, denn die Orientierung am Mann ist dafür viel zu stark. Ihre große Unsicherheit kompensiert sie wiederum damit, dass sie sich immer mehr ausschließlich am Mann und dessen Resonanz orientiert.

Daher ist die Model-Tochter äußerst angepasst. Sie kann nicht zu dem stehen, was sie denkt, und häufig hat sie gar keine eigene Meinung. Der Einfluss des Mannes ist viel zu stark, als dass sie dem etwas entgegensetzen könnte. Dadurch ist sie leicht zu beeinflussen und manipulierbar. Sie ist wie Wachs in den Händen des Mannes, denn sein Wille ist ihr Orientierung und Halt. Durch ihn lebt sie, seine Zuwendung und sein Begehren sind wie die Luft, die sie zum Atmen braucht. Entzieht er ihr seine Aufmerksamkeit, stirbt sie. Nicht wenige Model-Töchter fallen bei Trennungen in tiefe Depressionen oder spielen gar mit dem Gedanken, ihr Leben zu beenden. Zumindest drohen sie damit in dramatischen Szenen. Je tragischer sie das Ende ihrer Liebe empfinden, umso größer ist das Maß ihrer Abhängigkeit – und nicht ihrer Liebe, wie viele meinen.

Liebe wird von dieser Papa-Tochter mit Abhängigkeit verwechselt, denn sie erkennt nicht, wie abhängig sie vom Mann ist. Papa-Töchter sind ein kollektives Phänomen, und das seit Jahrhunderten. Sie sind keine Erfindung der postemanzipatorischen Zeit, auch wenn sie hier zum ersten Mal als solche erkannt und öffentlich benannt werden.

Sexualität
In ihrer Sexualität verspricht die Model-Tochter mehr, als sie halten kann, das ist zumindest stark zu vermuten. Denn wie will eine Frau eine sinnliche, erfüllte Sexualität leben, wenn sie keinen Kontakt zum eigenen Körper hat? Dass dieser Körper wertgeschätzt und gefühlt werden kann und viele wundervolle kleinere und größere Empfindungen bereithält, ist der Model-Tochter fremd. Sie zieht vor allem Männer an, die auf ihren Körper abfahren und für die auch Sexualität vor allem aus Äußerlichkeiten besteht: Körper, Aussehen, Bedürfnisbefriedigung. Der Mann wird genauso wenig wie die Papa-Tochter fähig sein, Nähe und Intimität in der Sexualität zu erleben. Wahrscheinlich hat sie deshalb viele häufig wechselnde Sexualpartner, was sie weiterhin in ihrer Strategie bestätigt, denn jeder neue Geliebte beschenkt sie mit seinen bewundernden Blicken und seinen begehrenden Händen. Je mehr sie davon erhält, umso stärker wird ihr Selbstwertgefühl. Da Bewunderung und Begehren in längeren Beziehungen für gewöhnlich irgendwann nachlassen, ist es erforderlich, dass immer wieder neue Liebhaber für Nachschub sorgen.

Auch in der Sexualität orientiert sie sich an ihrem männlichen Gegenüber. Ihn zufrieden und glücklich zu machen ist ihr Wunsch. Für sie ist wichtig, dass sie auch im Bett gut aussieht und dass ihr Partner Stellungen wählt, die sie nicht in eine körperlich unvorteilhafte Lage bringen. Sie ist bestätigt, wenn ihr Partner Spaß mit ihr hat; seine Befriedigung ist auch ihre Zufriedenheit. Sie wird überwiegend oder gar ausschließlich in der Position sein, ihren Geliebten zu verwöhnen und zu bedienen oder sich zur Verfügung zu stellen, damit er sich an ihr vergnügt. Das genügt ihr. Ihr Ziel, Aufmerksamkeit und Zuwendung zu bekommen, ist damit erreicht. Die Sinnenfreuden des eigenen Körpers bleiben ihr vermutlich verschlossen, da sie sich selbst niemals liebevoll berührt oder gestreichelt hat. So bezieht die Papa-Tochter die Befriedigung ihrer Sexualität aus der Befriedigung des Mannes. Wenn überhaupt, dann bekommt sie zufällig einen durch die männliche Penetration ausgelösten Orgasmus. Niemals würde sie selbst Hand dabei anlegen. Das wäre ja ein direkter Affront gegenüber den Liebhaberfähigkeiten des Mannes, und das würde sie niemals wagen. Lieber täuscht sie dann hin und wieder einen Orgasmus vor. Sie ist feinfühlig und sensibel genug, dass sie weiß, wie wichtig es für die Selbstbestätigung ihres männlichen Gegenübers ist, dass sie einen Orgasmus bekommt, um ihm damit zu schmeicheln, was für ein toller Liebhaber er ist. Denn das hat sie ja auch gelernt: liebenswert und wohlgefällig dem Mann gegenüber zu sein.

Irgendwann kommt sie aber vielleicht an den Punkt, an dem sie die aufreibende Jagd nach neuen Männern leid ist, und sucht sich einen Partner, der nun auf Dauer garantieren soll, dass sie niemals mehr übersehen oder vergessen werden kann.

Partnerschaft
Und so verbandelt sie sich mit jemandem, der ihre tiefste Hoffnung und Sehnsucht, ganz gesehen und erkannt zu werden, erfüllt. Doch die Phase, in der der Himmel voller Geigen und Versprechungen hängt, währt nicht ewig in einer Partnerschaft. Irgendwann stellt die Papa-Tochter fest, dass der lebensspendende Glanz der Bewunderung in den Augen des Partners ermattet oder gar ganz erlischt, seine Hände, die sie einst begehrlich streichelten, erlahmen oder gefaltet unter der Bettdecke schlummern. Dann stellt sich die erste große Enttäuschung ein, wenn sich die Routine des Alltags auch im Bett wiederfindet. Die Model-Tochter vermag diesem Prozess nichts entgegenzusetzen außer den altbekannten Mitteln: Eine neue Frisur, ein paar Pfunde weniger mit Diät und Sport, reizvolle Dessous sollen helfen, die Partnerschaft zu beleben. Doch wenn die Komplimente ausbleiben, sein Blick gleichgültig über sie hinweggeht, fühlt sie sich zurückversetzt in die Kindheit mit dem Vater und beginnt zu leiden.

Die Fixierung auf den Vater geht nahtlos auf den Ehemann über. Daher kann die Papa-Tochter ihn nicht in Ruhe lassen, ihn nicht gehen lassen oder selbst gehen. Eine Trennung wäre der Todesstoß für die Hoffnung, dass die kindliche Liebe doch noch vom Vater-Ehemann beantwortet wird.

Wenn zu diesem Zeitpunkt die Beziehung erstarrt ist, sucht sich der Mann möglicherweise eine Geliebte, um mal etwas Abwechslung zu erleben oder wieder frei atmen zu können, wie er sich vor sich selbst rechtfertigt. Solche Außenbeziehungen vermögen diese schwierige Phase vorübergehend zu entlasten oder gar zu stabilisieren. Wenn der unglückliche Zufall das Geheimnis aber eines Tages ans Licht bringt, ist der Schmerz der Frau überwältigend und das Drama groß. Die Frau erlebt die Tragödie der zurückgesetzten und vergessenen Tochter noch einmal und gerät in eine schwere Krise. Der Ausbruch ihres Mannes wird sie in ihrem Selbstzweifel bestärken, sodass sie innerlich noch kleiner, noch unselbstständiger, noch abhängiger wird. Möglicherweise führt die Suche nach Erwiderung ihrer kindlichen Liebe sie auch in die Sucht. Mit dem übermäßigen Konsum von Alkohol oder Tabletten darf sie sich noch tiefer in die Abhängigkeit flüchten und dem Mann gleichzeitig zu verstehen geben, dass er schuld ist. Die Verantwortlichkeit für ihr Leben lässt sie damit weiterhin bei ihm. Wenn sie danach eine neue Partnerschaft eingeht, entfaltet sich das alte Drama der verletzten Model-Tochter nur in ähnlicher Variation neu. Denn da der Exmann ja an der Misere schuld war, meint sie, dass nun beim nächsten alles anders werden kann.

Die hier skizzierte Vater-Fixierung, die sich in der Beziehung zum Mann spiegelt, wird nach den ersten Versuchen meist noch nicht aufgegeben. Zu stark ist die Ausrichtung auf den Mann. So mächtig und stark wie auch die Liebe des kleinen Mädchens zu seinem Papa, die auf Erlösung wartet. Die Rolle als Papa-Tochter wird erst aufgegeben, wenn die Krise hartnäckig über einen langen Zeitraum bestehen bleibt, die Kompromisslösungen nicht greifen oder die Trennungskrisen sich wiederholen. Dann erst wird die Frau so durcheinandergeschüttelt, dass ihr Weltbild mitsamt ihren so lange gepflegten Strategien nicht mehr hält und ihr Beziehungsspiel wie ein Kartenhaus zusammenfallen darf. Das ist der segensreiche Moment, der die Wende in ihrem Leben einleiten kann: die Abwendung vom Vater-Mann und die Hinwendung zu sich selbst.

Die Karrierefrau

Das zugrunde liegende Persönlichkeitsmuster der Karriere-Tochter ist es, Leistung zu erbringen und sich erfolgreich zu profilieren in den Bereichen und später im Beruf, die vom Vater geschätzt werden, ungeachtet der eigenen Interessen und Fähigkeiten. Die Grundüberzeugung dieser Papa-Tochter lautet: „Wenn ich strebsam und erfolgreich bin, werde ich geliebt und anerkannt." Wie die Model-Tochter ist auch die Karriere-Tochter völlig auf den Vater ausgerichtet und von ihm abhängig. Doch während die Model-Tochter die Aufmerksamkeit des Vaters durch ihr Äußeres auf sich ziehen will, setzt die Karriere-Tochter alles daran, durch Strebsamkeit und gute Leistungen zu glänzen und damit seine Wertschätzung zu erhalten. Beide kämpfen zwar mit unterschiedlichen Mitteln, doch um das gleiche Ziel: dem Vater zu gefallen und von ihm beachtet, anerkannt und geliebt zu werden.

Der Vater bietet dem kleinen Mädchen hier ein hohes Maß an Identifikation. Er ist vielleicht ein erfolgreicher Geschäftsmann, pflegt viele interessante Kontakte oder hat im öffentlichen Leben eine wichtige Rolle inne. Das kleine Mädchen liebt und bewundert den Vater und beschließt deshalb: „Wenn ich einmal groß bin, will ich so werden wie Papa." Der Vater ist ihr Idol. Sie identifiziert sich mit ihm und ahmt ihn nach. Es bemerkt, dass es Papas Interesse gewinnt, wenn es klug ist, mitdiskutieren kann, sich für die Dinge begeistert, die ihm wichtig sind. So wird sie eine fleißige Schülerin, deren ganzes Interesse darauf gerichtet ist, gute Leistungen zu erbringen in der Schule, beim Sport oder auch im musischen Bereich, je nachdem, wo Vaters Interessen liegen. Diese Tochter setzt ihre ganze Energie gezielt dort ein, wo es für sie tatsächlich etwas zu gewinnen gibt. Sie paukt und ackert unermüdlich für ihr einziges Ziel: die freudige, stolze Anerkennung des Vaters zu erhalten. Hier geht es also darum, seine Aufmerksamkeit durch Leistung zu wecken. Diese kann in einer talentierten Haushaltsführung liegen, in handwerklicher Geschicklichkeit, in intellektuellen Fähigkeiten oder auch in sportlicher oder musischer Begabung. Hierin richtet sich die Tochter ganz nach den väterlichen Präferenzen. Wenn sie die gleichen Interessen oder gar einen ähnlichen Beruf mit dem Vater teilt – so ihr magisches Denken –, darf sie sich mit ihm verbunden fühlen.

Denn sie identifiziert sich ganz mit seinen Wertvorstellungen und will ihn auf keinen Fall enttäuschen. So habe ich einige Frauen getroffen, die einen körperlich anstrengenden handwerklichen Beruf ausübten, um darin die höchste Qualifikation, ihren Meisterbrief, voller Stolz dem Vater zu präsentieren. Führt der Vater ein Leben als Verwaltungsangestellter oder Beamter, dem die finanzielle Sicherheit ein wichtiges Anliegen ist, wird er auch die Tochter auffordern, einen „sicheren" Beruf zu wählen. Ist der Vater ein Intellektueller oder Akademiker, wird sich die Leistungstochter nur mit einem Hochschulabschluss zufriedengeben.

Marias Geschichte
Meine Freundin Maria ist so eine Leistungstochter, die lange Zeit einen Beruf ausgeübt hat, den ihr Vater für sie ausgesucht hatte – und der ihr so gar nicht entsprach. Sie ist ein sehr künstlerischer Mensch, und schon als kleines Mädchen hat sie viel gemalt und vor allem getanzt. Sie wollte unbedingt Tänzerin werden, und so begann sie schon früh damit, Unterricht zu nehmen; zunächst Ballett, das später vom klassischen Paartanz abgelöst wurde. Ihr Vater war stolz auf sie und unterstützte sie in all ihren Tanzunternehmungen, sodass sie einige Preise beim Schautanz gewann.
Ihr größter Wunsch war es, das Tanzen zu professionalisieren und Tanztherapeutin zu werden. Doch bei der Berufswahl hörte der Spaß für den Vater auf, für den das Tanzen eine brotlose Kunst war. Er überredete seine Tochter dazu, der Sicherheit Vorrang zu geben und Bankkauffrau zu werden, was sie auch tat. Maria versuchte es noch mit einigen anderen Berufen, die sie alle nicht zufriedenstellten. Ihr Herz gehörte weiterhin dem Tanz, den sie in den verschiedensten Ausdrucksarten weiterentwickelte. Erst als sie schon Anfang vierzig war, erfüllte sie sich ihren Kindheitstraum: Sie kratzte ihr Erspartes zusammen und begann eine tanztherapeutische Ausbildung, die sie viel Zeit, Geld und Einsatz kostete. Doch der Preis war ihr nicht zu hoch, weil sie endlich ihrem Herzenswunsch folgte und nicht länger ihrem Vater.

Es gibt meines Erachtens drei Voraussetzungen, die ein Mädchen veranlassen, sich zur Karriere-Tochter zu entwickeln.

1. Der Vater bietet dem Mädchen ein hohes Maß an Identifikation aufgrund seiner starken Persönlichkeit, seiner Ausstrahlung und

seines Charismas. Er ist extrovertiert, hat vielseitige Interessen und ist bei seinen Freunden und Mitmenschen beliebt. Er ist vielleicht redegewandt und ein engagierter und unterhaltsamer Gesprächspartner. Und er ist beruflich erfolgreich. Ganz gleich, welcher Art sein Beruf ist, ob er eine akademische, handwerkliche oder Beamtenlaufbahn eingeschlagen hat, ob er im Angestelltenverhältnis beschäftigt ist oder selbstständig eine Firma leitet, in jedem Fall werden seine Liebe, die Zeit und sein Engagement, das er investiert, erfolgreiche Früchte tragen. In der Partnerschaft der Eltern hat er eindeutig die dominantere Position, während die Mutter eine untergeordnete Rolle spielt.

2. Die Mutter bietet in ihrer untergeordneten und meist abhängigen Rolle keinerlei Identifikationsmöglichkeit für das Mädchen. Daher haben diese Töchter große Probleme mit der Mutter. Diese erhält vom Vater wenig oder gar keine Zustimmung und scheint dem Mädchen auch deshalb nicht vorbildlich. Meistens sind diese Mütter, die zu den dominanten Vätern passen, Model- oder Kümmerer-Töchter. Die Mutter ist dann häufig mit ihren eigenen Problemen in ihrer Ehe beschäftigt. Vielleicht ist sie darüber hinaus noch kränklich oder depressiv, sodass das Mädchen schon früh Verantwortung für die Familie übernehmen muss. Auf alle Fälle bietet die Mutter keinerlei Identifikationsmöglichkeit, da der Vater größer, stärker oder brillanter ist.

Es kann aber auch sein, dass die Mutter sehr unterkühlt und von ihren Gefühlen abgeschnitten ist. Mit ihrer frostigen Distanz hält sie das Mädchen automatisch auf Abstand, sodass dieses keinerlei Versuche unternimmt, sich ihr zuzuwenden.

Egal ob die Mutter im Jammertal ihrer Gefühle festsitzt oder sich völlig unterkühlt zeigt, für das Mädchen steht fest: „So wie Mama will ich niemals werden." Für das Mädchen ist das Leben der Mutter ein Albtraum, umso mehr, als sie den gleichgültigen, herablassenden oder gar verächtlichen Blick in den Augen des Vaters wahrnimmt, mit dem er über die Mutter hinwegsieht. Ihr wird dabei schnell klar, dass sie mit dem Verhalten der Mutter beim Vater niemals landen kann. So rückt die Tochter innerlich von der Mutter ab. Sie hütet sich davor, diese nachahmen zu wollen, und identifiziert sich mit der väterlich-männlichen Rolle und nicht mit der mütterlich-weiblichen. Fortan sieht und verurteilt sie alles

Weibliche durch Vaters Brille. An dem negativen Vorbild der Mutter entwickelt sie ihre Bewertungsskala, wie eine Frau auf gar keinen Fall sein sollte, und verlässt damit jegliche Spuren des Weiblichen, um sich der männlichen Welt anzuschließen.

3. Die dritte Voraussetzung, damit sich ein Mädchen zur Karriere-Tochter entwickelt, liegt darin, dass der Vater Interesse zeigt an dem kleinen Mädchen selbst oder für ein besonderes Gebiet, das es verfolgt. Unterstützt oder fördert er seine Tochter sogar darin, dann wird das für sie der Anreiz sein, ihr Bestes zu geben, damit Papa stolz auf sie ist und er sich an ihr erfreuen kann.

Die Verdrängung der Gefühle
Mit ihrer Ausrichtung auf Leistung und Erfolg entfernt sich die Karriere-Tochter immer weiter von sich selbst oder versäumt es, einen guten Kontakt zu sich selbst und ihren Gefühlen zu bekommen. Sie sieht die Welt durch die Augen des Vaters und verinnerlicht seine männlichen Wertvorstellungen. Darin haben Gefühle keinen Platz, denn sie wirken demotivierend auf die Leistungsbereitschaft und verhindern den Erfolg. Durch das negative Vorbild der Mutter ist ihr alles verhasst, was diese repräsentiert, und das sind vor allem Unterordnung, Abhängigkeit, Gefühle und Krankheit, die sie als weibliche Schwächen von sich weist und fernhalten will. In der Ablehnung der Mutter entwickelt die Papa-Tochter ihr Lebenskonzept und ihre Vorstellung davon, wer sie sein will. Dazu gehört, dass sie stets einen kühlen Kopf bewahrt, damit sie ihre Gedanken und Ziele klar vor Augen hat und umsetzen kann. Gefühle oder Gefühlsduseleien sind dabei hinderlich. Ihr Verhalten und ihre Entscheidungen sollen ganz aus dem Verstand heraus getroffen werden und nicht von irgendwelchen Gefühlsregungen, die zu nichts führen. Die Vernunft ist die oberste Richtschnur, die sie ins gelobte Land der Erfolgreichen führt.

Die Kontrolle des Körpers
Die besondere Betonung der Vernunft gibt der Karriere-Tochter Sicherheit. Daher spielt Kontrolle eine zentrale Rolle in ihrem Leben. Um erfolgreich zu sein, muss sie Kontrolle ausüben: über ihre Gefühle und Regungen, ihr Verhalten, über die Menschen um sie herum und letztendlich auch über ihren Körper. Mit eiserner

Disziplin ertüchtigt sie ihren Körper durch ein selbst auferlegtes Sportprogramm. Weder duldet sie kleine Fettpolster noch anderweitige Schlampereien, die darauf schließen ließen, dass sie sich gehen lässt. Sie ist in der Regel sehr gepflegt, von der Frisur bis zu den lackierten Fußnägeln, unabhängig von ihren finanziellen Möglichkeiten. Ihr äußeres Erscheinungsbild ist eher dezent und unauffällig, wenngleich auch mit viel Sorgfalt und Aufwand betrieben. Wenn ihre Finanzen es zulassen, kann sie durchaus durch vornehme Eleganz bestechen.

Alles an ihr strahlt eine klare Linie aus und hat seine Ordnung. Unordentlichkeiten wie eine aus dem Rock gerutschte Bluse werden bei ihr genauso wenig anzutreffen sein wie die Nachlässigkeit eines abgebrochenen Fingernagels oder abgeblätterten Nagellacks. Alles hat seinen ausgesuchten Platz an dieser eher schlanken, aufrechten und beherrschten Frau. Der Körper, der nach außen perfekt erscheint, wird jedoch innerlich nicht wertgeschätzt. Die innere Leere drückt sich in einer gewissen Starre und Rigidität des Körpers aus. Der Karriere-Tochter, die die Rationalität als oberste Instanz für ihr Leben gewählt hat, muss ihre eigene Weiblichkeit fremd bleiben. Gehört doch die Körperlichkeit mit ihrer sinnlichen Wahrnehmung genau wie auch die Gefühle zu der irrationalen, unkalkulierbaren weiblichen Welt, die nur durch den Verstand kontrolliert werden kann.

Die einzige Beziehung, die die Karriere-Tochter zu ihrem Körper hat, ist, dass sie dafür sorgt, dass er einwandfrei funktioniert – auch in der Sexualität. So wird ihre Liebe und Sexualität männliche Züge tragen und eher routiniert, etwas maschinell vonstattengehen. Der ungezügelten, hemmungslosen Lust wird sie sich schwer hingeben können. Sie wird eher auch hierbei die aktive und bestimmende Rolle einnehmen und Stellungen bevorzugen, bei denen sie oben ist und die Vorgaben macht. Sie wird ihre Erregung gut kontrolliert stetig aufbauen und zielstrebig den Orgasmus ansteuern. Hat sie ihr Ziel erreicht und ist befriedigt, könnte sie aufstehen, um noch ein paar berufliche Dinge zu Ende zu führen, die bis jetzt noch liegen geblieben sind und dringend erledigt werden müssen. Mit dem Partner in der entstandenen Nähe und Intimität noch ein wenig zu verweilen, dürfte ihr fremd sein, weil es für sie zu gefährlich ist. Denn würde sie nur einmal in sich hineinspüren, würde sie vielleicht eine verwirrende Leere wahrnehmen, die sie darauf aufmerksam machen könnte, was sie verloren hat: ihr wahres ursprüngliches Selbst.

Die Ablehnung des Weiblichen

Die Karriere-Tochter fühlt sich als Mitglied der leistungsorientierten Männerwelt und ignoriert unermüdlich alles, was sie an das mütterlich-weibliche Erbe erinnert. Sie identifiziert sich vollkommen mit den väterlich-männlichen Werten und holt sich ihren Anteil an Macht und Erfolg. Sich mit der weiblichen Seite zu identifizieren bedeutet für sie, sich freiwillig mit den Verliererinnen zu verbinden und wie die Mutter zu werden. Viele Karriere-Töchter haben den Kontakt zur Mutter völlig abgebrochen oder reduzieren ihn auf ein Pflichtminimum. An Freundschaften mit anderen Frauen sind sie nicht interessiert, und auch beruflich arbeiten sie lieber mit Männern zusammen. Denn das ist die Welt, die sie verstehen und in der sie sich zurechtfinden, die Frauenwelt ist ihnen fremd und suspekt. Obwohl sie sich dieser weit überlegen fühlen, haben sie gleichzeitig Angst vor ihr und wollen sich nicht näher auf sie einlassen. Ihr hoher Anspruch an Selbstdisziplin und das Bewältigen aller beruflichen wie auch häuslichen Aufgaben gestattet es ihnen nicht, sich mit Schwächen oder schwachen Menschen abzugeben. Frauen, die nicht genauso erfolgreich sind wie sie selbst, verachten sie, auch wenn sie dies niemals offen zugeben würden. Schwierigkeiten gibt es nicht. Sie werden in Herausforderungen umbenannt, die es erfolgreich zu meistern gilt. Wie ein Schutzschild, möglichen Schwierigkeiten zum Trotz, hält die Karriere-Tochter an ihrem Erfolgscredo fest und schützt sich damit gegen alles, was sie schwächen oder zu Fall bringen könnte. So lässt sie nur die Gefühle zu, die sie gut bewältigen kann. Damit koppelt sie sich gekonnt von sich selbst ab und funktioniert wie eine Marionette. Ob als Arbeitnehmerin, in einer führenden Stellung oder als Selbstständige erbringt die Karriere-Tochter volle Leistung: Wohl gekleidet erscheint sie stets pünktlich, pflichtbewusst oder hoch motiviert, korrekt oder engagiert erfüllt sie ihre Aufgaben und Verpflichtungen. Ist sie auf der Karriereleiter nach oben geklettert und fängt die biologische Uhr an zu ticken, wird sie sich mit der Frage auseinandersetzen müssen, ob sie Kinder möchte oder nicht. Für viele Erfolgsfrauen ist das eine konfliktträchtige Frage.

Krise Kind

Entscheidet sie sich für ein Kind oder mehrere und bleibt gleichzeitig voll berufstätig, ist sie in doppelter Weise belastet. Für die leistungsorientierte Frau ist das erst einmal kein Problem. Mit Kindergarten, Haushaltshilfe, Babysitter und Partner bewältigt sie auch diese Herausforderung gewohnt erfolgreich, indem alles genau nach Plan wie am Schnürchen funktioniert. Minutiös plant und organisiert sie den Alltag und funktioniert dabei vortrefflich. Für die erfolgsgewohnte Karriere-Tochter ist es ganz klar, dass sie Mutterdasein, Haushaltsführung und Beruf genauso pflichtbewusst, tüchtig und problemlos bewerkstelligt wie zuvor lediglich ihr berufliches Engagement.

In wirkliche Konflikte gerät die Leistungstochter, wenn sie sich dafür entscheidet, ihren Beruf zumindest für ein paar Jahre aufzugeben, um sich ausschließlich mit Kind und Haushalt zu beschäftigen. Das ist riskant – denn in dieser Rolle wird sie unvermeidlich wieder mit dem in Berührung kommen, was sie ihr Leben lang gemieden und bekämpft hat: die mütterlich-weibliche Welt. Wenn sie sich sanft schaukelnd auf der Veranda mit ihrem Baby an der Brust wiederfindet, die Uhr nicht mehr rast, sondern die Zeit immer langsamer verstreicht und das Baby beschmust und gestreichelt werden will, dann erfährt das leistungsorientierte, kopfgesteuerte Leben der Erfolgsfrau einen tiefen Einschnitt. Sich auf die Kinderwelt einzulassen bedeutet nämlich, die Gefühlswelt zuzulassen. Es könnte ein Wendepunkt im Leben der Karrierefrau sein, wenn sie auf ihr Baby wirklich eingeht und sich dadurch der sinnlichen Gefühlswelt annähert. So würde sie zurückfinden zu einem wesentlichen Anteil ihrer selbst.

Doch das wäre eine große Umstellung und Herausforderung für sie, da Kindererziehung nicht bezahlt und daher nicht als gesellschaftliche Leistung anerkannt wird. Ihre Identität wird damit infrage gestellt, denn ihre Grundüberzeugung lautet ja: „Nur wenn ich tüchtig und erfolgreich bin, werde ich gesehen, werde ich geliebt, existiere ich." Diese Frauen, die ihr Leben lang so viel leisten, verhindern gerade mit dieser Strategie, das zu bekommen, wonach sie sich zutiefst sehnen: geliebt zu werden um ihrer selbst willen.

Partnerschaft: die harte Frau und ihr verweichlichter Partner
Einen Partner zu finden, den die Karrierefrau als ihr ebenbürtig anerkennt, ist nicht leicht für sie. Gerade wenn die Erfolgsfrau auf ihrer Karriereleiter bereits die oberen Sprossen erreicht hat, ist die Auswahl an geeigneten Männern relativ dünn. Das beklagen zumindest immer mehr Frauen, die eine gehobene Position bekleiden und über ein höheres Einkommen verfügen. Denn sie brauchen doch meistens einen Mann, der einen noch höheren gesellschaftlichen Status und mehr Einkommen als sie hat, um ihn als angemessenen Partner akzeptieren zu können. Hinzu kommt, dass die meisten Karriere-Töchter aus dem Bildungsbürgertum oder den oberen Schichten der Gesellschaft stammen, in denen Status, Macht, Geld und Bildung die Tops auf der Werteskala bilden. Das soziale Umfeld der Erfolgsfrau wird wenig Verständnis für einen Ehemann aufbringen, der durch dieses Werteraster fällt. Besonders der Vater wird eine nicht standesgemäße Partnerwahl der Tochter ablehnen. Er wünscht sich schließlich für die Tochter einen Mann seines Kalibers.

Von dem sozialen Kalkül nicht betroffen ist zum Glück der Liebhaber. Da die Karriere-Tochter eine unabhängige Frau ist, die im Leben realisiert, was sie für erstrebenswert hält, kann sie sich in der Zwischenzeit mit einem Liebhaber oder auch mehreren vergnügen, bei denen der soziale Status nicht entscheidend ist. Da sind andere Qualitäten gefragt als Status und Geldbeutel wie bei einem potenziellen Ehemann.

Viel schwieriger, als einen Mann zu finden, gestaltet sich häufig die Partnerschaft selbst. Die Wahl des Partners erfolgt in den meisten Fällen nicht nach rationalen Erwägungen, auch nicht bei der von der Ratio gesteuerten Erfolgsfrau. Partnerwahl und Partnerschaft unterliegen anderen Kriterien, die mehr vom Unterbewusstsein bestimmt und daher der Vernunft nicht zugänglich sind. Dabei gilt fast immer die Gesetzmäßigkeit der Polarität, oder wie der Volksmund es ausdrückt: „Gegensätze ziehen sich an." In der Regel sind wir von einem Mann fasziniert und angezogen, der nicht nur anders ist als wir, sondern geradezu das Gegenteil von uns selbst. Oftmals können wir gar nicht erklären, weshalb wir uns ausgerechnet in diesen Mann verliebt haben. Die Gesetzmäßigkeit der Partnerwahl besteht also darin, dass wir „insgeheim" ergänzen wollen, was wir selbst nicht haben, um vollständig zu werden.

Auch wenn die Karriere-Tochter noch so vernünftig ihre Partnerschaft plant, wird sie sehr wahrscheinlich, wie jede andere Frau auch, dieser unbewussten Gesetzmäßigkeit unterliegen und sich einen Mann wählen, der das genaue Gegenteil von ihr ist. Voraussichtlich wird er einen guten Zugang zu seinen Gefühlen haben und jemand sein, der es liebt, in den Tag hineinzuleben und die Seele baumeln zu lassen. Die schönen Momente des Lebens zu genießen wird ihm wichtiger sein als Erfolg und Ruhm. In dieser Beziehung könnte die Leistungsfrau lernen, sich hin und wieder mal treiben zu lassen, und sich dem von ihr verdrängten Gefühlsbereich wieder annähern. Ihr Partner könnte mit ihr die Erfahrung machen, dass auch die Ratio ihren berechtigten Platz im Leben hat und dass Willenskraft und Entscheidungsfreude einem innere Kraft verleihen. Beide könnten so voneinander lernen und die bei sich selbst abgelehnten und ausgegrenzten Anteile integrieren.

Es ist also wahrscheinlich, dass die Karrierefrau einen Partner wählt, der über die andere, gegensätzliche Hälfte verfügt und das verkörpert, was sie nicht hat. Dadurch übernimmt der Partner eine wichtige Funktion der Entlastung, indem er das lebt, was sie sich nicht gestattet. Für ihn ist es legitim, auch mal schwach zu sein und zu entspannen, und damit ist dieser Mann für die Erfolgsfrau ein erholsames Erlebnis – zumindest in der Anfangsphase der Beziehung.

Die Entlastung und Erholung sind nicht von Dauer, denn da meldet sich noch eine andere Gesetzmäßigkeit, die in Beziehungen gilt. Die Karrierefrau, die ihren Mann ihre ausgegrenzten Gefühle leben lässt, hat diese dadurch noch lange nicht übernommen. Das, was sie anfangs so fasziniert und angezogen hat an ihrem Partner, beginnt sie zu nerven und abzustoßen, denn schließlich hat sie dies auch in sich verstoßen und nicht integriert. Zwar fühlt sie sich nach wie vor zu ihrem weichen, gefühlsbetonten Partner hingezogen und spürt, wie gut er ihr tut, andererseits lebt sie in dem vom Vater übernommenen Wertesystem, das das Wesen und die Eigenschaften ihres Partner zutiefst ablehnt. Diese Werte, mit denen sie sich identifiziert und auf denen ihr ganzes Leben aufgebaut ist, setzen sich in diesem inneren Konflikt immer mehr durch, sodass sie allmählich eine abwertende Haltung ihrem Partner gegenüber einnimmt, aber innerlich noch einen Verteidigungsdialog gegen die sich mehrenden Entwertungen führt. Doch irgendwann wird sie sich nicht länger zurückhalten können und ihren Konflikt nach außen verlagern. Sie nimmt kein Blatt mehr vor den Mund und kritisiert ihren Partner, nörgelt an ihm herum und streitet mit ihm. Sie lässt den Mann ihre Verachtung spüren, entwertet ihn und beraubt ihn damit seiner Männlichkeit. Er soll in ihr Lager überwechseln, und sie unterlässt nichts, um aus dem gefühlsbetonten, etwas phlegmatischen Jüngling einen richtigen, leistungsorientierten Mann zu machen. Dabei lässt sie nicht locker, motiviert ihn, pusht ihn, unterstützt ihn, fordert, ermahnt. Sie bedrängt ihn, stellt Pläne mit ihm auf, um sich dann doch wieder dabei zu ertappen, wie sie die anstehenden Aufgaben selbst ausführt. Die Wut, die sie mittlerweile oftmals für seine Gleichgültigkeit und sein Phlegma empfindet, bündelt sie in eine ungeheure Energie und demonstriert, was alles möglich ist, wenn Mann nur will. Da sie all ihre Kräfte mobilisiert und sich auf ihr Wertesystem versteift, vermag er sich nur dagegen zu wehren, indem er sich zurückzieht und noch schwächer und antriebsloser wird. So entfernen sich beide voneinander. Ihr Eifer und ihre Aktivität drängen ihn zu noch größerer Passivität und Lähmung. An diesem Punkt fühlen sich beide alleingelassen und vom anderen unverstanden. Sie finden nicht mehr zueinander und entfernen sich stattdessen immer weiter voneinander, was sich meistens auch in der Sexualität widerspiegelt.

Konnte sich die Karriere-Tochter zu Beginn ihrer Beziehung von der Empathie ihres Partners im Liebesspiel anstecken und mitnehmen lassen, wird sie jetzt auch hier an Tempo und Aktivität zulegen, sodass er ins Hintertreffen gerät und nicht mehr mithalten kann. Die Folge können dann Erektionsprobleme sein (er kann die Energie nicht mehr halten), die sich bei wiederholtem Vorkommen auch auf seine Lustmotivation niederschlagen. Er wird immer weniger Lust auf seine Partnerin haben und sich aus der Sexualität mit ihr langsam zurückziehen. Das Selbstwertgefühl des Mannes sinkt gegen Null, und so wird er sich über kurz oder lang einer anderen Frau zuwenden, bei der er wieder so sein kann, wie er ist. Genauso gut kann es passieren, dass die Frau ihren Partner nicht mehr erträgt, da sie sich immer weiter in ihre Leistungs- und Aktivitätswelt hineinmanövriert hat.

Vielleicht sucht sie sich dann zur Abwechslung einen adäquaten Partner, einen Karrieremann, der dieselben Werte verkörpert wie sie und genauso erfolgsorientiert lebt. Sie treffen sich dann in der Identifizierung mit ihrer ideellen Welt, die auch im Fokus ihrer Partnerschaft steht. Das kann die berufliche Karriere sein, Religiosität oder das gemeinsame Ziel, eine Familie zu gründen. Da beide von ihrer Persönlichkeit her kopflastig sind, wird die Sexualität eine eher untergeordnete Rolle spielen und im Laufe der Zeit wahrscheinlich ganz im Sande versickern. Denn es ist schwer vorstellbar, wie zwei unterkühlte, distanzierte Menschen in hoch angespannten Körpern eine liebevolle und sinnliche Sexualität miteinander erleben können.

Es ist jedoch kaum wahrscheinlich, dass das Zusammenleben dieser „Gleichgesinnten" auf Dauer glückt. Da sie beide von der Ratio bestimmt sind, ist ihnen die Gefühlswelt gleichermaßen fremd. Daher wird es vermutlich keinen Platz für Bedürftigkeit und Schwächen geben, weder für die eigenen noch die des Partners. Die gegenseitigen Anforderungen führen zu einer permanenten Anspannung, die auf Dauer ein Ventil benötigt. So ist die Wahrscheinlichkeit groß, dass sich beide wieder einen Partner suchen, der einen guten Kontakt zu den eigenen Gefühlen hat und dadurch auch Entspannung und Spiel in die Beziehung einbringt.

Die Rebellin

Die Rolle der Rebellin ist die unbequemste und auch die schwierigste, da sie sich weder mit der mütterlichen Welt noch mit dem Vater identifizieren kann. Ihr Hauptmerkmal ist ein wacher, aufmerksamer und kritischer Geist. Mit ihm beobachtet sie sehr genau, was um sie herum geschieht, analysiert und reflektiert das Verhalten der Erwachsenen, um für sich das Fazit daraus zu ziehen: „So wie die möchte ich nicht werden."

Damit manifestiert sie das Grundmotiv, das sie Zeit ihres Lebens als Charakteristikum auszeichnen wird: ihre kritische Distanz und Abwehr, die sie jeder Person und allen Gegebenheiten des Lebens gegenüber einnimmt. Einige von diesen rebellierenden Töchtern kommen aus dem gehobenen Bildungsbürgertum und aus Akademikerfamilien. Ihre ausgeprägte Denkfähigkeit und ihr Reflexionsvermögen führten sie auf die öffentliche Bühne der Politik, wo sie alles an den Pranger stellen dürfen.

Der Vater, der beruflich durchaus eine qualifizierte und anspruchsvolle Position innehaben kann, ist im familiären und sozialen Kontext jedoch eher schwach und zurückgezogen. Die Mutter, die in der Beziehung und in der Familie das Sagen hat, besitzt jedoch beruflich und gesellschaftlich gesehen einen geringeren Status. Daher ist das mütterliche Vorbild für das Mädchen auch nicht erstrebenswert. Die Mutter repräsentiert die Frauenwelt, die es als zu eng und dem Männlichen untergeordnet ablehnt. Der starke Freiheitsdrang, den die Tochter in sich verspürt, lässt sie gegen jede Art von Begrenzung rebellieren und drängt sie, neue, unkonventionelle Wege zu erforschen. Die kleine bescheidene Welt der Frauen scheint ihr dafür nicht das geeignete Terrain. Daher orientiert sie sich an der männlichen Welt, die noch viele unerforschte Wege für sie bereithält. Sie kann nicht verstehen, dass der Vater diese Bühne des Lebens nicht erobert und sich stattdessen in das bescheidene private und berufliche Glück zurückzieht. Sie erlebt ihren Vater als klein und schwach – und das betrifft sowohl seine Beziehung zur eigenen Frau, die ihn dominiert, als auch das Leben, das er sich aufgebaut hat. Die Rebellin schaut auf ihren Vater herab und schämt sich für ihn. Sie kann nicht nachvollziehen, dass der Vater, der doch dank seiner Geschlechtszugehörigkeit per se zu der großen weiten männlichen Welt gehört, so wenig aus seinem Leben macht. Sie kritisiert seine kleinkarierte Weltanschauung und sein bürgerliches, spießiges Leben, analysiert sein Verhalten, um ihm dann seine vermeintlichen Fehler und wunden Punkte unter die Nase zu reiben. Sie lässt ihm keine Ruhe. Sie ist kein nettes und pflegeleichtes Mädchen, das bewundernd den Blick zum Vater hebt wie ihre Schwestern, die gefallen wollen. Vielmehr ist sie ein starkes, selbstbewusstes Kind, das ihre Eltern als schwach, ängstlich oder unbedeutend ablehnt.

Die Rebellin ist unbequem, frech und opponiert gegen familiäre und gesellschaftliche Regeln, wo immer sie kann. Ob der Vater mit Zustimmung oder Ablehnung reagiert, ist ihr egal – sie will seine Aufmerksamkeit provozieren, ihn aus seiner scheinbaren Gleichgültigkeit und Ruhe herauskatapultieren. Sie fühlt sich ihm haushoch überlegen und hält ihm mit ihrem Verhalten den Spiegel vor Augen, in dem er sich als das erkennen soll, was er in ihren Augen ist: klein, schwach und spießig. Indem sie sich und ihm ihre eigene Größe und Revolte demonstriert, braucht sie nicht die Vaterwunde zu spüren, die sich gebildet hat, weil sie diesen Vater nicht lieben kann. Denn sie möchte einen Vater lieben, der groß und stark ist. Doch ihr Vater entspricht nicht diesem Ideal und ist für sie eine bittere Enttäuschung. Besonders aber schämt sie sich dafür, dass er nicht einmal seiner eigenen Frau etwas entgegenzuhalten hat und sich phlegmatisch ihrer Dominanz ergibt. Einmal möchte sie ihn mit der Faust auf den Tisch hauen sehen, doch stattdessen sieht sie sein gesenktes Haupt, wenn die Mutter ihn mit herablassenden und verachtenden Blicken betrachtet. So ringt sie mit ihrem Vater und provoziert ihn immer wieder bis aufs Blut, um ihn einmal so zu erleben, wie sie sich ihn wünscht: groß und stark und durchsetzungsfähig. Denn dann, so glaubt sie, würde sie ihn endlich lieben und bewundern können. Dafür kämpft sie.

Die Rebellin hinterfragt alles – vor allem aber den Mann, den sie mit ihrem scharfen analytischen Verstand zu durchschauen meint. Da sie sich weder anpasst, noch auf Zustimmung ihres Verhaltens aus ist, knallt sie ihm schon mal ihre Meinung über ihn um die Ohren. Sie sieht alles in Schwarz oder Weiß. Dass es dazwischen noch viele andere Farbnuancen gibt, übersieht sie. In ihrer Entschiedenheit gibt es nur ein Ja oder Nein. Die feinen Zwischentöne sind ihr unvertraut und tauchen in ihren Reden nicht auf. Ihr Kampfgeist spiegelt sich in ihren Sätzen, die mit „Nein" oder „Ja, aber" beginnen und stets Gegenrede sind. Sie muss immer das letzte Wort haben, denn sie weiß es einfach besser.

Partnerschaft und Sexualität
Den Satz „Du musst immer das letzte Wort haben" wird sie daher oftmals von ihrem Partner zu hören bekommen. Es ist der schwache Versuch ihres Gegenübers, sich gegen ihre Dominanz und ihren Führungsanspruch zu wehren. Wie auch ihre Karriere-Schwester hat sie in der Regel einen Partner, der stellvertretend für sie die weiblichen Qualitäten lebt. Er wird einfühlsam und fürsorglich, empfänglich, zärtlich und sinnlich sein. Er gleicht ihre Härte aus und wird oftmals versuchen, sie zu besänftigen, indem er sie liebevoll in den Arm nimmt. Er übernimmt – zumindest am Anfang ihrer Partnerschaft – die Rolle des Vermittlers, wenn er zwischen ihren harten und hohen Anforderungen den Kindern oder sich selbst gegenüber ausgleicht, und er versucht sie zu besänfti-

gen, wenn sie sich selbst oder andere Kontrahenten zu sehr attackiert. Auch in dieser Partnerschaft hat er die Rolle des lieben, weichen und sanftmütigen Manns, der seine Frau in ihrem Mut, ihrer Direktheit und Kompromisslosigkeit bewundert.

Es kommt bei der Rebellin nicht selten vor, dass ihr Partner jünger ist als sie, was ihre Führungsposition in der Partnerschaft noch bekräftigt. Sie gibt den Ton an und darf sich trotz partnerschaftlicher Bindung weiterhin als die freie und unabhängige Frau fühlen, die sie sein will.

Wie alles in ihrem Leben sind auch die Partnerschaft und möglicherweise die Kindererziehung der Rebellin stark ideologisiert. Da sie vor allem mit dem Kampf auf der öffentlichen Bühne beschäftigt ist, wird sie viel unterwegs sein und der Mann überwiegend die Kindererziehung und Haushaltsführung übernehmen. Damit bewegen sie sich voll auf dem ideologischen Kurs, der die klassischen Rollenverhältnisse zwischen Mann und Frau umkehrt.

Sie wird im Bett keine Positionen zulassen, in denen sie nicht oben liegt. Da ihr jegliches Körpergefühl fehlt, bleibt oftmals der sinnliche Garten ihres Schoßes mit dem dicken Schloss ihrer Ideologie verschlossen. So kommt es nicht selten vor, dass das kopfgesteuerte Paar statt Liebe zu machen lieber über seine Liebesbeziehung diskutiert. Oftmals sind diese Partnerschaften mit dem hohen Ideal der freien Liebe überfrachtet. Das funktioniert so lange, wie die Kampfestochter diese Freizügigkeit in Anspruch nehmen darf. Zieht der Partner jedoch nach dem Motto „Gleiches Recht für alle" nach, kommt sie mit Gefühlen von Neid und Eifersucht in Kontakt, und das ideologische Schiff ihrer Überzeugungen gerät schwer ins Wanken. Es wäre eine gute Gelegenheit, das Kampfesschiff ganz zum Kentern zu bringen, indem sie sich zum ersten Mal in ihrem Leben ihren Gefühlen stellen und diesen auch eine Priorität einräumen würde. Doch sie wird voraussichtlich in einer solchen ersten Krise noch nicht die notwendigen Lernschritte vollziehen, sondern ihre Gefühle wegrationalisieren.

Die Abspaltung des Weiblichen
Die Rebellin lehnt mit der Mutter auch die weibliche Welt der Frauen ab. Darin ist sie sich mit ihrer Karriere-Schwester einig. Beide beurteilen die mütterlich-weibliche Welt als beschränkt, engstirnig, abhängig und halten es nicht für erstrebenswert, Teil dieser

Frauenwelt zu sein. In der Regel hat die Rebellin eine eher distanzierte, unterkühlte Mutter erlebt, bei der sie keine emotionale, warme und nährende Beziehung spüren konnte. Ihr Bedürfnis nach Nähe und Körperkontakt fand in der Mutter keine Erwiderung und konnte daher auch von ihr selbst nicht entwickelt werden. Sie erfährt, dass sie von der Mutter keine Liebe erwarten kann, und kehrt der mütterlich-weiblichen Welt den Rücken. Sie wendet sich dem Vater zu, um bei ihm ihr Glück zu versuchen und die Beantwortung ihrer Liebe zu finden. Sie ist geradlinig, direkt und bevorzugt klare Verhältnisse. Das Verhalten der Model-Töchter lehnt sie als ein würdeloses sich Anbiedern an den Mann ab. Ja, dieses „weibliche" Verhalten widerstrebt ihr zutiefst, schließlich will sie nicht um die Aufmerksamkeit des Mannes „betteln", sondern dafür sorgen, dass der Mann sie ernst nehmen muss. Damit distanziert sie sich von ihren Model-Schwestern. Aber auch ihre Karriere-Schwestern lehnt sie ab, erstreben diese doch einen Platz in der konservativen bürgerlich-spießigen Welt, indem sie sich ebenfalls beim Papa, später beim Mann einschmeicheln. So ein Verhalten ist unter der Würde der Rebellin, da sie ganz andere Mittel hat, um sich beim Mann zu behaupten, nämlich Intelligenz, Redegewandtheit und Begabung. So steht die Rebellin ziemlich allein da auf der großen Weltenbühne. Denn gegen die Männer muss sie kämpfen und sich behaupten, und ihre Schwestern lehnt sie ab, da sie diese für primitiv und würdelos hält. Sie wird zwar später für die Rechte der Frauen kämpfen, aber in Wirklichkeit weiß sie gar nicht, wie sich Weiblichkeit anfühlt. Mit dem Kampf für die Frauenrechte will sie vielmehr den Mann in die Knie zwingen und den Platz an seiner Seite oder besser noch über ihm erringen. Sie hat mit der Mehrheit der Frauen nichts Gemeinsames und lehnt das, was sie verkörpern, für sich ab. Sie wird daher auch keine besten Freundinnen haben, mit denen sie sich kichernd und flüsternd die Zeit vertreibt. Sie ist eine Einzelkämpferin, die sich allenfalls in Solidargemeinschaften mit Frauen zusammenschließt, die sich wie sie den Kampf um einen Platz in der Männerwelt auf ihre Fahne geschrieben haben.

„Ich denke, also bin ich" ist ihr Credo, ähnlich wie bei der Karriere-Schwester. Gefühle und Körperlichkeit sind Dinge, die ihr fremd sind und die sie nicht versteht. Sie gehören einer anderen Welt, der Frauenwelt, an, mit der sie nichts zu tun hat. Gefühle zu zeigen bedeutet für sie, eine Schwäche zuzulassen, die sie sich im Kampf nicht erlauben kann. Sie kann durchaus Freude und Begeisterung empfinden, ihre Verletzlichkeit hingegen wird sie niemals zeigen und auch selbst gar nicht wahrnehmen. Wenn doch einmal Gefühle hochkommen sollten, werden diese schnell weganalysiert und rationalisiert.

So wie die eigenen Gefühle verschlossen bleiben, ist der Rebellin auch der Zugang zu ihrem Körper versperrt. Sie trägt eine äußere Hülle mit sich herum, die nicht von innen gefühlt und gefüllt werden kann. Sie erfasst die Welt durch ihren Verstand. Ihre Sinneskanäle, insbesondere die Fähigkeit zu fühlen, bleiben ihr verschlossen. Sie ist in der Regel wenig körperbetont, was sich auch in ihrer Kleidung widerspiegelt.

Viele wollen mit ihrem äußeren Erscheinungsbild ebenfalls provozieren. Sie rennen in einer Aufmachung herum, die mit Sicherheit niemandem gefällt, vor allem nicht den Männern. Sie verzichten auf jegliche Attribute, die sie weiblich und attraktiv erscheinen ließen, denn das würden sie als Verrat an ihrem Kampf empfinden. So drücken sie auch mit ihrem Erscheinungsbild ihre innere Haltung aus, die immer erst einmal „anti" ist.

Die Narzisstin

Hier haben wir es mit einem kleinen Mädchen zu tun, dem keine Grenzen gesetzt werden. Dies geschieht zum einen, wenn der Vater zwar anwesend, aber zu schwach ist, um Grenzen zu setzen, weil er die Liebe der Tochter braucht. Zum anderen aber, wenn der Vater im Leben des Mädchens gar nicht existiert.

Dem schwachen und bedürftigen Vater schwillt dessen Brust bei den Liebesbekundungen der kleinen Tochter, er darf sich groß und wichtig fühlen. Er sonnt sich in der Liebe des Mädchens, das so niedlich und hübsch ist, dass er nicht anders kann, als es lieb zu haben. Und er ist jemand von Bedeutung – und wenn es nur für sein kleines Mädchen ist. Denn die liebenden und begehrenden Blicke vermisst er bei seiner Frau schon lange. So genießt er die Zuneigung seiner Tochter, ja mehr noch, er saugt diese auf wie die ersten Wassertropfen nach einer Wüstenwanderung. Vielleicht lebt der Vater noch in der Ehe mit der Mutter, doch Liebe und Sexualität zwischen ihnen sind eingegangen wie die Blume, die schon zu lange nicht gegossen wurde. Oder er lebt schon einige Zeit von der Mutter getrennt und allein, ohne eine erfüllende Beziehung. Ihm fehlen Liebe und Anerkennung vom weiblichen Geschlecht. Dann kommt die Tochter gerade recht, um ihm mit ihrer Liebe sein desolates Selbstwertgefühl wieder aufzupolieren. Der Vater, der die Gefühle seiner kleinen Tochter auf diese Weise missbraucht, um sich selbst wieder wichtig, interessant und geliebt zu fühlen, ist ein schwacher und emotional unreifer Mann. Das Mädchen wird das sehr genau wahrnehmen und zu der Überzeugung kommen: „Papa kann ohne mich nicht leben." Diese Erkenntnis gewinnt die Tochter, egal ob sie noch mit ihrem Vater unter einem Dach lebt oder ihn nur am Wochenende besucht. Sie sieht sein Strahlen, wenn er sie ansieht, hört den Stolz in seiner Stimme, wenn er von ihr spricht. Er überschüttet sie mit Lob und Geschenken – und das alles, damit sein kleines Mädchen glücklich ist. Sie darf alles bei ihm, und wenn nicht, lernt sie schnell, wie sie ihn um den Finger wickeln kann, um doch noch zu bekommen, was sie sich wünscht – sie ist seine kleine Prinzessin.

Die Macht der kleinen Prinzessin wächst, denn den schwachen Vater kennzeichnet ein gravierender Mangel: Er kann nicht Nein sagen. Was immer sich Prinzessin wünscht, erhält sie. Sagt er doch einmal Nein, weiß sie ihn vom Gegenteil zu überzeugen. Verbietet er ihr vor dem Essen das Eis, wird sie dafür sorgen, dass sie es doch bekommt. Findet er zunächst, dass die tollen roten Schuhe im Schaufenster zu teuer sind, wird sie ihn dazu bringen, dass er sie ihr doch kauft. Sie braucht ja nur zu schmollen und sich zurückzuziehen. Sobald er ihre Zuwendung gefährdet sieht, gibt er ihr alles, was sie sich wünscht, damit er sich wieder in ihrem Strahlen sonnen kann. Er kann seiner kleinen Prinzessin keine Grenzen setzen. Sein Selbstwertgefühl ist so gering, dass er es sich nicht „leisten" kann, andere zurückzuweisen und das Wagnis einzugehen, dass ihm Liebe und Zuwendung entzogen werden – erst recht nicht von seiner Tochter, die ihm doch alles bedeutet. Und besonders dann, wenn er sie nur unregelmäßig sieht. Nach der Trennung der Eltern erlebt das Mädchen, das in der Regel bei der Mutter bleibt, den Vater im Zweiwochentakt als Wochenend- oder Besuchsvater, der sich dann abstrampelt, ein attraktives Programm für die Tochter zusammenzustellen, damit sie auch bloß weiter geneigt ist, ihn zu besuchen. Er wird tunlichst alles vermeiden, was irgendwie nach Disharmonie oder gar Konflikten riechen könnte. Er will ja seine Tochter nicht noch mehr verlieren, ist er doch bereits als Verlierer aus der Familie geschlittert oder herauskatapultiert worden. Diese Abhängigkeit des Vaters von der Frauenwelt ist vor allem dann gegeben, wenn die Mutter das alleinige Sorgerecht hat. Das entgeht der Tochter nicht. Eine wesentliche väterlich-männliche Aufgabe ist es aber, der Tochter Orientierung und Halt zu geben, unter anderem indem der Vater Grenzen setzt und auch Nein sagen kann, wenn es angebracht ist. Somit fehlt der Tochter jemand in ihrem Leben, der sie liebevoll, aber bestimmt begrenzt. Die Mutter als Alleinerziehende ist dieser Aufgabe oftmals nicht gewachsen. Die meisten Frauen fühlen sich aufgrund der Doppelbelastung nicht nur von Berufsleben und Kind bereits überfordert, sondern auch durch den Anspruch, die väterlich-männlichen Qualitäten mit in die Erziehung einzubringen. Ein weiterer Faktor ist sicherlich auch, dass ein Großteil der Mädchen ohne Geschwister aufwächst, die normalerweise dazu verhelfen, wesentliche soziale Fähigkeiten zu entwickeln, wie Rücksichtnahme, miteinander teilen zu können, Mitgefühl zu empfinden und Verantwortung für andere zu übernehmen sowie den anderen in seinem Anderssein zu akzeptieren. So fehlen dem Mädchen in jeder Hinsicht liebevolle Begrenzungen, die ihr helfen, sich mit anderen zu verbinden und zu arrangieren und sich gleichzeitig auch geliebt und gesehen zu fühlen. Ganz allgemein könnte man sagen, dass die Narzisstin mit Eltern aufwächst, die im Grunde selbst schwache, unsichere und in ihrem Selbstwertgefühl labile Menschen sind.

Die narzisstische Persönlichkeit als gesellschaftliches Phänomen
Mit dem Begriff „Narzissmus" oder „narzisstisch" verbindet sich gemeinhin die Vorstellung von egozentrischen, selbstgefälligen und ausbeuterischen Menschen, die dazu neigen, sich selbst zu überschätzen, sehr arrogant und distanziert sind und eine hohe Anspruchshaltung sich selbst und anderen gegenüber haben. Der Begriff des Narzissmus geht auf den alten griechischen Mythos von Narziss zurück, der sich, schön wie er war, in sein eigenes Spiegelbild verliebte und dadurch ins Verderben stürzte.

Wir finden den Typus vor allem bei jungen Menschen, die ab den 1980er-Jahren in unserer westlich-europäischen Gesellschaft geboren wurden, die die Egomanie und Selbstverliebtheit der narzisstischen Persönlichkeit geradezu kultiviert hat. Natürlich hat es narzisstische Persönlichkeitstypen schon immer gegeben, speziell unter Künstlern, Schriftstellern, Schauspielern und in der Film- und Musikindustrie. Wohl aber zum ersten Mal im Verlauf unserer jüngsten Geschichte finden wir eine ganze Generation narzisstischer Männer und Frauen, wobei ich mich hier auf die Frauen beschränke. In den USA wurde in der Universität von San Diego eine größer angelegte Umfrage zur Selbstverliebtheit und zum Egoismus der Studenten, die ab 1982 geboren sind, mit einem speziellen Test zur narzisstischen Persönlichkeitsstruktur durchgeführt. Kurz zusammengefasst bezeichnen sie die nach 1980 geborene Generation als die narzisstischste in unserer jüngsten Geschichte. Dieser Befund deckt sich mit Untersuchungen im deutschsprachigen Raum, die bei vielen Jugendlichen Egozentrik diagnostizieren. Sie leben ohne tragfähige soziale Beziehungen, lassen sich nur schwer in ein soziales Gefüge integrieren und haben nur ein einziges Interesse: sich selbst.

Gemäß der klassischen Psychologie liegt eine narzisstische Persönlichkeitsstörung dann vor, wenn das Bedürfnis nach Liebe, Anerkennung und Bewunderung krankhaft übersteigert ist. Das Kind erschafft unbewusst von sich selbst ein überzogenes, grandioses Selbstbild, ein Größenselbst, das den Verlust des seelischen Gleichgewichts ausgleichen soll, wenn das Gefühl des Angenommen- und Aufgehobenseins in der elterlichen Liebe zerbricht. Die hier beschriebene Narzisstin ist eine verwundete Papa-Tochter, die graduell Persönlichkeitsmerkmale der narzisstischen Störung aufweist, ohne in allem dem klassischen Krankheitsbild einer narzisstischen Persönlichkeit zu entsprechen.

Die Persönlichkeitsstruktur der Narzisstin
Das Mädchen, das einen schwachen oder nicht anwesenden Vater hat und sich selbst überlassen bleibt, fällt aus der Geborgenheit der Liebe und dem Gefühl, angenommen zu sein, und verliert jeden inneren Halt. Aus der inneren Verlorenheit heraus entwickelt es ein übersteigertes Bedürfnis nach Anerkennung und Bewunderung. Alles muss sich um es selbst drehen. Sein labiles und

schwaches Selbstwertgefühl baut wie oben beschrieben ein Größenselbst (nach Sigmund Freud) auf, das täglich die Bestätigung und Bewunderung von anderen benötigt. Dieses Größenselbst produziert wiederum Größenfantasien, die durch die Umwelt bestätigt und stabilisiert werden wollen. Die Narzisstin träumt von großem Erfolg, zukünftigem Ruhm und der großen Liebe mit einem großartigen Mann. Denn sie hält sich selbst für etwas ganz Besonderes, an dem nur wenige auserwählte Menschen teilhaben dürfen, die ihren Ruhm noch vermehren. An gesellschaftlich erfolglosen Menschen hat sie kein Interesse. Sie lehnt es ab, die Bedürfnisse und Gefühle anderer anzuerkennen und darauf einzugehen, was ihren Mangel an Empathie, Zuwendung und Hilfsbereitschaft anderen gegenüber erklärt. Sie hat eine niedrige Toleranzgrenze gegenüber Menschen, die sich querstellen, nicht nach ihren Vorstellungen parieren oder sich ihr gegenüber abgrenzen. Damit kann die narzisstische Frau gar nicht umgehen, denn sie sieht deren Verhalten als direkten Angriff auf sich selbst und reagiert entsprechend meist sehr emotional und einschüchternd. Schreien, Beschimpfungen und Verunglimpfungen des anderen, Türenknallen oder Geschirrzerschlagen sind da einige Reaktionsmuster, derer sie sich bedient. Für diese Respektlosigkeit und Missachtung anderen gegenüber findet sie statt einer Entschuldigung immer eine Rechtfertigung. „So bin ich nun mal. Ich muss schließlich meine Empfindungen ausdrücken dürfen" sind dabei klassische Argumentationen. Schuld an ihrem Verhalten sind sowieso immer die anderen, die sie provoziert haben.

Dahinter liegt die berechtigte Furcht vor Kritik, die ihr Größenselbst infrage stellen und die eigene Unsicherheit und Verlorenheit ans Licht bringen könnte. Das erträgt die Narzisstin jedoch nicht. Daher wehrt sie in ihrer arroganten und hochmütigen Art alles und jeden ab, der sie nicht in ihrer Größe bestätigt und bewundert. Das betrifft ihre Liebespartner ebenso wie ihre besten Freundinnen, die kaltschnäuzig abserviert werden, wenn sie ihre Erwartungen nicht mehr erfüllen. Wenn die Narzisstin überhaupt eine Freundin hat, dann umgibt sie sich sehr wahrscheinlich mit jemandem, der eindeutig schwächer ist als sie selbst und vor allem nicht so schön und attraktiv. Neid ist ein hervorstechendes Merkmal der Narzisstin, mit dem jene Vertreterinnen des eigenen Geschlechts verfolgt werden, die gar attraktiver sind als sie selbst. Diese erträgt sie nicht in ihrer Nähe. Die Freundin jedoch, die in ihrem Schatten steht, lässt sie selbst ja noch strahlender erscheinen. Sie darf ihr stundenlang zuhören und sie als Hofstaat begleiten, damit die Narzisstin sich nicht langweilt und jemand da ist, der ihr Aufmerksamkeit schenkt. Niemals wird man eine Narzisstin allein antreffen, denn ihre Sucht nach Bestätigung und Anerkennung erfordert immer wenigstens einen Menschen, der gewillt ist, ihr dies zu geben. Erstrebenswerter ist natürlich eine große öffentliche Bühne, auf der sie ihr Größenselbst inszenieren kann und andere applaudieren. Dabei hat sie kein Interesse daran, Kontakt mit anderen herzustellen und mit diesen Spaß zu haben. Unternimmt jemand einmal den Versuch eines Lächelns oder eine andere Kontaktaufnahme, erntet er oder sie meistens nur einen coolen, gelangweilten und distanzierten Blick. Narzisstinnen haben daher nur wenige oder gar keine echten Freunde, denn niemand möchte auf Dauer als persönlicher Sklave ausgebeutet und als Handlanger für ihre Selbstinszenierung benutzt werden.

Freundschaft entsteht in einem ausgewogenen Verhältnis von Geben und Nehmen. Freunde interessieren sich füreinander, nehmen Anteil an den Gefühlen und am Erleben des anderen, zeigen Verständnis und geben manchmal auch ein kritisches Feedback. All die dafür notwendigen Fähigkeiten sind aber der Narzisstin fremd. Denn jede ihrer Beziehungen unterliegt nur dem einzigen Zweck, Erfolg, Ruhm und Größenfantasien zu bestätigen oder zu vermehren. Alles andere ist uninteressant für sie. Jeder menschliche Kontakt und erst recht jede längere Beziehung erfordert ein Mindestmaß an Anpassung, Arrangement mit dem anderen und dessen Interessen sowie die Fähigkeit, sich abzugrenzen und die Abgrenzungen des anderen zu akzeptieren. Das jedoch ist für die Narzisstin unmöglich, bezieht sie doch, wie ein Kleinkind, jedes Verhalten der anderen auf sich selbst. Daher akzeptiert sie weder Regeln noch irgendwelche Grenzen. Jede Grenzsetzung seitens eines anderen Menschen muss sie als Affront gegen ihr Größenselbst und die dahinterliegende Unsicherheit und Verlorenheit verstehen. Werden ihr einmal Grenzen gesetzt, reagiert sie mit Wut und Aggression. Aus der Beschreibung dieses Persönlichkeitstyps wird schon deutlich, dass es sehr schwierig ist, mit einer Narzisstin eine Beziehung und erst recht eine langfristige Partnerschaft zu führen.

Eine Narzisstin zeigt keine Gefühle. Denn würde sie an ihrem Abwehrpanzer nur ein wenig kratzen, könnte der große Schmerz hervorkommen, den sie so gut zu schützen weiß. Sie würde dann ein tiefes Loch von Leere und Selbstverlorenheit fühlen, das sich hinter der harten und eiskalten Fassade verbirgt. Um dies nicht spüren zu müssen, spaltet sie alle Gefühle ab, verleugnet sie und wird vordergründig unabhängig. Ganz nach dem alten von der Mutter überlieferten Glaubenssatz „Ich brauche niemanden" baut sie einen Habitus aus Unabhängigkeit, Kontrolle, Macht und Abwertung anderer auf. So kann sie im Alltags- und Berufsleben sehr erfolgreich sein und geradezu brillieren, während ihr Privatleben durch ihr Desinteresse und die Abwertung anderer verarmt.

Partnerschaft und Sexualität
Die Narzisstin ist meist sehr attraktiv, ja geradezu schön, schillernd und exzentrisch. Nach außen hin hat sie ein beeindruckend selbstbewusstes Auftreten. Sie ist immer auffällig gekleidet und gestylt: manche eher ausgefallen, andere sehr stilvoll. Ihr Lebenscredo lautet: „Ich mache, was mir gefällt, und ich brauche niemanden."

Die Narzisstin beherrscht vorzüglich die Kunst, Männer um sich zu scharen, die ihre Bewunderung kundtun. Durch ihr äußeres Erscheinungsbild, gepaart mit ihrer Selbsteinschätzung, eine attraktive und begehrenswerte Frau zu sein, hat sie eine gewinnende Ausstrahlung, die die Männer bezaubert. Sie erscheint strahlend, leuchtend und hell und genießt den Applaus der Männer. Von den vielen, die zur Verfügung stehen, wird sie den wählen, der ihr den meisten Ruhm, das meiste Geld oder soziales Prestige verspricht. Dieser Mann wird zunächst ihr erkorener Held, den sie kritiklos verehrt und bewundert und mit dem sie sich gänzlich identifiziert, um sich in seinem vermeintlichen Lichtkranz zu sonnen. Dies äußert sich in wahren Lobeshymnen über den Angebeteten, die sich jeder anhören muss, ob er will oder nicht. Die Anbetung ihres Idols kippt jedoch sehr schnell ins Gegenteil, wenn er sie in irgendeiner Form enttäuscht und nicht die in ihn gesetzten Erwartungen erfüllt. Dann stürzt sie ihn augenblicklich vom Sockel und erklärt ihn zum Loser. Da es in ihrer Welt nur Sieger oder Verlierer gibt, fehlt ihr jede Alternative, mit Enttäuschung und Begrenzungen des anderen umzugehen. Sie muss ihn verstoßen, um sich nicht selbst als Versagerin zu fühlen.

Kaltes Feuer – Sexualität

Doch zunächst darf der Held die Narzisstin auf jeder Party stolz vorführen, denn sie ist eine sehr schöne und individuelle Frau, mit der er sich gerne zeigt. Auch er sonnt sich in ihrem strahlenden Erscheinungsbild. Der Mann glaubt, den Fang seines Lebens gemacht zu haben, denn auch der Sex mit der Narzisstin ist umwerfend für ihn. So wie sie sich gern in der Öffentlichkeit inszeniert, tut sie das auch im Bett. Hier spielt sie überzeugend die leidenschaftliche Erfahrene, die für Experimente offen ist und weiß, was Männer sich wünschen. Sie will auch hier beeindrucken, und so wird der Sex nicht langweilig. Mit immer neuen Stellungen und Praktiken sorgt sie für Abwechslung und Aufregung. Der sexuelle Akt wird schnell, dynamisch und unter hoher Anspannung vollzogen. Es geht eher etwas kühl und distanziert zu. Distanzierter Sex mit einem spielerischen Umgang von Rollen und Masken kann sehr reizvoll sein. Er weckt Fantasien und ermutigt zu spannenden und außergewöhnlichen Praktiken, die der Mann sich sonst vielleicht eher nicht auszuprobieren traut. Der Mann wird sich zu Beginn beglückwünschen, eine so sexuell offene und experimentierfreudige Partnerin gefunden zu haben, aber er wird schon bald die Wärme und Nähe im sexuellen Kontakt vermissen. Intimität, die im zärtlichen Miteinander entsteht, wird sie nicht zulassen können. Denn diese Nähe verführt dazu, sich gefühlvoll und empfindsam zu zeigen, sich offen mitzuteilen. Das aber kann eine Narzisstin auf gar keinen Fall zulassen, denn viel zu groß ist die Angst, dass sie in Berührung kommt mit diesem verletzlichen, unsicheren Anteil in sich. Sie wird dafür sorgen, dass der Mann ihr nicht zu nahekommt, indem sie nach dem Sex rasch wieder aufsteht oder etwas Verletzendes zu ihm sagt, sodass keine innige Atmosphäre zwischen ihnen entstehen kann. Das Liebesspiel erhält so schnell eine ritualisierte Form, die vor allem von technischer Extravaganz und dem perfekten Rollenspiel lebt. Es ist durchaus naheliegend, dass die Liebesrituale auch sadomasochistische Züge annehmen können, in denen beispielsweise Peitschen, Handschellen oder andere Spielzeuge benutzt werden. Das ritualisierte Liebesspiel mit einer fest umschriebenen Rolle hilft der Narzisstin, eine Position einzunehmen, die sie sonst in ihrem Leben vermeidet. Es ist für sie sexuell erregend, die devote Rolle zu spielen, in der sie die Qualitäten

ausleben kann, die sie sonst weit von sich weist und verbannt: Hingabe und Vertrauen.
Der Narzisstin fällt es schwer, sich wirklich gehen und fallen zu lassen, denn sie muss die Kontrolle behalten. Das niedrige Selbstwertgefühl erzeugt zu viel Angst, verletzt zu werden, daher kann sie sich nicht unkontrolliert den körperlichen Empfindungen hingeben. Für sie wäre es schon eine Verletzung oder persönliche Kränkung, wenn der Partner eine lustige Bemerkung macht oder nicht in erwünschter Weise reagiert. Dadurch fühlt sie sich infrage gestellt. Denn zu einer Sache ist ihr Partner immer und ewig verpflichtet: ihr löchriges Selbstwertgefühl mit Bewunderung, Lob und Anerkennung zu stopfen. Folgt der Mann dem nicht, lässt sie ihn abblitzen. Somit wird die Partnerschaft mit einer Narzisstin sehr kompliziert und kann nicht stabil bleiben. Zwar träumen Narzisstinnen von der idealen Partnerschaft, aber kein Mann kann auf Dauer die in ihn projizierten Idealisierungen erfüllen und muss sie somit zwangsläufig enttäuschen. Folgt die Ernüchterung, wird die Partnerschaft uninteressant, langweilig und lästig. Die Narzisstin lässt ihren Partner spüren, dass er ein Versager ist, und schaut sich schon nach anderen Männern um, die neuen Reiz, Abenteuer und Bewunderung versprechen. Da die Narzisstin die Bestätigung gerade auch als sexuelles Wesen sucht, neigt sie zur Promiskuität. Ihr geht es nicht um den speziellen Menschen, dafür fehlen ihr das Interesse an anderen und das Einfühlungsvermögen. Der andere ist lediglich dazu da, in ihr schöne Gefühle zu wecken, in denen sie baden kann und die sie bei guter Laune halten. Ihr Mangel an Empfindsamkeit, wirklicher Zuwendung und Herzenswärme lässt den Partner irgendwann neben ihr gefrieren. Wehrt er sich nicht von Anfang an und grenzt er sich nicht entschieden ab, hat er verloren.

Dominante Frau – devoter Mann
Während die Narzisstin ihren Partner zu Beginn mit ihrer Bewunderung in den Himmel hebt, wird er später umso tiefer in die Abgründe der Hölle geschickt. Sie hat ihn in der Hand und wird ihn mit Verachtung strafen. Denn der entscheidende Punkt ist, dass der Vater ihr schon keine Grenzen gesetzt hat und emotional so schwach war, dass sie mit ihm spielen konnte. Dies tut sie jetzt auch mit ihrem Partner. Setzt er ihr keinen Widerstand entgegen

und kann sich nicht abgrenzen, wird sie ihn immer weiter attackieren. Denn während die Narzisstin eiskalt und strategisch ihre Interessen durchsetzt, wird ihr Partner (wie der Vater) als emotional schwacher Mann in Anteilnahme, Verständnis und Mitgefühl für seine Frau zerfließen. Er hat selbst keinen Zugang zu seinem Willen und vor allem nicht zu den Gefühlen, die ihn veranlassen würden, ihr Grenzen zu setzen: seine Wut und Aggression. Sehr wahrscheinlich schämt er sich dafür und erfüllt nach seinem Selbstverständnis die Aufgabe, es der Frau immer recht zu machen. Oftmals hatten diese Männer selbst einen schwachen Vater und durften somit nicht lernen, ihre männlich-aggressiven Seiten zu leben. So werden sie sich in den Bedürfnissen und Gefühlen ihrer Partnerin verlieren und können ihr nicht standhalten.

Das ist eigentlich das, was die Narzisstin sich wünscht, aber niemals äußern würde: ein Mann, der ihr Paroli bietet und sich gegen ihre unkontrollierte Launenhaftigkeit und ihren Größenwahn behauptet beziehungsweise die Größe und das Selbstbewusstsein hat, sie darin zu begrenzen. Denn bereits in ihrem Vater vermisste sie jemanden, der da ist, sie ernst nimmt und begrenzt. Da ihrem Partner jedoch diese Reife und Persönlichkeit fehlen (sonst wären die beiden niemals zusammen), wird er ihr treu und leidensbereit weiterhin zur Seite stehen. Vielleicht schafft er es irgendwann zu gehen, doch die meisten dieser Männer verharren lieber leidend an der Seite der Frau, als Konsequenzen zu ziehen und dann allein zu sein. Denn auch hier lebt die Beziehung – wie auch in den anderen Konstellationen – von ihren Gegensätzen, was die gegenseitige Anziehung und Abhängigkeit deutlich macht. Der Partner ist auch hier der Spiegel, in dem die Frau die eigenen ungelebten und verdrängten Seiten erkennen könnte. Doch die Auseinandersetzung mit den unbewussten und ungeliebten Anteilen ist schwer vorstellbar, da die narzisstische Papa-Tochter konsequent daran festhalten wird, ihren Partner für das eigene Unglück verantwortlich zu machen. Denn schuld sind immer die anderen!

Die Grenzen des Partners zu akzeptieren würde der Narzisstin helfen, ihr Bild von sich selbst und dem anderen besser an die Realität anzupassen und dadurch ein Stück weicher zu werden – sich selbst und anderen gegenüber. Das setzt allerdings voraus, dass sie bereit ist, sich mit ihrer tiefsten Wunde zu konfrontieren, was sehr schmerzhaft ist. Denn hinter ihrem aufgeblähten Größenselbst versteckt sich das kleine verunsicherte Mädchen, das sich wertlos und leer fühlt. Das Größenselbst würde wie ein Luftballon zerplatzen und einer großen Niedergeschlagenheit weichen. Sich dieser schmerzhaften Erfahrung und der Konfrontation mit den Untiefen der eigenen Psyche zu stellen erfordert sehr viel Mut und Leidensbereitschaft. Dieser Weg in die Gesundung ist für eine Narzisstin sehr schwer, denn er ist ein Schrumpfungsprozess. Er würde bei ihr die Erkenntnis voraussetzen, dass sie kein Übermensch ist, wozu sie sehr wahrscheinlich nur fähig wird, wenn der äußere Erfolg nachlässt oder gar ganz zusammenbricht. Das fantasierte Größenselbst, das sie vor allen äußeren Einbrüchen und inneren Gefühlen schützen soll, stellt ein großes Therapiehindernis dar und macht die Narzisstin therapieresistenter als andere. Jede Aussage oder Intervention wehrt sie als Angriff auf ihr Größenselbst ab und reagiert mit Wut und Aggression. Auch längere Trainings, so ist meine Erfahrung, bricht sie irgendwann ab, spätestens dann, wenn die anderen ihr Spiel durchschauen und sich innerlich von ihr zurückziehen. Da ihr das Publikum an diesem Punkt den Beifall verweigert, verlässt sie fluchtartig die Bühne des Seminargeschehens, damit sie sich keine Blöße geben muss. Sich dann mit den Gefühlen von Scham und Unsicherheit zu zeigen, um sich mit den anderen Menschen zu verbinden, wäre ihre große Chance, die sie aber in den mir bekannten Fällen (bis auf einzelne Ausnahmen) nicht wahrnimmt. Zu groß wäre für sie die Blamage dieser „Niederlage". Indem sie das Training abbricht, kann sie ihre Strategie beibehalten und den anderen die Schuld dafür geben: den Therapeuten, den Seminarstrukturen oder den anderen Teilnehmerinnen. Ebenso ergreift sie die Flucht, wenn sie sich durch die Einhaltung von Regeln zu sehr begrenzt fühlt, denn dann droht sie die Kontrolle zu verlieren, was sie auf gar keinen Fall zulassen kann. Indem sie abreist und sich damit noch mehr isoliert, behält sie die Kontrolle über ihr Größenselbst.

Sicherlich ist ein sehr geschützter therapeutischer Rahmen nötig, damit die Narzisstin die emotionale Sicherheit und das Vertrauen gewinnt und den notwendigen Halt spürt, um den Mut zu finden, ihr Größenselbst aufzugeben und die abgespaltenen

Gefühle langsam zuzulassen. Das ist ein langwieriger, aber auf keinen Fall unmöglicher Prozess.

Die Vaterwunde heilen

Das Leben der Papa-Töchter habe ich hier in seinen Erscheinungsformen möglichst detailliert und drastisch skizziert. Es hilft, sich ein genaues Bild von den verschiedenen Typen zu machen, um sich selbst leichter in der einen oder anderen Papa-Tochter wiederzufinden. Im realen Leben vermischen sich natürlich manchmal die Charaktere. Gemeinsam ist allen die hinterlassene schmerzhafte Wunde, nicht gut genug zu sein, sich ungeliebt und unwert zu fühlen. Diese Wunde haben all jene Frauen, die aus der Beziehung mit ihrer ersten großen Liebe, dem Vater, defizitär oder verletzt hinausgegangen sind, weil sie nicht die erhoffte Erwiderung vom Vater erhalten haben. Dieser Mangel wird als Hypothek auf den späteren Partner übertragen, der dann die Schuld des Vaters abbezahlen soll. Von ihm erwartet die Frau, dass er ihr jetzt all die Aufmerksamkeit und Zuwendung, die Anerkennung und Wertschätzung gibt, auf die sie bei ihrem Vater vergeblich gewartet hat. Vom Partner wird die Beantwortung der kindlich-bedürftigen Liebe nicht nur erwartet, sondern eingefordert, der Mann wird in die Pflicht genommen. Dieser projektive Vorgang ist den meisten Frauen nicht bewusst, und sie halten ihn erfahrungsgemäß so lange aufrecht, bis sie in eine Krise geraten. Diese kann durch belastende Konflikte in der Partnerschaft ausgelöst werden, durch eine Trennung oder auch durch psychische und somatische Krankheitssymptome wie starke Migräne, hartnäckige und immer wiederkehrende Geschlechtskrankheiten, Burn-out-Symptome, Schlaflosigkeit oder Ähnliches, die eine Papa-Tochter plötzlich aufwachen lassen. Manche Frauen bemerken auch irgendwann in ihrem Leben, wenn sie äußerlich alles erreicht haben (Familie, Beruf) und auf dem „Höhepunkt" ihrer beruflichen oder privaten Erfolgsleiter stehen, wie sehr sie sich durch die starke Außenorientierung ganz verloren oder aufgegeben haben. Diese Krisen, die sich wie ein plötzliches schmerzhaftes Erwachen anfühlen, bieten die große Chance, das eigene Leben zu reflektieren und einen neuen Weg für sich selbst und in der Partnerschaft zu suchen. Er beginnt damit, die eigene Vaterwunde zu heilen.

Die Frau, die diese Wunde heilen möchte, tritt eine Reise an, die sie zurückführt in ihre Kindheit, um den alten verdrängten Gefühlen zu begegnen, sie zuzulassen und sie dann in ihr Leben zu integrieren. Dieser Prozess erfordert Mut, denn jede Frau spürt intuitiv, wie tief die Antwortlosigkeit des Vaters sie verletzt hat, und sie hat ja gerade ihre Strategien entwickelt, um diese Wunde nicht spüren zu müssen. Hier nun begibt sie sich in das tiefe Loch, das die Wunde hinterlassen hat, und begegnet darin noch einmal dem kleinen Mädchen, das mit seiner großen Liebe, aber auch mit seiner Trauer, seiner Selbstunsicherheit, seiner Wut und Empörung noch immer auf die Aufmerksamkeit des Vaters wartet. An dieser Stelle darf sie sich in aller Liebe sich selbst zuwenden und mit Verständnis und Anteilnahme ihrem inneren Kind Halt und Zuspruch geben. In diesem Heilungsprozess verbindet sich die erwachsene Frau mit dem kleinen Mädchen, ihrer Unsicherheit, ihren Selbstzweifeln und ihrer tiefen Trauer, den väterlichen Geliebten nicht erreicht zu haben.

Die Model-Tochter wird hier ihre Überzeugung „So wie ich bin, bin ich es nicht wert, geliebt zu werden" als ihr selbst geschaffenes Gedankenkonstrukt erkennen und die Anstrengung, zu gefallen und liebenswert zu sein, als ihr Lebensmotiv noch einmal in all ihren vielen Facetten und Beziehungen durchleben und reflektieren können. Auch wird sie erkennen dürfen, wie sie sich von ihrem eigenen Körper getrennt hat, indem sie sich mit der väterlichen Bewertungsbrille betrachtet und dadurch den guten Kontakt zu sich selbst verloren hat. In der Rückschau wird sie sehen, wie sie mit ihrer Bedürftigkeit bei ihren Beziehungspartnern um Anerkennung gebettelt und sich wie eine Ertrinkende an jeden kleinen Strohhalm des Liebesbeweises geklammert hat. Wenn sie beginnt, ihre Wunde mit Anerkennung und Liebe für sich selbst zu heilen, wird sie den Schatz finden, der hinter ihrer Strategie verborgen liegt. Sie wird mit Liebe und einer natürlichen Anmut die Schönheit ihres einzigartigen Körpers erkennen und genießen, ohne dabei nach Beifall zu heischen. Ihre Schönheit erhält dadurch von innen einen neuen Glanz, der sie um vieles attraktiver sein lässt als vorher.

Die Karriere-Tochter begegnet dem kleinen Mädchen mit ihrer Überzeugung „Nur wenn ich strebsam und erfolgreich bin, werde ich geliebt und anerkannt". Auch sie schaut sich noch einmal den

Film ihrer Kindheit und ihres Erwachsenenlebens an und darf die Anstrengung fühlen, die der Eifer gekostet hat, immer die Beste zu sein und sich erfolgreich einen Platz in der Männerwelt zu erobern. Auch als tüchtige Hausfrau und Familienorganisatorin begegnet sie hier ihrem starken Kontrollzwang, der auch vor dem Partner nicht haltgemacht hat, indem sie ihrem Lebensmotiv gefolgt ist, dass alles steuerbar und machbar ist. Sie wird mit ihrer Unfähigkeit konfrontiert, Gefühle, Weichheit und Schwäche bei sich selbst zuzulassen, und erkennen, dass sie mit der Ausgrenzung dieser Qualitäten auch ihren Partner vertrieben hat. Vielleicht wird sie dann zum ersten Mal in ihrem Leben spüren können, wie sie durch die Übernahme der männlichen Werte und die Strenge gegen sich selbst langsam verhärtet ist. An dieser Stelle darf sie sich ganz in die Entspannung fallen lassen und zum ersten Mal in ihrem Leben die von ihr verdrängten Gefühle erleben: Weichheit und Sanftmut, Loslassen- und Geschehenlassen-Können. Indem sie diese Gefühle annimmt, findet sie zu einer neuen Bewertung und Wertschätzung ihrer „alten" Qualitäten, ihrer hohen Eigenmotivation und Disziplin, ihres Organisationstalents und ihrer Verbindlichkeit. Indem sie diese alten mit den neu entdeckten Fähigkeiten verbindet, kommt sie in eine innere Balance, die ihr Harmonie und Frieden gibt.

Die Rebellin begegnet in ihrem kleinen Mädchen der Wut und Empörung gegen die väterliche Gleichgültigkeit, die in ihr wie ein Vulkan brodelt. Hat sie den Mut, diesen explosiven Inhalt ausbrechen zu lassen und ihre Wutenergie zu entladen, wird diese wie ein heißer Lavastrom ihren Körper durchfluten und all das Material mit hochspülen, das sie so lange unter Verschluss gehalten hat. Nach der Wut und dem Hass werden dann auch alle anderen Gefühle ins Fließen kommen, gegen die sie sich zuvor gewehrt hatte: ihre Weichheit, ihre Liebe und das Bedürfnis, gesehen und erkannt zu werden. In dem Maße, wie sie diese Gefühle in sich zulässt und annimmt, erlebt sie, über welch eine enorme Energie sie verfügt, die sie zuvor auf äußeren Kampfschauplätzen verpulvert hat. Gleichzeitig vermag sie die Projektion auf den „äußeren Feind" zu erkennen und zurückzunehmen und übernimmt erstmals die Verantwortung für ihre eigenen Gefühle. Dadurch lernt sie auch die weicheren und zarteren Seiten in sich kennen und beginnt, sie wertzuschätzen. Die Bewertungen, die sie zeitlebens von ihren Schwestern und den Männern getrennt hielten, gibt sie zugunsten der Fähigkeit auf, sich mit ihnen zu verbinden. So findet sie zu einer Integration all ihrer Gefühle, die sie nachgiebiger und toleranter werden lassen – sich selbst und anderen gegenüber. Durch die Wertschätzung ihrer alten Wutgefühle findet sie die Kostbarkeiten, die sich dahinter verbergen: ihre Kraft und ihr Engagement, ihre Geradlinigkeit und ihre innere Unabhängigkeit von der Meinung anderer, die sie jetzt auf neuem Terrain zum Einsatz bringen kann.

Die Narzisstin muss bereit sein, ihr fantasiertes Größenselbst zusammenbrechen zu lassen. Wenn sie diesen Kampf gewonnen hat, der sehr wahrscheinlich nur durch das Erleben äußerer Misserfolge gelingt, begegnet sie dem kleinen Mädchen in sich, das sich in dem Gefühl der Leere und Selbstunsicherheit sehr allein fühlt. Das Ausmaß dieses inneren Lochs dürfte immens sein, da sie keinerlei Gefühl für sich selbst hat. In dieser Verlorenheit benötigt sie starken Halt und Sicherheit von außen, Zuspruch und Ermutigung, dabeizubleiben. Die Sucht, das tiefe Loch wieder mit dem glanzvollen Schein ihres Größenselbsts zu füllen, wird ihr den eingeschlagenen Weg der Heilung erschweren. Sie braucht dann die Begrenzung starker Arme, die ihr Halt geben und sie stützen. Arme, die stärker sind als sie. Sie benötigt ganz sicher diese Hilfe von außen, um aus der Gefühlsarmut langsam heraustreten zu können und einen positiven Zugang zu sich selbst, ihren Gefühlen und anderen Menschen zu bekommen.

Mit den Gefühlen kehrt auch die Liebe zurück, die sie nun als ihr eigen in sich wahrnimmt. Dies ist ein wesentlicher, wenngleich für die meisten ungewohnter Schritt: zu erkennen, dass die Liebe in einem selbst ist und auch immer da war. Die Tochter hat sie an den Vater und später an alle weiteren Männer in ihrem Leben gebunden, hat sie auf sie projiziert. So glaubt sie, dass sie nur lieben kann, wenn der andere sie liebt, und zwar zu ihren Bedingungen und nach ihren Vorstellungen. Damit beginnt ihr Leiden. In dem Moment, in dem sie die Liebe als ihr eigen nicht nur erkennt, sondern spürt, ist das Band der Abhängigkeit gelöst.

Abschied vom Vater

Der Abschied vom Vater ist eine Grundvoraussetzung dafür, dass wir freie und glückliche Partnerschaften leben können, die getragen sind von Liebe, Nähe und Intimität. Erst wenn wir uns von der eigenen Vatergeschichte lösen, sind wir bereit für eine tragfähige Liebesbeziehung. Tun wir das nicht, bleiben wir gebunden an unsere erste große Liebe, die niemals so beantwortet wurde, wie wir das gebraucht und gewünscht hätten. Wir bleiben defizitär, verletzt, mit einer großen Selbstunsicherheit und Bedürftigkeit, mit der wir dann dem Mann begegnen. Wir gehen mit der väterlichen Wunde in die Liebesbeziehung und erwarten, dass der Partner die Schulden des Vaters begleicht. Die Überzeugungen, die wir uns als Überlebensstrategie gebildet haben, führen dazu, dass wir unsere Beziehungen überfrachten und belasten mit der Erwartung von Bedürfnisbefriedigung oder dem Kampf um Aufmerksamkeit und Macht, sodass wir in der Liebe leiden, statt glücklich zu sein.

Erst wenn wir die alten Vatergeschichten aufgeben, ist Platz für eine neue Geschichte. Dann können wir den Mann so sehen, wie er ist, ohne väterliche Überlagerungen. Vom Vater Abschied zu nehmen bedeutet, das alte, vom Vater überlagerte Bild vom Mann hinter sich zu lassen, um diesen in seiner eigenen persönlichen Art kennen- und lieben zu lernen.

Viele Frauen haben bereits in Körper- und Psychotherapie mit ihrem inneren Kind gearbeitet und sind von ihren Therapeuten ermutigt worden, ihre Trauer, Wut und andere Gefühle für Vater und Mutter auszudrücken. Dies ist ein wesentlicher Schritt, denn wir können nur die Gefühle und Geschichten auflösen, zu denen wir einen guten inneren Kontakt haben. Schlummern oder brodeln sie im Unterbewusstsein, ist es nicht möglich, sie zu befreien und zu heilen. Daher ist der erste Schritt immer die Bewusstwerdung und Anerkennung der väterlichen Wunde. Der zweite Schritt liegt konsequenterweise darin, alle bisher unterdrückten und abgespaltenen Gefühle, die mit der väterlichen Wunde verbunden sind, auszudrücken. Und da bleiben dann die meisten, auch therapieerfahrenen Frauen stehen. Sie toben und schreien jahrelang ihre Empörung und Wut über Papa und Mama heraus, mit dem Ergebnis, dass sich diese Gefühle wie ein wucherndes Geschwür immer weiter ausbreiten. Was versäumt wird, ist die Hinführung zur

Versöhnung mit dem Vater – denn nur dieser letzte Schritt bewirkt letztendlich die Loslösung. Versöhnung bedeutet hierbei, dem Vater Dank und Wertschätzung zu geben für das, was er geben konnte, und ebenso für das, was er nicht geben konnte. Dabei werden erlittene Verletzungen und Defizite benannt und verziehen, um mit der alten Vatergeschichte abzuschließen. Ein unmoderner und nicht ganz leichter Schritt, dafür umso kraftvoller und stärkend.

Übung: Abschied vom Vater nehmen
1. Kritik
- Legen Sie ein Foto von Ihrem Vater vor sich hin – am besten aus der Zeit, als Sie klein waren, und möglichst groß, vorzugsweise auf DIN A4 kopiert. Wenn Sie kein Foto haben, stellen Sie sich Ihren Vater vor Ihrem inneren Auge vor.
- Betrachten Sie das Foto und lassen Sie längst vergessene Erinnerungen wieder lebendig werden.
- Erinnern Sie sich an die schönen und auch an die schmerzhaften Erlebnisse.
- Lassen Sie alle Gefühle zu, die dabei auftauchen können.
- Gehen Sie dann ganz bewusst in Ihrer Erinnerung zu den Erlebnissen, in denen Ihre kindliche Sehnsucht nach Gesehenwerden, Anerkennung und Wertschätzung nicht beantwortet wurde.
- Sprechen Sie laut Ihre Vorwürfe aus. Formulieren Sie kurze, direkte Sätzen, die mit „Ich kritisiere dich für ..., ich verachte dich für ..., ich hasse dich für ..." beginnen.
- Drücken Sie alle Empfindungen, die Sie dabei haben, mit Ihrer Stimme aus. Vielleicht weinen Sie oder sind resigniert, oder Sie sind empört und wütend und schreien ihn an. Vielleicht wollen Sie mit der Faust auf den Boden schlagen oder mit den Füßen aufstampfen. Trauen Sie sich, Ihren Impulsen zu folgen, und halten Sie sich nicht zurück dabei. Sie haben das schon viel zu lange getan. Seien Sie sich bewusst, dass Schuld- oder Schamgefühle auftauchen können, die Sie davon abhalten wollen, Ihre Gefühle auszudrücken. Sie denken vielleicht, dass Sie Ihrem Vater Unrecht tun. Folgen Sie diesen alten Scham-

gefühlen nicht. Denken Sie daran, dass alles, was Sie Ihrem Vater vorwerfen, Ihre kindlichen Gefühle sind, die Sie auf ihn projizieren, und nicht die Wahrheit über Ihren Vater. Sie können ihn nicht damit verletzen. Das hilft Ihnen, bei sich zu bleiben und sich von Ihren Gefühlen zu befreien. Lassen Sie sich Zeit dafür, mindestens 15 Minuten.
- Vielleicht stocken Sie zu Beginn öfter, weil Ihnen nichts mehr einfällt. Dann wiederholen Sie einfach nur: „Ich hasse dich, ich verachte dich ..."

Wenn Sie sich so von dem alten Ballast befreit haben, nehmen Sie sich einige Minuten, um einen Eindruck zu gewinnen, wie viel Zeit zwischen damals und heute liegt.

2. Wertschätzung
- Betrachten Sie weiterhin das Foto Ihres Vaters.
- Erinnern Sie sich an die schönen, glücklichen Momente, die Sie mit ihm erlebt haben.
- Rufen Sie sich seine Qualitäten und Fähigkeiten in Erinnerung, von denen Sie profitiert oder die Sie an ihm gemocht haben.
- Dafür sprechen Sie ebenfalls kurze Sätze. Diese beginnen mit: „Vater (oder wie Sie Ihren Vater als Kind angesprochen haben), ich danke dir für ..., ich schätze an dir ..., ich liebe dich für ..."
- Verbeugen Sie sich vor seinem Bild nach jedem Satz, den Sie gesprochen haben.
- Erlauben Sie sich auch hierbei alle Gefühle. Vielleicht kommen Tränen, weil Sie berührt sind oder merken, wie sehr Sie Ihren Vater lieben. Vielleicht trauern und weinen Sie auch um Ihre unbeantwortete Liebe.
- Bleiben Sie dabei, so gut Sie können. Wenn Ihnen nichts mehr einfällt, wiederholen Sie sich ruhig. Oder Sie sagen lediglich: „Ich danke dir. Ich liebe dich."

Diese Phase sollte mindestens so lange dauern wie die Kritikphase. Beenden Sie die Übung, indem Sie sich ein paar Minuten ausruhen und wahrnehmen, wie es Ihnen jetzt geht.

Wiederholen Sie diese Übung, bis Sie das Gefühl haben, dass Sie sich geheilt und befreit haben. Einmal reicht da meistens nicht aus. Sie werden Ihre Befreiung deutlich daran erkennen, dass die Wut- oder Trauergefühle nachlassen und Sie sich stattdessen leicht und beschwingt fühlen. Außerdem werden Sie reich mit Erkenntnissen über sich selbst und Ihre Vaterbeziehung beschenkt, wenn Sie diese Übung öfter wiederholen.

Wenn Sie sich nicht zutrauen, diese Übung allein zu machen, fragen Sie eine Freundin, der Sie vertrauen, ob sie Sie dabei begleitet, oder nehmen Sie die professionelle Begleitung einer Therapeutin in Anspruch. Fragen Sie auf gar keinen Fall Ihren Partner! Der wird nach einiger Zeit wahrscheinlich ganz von selbst bemerken, dass Sie verändert sind. Dann ist immer noch Gelegenheit, ihm von Ihren Erfahrungen zu berichten. Bewahren Sie sich erst einmal dieses kleine Geheimnis.

Mit dieser Übung erlösen Sie Ihr kleines Mädchen und werden viel Freude haben und Erkenntnisse daraus gewinnen. Ich habe sie selbst schon sehr oft in meinem Leben praktiziert und noch viel häufiger mit Klientinnen und Klienten durchgeführt. Sie können mir glauben: Wenn Sie diese Übung wiederholt aus ehrlichem Herzen praktizieren, erleben Sie das Wunder der Heilung und der Liebe.

Die Folge: symbiotische und autarke Frauen

In der Vaterbeziehung erhalten wir einen wesentlichen Schlüssel für unsere Beziehungsdynamik sowie ein Verständnis für das eigene Beziehungsverhalten und das unseres Partners. Denn die Erfahrungen mit unserem Vater haben wir so tief verinnerlicht, dass alle weiteren Liebesbeziehungen wie eine Fortsetzung dieser ersten großen Liebe erscheinen.

Haben Frauen ihre Vaterbeziehung nicht gelöst, wird dieses Thema auf alle weiteren Männer in ihrem Leben projiziert. Wie in dem vorangegangenen Kapitel deutlich wird, spiegelt sich dies häufig in einem gestörten Verhältnis von Nähe und Distanz. Die einen führt eine symbiotische Sehnsucht nach Verschmelzung in die Beziehung, die sich schnell zu einer Abhängigkeit vom Mann entwickelt. Die anderen setzen alles daran, zu viel Intimität zu vermeiden, und beharren auf der eigenen Abgrenzung und Unabhängigkeit. Bei ersteren wird der Mann dann in übersteigerter Form als Retter und Märchenprinz gesehen, hinter dem die eigene Individualität verloren geht. Bei den anderen wird der Beziehungspartner als Bedrohung der eigenen Individualität empfunden und die eigene Unabhängigkeit mit allen Mitteln verteidigt.

Der Traum vom Märchenprinzen

Im Leben einer Frau dreht sich fast alles um die Liebe – und damit meistens um den Mann. „Wer liebt wen?" – „Er liebt mich, er liebt mich nicht" waren schon zur Kinderzeit beliebte Spiele unter den Mädchen. Diese werden von der symbiotischen Frau abgelöst durch die Frage „Werde ich genug geliebt?", die damit zum Prüfstein jeder Partnerschaft wird. Doch was ist schon „genug", wenn der Hunger nach Liebe, Anerkennung und Bestätigung immer wieder neue Nahrung braucht und die Sehnsucht groß ist nach jemandem, der einen vorbehaltlos liebt, akzeptiert und sagt: „Ich liebe dich so, wie du bist." Kaum den eigenen Kinderschuhen entwachsen, heiraten heute viele junge Frauen ihren „Traummann", der sie aus der Trübsal des Alltagstrotts retten soll und ihnen ein seidenweiches Leben verspricht. In den letzten Jahren erleben wir geradezu einen Boom romantischer Hochzeiten, in denen die Braut wieder in weißem, langem Kleid erscheint, natürlich nach dem ausgiebig gefeierten „Junggesellinnenabschied". Die Ehe wird unter der Vorgabe kitschiger, romantischer Überzeugungen geschlossen, die, häufig genährt von der Boulevardpresse, bar jeder Realität sind und die Partnerschaft völlig überfrachten: „Die Liebe heilt alles", „Zusammen sind wir stark", „Die Liebe überwindet alle Grenzen", „Nur die Liebe zählt". Das magische Denken des kleinen Mädchens kreiert eine Beziehung, mit der es ein für alle Mal die väterliche Wunde zu schließen hofft, denn in ihr erhält sie alles, was sie braucht: die Bestätigung, dass sie eine einzigartige und wunderbare Frau ist, das Gefühl, das Wichtigste für ihren Partner zu sein, die Anerkennung und Wertschätzung ihrer Fähigkeiten sowie emotionale Zuwendung.

Hier finden wir eine unreife Frau vor, die noch nicht erwachsen geworden ist. Sie ist in der kindlichen Liebe des kleinen Mädchens stecken geblieben, das bedürftig und verletzlich ist. Ihre Beziehungen geht sie aus einem Mangelgefühl ein, weil einige ihrer essenziellen Bedürfnisse nicht ausreichend befriedigt wurden. Sie hat bisher in ihrem Leben die Fähigkeit, sich selbst zu lieben und anzuerkennen, noch nicht entwickelt oder auch verweigert, sodass sie ihre Bedürfnisse nach außen auf den Partner projiziert und die Verantwortung für das eigene Glück abgibt. Ihre Hochzeit zum Beispiel ist Ausdruck der romantischen Vorstellung von Partnerschaft, die sich bei ihr mit dem meist unbewussten Wunsch, die feminine Seite nach Verbundenheit und Hingabe zu leben, verbindet: sich ganz einem Mann zu schenken, ihm anzugehören und ihn glücklich zu machen. Doch anders als im Märchen geht der Zauber der „Traumhochzeit" bald vorüber, und nicht selten landen diese „Traumpaare" wegen gegenseitiger Überforderung vor dem Scheidungsrichter.

Erwachsen zu sein bedeutet also auch, gut und glücklich mit sich allein sein zu können. Daher sollte die Frau, bevor sie mit einem Mann zusammenleben will, erst einmal ein paar Jahre allein sein, um zu erfahren, wer sie ist und wie sie mit sich selbst glücklich und zufrieden leben kann. Dies dient dem eigenen Reifungsprozess, der sie lehrt, sich liebevoll sich selbst zuzuwenden und mit ihren Grundbedürfnissen nach Anerkennung und Wertschätzung einen guten Umgang zu finden. Sich selbst kennenzulernen und zu begegnen braucht Zeit – Zeit für sich selbst, die sich vor allem junge Frauen zu selten nehmen. Die Frau, die zu einer symbiotischen Beziehung neigt, hat das Gefühl, dass ihr Leben allein nicht so viel wert ist wie mit einem Mann und dass ihr ohne ihn etwas Wesentliches fehlt. Durch ihn erst erfährt sie eine persönliche Aufwertung, einen anerkannten sozialen Status und das Gefühl, dass das Leben sinnvoll und heiter ist.

„Ohne dich bin ich nichts wert"
Obwohl immer mehr Frauen, besonders in den Großstädten, allein oder allein mit Kind leben, hat noch kein Umdenken stattgefunden, das das Alleinleben von Menschen würdigt und ihnen einen gleichwertigen Platz neben Paaren einräumt. Die „Hollywood-Welt" der Medien scheint nur aus glücklichen Paaren zu bestehen – nach einer Trennung wird sofort der Nächste gesucht (wenn er nicht der Grund für die Trennung war). Die meisten Singlefrauen (wie -männer) denken, dass ihnen etwas fehlt, und sind wie verrückt auf Partnersuche. Die vielen Flirtchatmöglichkeiten

und Partnerbörsen, die seit einigen Jahren zunehmen, demonstrieren die hektische Suche nach dem richtigen oder zumindest einem neuen Partner. Natürlich sind wir alle soziale Wesen und brauchen das Miteinander. Insbesondere wir Frauen fühlen uns erst rundum glücklich, wenn wir in Beziehung mit anderen sind. Erfüllte Beziehungen erfahren wir aber nicht nur mit dem Mann: Wir können in Beziehung zu uns selbst, anderen Frauen wie verschiedenen Männern, zu unserer Arbeit, der Natur oder auch etwas Höherem als wir selbst stehen. Wir können gar nicht *nicht* in Beziehung sein. Dass wir uns in unserer Gesellschaft auf den *einen, richtigen* Partner stürzen, zeigt lediglich, wie wir unsere anderen Beziehungen dadurch abwerten und zurückstufen. Die Überhöhung der Paarbeziehung überfrachtet diese mit vielen unrealistischen Erwartungen, die sie auf Dauer nicht halten kann und die sie in die Zerreißprobe führen. Der Wunsch nach dem einen, ohne den es kein Glück gibt, muss zwangsläufig dazu führen, dass wir von diesem einen irgendwann enttäuscht und desillusioniert sind und uns frustriert aus der Partnerschaft zurückziehen. Die Überbetonung der Partnerschaft existiert in anderen Gesellschaften und Kulturen so nicht. Sie entspringt dem romantischen Beziehungsideal, das erst im ausgehenden 18. Jahrhundert entstand und sich mit der Etablierung des Bürgertums immer mehr festigte. Die „Normalität" dieses Beziehungsalltags stellt sich jedoch oft als ein Wahnsinn dar, der noch heute Frauen sehr viel Enttäuschung, Frustration und Leid verursacht. Dazu gehört vor allem der Schmerz, unfähig zu sein, wenn es in der Beziehung zu Problemen kommt, gescheitert zu sein, wenn die Beziehung beendet wird, mangelhaft zu sein, wenn die Frau allein lebt, verbunden mit dem Gefühl von Einsamkeit und der ständigen Suche nach demjenigen, der sie aus all dem erlöst.

Retter in der Not
So führt das Bedürfnis nach Liebe und Anerkennung schnell in die Abhängigkeit, wenn die Frau den Mann braucht, um den eigenen Mangel an Liebe, Akzeptanz und Selbstwertschätzung mit seiner Liebe zu kompensieren. Der Mann soll diese große Lücke füllen, er soll den nagenden Selbstzweifel zerstreuen, indem er ihr hundert Mal sagt, was für eine tolle Frau sie ist, er soll ihr den Halt geben, den sie in sich nicht gefunden hat, Geborgenheit und

Nähe, da sie sich mit sich selbst einsam fühlt. Er soll das tiefe Loch der Sinnlosigkeit stopfen, indem sie für ihn und die Kinder da sein kann. Und letztendlich soll er ihr die Antwort geben auf die Frage, die sie zutiefst beunruhigt und die sie sich daher kaum zu stellen wagt: „Wer bin ich, und wozu bin ich hier?" Denn wenn er ihr gibt, was sie so dringend braucht, muss sie sich nicht selbst auf die Suche machen. Das ist einfacher und bequemer. Der Partner wird zum Sinnstifter ihres Lebens. Wenn sie mit ihm zusammen ist, weiß sie, wozu ihr Leben da ist. Zwar hat sie einen Beruf und verdient ihr eigenes Geld, das ist selbstverständlich. Doch die Frage nach Sinn und Aufgabe ihres Lebens wird auf den Partner übertragen und von der gemeinsamen Zukunft beantwortet.

Die äußere finanzielle Abhängigkeit der Frau vom Mann in früheren Jahren wird hier durch eine innere emotionale Abhängigkeit ersetzt.

Beim Mann verhält es sich oft nicht anders als bei der Frau; auch er ist bedürftig und will von ihr etwas „haben", denn wir suchen immer unseresgleichen. Ein König würde sich niemals zu einem Bettler gesellen, und ein Bettler nie bis in den königlichen Palast vordringen können. Es sind immer zwei Bedürftige, zwei Bettler, die sich treffen, auch wenn das zu Beginn einer Beziehung vielleicht häufig nicht sichtbar ist.

Die beiden Bedürftigen gehen keine Liebesbeziehung ein, sondern eher so etwas wie eine Gemeinschaft zur gegenseitigen Bedürfnisbefriedigung, in der das gegenseitige „Brauchen" schnell zum gegenseitigen „Missbrauchen" wird. Der meist unbewusste Kontrakt dieser Gemeinschaft, der in der Ehe sogar festgeschrieben wird, lautet: „Liebst du mich, lieb ich dich auch. Verlässt du mich nicht, bleib ich dir treu. Gibst du mir Image und Status, geb ich dir meinen Körper und Sex." Dabei gilt: In dem Maße, in dem die Frau den Mann braucht, in dem Maße ist sie verloren. Denn Bedürftigkeit und Erwartungshaltung führen immer zu Enttäuschungen, Frustration und Desillusionierung. Sie fühlt sich vielleicht sogar irgendwann von ihm „benutzt" und „missbraucht", verraten und leer; nur hat sie zu diesem Zeitpunkt meistens vergessen, dass sie den gegenseitigen Nutzungsvertrag einmal selbst unterschrieben hat. Es ist einfach, sich auf die eigene Opferposition zurückzuziehen. Wenig hilfreich und konstruktiv ist es, dem Mann und seinem unterstellten Machtanspruch die Schuld dafür zu geben, wenn die Frau sich irgendwann selbst klein und unterlegen fühlt.

Für den Weg aus der Einbahnstraße der Vorwürfe muss sich die Frau nach ihrer Selbstverantwortung für die gemeinsame Geschichte fragen. Auch heute noch wählen manche Frauen ein Leben, in dem sie im Rücken des Mannes Halt, Sicherheit, Geborgenheit und Status bekommen. Als Gegenleistung machen sie ihm dafür das häusliche Leben so angenehm wie möglich, geben ihm ihre Fürsorge und emotionalen Halt, während die eigenen Interessen zurückgestellt werden. Umso erstaunter sind sie dann, dass mit zunehmendem Wohlstand und Perfektion ihres durchgeplanten Lebens die Lebensfreude und Lebendigkeit verschwindet und sie stattdessen immer häufiger von einem unheimlichen Gefühl von Leere befallen werden. Denn während der Mann immer größer werden darf, geht das Selbstwertgefühl der Frau mehr und mehr den Bach hinunter, und sie hat jetzt Mühe, nicht in der Trostlosigkeit ihrer Abhängigkeit unterzugehen. Sie verharrt vielleicht in der Ehe und der Rolle, die sie spielt, während Groll und Verbitterung, sich selbst und dem Mann gegenüber, zunehmend an ihr nagen. Möglicherweise lässt sie ihre Unzufriedenheit mit ihrem Leben und ihren eigenen Unzulänglichkeiten immer öfter am Mann aus, den sie mit Nörgeleien, Vorwürfen oder Verachtung straft. Ihr Partner, dem in diesem Zusammenspiel Saft und Kraft verloren gehen, stiehlt sich immer weiter aus der Beziehung davon. Diese Erstarrung, in der sich beide in ihr Schneckenhaus verkriechen, kann eine heilsame Krise sein, wenn die symbiotische Frau den Rückzug nutzt, um endlich die Suche nach sich selbst zu beginnen, nach ihrer eigenen Lebenskraft und Stärke, um ihr Leben selbstverantwortlich in die Hände zu nehmen und ihr Lebensglück nicht länger vom Partner zu erwarten.

Die autarke Frau oder: Unabhängigkeit um jeden Preis

„Eine Frau ohne Mann ist wie ein Fisch ohne Fahrrad." Die andere Variante des Liebesunglücks wird in dem beliebten obigen Sprichwort ausgedrückt, das gern von Frauen zitiert wird, die ihre Unabhängigkeit demonstrieren wollen, den „selfmade women".

„Ich bin schon so lang allein. Ich verliebe mich nicht mehr. Kein Mann ist mir gewachsen" sind Aussagen, die ich von Frauen höre, die ihre selbst geschaffene Unabhängigkeit beklagen.

Viele Frauen wundern sich darüber, dass sie trotz aller Anstrengung nicht den „richtigen" Mann treffen. Sie lassen nichts unversucht, um ihrer tiefen Sehnsucht nach einem Partner nachzugehen. Und tatsächlich waren die Kontaktmöglichkeiten für Singlefrauen und -männer noch nie so vielfältig und reichhaltig wie heute – jedoch mit mäßigem Erfolg. Es macht den Eindruck, als hätte die Frau ihr Liebesglück verloren, obwohl sie sich so sehr danach sehnt.

Es scheint sogar so zu sein, dass sie, je mehr sie nach einem Partner sucht, ihn umso weniger findet. Es ist wohl eine Gesetzmäßigkeit des Lebens, dass wir gerade anziehen, was wir zutiefst ablehnen. Wenn die autarke Frau denkt, dass sie nicht länger allein sein will, sondern unbedingt einen Partner haben möchte, bleibt sie allein. Vielleicht möchte uns das Leben etwas lehren, nämlich die Akzeptanz und Würdigung dessen, was gerade ist. Viele Frauen fragen in solchen Situationen nach dem Grund. Sie durchforschen ihr Denken nach alten Glaubenssätzen, die möglicherweise verantwortlich sind für ihr Alleinsein. Das kann durchaus sinnvoll und richtig sein; nur wenn sie nichts Hinderliches finden und immer noch allein bleiben, dann gilt es wahrscheinlich einfach nur den kleinen Schritt zu tun, der doch vielen schwerfällt: zu akzeptieren, wie es gerade ist. Gehen Sie davon aus, dass das Leben es gut mit Ihnen meint und Ihre Seele, die mit dem Universum verbunden ist, ebenso. Wenn Sie gerade keinen Partner an Ihrer Seite haben, dann hat das Leben es gerade genau so für Sie vorgesehen. Wenn Sie sich dagegen innerlich wehren und mit Analysieren und Nachdenken dagegen ankämpfen, gewinnen Sie gar nichts. Akzeptieren Sie das, was sich gerade in Ihrem Leben zeigt, und würdigen Sie es, indem Sie etwas Gutes daraus machen.

Eine andere Gesetzmäßigkeit des Lebens ist die Macht unserer Gedanken. Mangelgefühle, Hader und Verzweiflung machen uns wenig anziehend. Wenn wir innerlich zweifeln, ist unser Organismus zusammengezogen und verschlossen, was verhindert, dass sich ein Mann von uns angezogen fühlt und in unser Leben tritt. Indem Sie Ihr Leben – so wie es sich gerade zeigt – akzeptieren und wertschätzen, öffnen Sie sich wieder für die vielen schö-

Die Folge: symbiotische und autarke Frauen 129

nen Dinge, die es zu erfahren gibt. Dann gehen Sie mit dem Leben wieder in Resonanz, Lebensfreude, Lebendigkeit und ein Gefühl von Fülle packen Sie. Es steigert die Wahrscheinlichkeit, einen Partner zu finden, ungemein.

Ich erlebe aber auch eine immer größer werdende Anzahl von Frauen, die sich fragen, ob sie überhaupt noch eine Liebesbeziehung mit einem Mann eingehen *wollen*. Zu oft haben sie schon ihr Herz für jemanden geöffnet, sind in Liebe „verfallen", um dann enttäuscht und verletzt zu werden. „Ich kann mein Herz nicht öffnen, ich habe Angst, dass ich wieder verletzt werde", höre ich diese Frauen sagen, die nicht wissen, dass lieben nur schutzlos möglich ist. Es ist ihnen zu mühsam, das Wagnis der Liebe einzugehen und sich auf die Unsicherheit einer Begegnung einzulassen. Sie finden es einfacher, für sich zu bleiben, denn sie kommen gut mit sich allein klar und haben sich wunderbar in ihrem Leben eingerichtet. Nur manchmal, ganz leise und zaghaft, klopft die Sehnsucht nach Liebe, das Verlangen nach Intimität und Nähe an. Für diese Frauen ist es nicht leicht, sich das Bedürfnis nach einer liebevollen Verbindung einzugestehen, und meist gewinnt dann auch schnell wieder die Vernunft die Oberhand, die ihnen zuflüstert, dass sie auch mit sich allein zufrieden sind. Hier wird das innere Dilemma zwischen dem Wunsch nach Liebe und Verbundenheit und dem Bedürfnis nach Abgrenzung und Unabhängigkeit deutlich.

„Ich bin mein eigener Herr und lasse mich von keinem Mann beherrschen"
Manche dieser autarken Frauen wahren ihre Unabhängigkeit, indem sie lediglich Affären, One-Night-Stands oder Fernbeziehungen eingehen. So erleben sie Bestätigung und körperliche Liebe, ohne sich näher auf einen Mann einlassen zu müssen. Die Intimität, die erst in einer vertrauten Beziehung entsteht, wird vermieden. Sie erlauben dem Mann nicht, in ihr Leben vorzudringen und einen größeren Einfluss darauf zu nehmen. Für das Zusammensein bevorzugen sie kleine, zeitlich und örtlich separierte Räume, die von ihrem übrigen Leben abgeschirmt sind. Würden sie ihn mehr in ihr Leben hineinnehmen, so ihre Bedenken, könnte er ja ihr schön geordnetes und durchaus liebevoll eingerichtetes Leben durcheinanderbringen und Gefühle in ihnen

auslösen, die sie aus der geraden Bahn ihres zielgerichteten Lebens werfen könnten. Unter Umständen wissen nicht einmal gute Freunde, schon gar nicht die Familie von ihrer Beziehung. Denn diese beiden Lebensbereiche sind ihrer Meinung nach zu verschieden, als dass sie sie verbinden möchten. Die Autonomie als heiligstes Gut ist damit unantastbar auf einen Sockel erhoben, an dem kein Mann rütteln darf. Da wundert es nicht, dass Männer sich schwertun, sich auf diese Frauen verbindlich einzulassen, und scheinbar das Interesse an ihnen verlieren, wie die Frauen immer wieder beklagen. Steht doch dick auf ihrer Stirn geschrieben: „Ich lebe nach meinen Regeln", „Ich lasse mich nicht beeinflussen" oder „Ich komme allein klar". Der hohe Stellenwert der Unabhängigkeit hindert die Frauen daran, sich auf Nähe und Intimität einzulassen, die immer ein gewisses Maß an Vertrauen, Hingabe und Kontrollverlust voraussetzen. Das sind jedoch keine Qualitäten, die Frauen heute entwickeln. Fragt man junge Frauen, was für sie erstrebenswert ist, dann werden neben Attraktivität und Selbstbewusstsein auch Erfolg und Unabhängigkeit genannt. Dies sind jedoch männliche Qualitäten, die mehr der beruflichen Karriere dienen als Liebe, Partnerschaft und Sexualität. Daran ist nichts speziell Weibliches. Der Mann fühlt sich jedoch vom Weiblichen angezogen. Er möchte sich mit seinem komplementären Pol verbinden und fühlt sich daher eher zu femininen Frauen hingezogen. Vom Männlichen fühlt er sich eher abgestoßen – insbesondere dann, wenn es in einem Frauenkörper auftritt.

Doch zurück zu dem Dilemma der Frauen, die sich zwischen Unabhängigkeit und dem Wunsch nach Liebe und Intimität hin- und hergerissen fühlen und nicht in der Lage sind, beides miteinander zu verbinden.

Unabhängigkeit ist grundsätzlich etwas Positives und Natürliches, denn sie gehört unabdingbar zu unserer Entwicklung als Individuum. Jede Frau – wie auch jeder Mann – hat das Bestreben, als Jugendliche unabhängig von den Eltern zu werden, um die eigenen Fähigkeiten und Begabungen zu entwickeln und den ihr gemäßen eigenen Lebensweg zu finden und zu realisieren. Schon das Kleinkind, das im Alter von etwa einem Jahr laufen lernt, hat den Drang, den vertrauten Schoß der Mutter zu verlassen, um die Welt außerhalb des sicheren Terrains zu erkunden. Dieser Unabhängigkeitsdrang repräsentiert unsere Abenteuerlust und Begeisterungsfähigkeit für etwas Neues und führt uns dahin, dass wir selbstständig, selbstsicher und eigenverantwortlich werden. Wird die Unabhängigkeit aber auf die Spitze getrieben – sei es aus Angst oder Enttäuschung –, verlieren wir die Fähigkeit, uns wirklich mit einem anderen Menschen zu verbinden. Dann ist sie vielmehr der Versuch, Nähe und Bindung durch Abgrenzung und Abwehr zu verhindern. Dies ist der innere Widerspruch, unter dem viele Frauen heute leiden, die sich nach intimen Verbindungen sehnen, gleichzeitig mit ihrer Unabhängigkeit aber einen unüberwindbaren Wall errichten, der jede verbindliche Partnerschaft verhindert.

„Fass mich an, aber komm mir nicht zu nah"
Sexy aufgedonnert und flirtbereit geht die moderne Frau aus – bereit für die Männerwelt. Sind die Männer zu schüchtern oder zurückhaltend, dann wird halt selbst aktiv geflirtet und erobert. So sorgt die Frau dafür, dass ihre Bedürfnisse nach Anerkennung und Berührung, aber auch nach sexueller Lust nicht auf der Strecke bleiben.
    Aber bitte keine Intimitäten! Nach dem One-Night-Stand wird geduscht, und nichts bleibt von dem Mann zurück. Frau ist weiter frei und ungebunden. Maximal darfs eine Affäre sein mit wunderbar erotischen Treffen nachts in Hotels oder an aufregenden Plätzen. Vielleicht lässt sie auch Reisen oder gemeinsame Abenteuer zu. Doch der Alltag mit Familie, Freundeskreis und Beruf sollte davon unberührt bleiben – darauf darf der Mann keinen Einfluss nehmen. Wenn Intimität und wirkliche Nähe entstehen, dann ist die eigene Autonomie gefährdet – und das muss auf jeden Fall verhindert werden.
    Es gibt noch eine andere beliebte Strategie, die eigene Autonomie zu sichern, die auf den ersten Blick als solche nicht zu erkennen ist und doch wahre Intimität und Hingabe verhindert. Dafür sucht sich die Frau einen lieben, netten „Jungen" aus, der ihr treu ergeben ist und den sie fest in der Hand hat. Sie ist ihm in ihrer emotionalen Unabhängigkeit und Selbstsicherheit weit überlegen und kann ihn nach ihren Vorstellungen manipulieren, denn sie weiß, er würde alles für sie tun und gefährdet in keiner Weise ihre Autarkie. Er ist so ungefährlich, dass sie ihn sogar heiratet. Das mäßige Sexualleben schläft nach der Hochzeit schnell ein, und die

Frau hat zwei Fliegen mit einer Klappe geschlagen: Sie erfüllt die gesellschaftlichen Konventionen mit einem Mann an ihrer Seite und erhält emotionale, soziale und finanzielle Sicherheit. Gleichzeitig kann sie tun und lassen, was sie will; sie hat ihre Freiheit und die Gewissheit, dass ihr weder ihr eigener Mann noch andere Männer zu nahe kommen oder gar Einfluss auf ihr Leben nehmen könnten. Denn zu Hause hat sie das Sagen.

Tamara ist dafür ein gutes Beispiel. Sie ist eine große, schlanke Frau von 31 Jahren. Sie arbeitet in einer führenden Position in dem Unternehmen ihres Mannes, den sie schon als junges Mädchen in der Pubertät kennengelernt hat und mit dem sie bereits seit zehn Jahren verheiratet ist. Während ihr treu ergebener Mann mit Familienunternehmen ihr vertraglich die Zugewinngemeinschaft garantiert und ihr den Zugang zu einem gemeinsamen Konto, von dem alle Kosten abgehen, ermöglicht, hat sie zusätzlich ihr eigenes Konto, zu dem nur sie allein Zugang hat. Wenn sie von ihrem Mann erzählt, hört sich das an, als würde sie über einen großen, etwas tollpatschigen Jungen reden, mit dem sie Mitleid hat. Die Sexualität der beiden ist schon seit Jahren eingefroren. Auf der Suche nach Körperkontakt und Sex suchte sie sich einen älteren, erfahrenen Mann als Liebhaber. Dieser war seinerseits gebunden und insofern für sie ungefährlich. Mit ihm lebte sie ihre sexuellen Wünsche aus, doch stets verborgen vor ihrem sozialen Umfeld. Es dauerte einige Zeit, bevor sie einwilligte, die Nacht über bei ihrem Liebhaber zu bleiben, aber auch danach war sie stets darauf bedacht, ihre Grenzen zu setzen und dafür zu sorgen, dass er keinen Einfluss auf ihr Leben nahm. Doch wider beider Erwarten entwickelte sich im Laufe der Monate eine Liebe zwischen ihnen, die immer intensiver wurde. An dem Punkt aber, als der Liebhaber sich von seiner anderen Partnerin trennte und Tamara zu seiner Nummer eins machte, wurde es ihr zu eng. Ein erster gemeinsamer Urlaub stand an – und das hätte über eine Woche unausweichliche Intimität bedeutet. Tamara bekam plötzlich Angst vor ihren eigenen Gefühlen und der realen Gefahr, dass er noch wichtiger für sie werden und noch mehr Einfluss auf ihr Leben gewinnen könnte. Sie suchte Ablenkung mit einem anderen Mann und sagte den bereits gebuchten Urlaub ab. Kurze Zeit später trennte sie sich dann Hals über Kopf unter einem fadenscheinigen Vorwand. Sie unterband jeglichen Kontakt mit ihm und warf ihn komplett aus ihrem Leben.

Diese Art der Unnahbarkeit, die ich vor allem bei jungen Frauen bemerke, ist an den alten kindlichen Schmerz des Alleingelassenseins und der inneren Verlorenheit gekoppelt, verursacht durch den abwesenden oder schwachen Vater. Frauen, die in der Unabhängigkeit feststecken, haben es schwer, sich auf verbindliche und nahe Beziehungen einzulassen, die sie abhängig und verletzlich machen. Sie halten andere Menschen immer auf eine bestimmte, von ihnen kontrollierte Distanz. Wenn Frauen sich jedoch über einen langen Zeitraum dem Lieben und der Verbindung entziehen und nur mit Abgrenzung beschäftigt sind, schadet das ihrer eigenen femininen Natur.

Zu neuen Ufern

Die symbiotischen und die autarken Frauen sind die zwei extremen Ausgaben weiblicher Verwirrung. Dazwischen gibt es noch viele weitere Schattierungen von unzufriedenen, sich selbst aufopfernden oder kämpferischen Rollen, hinter denen sich die weibliche Suche nach Selbstfindung und -verwirklichung verbirgt.

Die Zeit ist reif, zu verstehen, dass das, was wir im Mann suchen, in uns selbst liegt. Wir müssen uns nicht mit dem Mann vergleichen, denn wir sind ein ganz anderes Wesen als er. Wir brauchen auch nicht mit ihm zu kämpfen und uns die eigene Autonomie zu beweisen, um frei zu sein, denn wir sind es bereits. Wir müssen ihn auch nicht abwehren und uns von ihm trennen, um uns selbst treu zu sein. Und wir müssen auch nicht länger unser Lebens- und Liebesglück von ihm erwarten, denn die Schlüssel zu unserer Liebe tragen wir in unserem Herzen. Für uns Frauen geht es darum, den Blick weg vom Mann zunächst einmal nur auf uns selbst zu richten, damit wir die Freiheit und Liebe in uns entdecken und unsere naturgegebene weibliche Lebenskraft anerkennen, würdigen und leben.

Zurück ins Frauenland

Für mich ist die Rückkehr zu unserem Frau- und Mannsein das wirkliche Abenteuer, um das es in unserem Leben geht. Hinter jahrhundertelangen Rollenkonditionierungen und zeitgenössischer Verwirrung entdecken Frauen wie Männer die Kraft, Schönheit und Liebe in ihrer ureigenen weiblichen und männlichen Energie. Hinter all der Gleichmacherei, die lange Zeit zu Missgunst, Neid und Machtkampf geführt hat, erkennen sie ihre Verschiedenheit, die sie ja gerade so anziehend füreinander macht. Frau und Mann werden sich wieder aufeinander zubewegen, jedoch erst, nachdem jeder sich im eigenen Frau- und Mannsein wiedergefunden und sich darin ganz verankert hat. Wenn die Liebe und Wertschätzung für das eigene Feminine und Maskuline wiederentdeckt wird, werden sich Frau und Mann angstfrei und ohne Vorbehalte füreinander öffnen können. Dann erst fühlen sich beide sicher genug, um sich vertrauensvoll aufeinander zuzubewegen. Auf dem Weg zu Selbstliebe und Wertschätzung entstehen immer mehr selbstorganisierte Gruppen sowie professionelle Trainings, in denen sich beide im Kreis des eigenen Geschlechts neu finden, selbst definieren und erleben können.

Der heilsame Frauenkreis: Selbstverantwortung und Hingabe

Der Frauenkreis ist ein uralter Ritus, der in Kulturen mit matriarchalischen Strukturen üblich war und dessen Überreste wir heute noch in einigen arabischen Ländern vorfinden, in denen die Zusammenkunft von Frauen fester Bestandteil gesellschaftlicher Konvention ist. Diese alten Kulturen hatten noch ein natürliches Wissen vom Wesen der Frauen und davon, wer sie waren und welche Aufgaben sie in ihrer Gesellschaft übernahmen. Frauen hatten große Hochachtung vor ihrer eigenen Rolle und hielten es daher für wichtig, junge Mädchen auf ihrem Weg zu begleiten. Auf der

Schwelle zu ihrem Frausein lebten diese daher für einige Zeit nur unter Frauen, um von ihnen Unterweisungen in ihrer Sexualität und in ihrer femininen Rolle zu erhalten.

Ein regelmäßiger Anlass, sich gemeinsam zurückzuziehen, war beispielsweise die monatliche Menstruationsphase. Da in den alten Naturvölkern Frauen noch im Einklang mit der Natur und ihren Zyklen standen, menstruierten sie meistens gemeinsam in der Zeit, in der sich der Mond jeden Monat verdunkelt, bevor er nach dem Neumond wieder zunimmt. Auch die Frauen heute, die auf ihren Zyklus achten, vorausgesetzt sie nehmen keine hormonellen Verhütungsmittel, können Monat für Monat in der menstruellen und prämenstruellen Phase eine Art „Verdunkelung" spüren, in der sich ihre Lebenskraft zurückzieht. Während dieser Tage sinken Energie und Stimmung erheblich; viele haben das Bedürfnis nach mehr Ruhe und Rückzug, um ganz bei sich zu sein und wieder Kräfte für die nächste Zyklusphase zu sammeln.

Auch wenn viele Frauen heute nicht mehr in diesem naturverbundenen und zyklischen Verhältnis zu ihrem Körper und ihrer Sexualität stehen, können wir dennoch an die Symbolik des Frauenkreises anknüpfen.

Dieser Kreis ist ein Rückzugsort, den immer mehr Frauen aufsuchen, um einen Zugang zu sich selbst zu finden und die Verbindung mit ihrer essenziellen weiblichen Energie zu stärken oder wiederherzustellen. Er ist eine spirituelle, sogar eine religiöse Institution, denn *religio* (lat.) heißt übersetzt „Rückverbindung" mit den eigenen Wurzeln. Die Rückverbindung mit uns selbst und dem eigenen Frausein geschieht dabei auf den verschiedenen Ebenen unseres Seins, von denen wir uns getrennt fühlen oder die wir verloren haben.

Was Frauen nur mit Frauen erleben können
Der Kreis der Frauen ist ein Ort, an dem alle Spannungen, die auf der Frau lasten, abfallen können – vor allem die Spannung, die im Kontakt mit dem Mann entsteht. Hier muss sie sich nicht mehr mit den Fragen quälen, die einige unablässig beschäftigen: „Was macht er gerade? Was erwartet er von mir? Mache ich alles richtig?" Und sie muss die Äußerung ihrer Bedürfnisse nicht mehr danach filtern, ob sie mit den Werten des Mannes kompatibel sind. Hier erlebt sie sich jenseits ihrer Rollen, die sie in Partnerschaft und

Familie erfüllt. Sie darf zu der Frau finden, die sie ist – und lernt vielleicht zum ersten Mal ihre ureigenen Bedürfnisse und Sehnsüchte wahrhaft kennen. Sie merkt dann vielleicht, wie gepanzert sie häufig durchs Leben geht und dadurch offene und herzliche Begegnungen vermeidet. Wenn das Objekt der Begierde abwesend ist, fallen Konkurrenzdenken, Neid und Eifersucht meist schnell ab. Frauen müssen sich dann nicht produzieren, das Verhältnis untereinander wird vertrauter und schwesterlicher, je ehrlicher und authentischer sie sich zeigen und je mehr sie den Mut finden, sich offen über ihre ganz persönlichen und intimen Themen mit anderen auszutauschen. Denn obwohl die meisten Frauen enge Freundschaften pflegen, die manchmal schon seit der Sandkastenzeit bestehen, fehlt auch da oftmals die Offenheit und Intimität, sich persönliche Dinge zu erzählen. Im gemeinsamen Kreis erlebt jede Frau anteilnehmende und interessierte Frauen, die in tiefe Resonanz mit ihr gehen, denn in den anderen brennen die gleichen Fragen und Interessen. Dabei lernt sie so ganz nebenbei, dass sie nicht immer alles zu jeder Zeit und unter allen Umständen ihrem Partner erzählen muss, da er sich dann häufig von ihr als seelischer Mülleimer missbraucht fühlt. Der Partner wird es ihr danken, und sie ist trotzdem zufrieden und glücklich, weil sie sich intensiv mit Gleichgesinnten austauschen kann.

Die unabhängigen Frauen von heute haben, weil sie oft so stark sein müssen, ein großes Bedürfnis danach, einfach mal loszulassen, sich zu entspannen und sich in die Arme einer anderen Frau fallen lassen zu können. Was sie hierbei oft zutiefst berührt, ist, dass sie körperliche Nähe genießen dürfen und gehalten werden, ohne dass etwas von ihnen erwartet wird. Die tiefe Ruhe, die dabei erlebt werden kann, führt sie zu einer versöhnlichen Verbindung mit sich selbst und zu innerem Frieden. Obwohl Frauen eher Körperkontakt untereinander haben, anders als Männer, sind sie dennoch in ihrem körperlichen und emotionalen Erleben überwiegend auf den Mann bezogen. Es eröffnet sich ein völlig neuer Bereich, wenn die Frauen engen Körperkontakt miteinander haben und Emotionen wie ekstatische Freude, Traurigkeit, Wut, Eifersucht, Fröhlichkeit, Sinnlichkeit und Ruhe miteinander teilen. Das gemeinsame sinnliche Tanzen oder einander tröstend im Arm zu halten sind Erfahrungen, die Körper und Herz öffnen und in das Leben einer jeden Frau gehören.

Antje, 24 Jahre alt, schreibt zu ihrer Erfahrung im Frauenkreis: "*Für mich war die große Nähe und Verbundenheit neu. Auch die Berührung von Frauen hätte ich mir vorher nicht vorstellen können. Es war schön zu erleben, wie gut wir uns tun können, dass wir zusammenhalten und füreinander da sein können. Dadurch hat sich mein Verhältnis zu Frauen grundlegend gewandelt. Situationen, in denen ich früher Konkurrenz, Rivalität oder Neid gespürt habe, erlebe ich nun anders und fühle eher Freude und Verbundenheit. Ich habe auch das Gefühl, Frauen mit anderen Augen zu sehen und sehr viel mehr Schönheit und Einzigartigkeit zu entdecken als früher.*"

Mündigkeit und Eigenverantwortung
Viele Frauen fühlen sich mit ihrem Körper, ihren Bedürfnissen und Wünschen in der Sexualität und Liebe unsicher und wissen nicht, wie sie sich in Partnerschaft und Sexualität einbringen können. Sie möchten lieben, doch leiden sie stattdessen an ihrem gepanzerten Herzen, das niemanden näherkommen lässt, aus Angst, enttäuscht, verletzt oder vereinnahmt zu werden. Alte Scham- und Schuldgefühle verbauen ihnen den Zugang zu ihrer Sinnlichkeit und Lust, für die ohnehin allein der Mann zuständig sein soll. Alte Überzeugungen, in denen sie sich selbst herabsetzen oder den Mann entwerten, verhindern die Freude an der eigenen Weiblichkeit, eine liebevolle Partnerschaft und die freie Entfaltung ihrer Sexualität.

Daher braucht es neue Erfahrungsräume, die es Frauen ermöglichen, Wissen auszutauschen und Wissenslücken in Bezug auf den eigenen Körper mit seinen Bedürfnissen, die weibliche Sexualität sowie ihre essenzielle feminine Energie zu füllen – und das durch eigenes Erforschen und Erleben.

Frauen, die sich in ihrem Körper und ihrer Sexualität sicher fühlen, die sich ihrer sinnlichen, erotischen Ausstrahlung bewusst sind, werden souveräner und mutiger, was ihre Körperlichkeit, ihre Weiblichkeit und ihre sexuellen Wünsche und intimen Bedürfnisse angeht. Sie brauchen nicht mehr auf die Erweckung durch den Mann zu warten, haben aber auch keine Angst mehr vor ihm, vor seiner Männlichkeit und Andersartigkeit. Vielmehr können sie ihn getrost in seiner sexuellen Energie erwarten und müssen sich nicht mehr bedroht fühlen. Sie können ihn aufnehmen und halten. Sie können sich einbringen in den sinnlichen Kontakt mit dem

Mann, ohne Angst vor Zudringlichkeit, Grenzüberschreitungen oder Selbstaufgabe. Denn diese Frauen haben gelernt, für sich selbst zu sorgen und sich zu vertreten. Sie fühlen sich nicht länger als Opfer, denn sie übernehmen Verantwortung für ihre Bedürfnisse nach Nähe, Zärtlichkeit und Sexualität.

Anna, 34 Jahre, zu ihrem Erleben: *„Die aber wohl kostbarste Erkenntnis, die ich im Frauenkreis gewonnen habe, ist, dass mein innerer Frieden nur aus mir selbst kommt. Dass die Verantwortung für mein Leben hundert Prozent in meinen eigenen Händen liegt. Früher hatte ich mich immer als Opfer gesehen. Ich war passiver Zuschauer meines Lebens. Jetzt fühle ich mich als aktive Gestalterin."*

Und Karin, 48 Jahre: *„Ich habe mich zum Frauentraining angemeldet, weil ich eine intensivere Beziehung zu meinem Körper herstellen wollte. Ich wollte alte Scham und konditionierte Muster ablegen und sexuell unabhängiger vom Mann werden. Meine Erwartungen wurden dabei weit übertroffen. Ich habe ein rundes, sattes Bauchgefühl und die schönsten Erlebnisse seit Jahren. Ich habe einen viel besseren Zugang zu meinem Körper, ein ganz anderes Selbstverständnis und bin nicht mehr so unsicher in sexuellen Begegnungen. Durfte ich schon ausprobieren! Wer mich und meinen früheren Spitznamen ‚Eisprinzessin' kennt, hätte so eine Entwicklung nie für möglich gehalten."*

Wer bin ich als Frau?
Die Frage, die uns in unserem tiefsten Wesen betrifft, „Wer bin ich als Frau?", bewegt jede von klein an. Selten wird sie bewusst gestellt, und doch ist sie es, die uns drängt, immer wieder zum Mann zu gehen, um uns bei ihm zu finden. Sie ist es, die uns in seine Arme treibt, um Bestätigung, Anerkennung und Wertschätzung zu erhalten, damit wir endlich wissen, was wir von uns zu halten haben. Jede Frau sucht die Antwort auf diese essenzielle Frage beim Mann. Und keine Frau findet sie dort. Denn wir suchen auf der falschen Seite, im Männerland. Wer wir sind und wie sich Weiblichkeit anfühlt, lernen wir nur von anderen Frauen: von Freundinnen und Schwestern, von der Mutter, der Großmutter. Im Spiegel des eigenen Geschlechts können wir uns selbst finden. Hier müssen wir uns weder erklären noch rechtfertigen, denn hier sind wir richtig, so wie wir sind. Wir müssen uns nicht anpassen, nicht vergleichen oder gar messen – wir können einfach sein und in die Einzigartigkeit und Besonderheit unserer Identität eintauchen.

In der Gemeinschaft entsteht ein besonderes Kraftfeld, in dem sich eine Frau immer mehr zu derjenigen entwickelt, die sie von ganzem Herzen sein will. Um das zu erreichen, darf sie vorher ihre alten begrenzten Vorstellungen über sich selbst und ihre tiefsten Ängste überwinden und so über sich selbst hinauswachsen. Dabei lernt sie, ihren eigenen Träumen von sich selbst zu trauen und sie zu realisieren.

Lachen und feiern unter Frauen
Im gemeinsamen Kreis lernt die Frau, sich selbst wieder zu achten, wertzuschätzen und zu würdigen. Sie darf beginnen, sich selbst in ihrem weiblichen Körper zu lieben und sich vor sich selbst und dem Weiblichen zu verneigen. Dazu gehört, sich wieder für die Eigenarten und die Schönheit des eigenen Geschlechts zu begeistern, das Frausein zu genießen und mit den anderen zu feiern. Feiern, Tanzen und Lachen sind die Elemente der Frau. In ihnen geht sie auf, erblüht sie und ihr Herz beginnt schneller zu schlagen. Im Lachen liegen ihr Schalk und ihre Lebensfreude, beim Tanzen zelebriert sie ihre Sinnlichkeit und Lust und im Feiern drückt sie sich selbst in ihrer Weiblichkeit und Erotik aus. Diese Elemente dürfen in keinem Frauenkreis fehlen, denn sie helfen, die Weiblichkeit anzunehmen, und gleichzeitig verwirklicht sich das Frausein in diesen Ausdrucksformen.

Die Stärkung des Yin, der weiblichen Essenz

Eines der größten Missverständnisse ist die Ansicht, dass Männer und Frauen in ihrer Art gleich sind. Dabei ist das Gegenteil offensichtlich: Jeder Mensch kommt in einem Körper zur Welt, der einem bestimmten Geschlecht zugeordnet ist, das von Hormonen bestimmt wird. Jeder kommt als Frau oder Mann auf die Welt und damit auch mit einer femininen oder maskulinen Essenz. Sie ist unser innerster Kern, eine Art energetische Matrix, die unsere Psyche und Emotionen, unser Bewusstsein, das kollektive Unbewusste und unsere Sexualität prägt.

Für gewöhnlich sind Frauen in ihrem Kern feminin (*yin*), die Männer maskulin (*yang*). Manchmal haben aber auch Frauen mehr männliche Essenz als weibliche und umgekehrt. Das Wesen von Anziehung basiert auf der Polarität. Das wenig erforschte Phänomen sexueller Attraktion nennen wir Leidenschaft, die ein Spannungsfeld zwischen dem männlichen und dem weiblichen Pol schafft.

Alle natürlichen Ströme fließen zwischen zwei Polen, dem positiven und dem negativen, womit keine Bewertung verbunden ist. Wie die Spannung zwischen positivem und negativem Pol Strom erzeugt, so entsteht zwischen Nord- und Südpol ein riesiges Magnetfeld auf der Erde. Weitere Polaritäten sind Tag und Nacht, Licht und Dunkelheit, Sonne und Mond, die den Wechsel der Gezeiten beeinflussen. Je mehr wir die Prozesse der Natur beobachten, umso deutlicher wird, dass alle Bewegung auf dieser Gesetzmäßigkeit der Anziehung zwischen zwei Polen beruht. Was in der Natur Gesetz ist, finden wir auch in der Anziehung zwischen Frau und Mann.

Je ausgeprägter eine Frau ihren femininen Pol lebt, umso mehr wird sie einen wirklich maskulinen Mann anziehen oder aber die maskuline Seite in ihrem Partner stärken. Lebt eine Frau dagegen stärker ihre maskuline Seite aus und ist etwa im Beruf sehr durchsetzungsstark, ehrgeizig oder diszipliniert, dann wird sie eher feminine Männer anziehen oder aber die feminine Seite in ihrem Partner stärken. Je intensiver eine Frau ihren Pol auslebt, umso stärker werden auch die sexuelle Spannung, die Leidenschaft und das Feuer in der Erotik.

Es gibt aber auch Menschen, die keine besonders starke Ausprägung aufweisen, eben recht neutral sind. Sie wirken oft leidenschaftslos und harmoniebedürftig. Wenn sich ein Mann und eine Frau mit dieser neutralen Energie zusammentun, dann entsteht eine harmonische, mehr freundschaftliche Partnerschaft ohne sexuelles Feuer, vielleicht sogar ganz ohne Sex. Auch die Ausstrahlung dieses Paares ist eher ruhig oder gar langweilig.

Wollen Sie also wieder mehr erotische Anziehung und Leidenschaft in Ihre Partnerschaft bringen, dann ist der richtige Schritt, Ihre femininen Anteile mehr zu entwickeln.

Die Qualitäten der weiblichen Essenz:
Empfänglichkeit – Bewahren – Hingabe
Die essenziellen weiblichen Qualitäten sind keine Wesenszüge, die uns Frauen durch die Herrschaft der Männer zugewiesen wurden, wie die Frauenrechtlerinnen des 20. Jahrhunderts meinten.

Vielmehr leiten sich die Qualitäten der femininen Essenz von Form und Funktion des weiblichen Geschlechtsorgans ab und von der Rolle, die daraus in Liebe und Sexualität entsteht. Wenn wir die Vagina betrachten, stellen wir fest, dass sie bei jeder Frau unterschiedlich aussieht, dass aber ihre grundlegende Form und Funktion bei allen gleich ist. Vagina, Vulva oder Yoni, wie sie auf Sanskrit heißen, sind die Eingänge zum weiblichen Genitalsystem, zu dem auch die inneren und äußeren Schamlippen (wir nennen sie Lustlippen) gehören. Der äußere Eingang von der Vulva zur Vagina wird als *Introitus* (Eingang) bezeichnet. Ich habe in meinem Leben oft in den Ozeanen getaucht; und was ich in der Unterwasserwelt am faszinierendsten fand, waren die Muscheln, denn sie gleichen in Form und Art sehr der Vagina. Sie sind meist verschlossen und geschützt, wenn sie sich aber öffnen, dann zeigen sie ihre farbenprächtige samtene innere Schönheit. Dabei machen sie ganz ähnliche pulsierende weiche Bewegungen wie die Vagina, wenn sie sich in erregtem Zustand befindet oder wenn die Frau das Öffnen willentlich durch ihren PC-Muskel (*Musculus pubococcygeus*, ein Teil des Beckenbodens) provoziert.

Viele Frauen, die in die Trainings kommen, haben vorher nie eingehend ihre Vagina betrachtet. Trotz Sauna und FKK ist der weibliche Genitalbereich häufig noch ein Tabu, mit dem sich nicht näher beschäftigt wird. Anders als beim Mann, der seinen Penis einige Male am Tag in die Hand nimmt und ihn dabei betrachtet – und sei es nur beim Wasserlassen –, liegt das weibliche primäre Geschlechtsmerkmal verborgen in unserem Körper.

Das Wort *Vagina* kommt aus dem Lateinischen und bedeutet „Scheide" für ein Schwert. Die Vagina ist dazu da, das Schwert, also den Penis, in sich aufzunehmen, wie umgekehrt der Penis in die Vagina hineinstoßen will. Beides gehört zusammen. Im Akt der geschlechtlichen Vereinigung von Mann und Frau manifestieren sich das männliche und weibliche Prinzip am dichtesten.

Die Frau ist dabei die Empfangende, die sich öffnet und weit macht, um den männlichen Phallus in seiner ganzen Potenz aufzunehmen. Damit erhält sie ihre Affinität zur Erde – Mutter Erde, wie wir auch sagen –, wenn sie bereit ist, sich zu verbinden, aufzunehmen, und dies in ihrer ganzen Lust bejaht. Sie öffnet ihren Schoß, ihren Garten, wohl wissend, wie viel Schönheit, Sinnlichkeit und Kraft in ihm liegen, für sie selbst wie auch für den Mann.

Die Frau nimmt nicht nur den Phallus auf, sondern auch seinen Samen. Diesen hält sie in sich, sodass er mit einer Eizelle zusammentreffen kann und sie neues Leben empfängt. Ist das Ei befruchtet, erhält die Gebärmutter die Gewebestruktur, die es ihm ermöglicht, sich einzunisten und über neun Monate dort zu neuem Leben heranzuwachsen. In den Tiefen ihres Körpers hält und bewahrt die Frau den Embryo und wartet, bis er ins Leben entlassen werden kann. Daher wird die Vagina auch „Tor zum Leben" genannt.

Mit dem Geschlechtsakt sowie der Fähigkeit, neues Leben in sich reifen zu lassen, wird die Frau zur Halterin und Bewahrerin von Leben, egal ob sie selbst Kinder bekommt oder nicht. Dies ist als elementare archetypische weibliche Erfahrung in ihrer femininen Matrix gespeichert. Auch später zeigt sich das nährende und bewahrende Prinzip, denn es ist die Frau, die das Nest für ihre Familie baut. Sie sorgt dafür, dass sie selbst und ihre Liebsten ein Heim haben, das geschmückt ist und in dem sich alle wohl, geborgen und aufgehoben fühlen. Die Qualität des Haltens und Bewahrens gehört zu ihrer Essenz, ungeachtet dessen, ob sie diese in ihrem Leben realisiert oder ablehnt.

Das Feminine ist auch reine Lebenskraft, Schönheit, die in Anmut erstrahlt, sich in ihrer Sinnlichkeit verströmt, einfach so, ohne Absicht, ohne Ziel. Die Frau ist die Genießerin, die sich an allem erfreut, die alles nimmt, aus allem etwas Gutes macht und im Alltäglichen das Wunderbare erblickt. Sie lebt voll und ganz im Augenblick, der sich ihr nicht durchs Denken erschließt, sondern durch die unmittelbare Wahrnehmung: Fühlend, atmend, sich bewegend, berührend nimmt sie das Erleben in sich auf. Seinem tiefsten Wesen nach will das feminine Prinzip einfach nur sein. Die Frau fühlt sich so erfüllt von der eigenen Sinnlichkeit, Schönheit und Lust, dass sie in die Welt hineinstrahlt, Anmut und Erotik verströmend, lockend, verführend, spielend, genießend.

Es ist die Hingabe an das Leben und die Liebe, in der sich die weibliche Essenz realisieren will.

Geerdete Weiblichkeit

Das Feminine ist mit den beiden Elementen Wasser und Erde verbunden, das Maskuline mit den Elementen Feuer und Luft. Das Wasser hat die femininen Eigenschaften des Fließens und der Hingabe. Es passt sich der Form des Untergrunds an. Die Wasseroberfläche spiegelt den Himmel und das Licht wider. So erzeugt und verstärkt das Wasser Gefühle, weshalb sich Menschen gern in der Nähe von Seen, Flüssen und dem Meer aufhalten. Wasser ist wandlungsfähig, denn es kann fest, flüssig oder gasförmig sein. Eine Qualität des Femininen ist daher die Wandlungsfähigkeit. Für gewöhnlich ist das Wasser kühler als die Luft der Umgebung. So ist das Feminine eher kühl im Gegensatz zum Maskulinen, das eher feurig-hitzig ist. Durch das erdige Element ist die Frau in besonderer Weise mit dem natürlichen Rhythmus des Lebens verbunden. Die Erde repräsentiert den ewigen Kreis, das Verbundene, ohne Anfang und Ende. Daher drückt sich das Feminine besonders im Prozessorientierten aus, es bedeutet kontinuierliches Wachstum, aber ohne es pointiert auf die Spitze zu treiben. Die weibliche Energie bewegt sich aufsteigend – von der Erde durch den Körper mit seinen Sinneseindrücken und Gefühlen bis zum Himmel in den Geist. Das Feminine weiß um die großen Mysterien von Geburt, Leben und Tod und ist aufs Engste damit verbunden. Es ist das mütterlich haltende, nährende und bewahrende Prinzip, so wie die Mutter auch das Kind in ihrem Körper hält, nährt und bewahrt. Zuvor empfängt sie; sie hat daher eine offene und rezeptive Haltung.

Shakti – die weibliche essenzielle Energie

Die feminine Essenz besteht zunächst aus Energie und ist eine elementare Kraft. Unabhängig von kulturellen Rollenfestlegungen strömt diese Urkraft in jeder Frau ganz natürlich von Geburt an. Sie ist permanent in Bewegung und bildet die Grundlage für psychische und mentale Muster, die sich dann auch körperlich ausdrücken und manifestieren. Dabei ist die weibliche Energie eine zentripetale Kraft, die „in sich hineinzieht" und der nichts widerstehen kann. Diese nach innen gerichtete Kraft ist es, die den Penis in die Vagina durch die Kontraktion der Vaginalmuskulatur hineinzieht. Dieselbe Kraft lässt den suchenden Mund des Säuglings die mütterliche Brust blind finden.

So verwundert es nicht, wenn in Familien die Mutter die zentrale Rolle spielt, um die sich die anderen sammeln. Kleine Kinder wollen in den ersten Jahren immer bei der Mutter sein. Kaum hat sie den Raum verlassen, krabbeln oder laufen sie ihr hinterher.

Kommen sie aus Kindergarten oder Schule nach Hause, rufen sie als Erstes nach ihr. Ist die Mutter nicht da, ruft das bei den Kindern zunächst ein Gefühl der Leere und Verlorenheit hervor. Diese Position können natürlich auch Väter einnehmen, wenn sie feminine Energie in sich haben. Der Japaner Michio Kushi, eine Kapazität auf dem Gebiet der Erforschung von Energiefeldern, hat darauf hingewiesen, dass die Zentripetalkraft bei Männern genauso vorhanden ist wie bei Frauen, nur wesentlich schwächer ausgeprägt. Die männliche Energie fließt vornehmlich von oben durch den Körper nach unten zur Erde und ist zentrifugal, das heißt von innen nach außen gerichtet. Wenn die Frau verstärkt aufwärtsfließende Energie hat, so gibt es doch ebenso einen kleineren Anteil abwärtsfließender Energie in ihr. Wie die Punkte im Yin-Yang-Symbol verdeutlichen, findet sich also ein wenig weibliche Energie im Maskulinen und etwas männliche Energie im Femininen.

Die zentripetale Energie der Frau verbindet sich fundamental mit der Erde und allem Erdhaften wie dem Körper, während wir tatsächlich beim Mann die Vorherrschaft des Denkens und Verstandes beobachten können sowie sein Interesse an geistigen Dingen. Die Mode- und Schönheitsindustrie wiederum wäre undenkbar ohne die Frauen, die viel größeren Wert auf das Äußere legen, als es Männer für gewöhnlich tun. Es ist ihre feminine Energie, die sie veranlasst, mit dem Körper zu spielen und zu kokettieren, sich besonders zu kleiden und zu schmücken und das Beste aus ihm herauszuholen. Wäre diese Welt nur von Männern bevölkert, gäbe es sehr wahrscheinlich kein Geld zu verdienen mit Kosmetik und Mode. Die zentripetale Energie ist auch die Ursache dafür, dass Frauen sich stärker um das Wohlergehen ihrer Liebsten um sie herum sorgen und die Verantwortung für die anderen übernehmen. Sie bestimmen die Atmosphäre zu Hause. Ihr Verhalten sorgt dafür, dass die anderen sich wohlfühlen und sich öffnen, oder veranlasst sie, sich zu verschließen und zurückzuziehen. Wenn eine Frau sich darum kümmert, dass es ihr selbst gut geht, sie sich liebevoll und offen dem Leben gegenüber fühlt oder sich positiv verändert, profitiert ihr ganzes Umfeld davon.

Frauen streben stets danach, sich anzufüllen: mit Nahrung, Verbindlichkeit, Aufmerksamkeit – und eben auch mit männlicher Energie. Männer dagegen streben danach, sich zu entleeren: frei und ungebunden zu sein.

Wenn wir anfangen, die Kraft weiblicher (und männlicher) Energie zu verstehen, erhalten wir ein neues und tieferes Selbstverständnis von uns selbst als Frauen, aber auch vom Miteinander von Frau und Mann.

Der spirituelle Aspekt der Energie
Die weibliche Energie wird in den östlichen spirituellen Traditionen (wie dem Yoga oder Tantra) als „Shakti" (Sanskrit: „Kraft") bezeichnet, was sich auf den einzigartigen Ausdruck dieser ursprünglichen fließenden Energie bezieht, die sich in jeder Frau individuell manifestiert. (Beim Mann wird sie „Shiva" genannt, nach einem der wichtigsten männlichen Götter des Hinduismus.) Gleichzeitig erinnert uns dieser Begriff daran, dass wir in Verbindung mit dem Göttlichen stehen. Damit ist kein personifizierter Gott gemeint, wie ihn das Christentum in unserem Kulturkreis vermittelt, sondern eben eine Energieform, die am besten als Ursprung oder nach buddhistischem Verständnis als Raum beschrieben werden kann, ein Teil in uns, der jenseits von Persönlichkeit und Materie liegt.

Ihre körperliche Energiequelle kann sich Frau in ihrer Vulva vorstellen, dem „göttlichen Schoß" oder dem „Urschoß aller Schöpfung". Die weibliche Energie ist ursprünglich schöpferisch, kraftvoll und kreativ. Sie drückt sich intuitiv, instinkthaft, körperlich-sinnlich aus. Sie bringt jedes Lebewesen hervor, jede Frau und jeden Mann. Der immerwährende Kreislauf von Geburt, Leben, Tod und Wiedergeburt wird von ihr initiiert. Sie ist eine erdhafte Energie, die Verbundenheit und Geborgenheit, Kontinuität und Sicherheit sucht und gibt.

Die weibliche Energie veranlasst die Frau, ihr Haus heimelig und schön zu gestalten, und das nicht nur für sich, sondern auch für ihren Mann, ihre Kinder und ihre Freunde. Egal an welchem unwirtlichen Platz der Erde sie sich aufhält, sie wird aus der unpersönlichen Umgebung einen Ort der Harmonie und des Wohlfühlens machen. Auch wenn sie beruflich viel unterwegs ist und überwiegend aus Koffern und in Hotelzimmern lebt, wird sie sich eine vertraute Atmosphäre schaffen, indem sie Fotos von ihrer Familie aufstellt, ein besonderes Tuch aufhängt oder eine Kerze oder ein Duftstäbchen anzündet. Sie macht aus jedem Ort der Welt ein behagliches Zuhause.

So wie die Erde uns Menschen trägt, so hält und trägt auch die Frau mit ihrer weiblichen Energie sich selbst und andere. Die Shaktifrau ist die Einladende, die mit Vertrauen und Selbstbewusstsein ihre Schönheit nach außen zeigt und die Sehnsucht des Mannes weckt. Obwohl in sich ruhend, wünscht sie sich die Verbindung mit dem Mann, um ihre Liebe zu teilen. Sie ist die Halterin, die Bewahrerin und symbolisiert das Sein an sich. Das ist ihr Urbild. Aus der Verbundenheit mit dem Leben bezieht sie ihre Freude und Liebe. Daher bewahrt die feminine Frau, die in sich ruht, immer auch eine gewisse Unabhängigkeit und ist nicht von der Anerkennung und Aufwertung durch den Mann abhängig. Erst wenn diese Verbundenheit mit sich selbst und dem Leben fehlt, wird sie bedürftig und sucht Sinn und Bestätigung beim Mann. In dem Maße, in dem sie den Kontakt zu ihrer inneren Essenz verliert, strebt sie nach äußerer Anerkennung, indem sie zu gefallen sucht, besondere Leistung erbringt, sich in einer übertriebenen Fürsorge um den Mann kümmert oder sich extravagant zeigt, damit er ihr applaudiert. Kommt sie im Kreis von Frauen wieder in Berührung mit ihrer Energie, wird sie frei und unabhängig. Sie entwickelt ein ganz natürliches Selbstbewusstsein für sich als Frau.

Das negative Männerbild aufgeben

Die meisten Frauen im deutschsprachigen Raum haben ein negatives und geringschätziges Bild von den Männern. Ihre Überzeugungen, die vom „Weichei, das nichts in der Hose hat" bis zum „kaltschnäuzigen Macho" reichen, spiegeln die Überheblichkeit und Überlegenheitsgefühle der Frauen wider. Doch mit diesen Überzeugungen ziehen sie genau die Männer an, die sie nicht haben wollen. Sie träumen vom unerreichbaren Märchenprinzen und beklagen, dass er nirgends zu finden ist, oder aber sie klagen über den Mann, den sie haben und der auch nicht so ist, wie sie ihn möchten.

Vielleicht kennen Sie den Witz: Treffen sich zwei alte Sandkastenfreundinnen nach vielen Jahren wieder. Fragt die eine: „Und? Was hast du so die ganzen Jahre über getrieben?" Antwortet die andere: „Ich war unterwegs." Fragt die erste zurück: „Wie? Du warst unterwegs? Was hast du dabei gemacht?" Antwortet die andere: „Ich war auf der Suche!" – „Wie? Du warst auf der Suche?

Das negative Männerbild aufgeben 147

Was hast du denn gesucht?" – „Ich war auf der Suche nach dem perfekten Mann." – „Und, hast du ihn getroffen?" – „Ja, einmal, in all den Jahren." – „Ja und? Lass dir doch nicht alles aus der Nase ziehen! Wo ist er denn, dein perfekter Mann?" – „Tja, es ist leider nichts draus geworden. Er war ebenfalls auf der Suche nach der perfekten Frau!"

Wenn es Ihnen auch so geht, dann ist es an der Zeit, einmal Ihre Überzeugungen zu überprüfen. Haben Sie eine wertschätzende Meinung und denken Sie, dass Männer liebenswerte Geschöpfe sind? Sind Sie neugierig und interessiert, Männer kennenzulernen, oder sind Sie eher abwartend und skeptisch ihnen gegenüber? Haben Sie Angst vor Männern, weil Sie denken, sie hätten nur Sex im Kopf und wollten ohnehin immer nur das eine? Oder freuen Sie sich über diese ganz andere Spezies? Mögen Sie es, Männerkörper anzuschauen, zu riechen, zu berühren, oder sind Männer Ihnen erst einmal fremd?

Schreiben Sie einmal spontan, ohne zu zensieren, auf, was Sie über Männer – ganz allgemein – denken. Ihre Sätze beginnen mit: „Männer sind ..." Was kommt in der Summe Ihrer Äußerungen heraus? Ein negatives oder ein positives Bild?

Wenn Sie unzufrieden mit den Männern in Ihrem Leben sind und unangenehme oder enttäuschende Erfahrungen mit ihnen gemacht haben, überprüfen Sie Ihre grundlegenden Meinungen, die Sie zu ihnen haben. Wenn Sie wie ich davon ausgehen, dass wir die Männer anziehen, die unseren Überzeugungen über sie entsprechen, ist diese Übung für Sie sehr aufschlussreich.

Oftmals haben Frauen von ihren Müttern ein sehr negatives Männerbild vermittelt bekommen. Unzufrieden oder überfordert mit ihrem Leben, dem Mann oder den Kindern, haben sie ihren Mann für ihr „Schicksal" verantwortlich gemacht und den Schuldigen spüren lassen, was er „verbockt" hat. Diese Mütter sind nörgelnd, klagend, kritisierend, verurteilend über ihren Mann hergezogen und haben kein gutes Haar mehr an ihm gelassen. Die nonverbalen Botschaften waren oftmals nicht viel besser: Der geringschätzige Blick, der ihn von der Seite traf, die herablassende Art, mit der sie ihn bemuttert hat, oder wie sie sich seinen Annäherungen entzogen hat, brachten zum Ausdruck, wie missachtend sie über ihn dachte. Millionen von Mädchen haben diese subtilen Botschaften der Mutter über den Mann registriert. Ein kleines Mädchen kann sich diesem Einfluss kaum entziehen, wenn es all die Jahre die Mutter erlebt, wie sie sich in herablassender, entwürdigender und anklagender Weise über ihren Mann oder auch die Männer allgemein äußerte, und hat dies übernommen. Vielleicht hat die Tochter sich aber auch für das Verhalten der Mutter geschämt und innerlich Partei für den Vater ergriffen. Dennoch wird sie von ihrem Vater enttäuscht oder auch wütend auf ihn gewesen sein, dass er so wenig Selbstachtung und Integrität besaß und sich nicht gegen solches Verhalten gewehrt hat.

So brauchen wir uns nicht zu wundern, dass das Männerbild nordeuropäischer Frauen in den letzten Jahrzehnten derart verkommen ist, dass nur noch wenige Frauen in ihren Beziehungen glücklich sind. Die meisten träumen von einem Mann, den es in ihrem Leben nicht gibt, oder wollen, dass sich ihr Mann so verändert, dass sie zufrieden mit ihm sind.

Ich habe selten Männer so geringschätzig über Frauen sprechen hören, wie ich es von Frauen über Männer gehört habe. Besonders krass fällt das auf, wenn Frauen über ihre Expartner reden. Dabei werden Männer mit geringschätzigen und auch zotigen Begriffen wie schwach, ohne Biss, stummer Versager, Schlappschwanz, Weichei, schwanzgesteuerter Macho, Feigling, gefühlskalt, Dummbeutel bedacht. Das sind weitverbreitete Überzeugungen vieler Frauen, die dann natürlich auch das „ernten", was sie mit ihren Gedanken säen.

Überprüfen Sie Ihre Überzeugungen und seien Sie ehrlich mit sich. Viele Frauen lehnen die Einstellung und das geringschätzige Verhalten ihrer Mütter ab und haben den Anspruch, es selbst ganz anders zu machen. Doch in unserer Beziehung agiert unser Unterbewusstsein stärker als die Vernunft, und wir reproduzieren oft ungewollt, was wir in unserer Ursprungsfamilie erlebt haben.

Befreiung von den sexuellen Grundängsten

Angst ist ein großes Hindernis für Liebe, Intimität und Sexualität. Liebe macht uns weit und öffnet uns für das Leben und die Menschen. Angst zieht zusammen, macht eng, klein – und zwar auf allen Ebenen: körperlich, emotional, mental und energetisch. Wenn wir Angst haben, fühlen wir uns getrennt von den Menschen, uns selbst und dem Leben. Angst entsteht wie jedes andere

Grundgefühl – Freude, Trauer, Wut, Lust oder Scham – in uns selbst. Das bedeutet auch, dass wir uns entscheiden können, ob wir uns von ihr beherrschen lassen oder ob wir sie anerkennen, um sie dann zu heilen und zu transformieren.

Angst wird durch Situationen hervorgerufen, die uns verunsichern, die unerwartet und neu sind und uns dadurch in Stress versetzen. Der Stress wiederum bereitet uns auf die (vermeintliche) Gefahr vor und sorgt dafür, dass wir entsprechend auf sie reagieren. Je nach Persönlichkeitstyp gibt es dabei drei uralte instinktive Überlebensprogramme: Angriff, Flucht oder Totstellen. Angriff bedeutet, die Zähne zusammenzubeißen, nur noch so viel zu atmen, dass wir nicht ersticken – und durch. Flucht bedeutet aktives Weglaufen. Beim Totstellen machen wir uns klein, unscheinbar und erstarren, in der Hoffnung nicht gesehen zu werden. Bei allen Reaktionen müssen wir die Angst nicht mehr fühlen. Doch wir fühlen dann gar nichts mehr, auch keine Freude, keine Liebe, keine Lust – wir hören auf zu fühlen.

Für viele Frauen (und auch Männer) sind Liebe, Sexualität, Intimität und Nähe sehr bedrohlich. Die ungeheure Energie der femininen Sexualität katapultiert uns aus lieb gewonnenen Gewohnheiten und festen Denk- und Verhaltensmustern immer wieder heraus, sie ist unvorhersehbar, unkalkulierbar und wandelbar. Trotz ihrer Kultivierung bleibt sie in ihrer ursprünglichen Kraft lebendig und verändert uns, wenn wir uns ihr ganz öffnen und hingeben. Daher hat jeder Mensch, Mann wie Frau, und auch das Liebespaar Angst vor Liebe, Intimität und Sex. Das sind die sexuellen Grundängste, von denen die meisten Menschen bestimmt werden, wenn sie sich ihnen nicht bewusst stellen. Wir haben trotz aller Reflexe die Wahl: Wir können uns von unserer Angst beherrschen lassen oder wir sehen ihr ins Auge, heilen und transformieren sie. Jede Frau, die das volle Potenzial ihrer femininen Essenz leben will und für eine glückliche, erfüllende Sexualität die Verantwortung übernimmt, muss sich daher mit ihren sexuellen Grundängsten auseinandersetzen: Es sind die Angst vor Hingabe, die Angst vor Kontrollverlust und die Angst vor Grenzüberschreitung. Diese Ängste sind somit die Wächter des Tores, das zu ihrer femininen Essenz führt.

Angst vor Hingabe

Wenn wir in den Frauenkreisen über die essenziellen weiblichen Qualitäten sprechen, höre ich immer wieder einen zentralen Satz: „Ich will mich nicht wieder verletzen lassen." Hinzu kommt die Überzeugung: „Wenn ich mich öffne, werde ich verletzt." Diese Aussagen vernichten wie ein Keulenschlag jede Motivation und jedes Bestreben, sich wieder für die eigene feminine Essenz zu öffnen. Sie zeigen die durch persönliche und kollektive weibliche Verletzungen bedingte Verweigerung, sich wieder für die Liebe zu öffnen.

Diese Verweigerungshaltung ist zu einem Teil in der jeweiligen persönlichen Geschichte begründet, zum anderen Teil darin, dass über Jahrtausende hinweg die Frau in ihrer femininen Essenz ge- und missbraucht wurde. Sie war diejenige, die sich ohne Gegenwehr vom Mann hat nehmen lassen, der in sie eingedrungen ist, oftmals ohne sie zu fragen, ob sie das will, und ohne Rücksicht auf ihre Gefühle, Gesundheit oder sogar ihr Leben. Diese elementare sexuelle Erfahrung in der Mann-Frau-Beziehung, die sich bis in die jüngere Geschichte gehalten hat, ist wie ein zerstörerisches Urbild in Seele und Körper der Frau eingebrannt und verhindert, gestützt durch die entsprechende Überzeugung, wirkliche Liebe und echtes Glück. In dieser grundlegenden sexuellen Erfahrung hat der Mann seine ursprüngliche phallische Kraft missbraucht, weshalb er mit Schuldgefühlen gegenüber der Frau belastet ist, während die Frau sich bis heute in ihren weiblichen Wesensmerkmalen der Hingabe und Empfänglichkeit als Opfer fühlt. Das Resultat davon ist, dass der Mann sich seiner maskulinen Stärke, seiner Aggression und Sexualität schämt und damit sich selbst als Mann verleugnet, während die Frau ihre ursprünglich weiblichen Qualitäten, wie Weichheit, Offenheit und Leidenschaft, bestreitet und abwehrt und damit sich selbst als Frau schadet. Beide, Mann und Frau, haben Angst vor ihrer urtümlichen geschlechtlichen Essenz. Scham-, Schuld- und Abwehrgefühle lasten schwer auf der Sexualität und sorgen dafür, dass beide ihr volles sexuelles Potenzial ablehnen und es einander verweigern.

Hingabe bedeutet, dass sich die Frau ganz einem Mann, der Liebe, dem Sex anvertraut. Ohne Wenn und Aber schenkt sie sich ganz und gar. Eine Frau, die sich hingibt, ist mit allen Sinnen hundert Prozent bei der Sache, ist entspannt und dehnt sich in die sinnlich-sexuelle Erfahrung hinein aus. Körper und Herz sind vollkommen geöffnet und folgen den körperlich-energetischen Impulsen. Die Frau kennt keine Scheu, ihre Lust, aber vielleicht auch ihr Lachen oder Weinen leise oder auch lauter auszudrücken. Hingabe bedeutet absolute Präsenz, sich hineinzubegeben in das gegenwärtige Geschehen, ohne an Vorher und Nachher zu denken. Vollkommene Hingabe führt daher zur Ekstase, dem Gefühl, aus den engen Begrenzungen des Geistes, des Körpers und des Herzens hinauszugehen, und bewirkt ein Gipfelerlebnis. Die sexuelle Begegnung wird durch die Hingabe zu einer einmaligen, belebenden und einzigartigen Erfahrung und ist nicht wiederholbar, nicht reproduzierbar. Gibt sich eine Frau auf diese Weise hin, kann der sexuelle Akt zu einer spirituellen Erfahrung werden, die Frau ist ganz bei sich selbst und gleichzeitig ganz beim anderen und geht völlig im Erleben auf. Hingabe überwindet jede Trennung und führt zu einem Gefühl der Verbundenheit und des Einsseins.

Vorbehalte und negative Urteile über ihren Partner, sich selbst oder über Sexualität trennen eine Frau von ihrem Erleben und halten sie davon ab, sich ganz zu geben. Körper, Herz und Energie werden durch diese Bewertungen blockiert. Ihr Körper macht äußerlich mit, aber ihre Gedanken gehen auf Wanderschaft, ihr Herz bleibt unberührt. Eine Frau, die sich nicht hingeben kann, spielt rein äußerlich mit und tut, was man von ihr erwartet oder von dem sie meint, es gehöre zu ihrer Rolle als Geliebte oder Partnerin. Sie macht sich selbst und dem Partner etwas vor und verliert dadurch ihre Wahrhaftigkeit und Integrität. Der Sex wird zur reinen Sportnummer, die die Frau ableistet, wie sie vielleicht auch mehr oder weniger regelmäßig ins Fitnessstudio geht. Vielleicht täuscht sie dem Mann sogar einen Orgasmus vor, damit der Sex, der für sie leer, unbedeutend und anstrengend geworden ist, bald vorüber ist. Mit ihrer Zurückhaltung kontrolliert sie sich selbst, ihren Partner und die sexuelle Erfahrung.

Angst vor Kontrollverlust
Die Kontrolle zu verlieren ist daher eine weit verbreitete Angst in der Sexualität der Frau. Frauen, die zu mir in die Sexualtherapie kommen, beginnen wie schon erwähnt häufig ihre Geschichten mit dem Satz: „Ich kann mich in der Sexualität nicht fallen lassen." Was so viel heißt wie: „Ich kann keinen Orgasmus bekommen."

Und sie liefern dann auch gleich den Grund dafür mit: „Ich kann die Kontrolle nicht aufgeben."

Aus dem Bewusstsein heraus, gerade in der Sexualität Opfer zu sein, hat die Frau ein starkes Kontrollbedürfnis entwickelt, das sich in alle anderen Lebensbereiche hin auswirkt. Ursprünglich ist Kontrolle der Versuch, die eigene Sicherheit und auch die der anderen, etwa der Kinder, zu bewahren. Deshalb hält die Frau fest, was sie hat, und vermeidet alles, was die Sicherheit in Gefahr bringen könnte. Das Fatale daran ist, dass sie zu wissen meint, auf welche Art und Weise sie selbst und die anderen sicher bleiben, das heißt, es geschieht alles auf ihre Art und nach ihrer Überzeugung. Weil sie verletzt wurde, das ist das Argument der Frau, stellt sie die Regeln auf, die festlegen, wie sie und der Partner sich zu verhalten haben, damit dies nicht wieder passiert. Sie kontrolliert damit nicht nur ihre eigene sexuelle Energie, sondern auch die ihres Partners.

Daher bestimmt für gewöhnlich die Frau, wann, wo und auf welche Weise der Sex stattfindet. Des Weiteren produziert sie während des Beisammenseins Gedanken und reaktiviert alte Glaubenssätze wie „Ich darf nicht so wild sein" oder „Wenn ich mich gehen lasse, erschrickt der andere". Diese sorgen dafür, dass sich die geweckte Lust, wenn sie zu stark wird, ganz schnell wieder zurückzieht, damit die Kontrolle nicht aufgegeben werden muss.

Lust will Hingabe statt Selbstbeherrschung, doch die Frau verlässt im entscheidenden Moment der Mut, sich ganz fallen zu lassen. Viele Frauen können bei sich selbst einen Orgasmus herbeiführen, der durch klitorale Stimulation hervorgerufen wird, während ihnen der Höhepunkt mit dem Mann versagt bleibt. Der Grund dafür liegt darin, dass die Frau bei der Selbstbefriedigung die ganze Zeit die Kontrolle behalten kann. Sie muss sich nicht wirklich für die Liebe und die Energie öffnen. So ist interessanterweise die Masturbation bei Frauen häufig ein mehr oder weniger mechanischer Quickie, mit dem sie lediglich Spannungen abbauen. Sie gehen dabei mit sich selbst auf eine Art und Weise um, die sie Männern in der Liebe häufig als Kritik vorhalten: dass sie zu schnell, zu zielgerichtet sind und das Herz dabei leer ausgeht. Doch in der Selbstliebe verfahren sie häufig genau so mit sich selbst. Wieso soll es dann mit dem Mann anders sein?

Im Zusammensein mit dem Mann braucht die Frau für gewöhnlich Behutsamkeit und Zärtlichkeit, damit sich nicht nur ihr Körper, sondern auch ihr Herz für den sexuellen Kontakt öffnen kann. Denn in der Liebe mit einem Partner möchte sie sich ja ihm schenken. Der weibliche Orgasmus, in dem die Frau nicht nur den Phallus, sondern den ganzen Mann in sich aufnimmt, setzt Herzensweite und eine vorbehaltlose Offenheit gegenüber der eigenen sexuellen Energie, dem unkalkulierbaren sexuellen Erleben und dem Partner voraus. Wenn sie aber Angst vor der sexuellen Energie hat, vor ihrer eigenen oder der maskulinen Energie, wird sie sich niemals so öffnen können, dass sie diesen weiblichen Orgasmus bekommt, der aus der vollkommenen Hingabe entsteht. Kontrolle beraubt uns des Vergnügens und der Fähigkeit, ganz empfänglich, ganz hingegeben zu sein. Sie hält uns in der Trennung gefangen, da wir uns nicht in dieser Radikalität verbinden können. Die Kontrolle aufzugeben bedeutet, sich dem mächtigen Strom der weiblichen Energie anzuvertrauen und ihren Impulsen zu folgen, sich voller Vergnügen und Neugier von den energetischen Wellen davontragen zu lassen, ohne zu wissen, wohin sie führen. Letztendlich landet die Frau dabei immer weich und sicher. Es ist nur ihre Vorstellung, ihre Überzeugung, die ihr etwas anderes suggeriert, weshalb es ihr so schwerfällt, loszulassen. Sie bekommt aber gerade durch die Aufrechterhaltung der Kontrolle die Probleme, die sie eigentlich nicht haben will.

Angst vor Grenzüberschreitung
Sich nicht abgrenzen zu können oder zu dürfen ist immer wieder eine zentrale Befürchtung von Frauen und Dauerthema in Gesprächen über Beziehung und Sexualität. Es zeigt, dass die allerwenigsten Frauen ein ausbalanciertes Verhältnis zu den beiden Polen von Nähe und Distanz haben, was für jede tragfähige Beziehung wichtig ist.

Nur wer in einer guten und gesunden Beziehung mit Mutter und Vater aufgewachsen ist, hat genügend Selbstvertrauen entwickelt und kann sich, ohne Sanktionen zu befürchten, abgrenzen und angstfrei auf Nähe einlassen. Die meisten können jedoch nicht auf solche Erfahrungen aus ihrer Ursprungsfamilie zurückgreifen. Vielmehr mussten Kinder erleben, wie die Erwachsenen ihre Grenzen überschritten, indem sie genötigt wurden, Dinge zu tun, die sie nicht wollten. Sie wurden von den Vorstellungen und Erwartungen der Erwachsenen vereinnahmt und mussten mit

Liebesentzug rechnen, wenn sie versuchten, sich dem durch Abgrenzung zu entziehen. Wenn es im Elternhaus sehr viel Distanz gab, ist es ebenfalls schwierig, mit Nähe und Abgrenzung umzugehen. Je nachdem, was das Kind erlebt und verarbeitet hat, tendiert es zu einem Pol und wählt in der Beziehung das Gegenstück. Für gewöhnlich suchen die meisten Frauen aufgrund ihrer femininen Essenz die Nähe, wodurch Grenzüberschreitungen begünstigt werden. So musste das kleine Mädchen sehr häufig die Erfahrung machen, dass es vereinnahmt wurde, die eigenen Bedürfnisse und sein Wille nicht respektiert wurden. Diese Erfahrung löst neben Gefühlen der Hilflosigkeit und Ohnmacht vor allem Wut aus. Wut ist eine ganz natürliche Reaktion, wenn die Grenzen eines Menschen nicht gewahrt bleiben. Sie dient dazu, klar und entschieden für die eigene Integrität zu sorgen und dem anderen Grenzen zu setzen. Darf diese Wut in der auslösenden Situation ausgedrückt werden, wird das innere Gleichgewicht des Kindes wiederhergestellt, und es bleibt unbelastet und frei. Darf sie jedoch nicht herausgelassen werden, was bei den meisten Mädchen immer noch der Fall ist, und wird sie unterdrückt, akkumuliert sie sich und wird mit der Zeit zur kalten Wut. Kalte, angesammelte Wut aber kalkuliert, plant und sinnt auf Rache.

Die kalte Wut hat die Frau in eine ungeheure Abgrenzung und Distanzierung gegenüber dem Mann geführt, denn sie hat sich irgendwann wahrscheinlich geschworen, sich nie mehr so vereinnahmen zu lassen. Für ihren Abgrenzungsfeldzug hat sich die Frau einen harten Panzer angelegt, der den Mann auf Abstand halten soll. Doch der Preis dafür ist hoch: Statt Großzügigkeit und Weite genießen zu können, wird es ihr immer enger und kälter ums Herz, die Frau steckt in einem steifen, rigiden Körper, der sich nur noch geplant und kontrolliert bewegt, statt spontan, impulsiv und lebendig zu sein. Es entsteht eine Distanz zum anderen, die keine Verbindung zulässt und einsam macht.

Interessanterweise bemerkt die Frau zunächst ihre eigene Abgrenzung nicht. Wie das Kaninchen vor der Schlange sitzt sie noch immer gebannt vor der Überzeugung, Opfer zu sein, unfähig, Grenzen zu setzen und die eigenen Wünsche und Bedürfnisse zu äußern. Dabei hat sie das längst gelernt. Doch das alte Bild von sich als hilfloses Opfer ist stärker als eine aktuelle realistische Einschätzung ihrer selbst.

So sorgt die Frau dafür, dass sie allein und einsam bleibt. Der tiefere Schmerz liegt jedoch darin, dass sie mit ihrer Panzerung einige ihrer tiefsten weiblichen Qualitäten verletzt, die sie doch eigentlich schützen will: ihre Offenheit, Neugierde und Empfänglichkeit, ihre Fähigkeit, sich in den anderen einzufühlen und mit ihm „mitschwingen" zu können. Ihre tiefste Sehnsucht, mit dem anderen ganz zu verschmelzen und sich in ihm aufzulösen, ist dabei verloren gegangen.

Wenn eine Frau ihre feminine Essenz leben möchte, dann muss sie sich diesen drei Hauptängsten stellen und sie auflösen, sonst kann diese Entwicklung nicht gelingen.

Heilige und Hure – die Befreiung von archetypischen männlichen Frauenbildern

Scham- und Schuldgefühle sowie negative Überzeugungen über Sexualität sind tief im kollektiven Bewusstsein von Frauen abgespeichert, da sie über Jahrhunderte hinweg weitertradiert und erst in den letzten Jahrzehnten hinterfragt wurden. Ihnen zugrunde liegt die radikale Trennung von Sexualität und Spiritualität, die vom Mann initiiert und durchgesetzt wurde, sodass Frauen die Verbindung zu den grundlegenden Aspekten ihres femininen Seins verloren haben, in dem beides untrennbar zusammengehörte. Die Spaltung von Sexualität und Spiritualität, die aus Angst vor der Frau und ihrer machtvollen Sexualität in allen Religionen sowie auch der Esoterik zu finden ist, zieht sich als männliche Projektion durch das Leben der Frau und zerstört ihre Seele und ihre Sexualität. Daher verwundert es nicht, wenn sich Frauen aus der Sexualität zurückziehen, da sie ihnen seelenlos und leer vorkommt. So suchen sie stattdessen nach spiritueller Erfahrung, die sie (wieder) mit dem Göttlichen verbinden soll; doch dafür müssen sie sich von ihrer Sexualität trennen, die noch immer als schuld- und schambehaftet betrachtet wird und als Gegenspielerin der religiösen Erfahrung. Die Frau übernimmt damit die gespaltene Sichtweise des Mannes und sieht sich selbst in seiner Projektion als Hure oder Heilige, auch wenn diese Spaltung nicht ihrem Wesen entspricht und sie darunter leidet.

Die große Göttin und das weibliche Prinzip

Alte Mythen aus der römischen und griechischen Antike lassen Matriarchatsforscherinnen wie Heide Göttner-Abendroth vermuten, dass es in der Jungsteinzeit vor mehr als 10 000 Jahren Kulturen gab, in denen die Frau als Schöpferin des Lebens eine zentrale Rolle einnahm. Auch wenn der bedeutendste Forscher und Theoretiker einer matriarchalen Kultur, Johann Jakob Bachofen (1815–1887), fachwissenschaftlich umstritten ist, haben seine Thesen ganz wesentlich die Tiefenpsychologie C. G. Jungs sowie die Anthroposophie und Esoterik beeinflusst.

Demnach nahm die Frau in den alten Mythen als Schöpferin des Lebens eine zentrale Rolle ein. Das Leben wurde als eine Einheit betrachtet: Mensch und Umwelt, Körper und Seele, Geist und Natur, Sexualität und Spiritualität wurden als gleichwertige Daseinsformen und als Einheit gesehen. Die Spiritualität drückte sich in der kultischen Verehrung einer zentralen weiblichen Gottheit aus, die Schöpferin und Gebärerin allen Lebens war, die große Mutter. Funde wie die Frauenstatuette „Venus von Willendorf" (Alter ca. 27 000 Jahre) belegen den Archetyp der Heiligen, die Verehrung des weiblichen schöpferischen Prinzips – mit dickem Bauch, schweren Brüsten und großer Vulva, den weiblichen Genitalien, die ebenfalls als heilig verehrt wurden.

Die große Göttin wurde als Quelle des Lebens verstanden, denn in ihr und aus ihr entstand alles Leben. Sie ist mit allem verbunden, aber auch die Vermittlerin zu der vor allem für Männer verborgenen mystischen spirituellen Welt. Sie verkörpert das lustvolle weibliche Prinzip, das in sexuellen Riten mit ekstatischem Gesang und Tanz gefeiert und verehrt wird. Ihre sexuelle Energie ist ja gerade das leidenschaftliche Feuer, das sie über sich selbst hinaus in spirituelle Welten führt, in die sie auch andere einlädt. Es ist der heilige Ruf der Tempelpriesterinnen, der die Männer in den Tempel lockt, damit sie sich dort im heiligen Raum mit den göttlichen Stellvertreterinnen vereinigen, um an der Göttlichkeit und dem Leben zu partizipieren. Die „Heiligen Huren" des Gotteshauses waren gebildete Frauen, deren Dienst darin bestand, den Mann in eine ganzheitliche und damit spirituelle Sexualität einzuweisen, die nicht nur seiner eigenen Befriedigung, sondern auch dem sexuellen Glück der Frauen dienen sollte. Die Tempeldienerinnen wurden auch als „Jungfrauen" bezeichnet, was deutlich macht, dass sie autonome, unabhängige Frauen waren, die nicht dem Mann, sondern der Göttin und ihrem Gottesdienst gegenüber verpflichtet waren.

Im Laufe der Geschichte wurden Sinn und Aufgabe dieser Tempeldienerinnen immer mehr entstellt, indem der spirituelle Kontext aufgelöst wurde. So waren bereits in der griechischen Antike die Hetären (von griech. *hetairai*, Gefährtinnen) säkularisiert, wenngleich sie immer noch großes gesellschaftliches Ansehen genossen. Sie hatten in Griechenland als hochgebildete und künstlerisch begabte Frauen eine vergleichbare gesellschaftliche Stellung wie die Geishas in Japan. Sie führten philosophische und politische Gespräche, boten verschiedene Künste dar und waren Expertinnen im raffinierten Liebesspiel. Nur hochgestellte Männer konnten sich einen Besuch bei ihnen leisten. Doch mit zunehmendem Einfluss und Machtgewinn des Mannes zu Beginn der Römerzeit wurden diese Strukturen ausgehöhlt, und anstelle der weiblichen Weltsicht, die das Leben als Einheit von Verschiedenheiten betrachtete, setzte sich immer mehr der Dualismus durch. Der teilte die Wirklichkeit in zwei entgegengesetzte und einander ausschließende Seinsbereiche auf, die entweder als gut oder als böse bewertet wurden.

Alles, was dem Mann zu seiner Macht und Vorherrschaft verhalf, seine Ratio, sein Wille und Geist, wurde hoch bewertet und zum guten Prinzip erklärt, während die Dinge, vor denen er Angst hatte, als niedriger erachtet und zum schlechten Prinzip erklärt wurden.

Diese beängstigenden Anteile wurden im Innern abgespalten und im Außen dämonisiert und bekämpft. Dazu zählten die Frau und alles, was sie bis dahin verkörpert hat: die Erdverbundenheit und die Beziehung zur Natur, die Akzeptanz des natürlichen Kreislaufs von Leben und Vergänglichkeit, allumfassende Liebe zu allen Menschen sowie die Unteilbarkeit von Sexualität und Spiritualität.

So entstand aus der ehemaligen Einheit von Mensch und Natur, Mann und Frau, Leib und Seele, Sexualität und Spiritualität eine Trennung, die eine Abwertung und später durch die katholische Kirche eine „Verteufelung" des Weiblichen zur Folge hatte.

Die Zerstörung matriarchaler Strukturen zugunsten des Patriarchats (vaterrechtliche Gesellschaft) wurde durch das Christentum und die katholische Kirche letztendlich besiegelt. Ein strafender Gott setzte sich nun selbstherrlich auf den Thron der Göttin, die Priesterinnen, die heiligen Sex verkörperten und vermittelten, wurden aus den Tempeln vertrieben und mit der Verteufelung der Sexualität zu Prostituierten degradiert und verfolgt.

Diese Entwicklung fand ihren Höhepunkt dann im Spätmittelalter und in der Frühen Neuzeit, als katholische Moraltheologie und Inquisition jegliche Form ganzheitlicher weiblicher Macht verdammten und die Verbindung von Spiritualität und Eros endgültig auflösten. Über Jahrhunderte verfolgte die Inquisition die Frauen, denen sie Lüsternheit und Verführung unterstellte und die sie für die sexuellen Ausschweifungen der Männer verantwortlich machte. Der Klerus, der sich selbst Keuschheit auferlegte und sie predigte, spaltete damit eigene sexuelle Bedürfnisse und Fantasien komplett ab und projizierte sie auf die Frau, die verteufelt wurde. Damit vollzog sich ein ungeheurer Bruch. Die genussvolle Körperlichkeit und spirituelle Sexualität der Frau, die für sie bis dahin natürlich und heilig war, musste nun verleugnet und verdrängt werden, denn sie wurde fortan als Sünde deklariert, für die Frauen sogar bis in den Tod verfolgt wurden. Die Frau begann, sich an den männlichen Vorgaben zu orientieren und ihre Sexualität an die des Mannes anzupassen. Damit verließ sie jedes natürliche Gespür für ihre eigenen Bedürfnisse und ihr Wissen und fand auch den Zugang zu ihrer ureigenen Kraft, ihrer spirituellen Essenz und zu ihrem weiblichen Selbstbewusstsein nicht mehr. Sie verlor dabei verständlicherweise ihren Halt, den sie durch die Orientierung an den Vorgaben des Mannes wieder zu erlangen suchte.

Diese kollektiven weiblichen Erfahrungen von Unterdrückung, Entfremdung und Verleugnung sind im kollektiven Unbewussten jeder Frau – und auch in den Männern – abgespeichert und belasten bis heute den freudvollen Ausdruck ihrer Sexualität sowie das Geschlechterverhältnis. Spürbar ist dies immer dann, wenn Selbstzweifel, Schuldgefühle und Selbsthass die Sexualität von Frauen beeinträchtigen und ein genussvolles und freies Liebesleben verhindern.

Auch vierzig Jahre sexuelle Revolution und die Emanzipation der Frau haben daran wenig geändert. Sie brachten eine größere sexuelle Selbstbestimmung und Freiheit für Frauen, jedoch konnten sie ihnen nicht den Zugang zu ihrem Körper und ihrer natürlichen Sexualität vermitteln, denn dazu blieben die gesellschaftlich-politischen Bewegungen viel zu verkopft. Spiritualität wurde auch weiterhin von den meisten als repressives Instrumentarium bewertet und abgelehnt, sodass die sexuelle Emanzipation nicht bis in die essenziellen Tiefen der Frau vordringen konnte, um die darin liegende Kraftquelle zu erschließen.

Immer mehr Frauen spüren die Leere in ihrer entfremdeten Sexualität und trauern über ihre mangelnde Körperlichkeit und Sinnlichkeit. Sie suchen nach neuen Möglichkeiten, sich zu entdecken, um wieder einen guten Kontakt zu sich zu finden. Viele von ihnen fühlen die Sehnsucht in sich, innere spirituelle Räume zu erschließen, die einst verlassen wurden und die doch zutiefst zu ihnen gehören.

Jenseits von Religion, Dogmen und Moral gibt es eine natürliche weibliche Spiritualität des Körpers und der Sexualität. Diese zu entdecken setzt voraus, dass die Frau wieder ganz in ihrem eigenen Körper ankommt, ihre Sexualität voll bejaht und ihr erotisches Potenzial zu kennen, zu akzeptieren und auszuschöpfen vermag. Diese Rückverbindung (*religio*) führt sie ganz natürlich in ekstatische und spirituelle Räume. Hier wird Sexualität zur reinen Energie, die das ganze Leben durchdringt und als pulsierende Kraft, Lebensfreude oder Liebe immer erfahrbar und abrufbar ist: auf der Straße, bei der Arbeit, beim Spiel mit den Kindern und in der Liebe.

Uns diese Quelle der Lebensenergie wieder zu erschließen bedeutet einen Weg zu gehen – mit Beharrlichkeit, Mut und Disziplin die notwendigen Schritte zu tun, die die Verbindung mit uns selbst und unserer ursprünglichen sexuellen Natur erneuern.

Dieser Weg ist nicht immer eben und bequem und erfordert die Courage, sich mit den eigenen Unzulänglichkeiten, den eigenen Abwertungen und Selbstzweifeln sowie den schmerzhaften Gefühlen des Getrenntseins auseinanderzusetzen und diese anzunehmen.

Auf diesem sexuell-spirituellen Weg kommt eine Frau wieder in Kontakt mit ihrer ursprünglichen weiblichen Kraft und gewinnt Selbstvertrauen und Sicherheit. In dem Maße, wie sie Erfahrungen mit sich selbst und der ihr innewohnenden Energie macht, löst sie sich von der Orientierung am Außen, an den Vorgaben des Mannes, zugunsten der Innenschau und eines Wissens, das auf Erfahrung beruht.

Dadurch erreichen wir eine innere Stärke und Autonomie, die uns zu einer natürlichen Autorität führt, mit der wir den Mann einladen, auf eine gemeinsame sexuelle Reise zu gehen. Die Frau wird dann die Anführerin, die den Mann durch den sexuellen Akt in diesen besonderen „heiligen" Raum leitet, der sich in verschiedenen Facetten zeigen kann: ekstatisch oder ganz still, in außergewöhnlichen Bewusstseinszuständen oder in tiefer Verbundenheit. Es ist der Ort unserer eigenen göttlichen Essenz, zu dem wir dann auch gemeinsam reisen können.

Weibliche Sexualität

Unser weiblicher Körper enthält alles, was wir brauchen, um die wonnevollen ekstatischen Erlebnisse der körperlichen Liebe zu erfahren. Es sind für die meisten überraschende Augenblicke, in denen sie sich voller Liebe und zutiefst mit ihrem Partner verbunden fühlen, Momente großer Innigkeit, in denen sie sich in der Tiefe ihres Herzens berührt und angenommen fühlen, ekstatische Momente, in denen sie sich, wie auf einer Welle treibend, ganz ihrem orgasmischen Erleben hingeben. Nicht selten finden sie sich danach in einem stillen zeitlosen Raum wieder, ein Stück entrückt von sich selbst, getragen von einem Gefühl der Leichtigkeit, das sie innerlich frei von allem sein lässt. In ihnen ist ein magischer, kraftvoller Raum entstanden, in dem sie ganz bei sich selbst angekommen sind, voller Liebe, ohne Gedanken und Bewertungen. Sie sind einfach da – voller Glück.

Wenn Frauen dies in der Liebe erfahren, sind sie oftmals erstaunt und überrascht, denn sie können dieses besondere Erlebnis nicht einordnen. Sie wissen nicht, wodurch es ausgelöst wurde, und schreiben dem Partner besondere Fähigkeiten als Liebhaber zu. Wenn Sie dies jedoch bereits öfter erlebt haben, konnten Sie vielleicht beobachten, dass Sie dabei besonders entspannt waren, sich vielleicht mehr Zeit für die Liebe genommen hatten und sich mehr als sonst öffnen konnten. Tatsächlich haben Sie dann schon einige wesentliche Schlüssel entdeckt, die unser Erleben in der Liebe beeinflussen.

Wenn wir uns auf den Weg machen, um unsere Weiblichkeit wieder im vollen Umfang erleben zu können, und ein erfülltes Sexualleben genießen wollen, spielen unser Körper und unser Körpergefühl eine wichtige Rolle. Eine gute Beziehung zu unserem Körper ist die Voraussetzung dafür, dass wir eine freie und erfüllte Sexualität leben können, denn unser Körper ist das Gefäß, in dem unsere sexuelle Energie fließt und sich ausdehnt.

Unser Körper – unser Leben

Unser Körper ist unsere grundlegende Realität. Nur durch ihn sind wir hier in dieser Welt und können an ihr teilhaben. Durch ihn atmen, bewegen, fühlen, denken, lieben wir. Durch ihn teilen wir uns mit, drücken wir uns aus. Unser Körper ist unser Leben – wenn wir nur seine Impulse und seinen Ausdruck verstehen könnten und ihm mehr vertrauen würden.

Für viele Frauen stellt der eigene Körper ein großes Hindernis auf ihrem Weg zur Liebe und zu einer erfüllten Sexualität dar. Sie tragen oder vielmehr schleppen ihren Körper wie Handgepäck mit sich herum und betrachten ihn distanziert aus der Vogelperspektive oder wie durch die Kamera eines Fotografen, der Topmodels für die Titelseiten der Frauenzeitschriften ablichtet. Wir vergleichen uns mit diesen „Schönheiten" und schneiden dabei unter unserem kritischen und erbarmungslosen Blick vor dem Spiegel meistens schlecht ab. Da ist der Bauch zu dick oder zu faltig, der Busen zu klein oder zu hängen, die Beine zu dick oder zu kurz, das Haar zu lockig oder zu glatt, die Augen zu klein oder zu eng beieinander. Die Liste der körperlichen Mängel ließe sich unschwer fortsetzen. Dabei orientieren wir uns an den Maßen, die andere vorgeben, statt selbst zu entscheiden, was wir schön finden oder womit wir uns wohlfühlen. Wir nehmen unseren Körper nicht an. Mit dieser vernichtenden Selbstkritik vermitteln wir uns selbst das Gefühl, nicht richtig, ungenügend oder falsch zu sein, was unser Selbstvertrauen schwächt und uns klein macht. Das „Herumkritteln" und das Klagen über den eigenen Körper gehören wie selbstverständlich zur Alltagsrealität von Frauen, sodass sie schon gar nicht mehr wahrnehmen, wie herabwürdigend sie mit sich umgehen. Ganz besonders erschüttert bin ich immer wieder, wenn Frauen erzählen, wie sie bereits als kleine Mädchen von den eigenen Eltern an gewissen „Schönheitsidealen" gemessen wurden und wie sie beschämt wurden, wenn sie diesen nicht entsprachen. Spätestens im jugendlichen Alter, wenn die Körper weibliche Formen und Rundungen annahmen, wurden viele Frauen in ihrer körperlich-weiblichen Identität verletzt, indem sie zotige Sprüche über Busen und Beine über sich ergehen lassen mussten oder sexuelle Anspielungen zu hören bekamen, die sie noch gar nicht verstanden. Nicht wenige haben auch körperliche Übergriffe erlebt, ihnen wurde auf der Rolltreppe von hinten zwischen die Schenkel gefasst, oder ihre Brust wurde im dichten Gedränge der Straßenbahn „wie zufällig" begrapscht. War der Busen noch klein, wurden sie als „BMW" (Brett mit Warzen) betitelt, war er schon weit entwickelt, blieben anzügliche Blicke an ihm hängen, die peinlich und unangenehm waren. Diese Erfahrungen sind für eine junge Frau sehr verunsichernd und verletzend, zumal sie mit ihren körperlichen Veränderungen ja selbst erst einmal klarkommen muss, worin sie bei den Erwachsenen meist wenig Unterstützung findet. So erleben viele Mädchen auf ihrem Weg Irritationen und Geringschätzung, wodurch es ihnen schwerfällt, einen natürlichen, ungehemmten und liebevoll-wertschätzenden Zugang zu ihrem weiblichen Körper zu finden. Sie verstecken ihn hinter unweiblicher, eher männlich orientierter Kleidung und einem neutralen, burschikosen Verhalten, um ja nicht aufzufallen. Natürlich sehe ich auch die anderen jungen Frauen, die vielen Papa-Töchter in engen Jeans und knappen Tops, die gefallen wollen und sich mit aufgesetzter Koketterie und weiblicher Provokation die Bestätigung vom Mann holen. Doch sind es auch gerade diese Frauen, die in meinen Trainings unter der großen Distanziertheit und mangelnden Sensitivität gegenüber dem eigenen Körper leiden. Mit ihrem Körper stehen die meisten Frauen auf Kriegsfuß. Nach einer Studie des Robert Koch-Instituts mit 17 000 Teilnehmern gehören Essstörungen zu den gravierendsten psychischen Erkrankungen junger Frauen in der westlichen Welt. Fünfzig Prozent aller Mädchen unter 15 Jahren halten sich für zu dick, obwohl sie Normal- oder Untergewicht haben. Und 25 Prozent aller sieben- bis zehnjährigen Mädchen haben schon einmal eine Diät gemacht, neunzig Prozent der weiblichen Teenager wollen abnehmen. Die Zahl der Magersüchtigen stieg in den letzten zehn Jahren um das Dreifache. Junge Frauen hungern sich im wahrsten Sinne zu Tode, um dem Schönheitsideal der Glitzer- und Glamourwelt der Boulevardpresse zu entsprechen. Denn sechs Prozent der Frauen sterben in den ersten Krankheitsjahren daran, dauert die Sucht länger als ein Jahrzehnt, steigt die Rate auf bis zu 18 Prozent.

Frauen, die sich bewusst ihrem Körper zuwenden, kommen erst einmal in Kontakt mit den alten Wunden der Beschämung und körperlichen Minderwertigkeit. Diese Gefühle sind oft sehr tief in ihnen gespeichert und hindern sie daran, wirkliche Freude an Körperlichkeit und Sinnlichkeit zu erleben und sich sexuell frei zu entfalten. Diese Wunden können wir jedoch heilen, indem wir uns in aller Behutsamkeit, mit all unserer Aufmerksamkeit und Anerkennung unserem Körper zuwenden und ihm die Liebe schenken, nach der wir uns oft ein Leben lang sehnen und von der wir hoffen, sie von anderen, vorzugsweise dem Mann, zu bekommen.

Die „Verpanzerung" unseres Körpers
Unser Körper beherbergt unsere Sinne, durch die wir diese Welt wahrnehmen und auf sie reagieren. Indem wir der inneren Bewegung der sinnlichen Wahrnehmung folgen, spüren wir, fühlen wir. Ist der Körper lebendig, so ist er in einer permanenten Bewegung: Blutkreislauf, Organe, Gewebe und Zellen verändern sich ununterbrochen. In einem Körper, der durchlässig und weich ist, fließt diese unaufhörliche pulsierende Energie, löst ein Vibrieren aus und erzeugt die natürliche lustvolle Erregung, die sich in Lebensfreude verwandelt. Diese pulsierende Energie bringt starke und ständig wechselnde Gefühle hervor. Wir können in einem Augenblick voller Liebe sein, im nächsten Moment zornig und kurze Zeit darauf traurig.

Bei Kindern können wir manchmal den schnellen Wechsel der Gefühle beobachten. Sie sind der natürliche, unschuldige und ungehemmte Ausdruck ihrer Lebensenergie. Diese innere Strömung vermittelt Gefühle von Stärke, Vitalität, Wohlbefinden und lebensbejahender Freude, während die Verdrängung von Gefühlen einen Prozess des Abtötens darstellt. Nicht nur die Emotionen werden abgetötet, sondern die tiefere Zirkulation unserer Energie wird gestört und blockiert. Egal welches Gefühl unterdrückt wird, es leidet die gesamte energetische Pulsation darunter.

Die Lektionen, die wir als Kinder gelernt haben, waren deutlich: „Sei nicht so laut. Du bist zu wild. Heulsuse. Mach dir nicht die Hosen voll." Oder auch körperliche Botschaften wie der Schlag auf die Finger, wenn wir mit unseren Genitalien in aller Unschuld spielten. So lernten wir bestimmte Gefühle als „gut" und andere als „schlecht" zu bewerten und den spontanen und natürlichen Ausdruck unserer „schlechten" Gefühle, unsere Wildheit, unsere Freude am Toben und Lautsein, unsere Traurigkeit, unsere Neugier und sexuelle Lust zurückzuhalten und sie mit Scham- und

Schuldgefühlen zu verbinden. Dies erzeugte einen ständigen Konflikt in uns. Einerseits waren diese vielen lustvollen Gefühle da und wollten ausgedrückt werden, andererseits gab es die Erwartungshaltung der Erwachsenen, die uns das verboten.

Der Wunsch eines Kindes nach Liebe und Anerkennung von den Erwachsenen ist sehr groß. Um nicht immer den Schmerz dieses inneren Konflikts erleben zu müssen, verboten wir uns selbst den Ausdruck unserer Gefühle und unserer Kraft. Die spontane, lustvolle und natürliche Lebensenergie zog sich immer mehr zurück, ihr vitaler Puls wurde geschwächt. Darüber hinaus erzeugte der zurückgehaltene Impuls des Gefühlsausdrucks eine muskuläre Spannung, die als schmerzhaft erlebt wurde.

Wenn ein Impuls einen Muskel erreicht, wird dieser zum Handeln vorbereitet. Energie wird aufgebaut, damit die Handlung umgesetzt werden kann. Wird die Handlung (Ausdruck einer Emotion) nicht ausgeführt, weil sie zum Beispiel als „schlecht" bewertet wird, und kann der Impuls nicht in eine andere Handlung umgeleitet werden (die Handlung wird zum Beispiel umgeleitet, wenn jemand mit der Faust auf den Tisch oder auf ein Kissen schlägt statt in das Gesicht eines Menschen), bleibt eine energetische Spannung zurück, die als schmerzhaft empfunden wird. Um Schmerzlinderung zu bekommen, wird der entsprechende Körperteil unbeweglich und erstarrt.

So leiden viele Frauen (wie auch Männer) unter einem erstarrten, festen und bewegungsarmen Körper oder aber unter dem Gefühl der Lust- und Freudlosigkeit, dem Eindruck, nicht wirklich fühlen zu können. Beides hängt miteinander zusammen. Zusätzlich machten wir unseren Körper für all diese Konflikte verantwortlich und bestraften ihn dafür mit Ablehnung, Ignoranz und Verachtung. All diese Erlebnisse der Zurückweisung, Geringschätzung, Vernachlässigung und körperlichen Schmerzen haben ihn eng, fest und starr werden lassen, haben ihn geprägt und zu dem gemacht, was er heute ist.

Aber auch alle schönen Erfahrungen, die uns haben wachsen und aufblühen lassen, wie Zärtlichkeiten und liebevolle Anerkennung, Berührungen, Streicheleinheiten, körperliche Wärme und Achtung, haben ihre Spuren in unserem Körper hinterlassen.

Den eigenen Körper annehmen
Jeder Körper hat seine eigene Geschichte, seine eigene Biografie und kann uns etwas davon erzählen, wenn wir nur aufmerksam sind und seine Sprache verstehen lernen. Doch nicht nur die individuellen Erfahrungen sind in ihm gespeichert, sondern auch alle kollektiven Erlebnisse unseres Geschlechts hinterließen Spuren.

Viele Frauen lehnen ihren Körper ab – unabhängig davon, ob er den Idealmaßstäben entspricht oder nicht. Sie nehmen ihn nicht an, geschweige denn, dass sie ihn lieben. Vielmehr „bestrafen" sie ihn damit, dass sie ihn nicht beachten, unbewusst mit ihm umgehen und ihn wie einen unpersönlichen Gegenstand mit sich herumschleppen. Doch die gute Nachricht ist: Es ist nie zu spät, sich dem eigenen Körper liebevoll zuzuwenden, denn der Prozess des Modellierens ist nie beendet. Auch wenn wir erwachsen sind und einen „fertigen" Körper haben, ist es dennoch möglich, ihn zu verändern. Wir können unserem Körper neue Erfahrungen vermitteln, wir können uns entscheiden, ihm ab sofort all das zu schenken, was er braucht, um zu erblühen, und was wir ihm so lange verweigert haben: Aufmerksamkeit, Zärtlichkeit und liebevolle Zuwendung, Berührung und ein Ja, das aus vollem Herzen kommt. Übernehmen Sie die Verantwortung für Ihren Körper und entscheiden Sie sich, dafür zu sorgen, dass Ihr Körper Ihre positive Wertschätzung erhält.

Ihr Körper wird dann wieder weicher und durchlässiger, seine muskulären Verspannungen lösen sich. Wenn Sie beginnen, sich regelmäßig und von Herzen Lust zu schenken, erlösen Sie die verbotenen und verbannten Gefühle von Scham und Schuld und werden frei. Auf diese Weise nehmen Sie Ihren Körper wieder ganz an und verbinden sich mit ihm. Sie betrachten ihn nicht mehr nur distanziert vor dem Spiegel, was Sie durchaus noch weiterhin tun dürfen, sondern fühlen und erleben ihn von innen. Ihr Körper wird Ihr Zuhause, in dem Sie sich wohlfühlen, entspannen und ganz bei sich sind. Sie lernen ihn wie einen Freund kennen und gewinnen immer mehr Vertrauen, seinen Impulsen und Gefühlen zu folgen. Sie können Ihren Körper als das genießen und feiern, als was er bestimmt ist: als ein Tempel der Lust, der Liebe und Spiritualität. Das erfordert, dass wir unserem kritischen Verstand und seinen Bewertungen manchmal die Dominanz entziehen.

So wie Britta, eine Frau Mitte dreißig aus einem meiner Frauentrainings, die ihre Ratio verstummen und ihren Körper selbst sprechen ließ.

Britta berichtet: *"Als ich mich das erste Mal in meiner Peergroup vor den anderen Frauen in meinem Körper zeigen sollte, war ich unsicher und angstvoll. Schließlich hatte ich mich schon oft genug im Spiegel betrachtet, um zu wissen, wie viele Dinge mir an meinem Körper nicht gefielen. Da das vor mir aber bereits zwei andere Frauen getan hatten, fasste ich Mut und begann, mich ganz langsam auszuziehen und meinen Körper zu zeigen. Dabei erzählte ich den Frauen, was ich an meinem Körper mochte und was nicht. Dann kam ich zu meinem Bauch und meinem Becken. Statt mit meiner Litanei weiter fortzufahren, schwieg ich. Die Begleiterinnen meiner Gruppe schauten mich gebannt an. Da bemerkte ich erst, dass ich ganz impulsiv mein Becken kreisen ließ. Ich fühlte, wie durch die Bewegung meine Lust geweckt wurde. Um meine Lust noch deutlicher zu spüren, begann ich mich zu streicheln. Das alles geschah wie von selbst, wie in Trance. Während sich die sinnlichen und lustvollen Gefühle weiter in mir ausbreiteten, fühlte ich gleichzeitig meine Scham, die in diesem Körperteil festgehalten war. Bilder, Erinnerungen, Sätze tauchten auf, die die Schamgefühle hervorgerufen hatten. Durch die Ermunterung von Leila akzeptierte ich die Schamgefühle und hörte nicht auf, mich weiterzubewegen und zu streicheln. Das ging noch eine Weile so, und dann kamen die Tränen. Und mit den Tränen der Schmerz darüber, dass ich all die Jahre meiner Scham den Vorrang gegeben und meine Lust versteckt gehalten hatte. Ich weinte und tanzte gleichzeitig. Ich fühlte die Trauer über die Jahre der Scham und gleichzeitig die Freude, jetzt meine Lust zu spüren und auszudrücken. Es war ein ekstatisches Erlebnis, das mich tief erschüttert, geheilt und befreit hat. Von da an habe ich meinen Körper anders betrachtet. Er ist jetzt eher wie ein Freund oder wie ein Gefäß, das meine kostbarsten Schätze birgt: meine Lust, meine Liebe, meine Lebensfreude."*

Wenn Sie den Wunsch verspüren, Ihrem Körper näherzukommen, ihn intensiver zu spüren, und sich mit ihm verbinden wollen, so empfehle ich Ihnen, sich zu Hause Zeit für ihn zu nehmen und ihm Ihre liebevolle Zuwendung zu schenken, die er benötigt, um sich zu öffnen und zu erblühen. Sie können dafür folgende Übung machen:

Übung: Ein Ja zu meinem Körper finden
Sie können die Übung ausgezogen auf Ihrem Bett machen oder etwas direkter nackt vor einem Spiegel.
Machen Sie ein paar tiefe Atemzüge, um zu entspannen. Bereiten Sie sich innerlich darauf vor, Ihrem Körper Ihre ungeteilte Aufmerksamkeit zu schenken. Wenn Sie dazu bereit sind, beginnen Sie mit einer Verbeugung vor sich selbst. Das ist eine einfache Geste der Achtung, die Sie sich selbst entgegenbringen. Dann betrachten Sie Ihren Körper.
Finden Sie zunächst einen Körperteil, den Sie mögen. Berühren Sie diesen mit gutem Kontakt und sagen Sie laut, dass Sie ihn mögen und warum. Zum Beispiel: „Ich mag meine Schultern. Sie sind rund und wohlgeformt. Sie können anderen Trost und Sicherheit geben."
Nehmen Sie die Haltung Ihrer Schultern wahr und verstehen Sie, was sie ausdrücken. Sind die Schultern locker oder wirken sie angespannt? Sind sie gerade aufgerichtet, sodass Ihr Brustkorb offen ist? Oder fallen sie eher nach vorn, sodass der Brustkorb zurückgezogen und eingefallen wirkt? Schauen Sie genau hin und verstehen Sie, was Ihre Schultern ausdrücken.
Bewegen Sie dann Ihre Schultern. Probieren Sie verschiedene Bewegungen aus und stellen Sie fest, welche Ihren Schultern guttun.
Wenn Sie herausgefunden haben, welche Haltungen und Bewegungen die Spannung lösen, können Sie diese immer wieder anwenden.
Finden Sie dann einen Körperteil, den Sie nicht mögen. Vielleicht gefallen Ihnen seine Formen nicht. Oder aber es ist ein schwacher Körperteil, der nicht so „funktioniert", wie Sie es gerne hätten, oder vielleicht sogar Schmerzen bereitet.
Berühren Sie auch diesen Körperteil und sagen Sie laut, weshalb Sie ihn nicht mögen, zum Beispiel: „Mein Brustkorb ist problematisch für mich. In ihm wohnen meine Bronchien. Sie sind so angespannt, dass ich oft asthmatische Anfälle bekomme. Das macht mir Angst."

> Fragen Sie Ihre Bronchien, weshalb sie so schwach oder angespannt sind. Was ist ihre Botschaft an Sie? Gibt es einen Sinn oder Vorteil, den Sie aus dieser Schwäche oder Krankheit erhalten? Können Sie dazu ein inneres Ja finden? Erforschen Sie, welche innere Haltung Ihnen hilft, die Bronchien zu entspannen.
> So gehen Sie Körperteil für Körperteil durch. Lassen Sie keinen aus. Finden Sie ein Ja zu Ihrem Körper und zu dem, was er ausdrückt.
> Beenden Sie die Übung auch wieder mit einer Verbeugung vor sich selbst.

Überfordern Sie sich nicht beim Üben. Nehmen Sie sich immer nur zwei Körperteile vor und machen Sie diese Übung über einen längeren Zeitraum, bis Sie Ihren ganzen Körper in dieser Form beachtet haben. Beziehen Sie auf alle Fälle auch Ihre Genitalien und Ihre Brüste mit ein.

Wenn Sie diese Übung regelmäßig machen, werden Sie Ihre Beziehung zu Ihrem Körper verändern. Sie lernen ihn lieben und in seiner einzigartigen Ausdrucksfähigkeit erkennen und verstehen. Es kann geschehen, dass Sie bei einzelnen Körperteilen Schmerz, Schuld oder Scham empfinden. Auch wenn das erst einmal unangenehm für Sie sein mag, halten Sie die Gefühle aus und machen Sie die Übung weiter. Es ist ganz normal, dass alte Emotionen auftauchen. Akzeptieren Sie sie und vertrauen Sie darauf, dass dahinter Ihre ursprünglichen lebensbejahenden Gefühle liegen, die Sie mit Ihrer Akzeptanz befreien. Wenn Sie sich erlauben, all die alten schmerzhaften Gefühle zu empfinden, und dabeibleiben, werden sich die schwierigen Emotionen auflösen, und Sie finden zurück zu Ihren natürlichen Gefühlen der Lust, Liebe und Lebensfreude.

Verantwortung für die eigene Sexualität übernehmen

Verantwortung für die eigene Sexualität zu übernehmen ist noch immer etwas, was Frauen schwerfällt. Gerne übernehmen sie die Verantwortung für ihre Kinder, den Partner oder andere Menschen. Sich um andere zu kümmern fällt ihnen leicht, da blühen sie auf. Wenn es aber um sie selbst geht, und vor allem um ihre Sexualität, überlassen sie ihr Glück – oder Unglück – immer noch gern ihrem (Sexual-)Partner. Über Jahrhunderte war der Mann für die weibliche Sexualität zuständig und ist es häufig noch bis heute. Trotz aller Emanzipation erscheint es als seine Aufgabe, die Frau beim Sex glücklich zu machen und ihr einen Orgasmus zu verschaffen. Der Mann ist der Aktive, die Frau die Passive beim Geschlechtsverkehr. Auch wenn diese klare Rollenverteilung beim Liebesspiel durchaus mal getauscht wird und die Frau oben sitzt (was gar nicht so selten vorkommt), hält die unbewusste Konditionierung vor, nach der der Mann für das sexuelle Glück der Frau verantwortlich ist. Dies geschieht dann natürlich auf seine Weise. Er geht dabei von der Maxime aus, dass das, was ihm gefällt, auch der Frau Lust machen muss. So stimuliert er sie, indem er heftig an ihr reibt, drückt und sich mächtig an ihr abarbeitet, damit sie zum Höhepunkt kommt. Denn erst danach darf er sich um seinen eigenen Orgasmus kümmern, was manchmal regelrecht in Stress ausarten kann. Durch die eher männliche Prägung der Sexualität geht es in der Regel recht schnell „zur Sache", das heißt, er stimuliert schnell und direkt an den Genitalien, die Erregung wird dynamisch und zielgerichtet auf den Orgasmus hin aufgebaut, und ebenso schnell ist alles wieder vorbei. Dies ist eine Klage, die häufig von Frauen vorgebracht wird, wobei sie ihre Eigenverantwortung dabei gern übersehen.

Wenn wir Frauen uns eine andere Sexualität wünschen, müssen wir unsere spezifisch weibliche sexuelle Energie entdecken und die Art und Weise, wie wir sie wecken können. Eigenverantwortung in Liebe und Sexualität übernehmen können wir nur, wenn wir uns ganz genau kennen: unseren Körper, unsere Vorlieben und erogenen Zonen, unser Lustzentrum, unseren Orgasmus (oder unsere Orgasmen), unsere Bedürfnisse und Sehnsüchte, die in der Liebe erfüllt werden wollen. Um wieder Zugang zu unserer ursprünglichen weiblichen Sexualität zu gewinnen, müssen wir bereit sein, die alten sexuellen Konditionierungen aufzugeben, und uns Zeit nehmen für die Erforschung unseres eigenen Potenzials. Dies erfordert Geduld und Beharrlichkeit, aber vor allem Neugierde und Liebe zu uns selbst. Es bedeutet auch, den Blick weg vom Mann auf uns selbst zu richten und uns mit aller Intensität um uns selbst zu kümmern.

Damit stellt sich die Frage, die unmittelbar in die Eigenverantwortung führt: „Wie kann ich mich wieder selbst lieben?"

Selbstliebe

Die Liebe zu uns selbst berührt alle Ebenen unseres Seins. Sie drückt sich in unseren wertschätzenden Gedanken über uns und unser Frausein aus sowie in unserem Umgang mit unserem Körper und unserer Sexualität. Die Tiefe der Selbstliebe zeigt sich auch außen im Spiegel unserer Beziehungen und Partnerschaften. Was denken Sie über sich selbst als Frau? Glauben Sie, dass Sie ein attraktives und bezauberndes Wesen sind, das anderen viel zu geben hat, ausgestattet mit einem schönen Körper, der alles enthält, um eine glückliche, liebevolle und erfüllte Sexualität zu erleben? Fühlen Sie sich in Ihrem Körper zu Hause und vertrauen Sie seinen Impulsen? Sind Sie froh oder gar stolz, eine Frau zu sein, und bringen dies gern zum Ausdruck? Oder tragen Sie noch unversöhnt das Bild Ihrer Mutter mit sich, die Ihnen kränkelnd, sich aufopfernd, in Depressionen flüchtend oder klagend ein jämmerliches Frauenleben vorgelebt hat, das Sie nur ablehnen konnten? Geben Sie sich nicht mit oberflächlichen, beschwichtigenden Halbwahrheiten zufrieden. Stellen Sie sich einmal diesen Fragen:

- Was mögen Sie an Frauen – was mögen Sie nicht an ihnen?
- Was mögen oder mochten Sie an Ihrer Mutter – was mögen oder mochten Sie nicht an ihr?
- Und was mögen Sie an sich – und was nicht?

Wenn Sie diese Fragen ehrlich und spontan ohne die Zensur und die Bewertung Ihres Kopfes beantworten, werden Sie erfahren, wie viele Ressentiments und ablehnende Gefühle möglicherweise noch in Ihnen stecken. Normalerweise weigern wir uns, diesen Fragen wirklich nachzugehen, denn sie bringen uns mit alten Wunden und schmerzhaften Gefühlen in Kontakt. Doch wenn Sie auf Ihrem Weg zu sich weiterkommen wollen, fassen Sie sich ein Herz und haben Sie den Mut, sich die Antworten ehrlich einzugestehen. Es gibt nicht viele Frauen in Deutschland, die mit ehrlichem Herzen und voller Überzeugung von sich behaupten, dass sie gerne Frau sind und sich lieben. Viele schämen sich für ihren Körper, ihre

Weiblichkeit und tragen die gleiche Selbstverachtung und -verleugnung mit sich, die sie an ihrer Mutter so sehr ablehnten. Den Kampf, den sie einst gegen die Mutter führten, tragen sie heute gegen sich selbst aus, die Distanz zur Mutter lässt sie heute zu sich selbst distanziert sein. Das Verhältnis zur Mutter spiegelt die Beziehung zu sich selbst und die Beziehung zu anderen Frauen. Was wir im Außen bekämpfen, sind ungeliebte Anteile in uns, die wir zutiefst ablehnen und verdrängen, weil sie uns Angst machen, uns beschämen oder überfordern. Die ins Unterbewusstsein verdrängten Schattenanteile gehören dennoch zu uns. Wir können sie erlösen, indem wir sie verständnisvoll betrachten und sie liebend und verzeihend als zu uns gehörend integrieren. So wird der Weg frei für die Liebe zu sich selbst und anderen.

Körperliche Selbstliebe
Die tiefste und eindrücklichste Botschaft der Selbstliebe geben wir uns in der körperlich-sinnlichen Berührung. Denn unsere ersten Botschaften von Zuwendung, Anerkennung und Liebe haben wir auf der körperlichen Ebene erfahren. Der erste Hautkontakt mit der Mutter, das genussvolle Saugen an ihren Brüsten, liebevoll gehalten zu werden in den Armen des Vaters sowie jegliche zärtliche Berührungen waren für uns als Baby Botschaften der Liebe: Wir waren willkommen, gewünscht, wertgeschätzt und geliebt, und das allumfassend in unserem ganzen Sein. In diesem körperlich-liebevollen Kontakt erfuhren wir den Sinn unseres Daseins und die Bestätigung unserer selbst. Da die wenigsten von uns jedoch diesen zärtlichen Körperkontakt in ausreichendem Maße erhalten haben, empfinden viele diesbezüglich einen Mangel. Gerade der weibliche Körper dürstet nach liebevollen, wertschätzenden, absichtslos sinnlichen Berührungen, die ihn entspannen, ihm guttun und ihn langsam für die Liebe öffnen. Wenn sich Frauen im gemeinsamen Kreis diese wohltuenden Berührungen gegenseitig geben, geht eine tiefe Entspannung durch ihre Körper, die auch die innere Verkrampfung aus Kontrolle und Misstrauen auflöst. Wenn der Schutzpanzer, geschaffen aus Abwehr, Misstrauen und Kontrolle, oftmals unter Tränen zusammenbricht, kommen die Frauen in Berührung mit allem, was sich dahinter verbirgt: die Sehnsucht, angenommen und gehalten zu werden, das große Bedürfnis, sich endlich fallen lassen zu kön-

nen, und ein tiefer Frieden, wenn sie all diese Gefühle einfach annehmen. Dieser Prozess gleicht einem Nachhausekommen. Viele Frauen suchen dieses Ankommen im Kontakt mit dem Mann, im Liebesspiel mit dem Partner – doch umsonst. Sie wissen nicht, dass sie diese Räume der Intimität niemals bei einem Mann finden können, wenn sie diese nicht in sich selbst entdeckt haben. Sie beklagen, dass die sinnlich-zärtliche Berührung im „normalen" Liebesspiel mit einem Partner zu kurz kommt und es immer „direkt zur Sache" geht. Sie sehnen sich nach dieser bewussten und wertschätzenden Berührung, die ihnen hilft, in ihrem Körper anzukommen, und sie darin willkommen heißt. Doch sie suchen an der falschen Stelle und erwarten wieder einmal vom Mann, was sie sich selbst nicht geben: ein lebendiges, zärtlich-intimes Liebesverhältnis zu ihrem eigenen Körper und sich selbst.

Es ist an der Zeit, dass Frauen lernen, ihre Erwartungen an den Mann zurückzuschrauben. Es ist an der Zeit, dass sie sich vom Mann zurückziehen, und zwar so lange, bis sie gefunden haben, was sie nur bei sich selbst finden können: die Liebe. Erst dann werden sie sich ganz selbstverständlich in das Liebesspiel mit dem Partner einbringen können und das erleben, was sie sich in der Liebe wünschen.

Daher meine Empfehlung an Sie: Ziehen Sie sich zurück und schenken Sie sich selbst all die Aufmerksamkeit und körperliche Liebe, die Sie sonst von Ihrem Partner erwarten. Und wenn Sie momentan allein leben, lassen Sie diese Zeit nicht ungenutzt. Gestalten Sie diese Phase ganz bewusst und schenken Sie sich Ihre Liebe.

Die Liebe hat viele Gesichter und ein unendlich großes Potenzial: Sie vermag alte Wunden zu heilen und befreit aus Routine und einschränkenden Gewohnheiten. Sie führt über die engen Begrenzungen unserer Persönlichkeit hinweg und erschließt uns neue, unbekannte Räume von Freude, Stille, Ekstase und Verbundenheit.

In der Selbstliebe gehen Sie über die gewohnte Selbstbefriedigung hinaus. Nicht, dass Sie sich jetzt nicht mehr selbst befriedigen dürften. Das können Sie weiterhin tun, so oft und lange, wie Sie dazu Lust haben. Sehr wahrscheinlich aber wird sich Ihre Selbst*befriedigung* mit der Zeit immer mehr in Richtung Selbst*liebe* entwickeln, je öfter Sie diese praktizieren. Es könnte sein, dass

Ihnen dann bloße Masturbation viel zu schal und leer vorkommt und Sie nicht mehr wirklich *befriedigt*. Denn auch bei der Frau geht es hier lediglich darum, sexuelle Spannungen abzubauen, wozu sie normalerweise nur ein paar Minuten braucht. Im Fokus steht die Klitoris, die dabei schnell stimuliert wird, während die anderen Genitalien und Körperpartien wenig oder gar nicht beachtet werden. Diese Art der Selbststimulation nach männlichem Vorbild verschafft der Frau zwar kurzfristig Genuss und Spannungsabbau, jedoch bleiben wesentliche Bereiche weiblicher Sexualität unberührt, und das Bedürfnis nach Intimität und Verbundenheit wird nicht erfüllt. Vielleicht fühlt die Frau sich danach sogar leer und haltlos, denn ihrem Herzen war die Zeit viel zu kurz, um sich für die körperlich-sinnliche Erfahrung zu öffnen.

In der Selbstliebe geht es darum, neue Räume von Heilung, Selbstannahme und Ekstase für sich zu erschließen. Daher brauchen Sie als Erstes eine klare Entscheidung dafür. Lassen Sie all Ihre Gewohnheiten, wie Sie sich normalerweise selbst befriedigen, los und auch die Vorstellungen, was dabei passieren sollte oder könnte. Gehen Sie mit einer inneren Haltung der Gelassenheit und Neugier in die Selbstliebe. Machen Sie sich klar, dass es hierbei nicht darum geht, ein bestimmtes Ziel zu erreichen. Öffnen Sie sich für die vielfältigen Möglichkeiten der Liebe und geben Sie vor allem die Orgasmusfixiertheit auf.

Übung: „Ich liebe mich"
Legen Sie sich nackt auf Ihr Bett oder einen anderen behaglichen Ort und streicheln Sie sich. Berühren Sie Ihren ganzen Körper und schließen Sie alle Körperteile mit ein. Wahrscheinlich werden Sie dabei zum ersten Mal bemerken, wie viele Körperteile Sie normalerweise gar nicht mehr wahrnehmen und einfach nur achtlos mit sich herumtragen. Beziehen Sie selbstverständlich auch Ihre Genitalien mit ein, ohne sich darauf zu fixieren. Schenken Sie Ihrem ganzen Körper Aufmerksamkeit und Zärtlichkeit. Unterstützen Sie Ihre Berührungen mit liebevollen Gedanken. Sagen Sie sich selbst laut: „Ich liebe mich", während Ihre Hände langsam über Ihren Körper gleiten. Spüren Sie die Botschaft Ihrer Hände in Ihrem Herzen, wenn Sie diesen Satz wiederholen. Schon hierbei kann es passieren, dass der Satz Ihnen

nur schwer oder gar nicht über die Lippen kommt. Er kann verschiedene Gefühle in Ihnen auslösen. Vielleicht wird dieser Satz in Ihren Tränen erstickt, wenn Sie spüren, wie lange sie ihn schon nicht mehr gehört haben – und schon gar nicht von sich selbst. Vielleicht tauchen Bilder auf von Situationen, in denen Sie lieblos und achtlos mit sich selbst waren. Erinnerungen an Situationen in der Sexualität, wo Sie sich von Ihrem Partner nicht gesehen oder übergangen gefühlt haben. Vielleicht wird dieser Satz der Selbstliebe auch von Ihrer Wut auf sich selbst oder den Mann erstickt, wenn Sie sich an sexuelle Begegnungen erinnern, in denen Sie oder Ihr Partner einfach nur „eine Nummer geschoben" haben, routiniert, gelangweilt, ohne dass Ihr Herz beteiligt war.

Lassen Sie sich dadurch nicht irritieren. Lassen Sie die Bilder und Erinnerungen zu und die damit verbundenen Gefühle, die Ihr Körper freigibt. Sie dürfen das alles empfinden. Das sind besondere Momente der Heilung. Wir bemerken oft gar nicht, welchen Unrat an verletzten Gefühlen wir mit uns herumtragen, die uns in der Liebe und Sexualität blockieren. Wie halbherzig und oberflächlich wir oftmals nur lieben können, weil uns die alten Verletzungen im Weg stehen. Wie oft wir auch in der Sexualität nur funktionieren oder einfach nur „mitspielen", aus Angst, den anderen zu verlieren. Wie wenig wir uns einlassen, um die Kontrolle über das sexuelle Geschehen zu behalten.

Daher begrüßen Sie innerlich all die Bilder und Gefühle. Wertschätzen Sie Ihren Körper und Ihr Unterbewusstsein dafür, dass Sie das jetzt erfahren dürfen. Akzeptieren Sie Ihre Tränen, Ihre Wut oder auch Ihre Taubheitsgefühle, wenn sich zunächst keine Lust einstellt. Heißen Sie alles, was geschieht, mit einem Gefühl der Dankbarkeit und des Vertrauens willkommen und sagen Sie: „Ich liebe mich."

Wenn Sie bei Ihrer Selbstliebe bis zu diesem Punkt viel erlebt und vor allem alte Verletzungen geheilt haben, fühlen Sie sich wahrscheinlich aufgespürt und vielleicht auch schon erschöpft. Dann ist es gut, an dieser Stelle die Selbstliebe zu beenden.

Wiederholen Sie sie aber, sooft Sie Zeit haben, und befreien Sie sich damit von allem alten Ballast, der Ihrer Liebe im Weg steht.

Übung: Lernen Sie Ihre Vulva kennen und lieben
Erst dann gehen Sie weiter und wenden sich gleichermaßen Ihren Genitalien zu. Setzen Sie sich dafür vor einen Spiegel oder nehmen Sie einen Handspiegel mit hinzu, sodass Sie Ihre Genitalien auch betrachten können. Erkunden Sie alle äußeren Teile Ihrer Genitalien: Venushügel, Schamlippen (besser Lustlippen), Klitoris, Damm und Anus. Probieren Sie dabei verschiedene Berührungen aus: kraftvolle und zarte, die für Sie lustvoll und erregend sind. Lassen Sie sich hierbei viel Zeit und schließen Sie immer wieder auch die Augen, um Ihre Empfindungen mit allen Sinnen zu genießen. Fahren Sie dann mit einem oder zwei Fingern in ihre Vagina und erkunden Sie, was Sie dort vorfinden: den Vaginaeingang, den Vaginalkanal mit seinen Wänden und den Muttermund. Ertasten Sie die Decke und den G-Punkt und fühlen Sie deren unterschiedliche Strukturen. Erfahren Sie, welche Stellen in Ihrer Vagina besonders empfindsam sind und welche Art von Berührungen Sie an verschiedenen Stellen mögen. Streicheln, massieren und stimulieren Sie für eine längere Zeit ausschließlich mal den Muttermund, den G-Punkt oder andere Stellen, die Sie als sehr sensitiv erleben. Finden Sie heraus, welche Stellen in Ihrer Vagina besonders lustvoll auf ihre Berührungen reagieren und wo Sie sehr erregbar sind. Es kann aber auch sein, dass die Stimulation an der ein oder anderen Stelle für Sie unangenehm oder schmerzhaft ist. Für manche Frauen ist die Stimulation des Muttermundes oder auch des G-Punktes zunächst ungewohnt oder sogar unangenehm. Wenn Sie das bemerken, empfehle ich Ihnen, diesen Lustpunkten einmal ausschließlich ganz besondere Aufmerksamkeit und liebevolle Berührung oder Massage zu schenken. Nehmen Sie sich dann viel Zeit, nur den G-Punkt oder den Muttermund zu massieren und zu berühren.

Übung: Stimulierung des G-Punktes
Für die Massage des G-Punktes nehmen Sie am besten eine sitzende Position auf dem Boden ein, bei der Ihr Rücken abgestützt ist. Beginnen Sie zunächst Ihre Klitoris und Vulva zu berühren und zu stimulieren, sodass Sie leicht erregt sind. Dann erst führen Sie einen oder zwei Finger in Ihre Vagina ein, während Sie weiterhin Ihre Klitoris und auch Ihre Brüste liebevoll streicheln. Gleiten Sie mit Ihrem Finger an der Vorderwand der Vagina entlang, bis Sie etwa drei bis fünf Zentimeter hinter dem Scheideneingang auf eine geriffelte circa zwei Zentimeter große Fläche unmittelbar hinter dem Schambein stoßen. Sie enthält Drüsen, die auch weibliche Prostatadrüsen genannt werden. Die Harnröhe und das Harnröhrenschwellgewebe, das sich darunter befindet, können Sie ebenfalls mit Ihren Fingern seitlich rechts und links ertasten. Wenn Sie mit dem Finger dort etwas Druck geben, empfinden Sie anfangs vielleicht das Gefühl des Harndrangs, das aber wieder nachlässt. Wenn Sie das spüren, haben Sie ein sicheres Zeichen, dass Sie am G-Punkt sind. Entspannen Sie sich und atmen Sie in diesen Punkt hinein. Stimulieren Sie sich sanft weiter und erforschen Sie dabei die Beschaffenheit Ihres G-Punktes. Dieser verändert sich mit der sexuellen Erregung. Das ist wohl mit ein Grund, weshalb er manchmal schwer zu finden ist. Wenn Sie sich weiterhin stimulieren, können Sie vielleicht eine andere Qualität der Lust wahrnehmen.

Akzeptieren Sie alle Empfindungen und Gefühle, die auftauchen. Folgen Sie all Ihren körperlichen Impulsen. Vielleicht ist es eine sanfte und ruhige Massage, vielleicht erleben Sie aber auch, wie Sie immer lustvoller und erregter werden. Akzeptieren Sie es so, wie es ist. Bleiben Sie entspannt, wenn Sie daran denken, dass es hier primär darum geht, Ihren G-Punkt zu erforschen, zu heilen und zu sensibilisieren. Tun Sie dies mit einer Haltung der Liebe und Achtung. Wenn Sie diese Massage beenden, bedanken Sie sich für die Erfahrung, die Sie sich selbst und Ihrem Körper geschenkt haben.

Heilen und lösen Sie Ihren gesamten vaginalen Bereich, damit Ihrer Lust und Liebe, Ihren tiefen beglückenden Körpersensationen nichts mehr im Wege steht. Sie können das für sich ganz allein tun, wenn Sie Geduld, Beharrlichkeit und Liebe dafür aufbringen. Wenn Sie größere Blockaden im vaginalen Bereich haben oder unter Luststörungen, Schmerzen bei der Penetration oder Vaginismus (Scheidenkrampf) leiden, empfehle ich Ihnen, professionelle Hilfe in Anspruch zu nehmen und zu einer Sexualtherapeutin zu gehen oder sich in einem seriösen Tantramassageinstitut von einer Masseurin eine oder mehrere Genitalmassagen geben zu lassen.

Wir können nur eine befriedigende, erfüllende oder sogar ekstatische Sexualität mit unserem Partner erleben, wenn wir selbst unsere Blockaden gelöst und unser lustvolles und orgasmisches Potenzial in unseren Genitalien befreit haben. Wir können auch nicht eine achtsame, respektvolle und liebevolle körperliche Beziehung mit unserem Partner erwarten, wenn wir selbst nicht ein liebevolles, achtsames und intimes Verhältnis zu uns und unserem Körper haben.

Für viele Frauen, selbst mit jahrelangem Sexualleben, ist es eine neue Erfahrung, mit dieser Aufmerksamkeit und Intensität ihre Genitalien zu berühren, zu liebkosen und eingehend beim Berühren zu betrachten. Oftmals kennen ihre Sexualpartner ihre Genitalien besser als sie selbst, weil sie nie neugierig genug waren und auch nie angehalten wurden, diese in Augenschein zu nehmen.

Umfragen bei unseren Seminarteilnehmerinnen ergaben, dass Frauen meist recht spät mit regelmäßiger Selbstliebe beginnen. Sie haben oft schon jahrelangen Sex mit einem oder mehreren Partnern, bevor sie mit Selbstbefriedigung beginnen – im Unterschied zu den Männern, die normalerweise seit frühester Jugend regelmäßig onanieren.

Mädchen sammeln in der Regel viel weniger Erfahrungen in Sachen Sex und Orgasmus. Aufklärung durch Lehrmeisterinnen oder Mütter erfahren sie so gut wie nie und sind somit auf die Aufklärung durch recht zweifelhafte Quellen angewiesen. In ihre Sexualität initiiert werden sie meist von ihrem ersten Sexualpartner, der oft genau so wenig Ahnung hat wie sie. So erstaunt es nicht, wenn für die jungen Frauen oder Mädchen ihr „erstes Mal" nicht besonders glücklich ist. In unserer Online-Umfrage zum Sexualverhalten beschreiben alle Frauen ihre erste sexuelle Erfahrung fast ausnahmslos als „mittelmäßig/neutral" oder sogar als „unangenehm/schmerzhaft".

Die eigenen Genitalien zu betrachten ist für viele Frauen neu. Schließlich haben viele von ihnen ja auch noch signalisiert bekommen, dass man sich „dort unten" nicht anfasst, geschweige denn genau ansieht. Wenn Frauen dieses aufregende Erlebnis miteinander im Kreis von Frauen teilen, herrschen nach dem anfänglichen peinlichen und verschämten Schweigen, wenn ich die Übung vorgestellt habe, alsbald große Aufregung und Freude, und fröhliches Lachen und Gekicher erfüllt den Raum. Immer wieder sind auch Töne des Erstaunens zu hören, wenn Frauen sehen, wie unterschiedlich die weiblichen Genitalien in Form und Farbe sind. Obwohl wir ja auch unterschiedliche Gesichter mit verschiedenen Augen und Nasen haben, unsere Körper und Extremitäten verschieden groß, klein, schmal oder breit sind, gehen die meisten Frauen davon aus, dass die weiblichen Genitalien bei allen gleich aussehen müssten. Interessanterweise gibt es dabei viele Frauen, die seit ihrer Pubertät davon überzeugt sind, dass ihre Genitalien die einzigen sind, die anders sind als die anderen, was sie dann noch als „falsch" und „hässlich" bewertet haben. Diese alten Überzeugungen halten sich hartnäckig, wie ich von vielen, auch jungen Frauen immer wieder höre, die wegen ihrer „falschen" Vagina sogar beim Frauenarzt nachfragen.

Daher empfehle ich Ihnen, sich bereits morgens, wenn Sie einen Blick in den Spiegel werfen, auch an Ihre verborgenen Lustzentren zu erinnern. Holen Sie einen Handspiegel hervor und betrachten Sie Ihre Genitalien. Schenken Sie ihnen einen Blick und ein liebevolles Lächeln. Befühlen Sie sie, riechen und schmecken Sie sie. Sie werden erleben, dass Ihre Vagina jeden Tag etwas anders aussieht, je nachdem, wie sie gerade in Form ist; dass sie immer wieder anders riecht und schmeckt, je nach Zyklusphase. Werden Sie mit ihr vertraut und bauen Sie ein liebevolles Verhältnis zu ihr auf.

Sexuelle Wunden heilen

Meiner tiefsten Überzeugung nach sind in unserem Körper all unsere Erfahrungen abgespeichert – die schönen und die unangenehmen. Die Zellen unserer Genitalien enthalten sowohl unsere individuellen sexuellen Erfahrungen als auch das gesamte sexuelle Erleben von Frauen über die Jahrhunderte hinweg. So hat jede Frau ihre eigene sexuelle Geschichte, die geprägt ist von ihren individuellen Erlebnissen wie auch vom Erbe des kollektiven weiblichen Unbewussten. Während die freudvollen Erfahrungen erlebt und integriert werden, umfasst das Unbewusste vor allem die schmerzhaften Erlebnisse, die ins Unterbewusstsein verdrängt und abgespalten werden. All diese Erfahrungen stehen uns in unseren Zellen als Erbgut zur Verfügung. Frauen greifen darauf zurück, wenn sie aktuell etwas Schmerzhaftes erleben, und reaktivieren das ganze Frauenelend. Wir können darauf zurückgreifen – wir können es aber auch sein lassen. Wir haben die Wahl – wenn wir uns dieses Erbes bewusst sind, können wir uns entscheiden, ob wir die alte Leidensgeschichte weiter fortsetzen wollen oder bewusst eine eigene neue sexuelle Geschichte kreieren. Wenn Sie jedoch bemerken, dass Ihrer Selbstliebe noch etwas im Wege steht, alte Glaubenssätze, Scham- und Schuldgefühle, oder Sie noch Vorbehalte gegenüber Männern haben, dann befreien und heilen Sie Ihre Genitalien von ihrem kollektiven oder auch ganz persönlichen Leiden. Befragen Sie Ihre Vagina selbst. Lassen Sie sie „ihre individuelle Geschichte" erzählen, indem Sie sich ihr zuwenden und genau zuhören.

Scham- und Schuldgefühle
Möglicherweise erzählt sie Ihnen von Ihrer Kindheit, von Schamund Schuldgefühlen, die fast jede von uns noch begleiten. Auch wenn die Eltern vielleicht schon keiner christlichen Kirche mehr angehörten, haben 2000 Jahre Christentum ausgereicht, um Menschen mit seiner lust- und sexualfeindlichen Einstellung bis in die Körperzellen zu infiltrieren. Es kann sein, dass Ihre Eltern nicht mehr auf Ihre Hände geschlagen haben, wenn Sie an Ihren Genitalien spielten und die dabei entstandenen lustvollen Gefühle ausdrückten. Vielleicht reichte schon der verlegene Blick von Vater oder Mutter, das angespannte Lachen der Erwachsenen, das Sie, feinfühlig wie Kinder sind, registriert haben und als negative Bewertung empfanden. Die subtile Art, wie Eltern ihre eigene Unsicherheit und Missbilligung äußern, reicht schon aus, in einem Kind innere Konflikte auszulösen. Es erlebt auf der einen Seite die schönen und lustvollen Gefühle, die es durch seine

Berührung spürt, auf der anderen Seite sieht es, dass die Eltern verlegen und peinlich berührt sind, anstatt mit Freude und Ermutigung auf das Kind zu reagieren. Und obwohl es für das kleine Mädchen so vergnüglich und schön ist, versteht es die nonverbale Botschaft der Eltern. Ein Kind aber will es immer den Eltern recht machen, denn es ist auf ihre wohlwollende Liebe und Bestätigung angewiesen. Es registriert, dass mit seinem Verhalten irgendetwas nicht in Ordnung ist, und hat Angst, die Liebe der Eltern zu verlieren. Um diesen inneren Konflikt zu lösen, übernimmt es die Bewertungen der Eltern und beginnt, sich ebenfalls für seine lustvollen Gefühle zu schämen. Gleichzeitig entsteht in ihm der Glauben, nicht richtig zu sein. Das Kind ist traurig oder sogar wütend, dass es sein Spiel nicht weiter genießen darf; doch darf es sich diese Gefühle nicht eingestehen, denn das würde es in Konflikt mit den Eltern bringen. Daher verstecken sich hinter der Scham oft noch tiefer liegende Gefühle wie Trauer oder Wut. Wer sich auf den Weg macht, die eigene Sexualität im ganzen Umfang zurückzugewinnen, kommt dabei unweigerlich mit diesen subtilen Gefühlen in Kontakt. Wir alle wurden als Kinder immer wieder zutiefst beschämt, indem wir etwas taten, was die Erwachsenen nicht in Ordnung fanden. Ausrufe von den Erwachsenen wie „Schäm dich!" oder „Schämst du dich gar nicht!" haben wohl die meisten zu hören bekommen. Eine Frau, die sich nicht schämt, die gar schamlos oder unverschämt (sexy, weiblich) ist, gilt in unserer Gesellschaft noch immer als anrüchig. Das unterstellt zumindest unser Sprachgebrauch.

Die Energien von Scham und Schuld gehören zu den mächtigsten und subtilsten, die uns von klein auf vermittelt wurden und uns gelehrt haben, unsere Sexualität und die dazugehörenden Gefühle zu begrenzen und zu kontrollieren.

Verletzung der sexuellen Integrität
Vielleicht erzählt Ihnen Ihre Vagina auch aus Ihrer Jugendzeit – einer Zeit der sexuellen Unsicherheit und Fragilität, in der die junge Frau besonders anfällig für Verletzungen in ihrer weiblichen Identität ist.

Wenn der kindliche Körper weibliche Formen bekommt, Brüste und Hüften sich ausprägen und die erste Regelblutung einsetzt, tritt das junge Mädchen in eine entscheidende neue Lebensphase, sie reift zur Frau heran. Der Beginn dieser Zeit ist mit vielen Unsicherheiten und Irritationen verbunden, die eine junge Frau meist ziemlich auf sich gestellt durchstehen muss. Der Austausch unter Freundinnen kann dabei sehr unterstützend sein, jedoch bleibt die entscheidende Hilfe seitens der Mutter, einer älteren Schwester oder anderer erwachsener Vertrauter meistens aus. Bis heute kennen wir keine Rituale, die der jungen Frau helfen, mit ihren körperlichen Veränderungen umzugehen, und die sie darin unterstützen, mit Freude, Neugier und Stolz ihr Frauwerden zu feiern und bewusst zu gestalten. Die meisten Frauen sind nicht von der Mutter aufgeklärt worden, sondern durch den eher sachlichen Aufklärungsunterricht in der Schule oder durch einschlägige Mädchenzeitschriften, TV-Serien oder Videos. Ihnen wurde so vermittelt, dass Frausein und Geschlechtlichkeit etwas sind, worüber man nicht spricht, was irgendwie verschämt und versteckt gehandhabt wird. Weiblichkeit und Sexualität sind keine Themen, die wichtig genug wären, dass man ihnen gebührend Raum und Zeit gäbe.

Für die jungen Frauen heute sieht das dagegen ganz anders aus. Ob sie jedoch damit besser dran sind als die Generation vor ihnen, sei noch dahingestellt. Groß geworden in einer übersexualisierten Gesellschaft, haben sie Zugang zu jeder Art von Information und Darstellung von Sexualität und sexuellen Handlungen. Überall können junge Frauen das Liebesleben anderer studieren und konsumieren, ja werden geradezu mit sexualisierten Nachrichten überschüttet. In Teenieblättern und im Internet werden ihnen die neuesten Techniken, die genialsten Stellungen präsentiert: sexuelle Höchstleistungen von makellosen, auf Hochglanz gestylten Models. Wie muss diese mediale Zurschaustellung von perfekter und omnipotenter Sexualität auf jugendliche Frauen wirken, die selbst gerade auf der Suche nach ihrer sexuellen Identität sind und mit ihrer Körperlichkeit und Weiblichkeit meist noch in Hader und Zweifel liegen? Schamgefühle über die eigene weibliche Fragilität, Minderwertigkeitsgefühle wegen der sexuellen Unwissenheit und die Selbstherabsetzung können hier die Folge sein, was sich in Überzeugungen manifestiert wie „Ich bin nicht attraktiv/sexy genug" oder „Ich bin nicht gut genug" und einen enormen Leistungsdruck erzeugt. Emotionale Überforderung und Versagensängste führen junge Frauen zur Anpassung in der Sexualität, und die Fragen „Wie komme ich an?" und „Mache ich alles richtig?" werden ihre ersten sexuellen Kontakte bestimmen. Der Erwartungsdruck, endlich dazuzugehören und mitreden zu können im Kreis von Freunden, führt häufig dazu, dass sich junge Frauen „ihr erstes Mal" selbst verschreiben, auch wenn sie mit dem Jungen keine Liebe verbindet und sie innerlich noch gar nicht bereit dafür sind. Sexualität wird auf diese Weise entpersönlicht und nicht mehr als individueller und intimer Ausdruck der Liebe verstanden. Das macht es jungen Frauen schwer, ihren ganz eigenen Weg zu finden und zu sich zu stehen. Eine sexuelle Identität unter den aufgeführten Bedingungen aufzubauen ist äußerst schwierig und kann leicht scheitern.

Klagelied der weiblichen Sexualität
Vielleicht erinnert sich aber Ihre Vagina auch an sexuelle Erlebnisse, die noch gar nicht so lange zurückliegen und die Sie mit dem Mann erlebten, den Sie lieben oder zumindest doch für den Moment des sexuellen Kontakts gewählt haben. Vielleicht stimmen auch Sie in den Klagegesang vieler Frauen ein über die sich immer wiederholenden alltäglichen Erfahrungen von Unachtsamkeit, Unbefriedigtsein und Enttäuschung über sich selbst oder den Partner. Kennen auch Sie den schalen Geschmack von anhaltender Lustlosigkeit bei sich oder Ihrem Partner und dem Schweigen darüber, weil nicht sein darf, was doch ist? Haben Sie gelernt, mit dem Verrat an sich selbst zu leben, indem Sie sich anpassen, und tun das, von dem Sie meinen, dass es Ihr Partner von Ihnen erwartet? Sind auch Sie frustriert, weil Ihr Partner immer viel zu schnell zur Sache kommt und das Liebesspiel beendet ist, bevor Sie richtig aufgetaut und in Ihre Energie gekommen sind? Sind Sie es leid, keinen Orgasmus im Zusammensein mit Ihrem Mann zu bekommen und ihm stattdessen die nicht vorhandene Lust vorzuspielen? Flüchten auch Sie sich in sexuelle Fantasien mit anderen Männern, um Ihre Lust zu spüren und erregt zu werden?

Die Unachtsamkeit in sexuellen Begegnungen, schmerzhafte Erlebnisse etwa durch zu schnelles Eindringen beim Geschlechtsverkehr, das Mitmachen oder Vorspielen von Orgasmen dem Partner zuliebe und anderes stellen massive Angriffe auf die sexuelle Integrität der Frau dar. Sie hinterlassen Wunden, die sich die Frau oftmals nicht bewusst macht und über die sie, um des lieben Friedens willen oder aus Bequemlichkeit, hinweggeht. Je unbewusster sie mit diesen oder ähnlichen Verletzungen umgeht, umso stärker wirken sie jedoch auf ihr Lustempfinden und ihre Sexualität.

Wann immer unsere Genitalien berührt werden, werden die in ihnen gespeicherten Erinnerungen freigesetzt und reaktivieren sowohl die körperlichen als auch die emotionalen Verletzungen, auf die unser Körper entsprechend reagiert. Je nachdem, wie groß die sexuelle Verletzung ist, antwortet der Körper zum Beispiel mit Anspannung, Verkrampfung oder Taubheit. Davon möchte die Frau jedoch nichts wissen; sie möchte eine freudvolle, lustvolle und erfüllte Sexualität leben, in der sie sich fallen lassen und hingeben kann. Statt auf die körperlichen Signale zu achten, lehnt sie diese ab und verliert den Bezug zu ihrem Körper, ihren Gefühlen und ihren Genitalien. So beginnt sie, in der Sexualität zu „funktionieren" und „mitzuspielen", ohne dass sie innerlich daran beteiligt ist. Sie übernimmt eine Rolle, um weiterhin mit ihrem Partner zusammen sein zu können, weil Sex nun mal zur Partnerschaft dazugehört oder weil es alle machen. Freude, Leidenschaft und Lust ziehen sich jedoch immer weiter zurück, und das Liebesspiel wird zur Routine. Um den Schmerz des emotionalen und sexuellen Rückzugs nicht spüren zu müssen, fängt die Frau an, das sexuelle Geschehen zu kontrollieren, indem es beim Sex kurz und zielgerichtet zur Sache geht und er schnell wieder beendet ist. Dann täuscht sie auch schon mal einen Orgasmus vor, damit sich der Mann wieder zurückzieht. Sie stellt ihren Körper unbeteiligt zur Verfügung; ihr Herz muss sie dafür nicht öffnen, und sie umgeht damit, die alten verletzenden Gefühle wiederzubeleben. So wird sie zur Wiederholungstäterin ihrer alten sexuellen Erfahrungen. Die Heftigkeit der körperlichen Symptome hängt dabei vom Ausmaß der sexuellen Verletzung ab. Die hier geschilderte Symptomatik finden wir am deutlichsten bei Frauen, die sexuelle Übergriffe erlebt haben oder missbraucht wurden. Doch findet sich der Prozess der Abspaltung und des inneren Rückzugs bei allen, auch „kleineren" oder subtileren Verletzungen wieder, die uns emotional oder in unserer sexuellen Identität als Frau treffen.

In den Momenten, in denen sie ehrlich zu sich selbst ist, mag die Frau dann feststellen, wie halbherzig und oberflächlich sie oftmals nur lieben kann, weil die alten Verletzungen im Weg stehen. Gerade weil Frauen in ihrer Sexualität so viele Verletzungen erlebt haben – kleinere oder auch große –, bedürfen sie zunächst der Heilung.

Übernehmen Sie die Verantwortung für Ihre sexuelle Geschichte und befreien Sie sich von allen leidvollen Erfahrungen. Das können nur Sie selbst tun. Kein Mann kann das für Sie übernehmen, egal wie sehr er Sie auch liebt. Denn Sie finden im Liebesspiel mit ihm immer nur das wieder, was Sie selbst in sich tragen. Haben Sie den Mut und treffen Sie die Entscheidung, sich selbst anzuschauen, sich wahrhaftig zu begegnen mit allen Gefühlen und sich zu heilen.

Wenn Sie sich von Herzen sich selbst zuwenden, heilen Sie Ihre sexuellen Wunden. Ihr angespannter oder verhärteter Körper wird sich entspannen, und Ihre Energie kommt wieder ins Fließen. Wenden Sie sich mit echtem Interesse Ihrer Vagina zu und lauschen Sie, was sie Ihnen erzählt. Wenn Sie Ihre Vagina berühren, seien Sie ganz bewusst und langsam dabei. Erspüren Sie, was in ihr vorgeht. So beginnt Ihre Vagina zu heilen, indem sie all die alten emotionalen und körperlichen Verletzungen der Vergangenheit freigibt. Haben Sie keine Angst – Ihnen kann dabei nichts passieren. Begrüßen Sie alle Gefühle, die auftauchen, und umfangen Sie sie mit Ihrer Liebe. Gehen Sie nicht wieder weg vom Schmerz; beobachten sie ihn so lange, bis er sich auflöst. Dazu können Sie folgende Übung machen:

Übung: Die Vagina sprechen lassen
Bei dieser Übung, die der Gestalttherapie entnommen ist, gehen Sie davon aus, dass Ihre Vagina ein ganz eigener Anteil von Ihnen ist, mit eigenen Empfindungen, Regungen und einem körperlichen Ausdruck, der manchmal ganz diametral zu Ihren intellektuellen Vorstellungen sein kann.
Denken Sie sich zunächst einen liebevollen Namen für Ihre Vagina aus und, wenn Sie wollen, auch für Ihre Klitoris. Ein Name, der eine positive und wertschätzende Bedeutung für Sie hat. Sie könnten Sie zum Beispiel Juwel, Perle, Lotusblüte, dunkle oder feuchte Höhle, Zauber- oder Lustgarten, Liebesgrotte nennen. Vielleicht finden Sie aber auch einen ganz eigenen persönlichen Namen.

> Sie brauchen für diese Übung etwa 20 Minuten Zeit. Sie benötigen einen Spiegel und eine weiche Unterlage zum Sitzen oder Liegen.
> Setzen Sie sich zunächst nackt so vor den Spiegel, dass Sie Ihre Vagina gut sehen können. Wenn sie verschlossen ist, öffnen Sie sie, indem Sie die Lippen auseinanderziehen. Schauen Sie sich Ihre Vagina genau an. Prägen Sie sich sie ein. Dann schließen Sie die Augen und lassen das Bild noch einmal vor Ihrem inneren Auge entstehen. Wenn Sie sich noch kein genaues Bild von ihr machen können, wiederholen Sie den Vorgang so lange, bis ein deutliches Bild entsteht. Dann halten Sie die Augen geschlossen und legen eine Hand auf Ihre Vagina. Wenn Sie wollen, legen Sie sich jetzt ruhig hin. Unterstützen Sie die Verbindung zu Ihrer Vagina, indem Sie in Ihrer Vorstellung tief in sie hinein atmen. Beginnen Sie dann das Gespräch mit ihr. Fragen Sie sie, wie sie sich fühlt, wie es ihr geht. Fragen Sie sie nach ihren schönsten sexuellen Erlebnissen und auch nach enttäuschenden oder schmerzhaften Erfahrungen. Was ist ihre Sehnsucht? Was sind ihre Wünsche? Und wie steht Ihre Vagina zu Ihnen? Haben Sie Geduld, wenn Sie auf die Antworten zunächst ein wenig warten müssen. Schließlich fragen Sie sie nicht jeden Tag, sodass sie vielleicht etwas Zeit benötigt für das, was sie Ihnen erzählen möchte.
> Bedanken Sie sich am Ende mit einer kleinen Liebkosung.

Wiederholen Sie die Übung, sooft sie notwendig ist, um all Ihre Verletzungen in Ihr Bewusstsein zu holen. Oder machen Sie die Übung, wann immer Sie sich in einem alten Verhalten in der Liebe wiederfinden. Sie können diese Übung auch in der Begleitung einer guten Freundin machen, die Erfahrung mit der inneren Arbeit hat.

Machen Sie diese Übung nicht mit Ihrem Partner, es sei denn, er ist mit der inneren Arbeit an sich selbst vertraut. Anderenfalls rufen Sie möglicherweise Reaktionen bei ihm hervor, die nicht hilfreich für Sie sind.

Wenn Sie so nach und nach Ihre sexuellen Wunden heilen und Ihre Energie wieder zum Fließen kommt, gehen Sie weiter und erkunden Sie Ihre ureigenste weibliche Energie.

Weibliche Sexualität – was ist das?

Dem Gynäkologen William Howell Masters und der Psychologin Virginia Johnson, die in den 50er- und 60er-Jahren des 20. Jahrhunderts in den USA das Sexualverhalten systematisiert und Frauen und Männer dazu interviewt haben, ist es zu verdanken, dass wir mehr über unsere Sexualität, verschiedene Phasen sexueller Erregung und Orgasmen wissen. Alles Wissen hat jedoch zwei Seiten. Sie haben damit dazu beigetragen, dass ein Thema, das bis dahin als tabu galt, öffentlich diskutiert wurde und die Menschen damit eine Grundlage hatten, über ihr persönliches sexuelles Verhalten miteinander zu reden. Die Kehrseite davon war jedoch, dass Sexualität systematisiert und verglichen wurde. Jeder Vergleich beinhaltet aber ein Urteil. Ab jetzt gab es die „richtige" Sexualität, in der alle Phasen schön eingehalten wurden, und es gab vor allem den „richtigen" Orgasmus, der am männlichen Orgasmus orientiert war. Wieder einmal durften sich Frauen damit an dem männlichen Maßstab unter der Vorgabe des „richtigen Orgasmus" orientieren. Wollten sie nicht als frigide oder unfähig gelten, mussten sie alles tun, um die Vorgaben einer männlichen Sexualität zu erfüllen, und sollten daran ihre Freude haben. Dass Sie mich richtig verstehen: Männliche Sexualität beinhaltet wundervolle Qualitäten – sie ist kraftvoll, dynamisch, direkt und weiß genau, was sie will. Doch in unserer Kultur, die keine „ars erotica" entwickelt hat, wie es zum Beispiel in Asien (Kamasutra) geschah, stellt sich männliche Sexualität völlig verzerrt und „kulturbeutelhaft" dar: rein – raus – und fertig, wie der deutsche Arzt und renommierte Sexualwissenschaftler Volkmar Sigusch feststellt (siehe auch Spiegel-Interview 9/2011).

Orgasmuspflicht
Mit der sexuellen Revolution wurde die Frau orgasmuspflichtig. Aus dem neuen Postulat wiederum wurde eine Orgasmusfixiertheit, der sich auch die Frau nicht entziehen konnte. Das macht den Sex zu einer ziemlich ernsten und anstrengenden Angelegenheit, bei der sich beide mühen und abarbeiten, um das Ziel zu erreichen. Gerade die Fixierung auf den Orgasmus und der damit einhergehende Leistungsdruck führen jedoch zu einer Anspannung, die dafür sorgt, dass viele Frauen eben nicht am Ziel ankommen

und der Orgasmus ausbleibt. Es ist allerdings nicht verwunderlich, dass wir auch den Sex zu einer ernsten und anstrengenden Pflicht erheben, denn es spiegelt die Einstellung wider, die wir allgemein dem Leben gegenüber haben. Für viele Frauen ist ihr Alltag eine freudlose, anstrengende Pflichtveranstaltung, in der sie zu funktionieren haben und die sie massiv unter Leistungsdruck setzt. Sie sind weit davon entfernt, das Sein als ein großes spielerisches Abenteuer zu erleben, das sie in aller Intensität genießen dürfen, das sich immer wieder neu gestaltet und daher aufregend und freudvoll ist. Das Streben nach Sicherheit und Kontrolle lässt alles in Routine und Langeweile ersticken.

Wir erleben in der Sexualität nichts anderes als sonst im Leben. Denn beides ist davon bestimmt, ob wir in gutem Kontakt mit unserer ursprünglichen weiblichen Energie sind oder nicht. Sie ist für uns die natürliche Quelle von Freude, Liebe und Begeisterung. Wir können uns an ihr laben, sie erfrischt uns, stimmt uns fröhlich und leicht, erfüllt und energetisiert uns. Und sie lehrt uns, dass es in der weiblichen Sexualität Erregungswellen gibt, auf denen jede Frau hoch und runter surfen kann, ohne irgendwo ankommen zu müssen. Geht der leichte, spielerische Aspekt in der Liebe verloren, haben wir es schwer, uns zu entspannen und fallen zu lassen und einen Orgasmus zu bekommen.

Das Finale: der gemeinsame Orgasmus
In vielen Frauen- und Männerköpfen herrscht noch immer eine romantische und von den Medien gestützte Vorstellung, wie der Sex nach einem bestimmten idealen Muster ablaufen sollte: Durch gegenseitige zunächst manuelle Stimulierung wird die sexuelle Erregung stetig gemeinsam aufgebaut. Nach Eindringen des Mannes in die Frau steigt die erotische Spannung weiter und entlädt sich schließlich im gemeinsamen Orgasmus. Der Sex ist damit beendet und Frau und Mann dürfen sich wieder entspannen. Diese Jagd nach dem gemeinsamen Kick, die im Durchschnitt vielleicht sieben bis zehn Minuten dauert, verhindert gerade bei der Frau, dass sie erfolgreich ihr Ziel erreicht. Durch die Zielfixiertheit wird in kürzester Zeit eine hohe Spannung im Körper der Frau aufgebaut, die ihr in der Form meistens gar nicht entspricht und sie daran hindert, sich selbst und den Rhythmus ihrer eigenen Energie noch wahrzunehmen. Es ist gerade diese weitver-

breitete illusionäre Vorstellung, dass Frau und Mann den gleichen energetischen Rhythmus haben, die die Frau ihr orgasmisches Potenzial in der Sexualität nicht erleben lässt. Der energetische Rhythmus der Frau ist ein anderer als der des Mannes, und sie passen sich nicht von selbst einander an. Meistens ist es so, dass die Frau sich auf den Rhythmus des Mannes einstellt, was dazu führt, dass sie unerfüllt bleibt. Der Frau fehlt hier Zeit und Entspannung, sich in ihrer eigenen sexuellen Energie wahrzunehmen und ihren Bewegungen und Impulsen zu folgen. Sie ist in ihren Gedanken zu sehr damit beschäftigt, alles richtig zu machen, sodass sie nicht in sich hineinspüren kann. Für einen Orgasmus ist es jedoch Voraussetzung, dass die Frau die kopfgesteuerte Kontrolle aufgibt und sich ganz in ihre sexuelle Energie hineinfallen lässt und sich ihrer Führung überlässt.

Der weibliche Orgasmus

Die Komplexität und die unterschiedlichen Erscheinungsbilder des weiblichen Orgasmus haben immer wieder zu einem Streit auch unter Sexualforscherinnen geführt, was nun der „richtige" weibliche Orgasmus ist und wie dieser auszusehen hat.

Eine Ursache dafür ist sicherlich, dass vieles beim weiblichen Orgasmus nicht äußerlich beobachtbar und messbar ist, schon gar nicht die unterschiedlichen Empfindungen, die damit verbunden sind. Anders als beim Mann, der allein durch ausreichende äußerliche Stimulierung auch unwillentlich eine Erektion und sogar einen Teilorgasmus, eine Ejakulation, bekommen kann, geschieht der weibliche Orgasmus nur mit der willentlichen Entscheidung der Frau. Sie kann ihn auch gänzlich unterdrücken.

Für den weiblichen Orgasmus müssen verschiedene Dinge zusammenkommen. Erst einmal muss sie ihn wollen. Es bedarf der Bereitschaft, sich auf ein Liebesspiel einzulassen. Dazu gehören Zeit, die richtige Stimmung und das Gefühl, angenommen zu sein und geliebt zu werden. Die gesamte äußerliche und psychische Situation muss stimmig für sie sein.

Der Orgasmus wird nach einer längeren oder selten auch kürzeren Stimulierung der weiblichen Geschlechtsorgane erreicht: der Brüste, der Vulva, der Klitoris, des G-Punktes, des Muttermunds, des Perineums.

Durch die Erregung der Lustzentren wird deren Blutzufuhr verstärkt, und je nach innerer Vorbereitung schwellen die Lustlippen und jegliches Schwellgewebe innerhalb von zehn bis dreißig Minuten an. Brustwarzen und Klitoris richten sich auf und werden aus ihren Hautfalten freigelegt. Diese Erregungsphase kann sich weiter steigern, sie kann wieder abflauen und erneut ansteigen. Diese Phase wird als überaus lustvoll erlebt. Sie können sich auf diesem orgasmischen Plateau lange Zeit aufhalten, vorausgesetzt, Sie können sich gut entspannen und genießen es, auf dem hohen Energieniveau zu verweilen. Dafür ist es jedoch notwendig, dass Sie die männlich geprägte Vorstellung, zielstrebig auf den Orgasmus zuzugehen, aufgeben. Für manche Menschen kann es anfangs unangenehm sein, so viel erhöhte Energie in ihrem Körper zu halten. Das, was wir normalerweise tun, gerade auch beim Sex, ist, diese Energie schnell wieder auszuagieren. Es kann ein Experiment für Sie sein, bewusst auf dieser Ebene zu verweilen und die Energie zu halten. Das bedarf zunächst einer bewussten Entscheidung, damit Sie sich nicht von der steigenden Erregung fortreißen lassen und in Ihr konditioniertes Muster verfallen. Versuchen Sie zur Unterstützung, Ihren Körper mit Ihrem tiefen und langsamen Atem immer wieder bewusst zu entspannen.

Viele Frauen kennen nur diese orgasmische Plateauphase. In dieser Phase können Sie aktiv dynamisch sein, wenn Sie dabei eine Position wählen, in der Sie sich gut bewegen können und Ihr Atem frei fließen kann (die Löffelchen- oder die Hundestellung sind dafür besser geeignet als die Missionarsstellung). Sie können aber auch passiv empfänglich in die subtilen inneren Bewegungen hineinspüren und sie mithilfe Ihres tiefen und langsamen Atems verstärken.

Wenn Sie auf diese Weise Ihre Erregung weiter aufbauen und dann in einem Moment hoher Erregung ganz ruhig und empfänglich werden und innerlich loslassen, kann Ihr Orgasmus tief aus dem Becken, den Genitalien aufsteigen. Er ist gekennzeichnet durch das peristaltische Zucken Ihrer Beckenmuskulatur, das Zusammenziehen Ihrer Vaginalmuskeln sowie die vermehrte Ausschüttung einer wässrigen Flüssigkeit aus den Bartholinischen Drüsen. Dieser Orgasmus kann punktuell wie ein Vulkanausbruch erlebt werden, der heftig, tief und wild ist, sich aber schon nach wenigen Sekunden wieder legt und abkühlt. Solch ein Orgasmus bleibt auf Genitalien und Beckenraum beschränkt und gleicht dem des Mannes. In Ihnen breitet sich das Gefühl aus, tief befriedigt zu sein, das Sie in ein entspanntes Nachspüren führt.

Der Orgasmus kann aber auch wie eine große Welle empfunden werden, in die Sie sich hineinfallen lassen und von der Sie fortgetragen werden. Dann hängt es von Ihnen ab, wie Sie mit dieser Welle weitergleiten. Sie können sich einfach von ihr erfassen lassen und den ausgelösten Strudel genießen. Die Welle wird Ihnen kurzzeitig den Boden unter den Füßen entziehen, Sie herumwirbeln, außer Kontrolle geraten lassen, und wenn Sie das alles geschehen lassen, werden Sie wieder sicher, zufrieden und glücklich „an Land gespült" werden.

Die orgasmische Welle reiten
Sie können sich aber auch entscheiden, zur Wellenreiterin zu werden. Das bedeutet, dass das Abenteuer mit diesem ersten Orgasmus erst beginnt und nicht – wie gewöhnlich – auch gleich wieder endet. Sie können dann eine längere Zeit hintereinander mehrere Orgasmen haben, die sich mit kürzeren oder längeren Plateauphasen abwechseln, in denen Sie unterschiedlich intensiv erregt sind. Je länger dieses orgasmische Spiel anhält, umso mehr verschwimmen die Grenzen zwischen einem klar abgegrenzten genitalen Orgasmus und dem orgasmischen Erleben in Ihrem ganzen Körper. Wie Wellen breitet sich die sexuelle Energie im ganzen Körper aus, mal gewaltig, mal sanfter, und erfasst Sie in Ihrem ganzen Sein: Nicht nur Ihr Körper, auch Geist und Seele werden ergriffen von dieser kraftvollen, geschmeidigen orgasmischen Welle, in die Sie komplett eintauchen, eins mit Ihrem Erleben werden – und sich selbst dabei völlig vergessen. Dies ist der Zustand der Ekstase, in der Sie die spirituelle Dimension der Sexualität erfahren: völlig gelöst von sich selbst zu sein und dabei gleichzeitig ein Gefühl von einem tiefen „All-eins-sein", einer starken Verbindung mit sich selbst und dem Partner. Dabei werden wir von lustvollen physischen Empfindungen begleitet wie starker Wärme oder Hitze und feinen Vibrationen oder stärkeren peristaltischen Zuckungen, die sich über den ganzen Körper ausbreiten als Ausdruck unserer stark fließenden sexuellen Energie.

Ihre Gefühle können dabei variieren von überschäumender Freude, Lebenslust und beglückender Liebe bis hin zu einem tiefen Frieden oder innerer Stille und Weite. Unsere sexuelle Energie, darf sie erst einmal frei fließen, ist unglaublich stark und machtvoll und führt uns in die Grenzenlosigkeit unseres eigenen Herzraumes und unseres Geistes. Daher werden Sie nach solch einem orgasmischen Erleben nicht mehr die sein, die Sie vorher waren. Körper, Geist und Seele werden sich freier, gelöster, erfrischter, liebevoller, glücklicher oder friedvoller anfühlen und Sie entsprechend verwandeln – auch nachhaltig und nicht nur für den Moment.

Klitoral, vaginal oder noch ganz anders
Die Diskussionen darüber, welches denn nun der „einzig wahre", „richtige weibliche" Orgasmus sei – klitoral, vaginal, G-Punkt- oder A-Punkt-Orgasmus, Ganzkörper- oder Mehrfachorgasmen –, machen erst einmal die erfreuliche Tatsache deutlich, mit welcher Neugier und welchem Wissensdrang das große Potenzial weiblicher Sexualität erforscht und weiterentwickelt wird, nachdem Jahrhunderte darüber Unwissenheit herrschte. Dem gegenüber stehen jedoch die vielen Frauen, die erst einmal vertraut werden wollen mit ihrem Körper als Ganzem und jenseits der vorgegebenen technisierten Sexualität ihre weibliche Energie besser kennenlernen wollen. Daher darf meines Erachtens diese Diskussion nicht dazu führen, dass sie den Frauen, die in erster Linie durch die Stimulierung der Klitoris einen Orgasmus bekommen, das Gefühl geben, wieder einmal noch nicht den „richtigen weiblichen" Orgasmus zu bekommen. Frauen sollten sich erst einmal alle Spielarten beim Training ihrer Lust erlauben. Erfreuen Sie sich an Ihrem Orgasmus, egal ob er durch Ihre eigenen Berührungen, die Finger oder den Penis Ihres Partners oder ein Hilfsmittel ausgelöst wird. Begrüßen Sie ihn, genießen Sie ihn, feiern Sie ihn.

Tatsächlich ist es so, dass bei vielen Frauen die Penetration allein keinen Orgasmus auslöst. Oft wird diese nicht einmal als besonders lustvoll erlebt. Die Vaginalmuskeln ziehen sich beim Eindringen zusammen, und erst nach einiger Zeit weiten sie sich wieder und passen sich dem Penis an. Anders als beim Mann, für den das Eindringen an sich sehr stimulierend und lustvoll ist, fühlt sich die Penetration für viele Frauen nicht stimulierend und erregend an, besonders dann nicht, wenn noch nicht genügend Erregung aufgebaut wurde, weil der Mann zu früh eindringt.

Die meisten Frauen bekommen einen Orgasmus durch die klitorale Stimulation, sei es, dass sie sich selbst mit der Hand oder einem Vibrator berühren oder ihr Partner sie manuell oder oral stimuliert. Das verwundert nicht, wenn wir uns bewusst machen, dass sich in der Klitorisperle eine extrem hohe Dichte an Nervenzellen findet. Sie ist das einzige Sexualorgan, das nur zu dem Zweck erschaffen ist, Lust zu spenden. Schenken Sie sich diese Lust. Lassen Sie sich nicht einreden, dass Ihr selbst geschaffener klitoraler Orgasmus weniger wert sei als derjenige, der durch Penetration ausgelöst wird. Besser, Sie genießen einen klitoralen Orgasmus, als dass Sie gar keinen bekommen. Denn mit Ihrem Orgasmus zeigen Sie sich selbst, dass Sie sich lieben, und bereiten sich Freude, die Sie ausgeglichen und zufrieden macht.

Viele Frauen bedauern jedoch, dass sie einen Orgasmus „nur" durch klitorale Stimulation bekommen, nicht aber in Vereinigung mit einem Mann. Dafür können sehr unterschiedliche Faktoren, einzeln oder auch zusammengenommen, verantwortlich sein.

Möglicherweise ist die Stimulation in der Vagina zu unspezifisch, und die sehr sensitiven Stellen in der Vagina wie der G-Punkt oder auch die sensitiven Punkte um den Muttermund werden dabei zu indirekt oder nicht ausgiebig genug stimuliert. Es gibt aber auch einen energetischen Unterschied, der in einer größeren Spannungsdifferenz liegt. Ein Orgasmus in Vereinigung benötigt einen viel höheren Energieaufbau, das heißt eine stärkere Erregung. Der Energieaufbau benötigt aber normalerweise viel mehr Zeit, als sich Paare für gewöhnlich bis zur Penetration nehmen. In diesen dreißig bis sechzig Minuten sollten beide Partner zunächst den ganzen Körper der Frau durch liebevolles Streicheln und Berühren öffnen und erwecken, bevor auch die Genitalien nach und nach mit einbezogen werden. Wenn die Frau schon erregt ist, können die Klitoris und auch die besonders erregbaren Stellen in der Vagina gezielter stimuliert werden, ohne sich darauf allzu sehr zu versteifen. Erst in dieser längeren Zeit lustvoller Aktivitäten und Stimulation gelingt es, so viel Energie aufzubauen, dass die Erfahrung eines vaginalen oder auch eines Ganzkörperorgasmus möglich wird.

Ein klitoraler oder wie auch immer ausgelöster Orgasmus kann aber für die Frau genau das Tor sein, um noch mehr Energie, noch mehr Erregung aufzuladen. Anders als beim Mann geht die Energie bei der Frau durch einen Orgasmus, egal ob mit oder ohne Ejakulation, nicht verloren. Vielleicht benötigt sie zwischendurch eine kurze Atem- oder Trinkpause, nach der sie dann aber direkt weiterlieben kann. Die sexuelle Energie der Frau wird durch einen Orgasmus nicht beschränkt – im Gegenteil: Ihre Lust steigert sich zu noch mehr Lust, Ihr Orgasmus stimuliert Sie zu weiteren Orgasmen, wenn Sie das wollen. Oder Sie verweilen auf einer hohen energetischen Plateauphase und reiten von Welle zu Welle auf Ihrer orgasmischen Energie, die unerschöpflich ist. Sie brauchen dafür nur etwas körperliche Kondition. Vor allem aber müssen Sie dafür Ihre Vorstellung aufgeben, dass ein Orgasmus ausreichend ist.

Der große Fall oder: „La petite mort"
Neben diesen eher körperlich-energetischen Aspekten ist der Orgasmus in Vereinigung ganz entscheidend von Ihrer inneren Haltung abhängig. Der Orgasmus in Penetration erfolgt völlig losgelöst von Ihrer willentlichen Anstrengung. Sie können ihn nicht „machen" – anders als den klitoralen, den Sie mit ein wenig Übung und Erfahrung ganz gezielt herbeiführen, weshalb er auch von einigen Frauen als „männlicher Orgasmus" bezeichnet wird. Der vaginale Orgasmus, der sich über den ganzen Körper ausbreitend zu einem Ganzkörperorgasmus entwickeln kann, entsteht quasi „von selbst" aus der Tiefe Ihrer Genitalien heraus; er entzieht sich Ihrer Kontrolle; Sie können ihn lediglich geschehen lassen.

An diesem Orgasmus ist ganz wesentlich Ihr Herz beteiligt, denn für diese Erfahrung brauchen Sie ein uneingeschränktes Ja zu allen Beteiligten: zu sich selbst, zu Ihrem Körper und Ihrer sexuellen Energie und nicht zuletzt zu Ihrem Partner. Diese körperliche Liebe geht durch Ihr Herz und wird von dort ausgelöst. Sie ist dann möglich, wenn Sie fähig sind, sich ganz zu öffnen, mit dem tiefen Wunsch, sich dem Partner vorbehaltlos zu schenken. Lassen Sie sich rückhaltlos auf die Verbindung mit Ihrem Partner ein, spüren Sie die starke Präsenz im eigenen Körper und lassen Sie sich vertrauensvoll fallen in Ihre orgasmische Energie. An diesem Punkt geben Sie jede Art von Kontrolle auf, jedes taktische Kalkül fällt von Ihnen ab, und Sie lassen sich vollständig gehen.

Dabei werden Sie so empfänglich, dass Sie Ihren Partner in seiner ganzen kraftvollen phallischen Potenz sowie in seinem gesamten Sein völlig in sich aufzunehmen und zu halten vermögen.

In dieser Verbindung entsteht sowohl in Ihnen selbst als auch zwischen Ihnen und Ihrem Partner ein besonderer energetischer Raum, in dem Sie sich völlig eins fühlen miteinander, und ein Gefühl von Weite oder auch besonderer Stille kann Sie hier komplett erfüllen. Dieses Fallenlassen in das orgasmische Erleben kann wie ein Sterben sein, wenn sich für den Moment die Grenzen Ihres Ichs auflösen. „La petite mort", „den kleinen Tod" nennen die Franzosen daher auch den Orgasmus.

Erwecken Sie Ihr orgasmisches Potenzial
Wenn Sie Ihr gesamtes orgasmisches Potenzial erkunden und erwecken wollen, praktizieren Sie regelmäßig die Selbstliebe, egal ob Sie allein leben oder in Partnerschaft sind. Gerade wenn Sie einen Partner haben, ist es vorteilhaft, erst einmal für sich allein auf die orgasmische Reise zu gehen, denn zu zweit verfallen Sie leichter in Ihr altes Sexualverhalten. In der Selbstliebe lernen Sie immer mehr, Ihrer ureigenen sexuellen Energie zu vertrauen. Darüber hinaus ist sie eine wunderbare Möglichkeit, sich selbst Zuneigung und Freude zu schenken und sich mit Glückshormonen zu nähren. Diese führen Sie in eine tiefe Entspannung und helfen Ihnen, loszulassen, sie vitalisieren und verjüngen Sie. Sie halten Ihren Körper fit und stärken Ihr Immunsystem. Geben Sie sich selbst diese Wertschätzung.

> **Übung: Erwecken Sie Ihr orgasmisches Potenzial**
> Praktizieren Sie die Selbstliebe wie in der Übung „Ich liebe mich". Richten Sie Ihre Aufmerksamkeit dabei ganz auf Ihre Empfänglichkeit; genießen Sie Ihre eigenen Berührungen und geben Sie sich Ihren subtilen Körpersensationen hin. Lernen Sie, Ihre erotischen und sinnlichen Gefühle mit Ihrem Körper und Ihrer Stimme auszudrücken. Vertrauen Sie Ihrer sexuellen Energie und lassen Sie sich von ihr führen. Achten Sie darauf, zu Beginn Ihren ganzen Körper zu berühren. Bevor Sie sich Ihren Genitalien zuwenden, streicheln und liebkosen Sie eine Zeit lang nur Ihre Brüste. Sie gehören zu Ihren sekundären Geschlechtsmerkmalen und haben einen direkten energetischen „Draht" zu Ihren Genitalien. Ihre Brüste umschließen Ihr energetisches Herz (Chakra). Indem Sie sie zärtlich stimulieren, aktivieren Sie

Ihre Liebe zu sich, die dann mit der folgenden Berührung vom Herzen zu Ihren Genitalien fließen kann. Wenn Sie Ihre Brüste eine ganze Weile berühren, werden Sie spüren, wie sich Ihre Vulva öffnet, der Sie sich dann auch zuwenden können. Berühren Sie sich selbstvergessen und lassen Sie jede Fixierung auf den Orgasmus los. Lassen Sie Ihre Stimulation durch Ihren tiefen und langsamen Atem in den Bauch begleiten. Egal, wie erregt Sie sind, entspannen Sie sich immer wieder. Wenn Sie darauf achten, dass Ihr Körper gelöst bleibt und Ihre Erregung sich weiter aufbaut, wird sich die in Ihnen fließende Energie in verschiedenen körperlichen Reaktionen ausdrücken wie das Empfinden übermäßiger Hitze, Schwitzen, Schwindel, Zittern oder feine Vibrationen. Das ist nicht gefährlich, auch wenn es vielleicht ungewohnt für Sie ist. Begrüßen Sie diese körperlichen Empfindungen und genießen Sie sie als Zeichen Ihrer Energie, die sich immer mehr entfaltet. Geben Sie Ihren kritischen und bewertenden Gedanken, die sich vielleicht einschleichen, keine Chance. Beachten Sie sie nicht weiter und bleiben Sie bei Ihrer Selbstliebe. Wenn Gefühle von Scham oder Schuld auftauchen, akzeptieren Sie sie, aber fahren Sie fort.

Stimulieren Sie Ihre Klitoris, Ihre Vagina, Ihren G-Punkt längere Zeit. Wenn die Erregung sich steigert und Sie einen Orgasmus herankommen spüren, entspannen Sie sich und atmen Sie ganz bewusst weiter, langsam und tief. Manchmal verflüchtigt er sich, nur um etwas später umso stärker wiederzukommen. Forcieren Sie ihn nicht. Wenn er Sie ergreift, lassen Sie sich in ihn hineinfallen und geben Sie sich ihm ganz hin. Bleiben Sie jedoch mithilfe Ihres Atems ganz bewusst. Hören Sie nicht auf, sich zu stimulieren, und hören Sie nicht auf, weiterhin tief zu atmen. Auf diese Weise atmen und lieben Sie sich immer weiter von einer orgasmischen Welle zur nächsten und werden so zur Wellenreiterin Ihrer eigenen Lust, bis Sie Ihr Spiel beenden wollen.

Geben Sie Ihren Gefühlen auch durch Ihre Stimme Ausdruck. Entspannen Sie bewusst den Unterkiefer und lassen Sie Ihren Mund leicht geöffnet, sodass Ihr Atem und Ihre Laute leichter über Ihre Lippen kommen. Lassen Sie bei

Ihrem Liebesspiel Töne des Genießens entstehen, die Ihre Berührungen auslösen. Auch wenn es vielleicht ungewohnt für Sie ist, fangen Sie leise an zu stöhnen, zu brummen wie eine Bärin oder zu schnurren wie eine Katze. Steigern Sie dann die Laute und experimentieren Sie damit. Irgendwann wird sich Ihre Stimme – so wie auch die Bewegungen Ihres Körpers – verselbstständigen.

Bleiben Sie spielerisch. Sie müssen kein bestimmtes Ziel erreichen, können sich vielmehr ganz den Empfindungen hingeben und diese ausdrücken. Vielleicht müssen Sie zwischendurch sogar über sich selbst dabei lachen. Dann lachen Sie! Lieben Sie sich mit Humor und Freude.

Eine neue Vision von Weiblichkeit: die Dakini

Eine Dakini (Sanskrit: Himmelstänzerin) ist eine mythologische Figur – jenseits der „realen, weltlichen" Vorbilder wie Stars, Schauspielerinnen oder erfolgreiche Figuren des gesellschaftlich-politischen Lebens. Die Dakini ist ein tantrisches Geistwesen des antiken Indiens, das später weiter als buddhistische Figur im tantrischen Buddhismus existiert. Sie ist ein weibliches Wesen mit einem sehr wandelbaren, teils auch wilden Temperament, das als Inspiration für die spirituelle Praxis dient. Es gibt jedoch auch Vermutungen, wonach die Dakinis in früheren Zeiten Schamaninnen waren, die sich mithilfe von ekstatischen Tänzen in Trance versetzten und auf diese Weise Reisen in andere Welten unternehmen konnten. Sie werden klassischerweise als wilde und hemmungslose Frauen dargestellt, die nackt und in Ekstase tanzen. So wird es in Wikipedia beschrieben.

Übersetzt in die heutige Zeit ist eine Dakini eine Frau, die ihre Körperlichkeit, Weiblichkeit und Sexualität für sich selbst voll entwickelt hat. Alle drei Attribute gehören untrennbar und essenziell zu ihrem Frausein, mit dem sie sich aufs Tiefste verbunden fühlt. Sie ist eine freie, unabhängige und machtvolle Frau, die ihr Leben eigenverantwortlich selbst in die Hand nimmt.

Beziehung zu Körper und Sexualität
Eine Frau im Sinne der Himmelstänzerin hat einen guten Kontakt zu ihrem Körper. Sie fühlt sich darin wohl und betrachtet ihn nicht kritisch aus der Distanz, sondern fühlt ihn von innen. Alle sinnlichen Körperempfindungen sind ihr vertraut und sind voll entfaltet.

Sie erlebt sich als sinnliches, sexuelles Wesen und hat Freude daran, dies zum Ausdruck zu bringen. Sie lebt eine freie, autonome Sexualität, in der sie genau weiß, was sie will, was sie geben kann und was sie vom anderen nehmen möchte. Sich ganz der Liebe hingebend und voller Vertrauen zu sich selbst, genießt sie ihre Sexualität und lebt ihr volles orgasmisches Potenzial. Die Beschäftigung mit der eigenen Sexualität in der Selbstliebe gibt ihr die notwendige Sicherheit in der Erotik mit dem Mann, um sich ganz fallen zu lassen und Ekstase zu erleben.

In ihrem Frausein ist sie unabhängig von der Bestätigung durch den Mann, denn sie weiß, wer sie ist und wozu sie da ist. Sie fühlt in sich, dass sie eine liebenswerte, attraktive, strahlende und wunderbare Frau ist, die „nur" zu dem einen Zweck hier auf Erden lebt: ihr Frausein zu genießen und zu lieben! Sich selbst, das Leben, den Mann.

Die Dakini versteht sich als liebendes Wesen, das mit sich selbst in Einklang und Harmonie lebt. Das betrifft ihren Körper und ihre Sexualität sowie auch ihre Gefühle und ihre Beziehungen. Ihre Liebe ist unschuldig und natürlich, sie ist erlöst und frei. Sie will nichts vom Mann „haben" und braucht von ihm keine Liebesbeweise. Sie macht sich keine Sorgen darüber, ob sie „bei ihm ankommt", Kalkül, Intrigen und Manipulation als Mittel, Aufmerksamkeit zu erheischen, lehnt sie ab. Ihre Ausstrahlung ist stark und selbstbewusst genug, damit sie die Aufmerksamkeit der Männer auf sich zieht. Sie muss sich nicht darum kümmern. Sie will den Mann nicht „besitzen"; sie will einfach nur lieben und ihre Liebe, die sie tief in sich spürt, mit anderen in aller Freiheit teilen.

Der gute Kontakt mit sich selbst führt die Dakini zu einer Spiritualität, die tief im Körper und ihrer Sexualität verankert ist. Sie ist kein abgehobenes, mit Moral und Dogmen gespicktes theoretisches Modell, sondern eine Geistigkeit, die eine tiefe Liebe und Verbundenheit mit sich selbst und allen anderen Lebewesen ausdrückt.

Beziehung zu sich selbst
Die Beziehung der Dakini zu sich selbst ist geprägt von Achtung, Respekt, Wertschätzung und Liebe. Sie schätzt es sehr, in ihrem wundervollen weiblichen Körper zu Hause zu sein, und bewohnt ihn mit aller Achtsamkeit.

Ihre positive liebevolle Beziehung zu sich selbst, ihrem Körper und ihrer Weiblichkeit drückt sich in vielen kleinen Äußerlichkeiten aus, die ihr helfen, sich immer wieder daran zu erinnern, wer sie ist.

Sie achtet auf ihren Körper und darauf, dass er ausreichend Bewegung erhält, sei es durch aktiven Sport, meditative Bewegungsarten wie Yoga, Tai-Chi oder Ähnliches oder durch Tanzen. Bei der Wahl lässt sie sich davon leiten, was ihr guttut und woran sie Freude hat. Es hängt auch davon ab, ob sie eher ein geselliger Typ ist und sich in Gruppen wohlfühlt oder ob sie sich lieber für sich allein bewegt.

Die ausreichende Bewegung wird ergänzt durch eine bewusste Ernährung. Wir leben in einem „Schlaraffenland", was Vielfalt und Qualität unserer Lebensmittel angeht. Hier wird die moderne Dakini bewusst auswählen und dafür sorgen, dass ihr Körper die nötigen Vitalstoffe erhält und weniger raffinierten Zucker und gesättigte Fettsäuren. Es gibt so viele Ratgeber auf dem Markt, dass sie für sich auswählen kann, welche Ernährungsweise zu ihr passt und ihr guttut. Sie sollte daraus keine Ideologie machen, wie es viele tun, und sich nicht darin „verbeißen"; dennoch tut es ihr gut, wenn sie in ihrer Ernährung eine gewisse Konsequenz einhält.

Das liebevolle Verhältnis der Dakini zu ihrem Körper zeigt sich darin, dass sie ihn in für sie angemessener Weise und ihrem Alter entsprechend pflegt. Ein älterer Körper braucht mehr Pflege als ein junger. Sie kann dabei auf viele Angebote (Frisör, Kosmetik, Sauna, Massagen und vieles mehr) zurückgreifen, mit denen sie sich verwöhnen lassen kann. Entscheidend hierbei ist, dass sie das nicht für andere tut oder um äußerlich einem bestimmten Bild zu entsprechen, sondern dass sie diese angenehmen Dinge bewusst genießt und sich selbst damit die Botschaft gibt: „Ich tu mir gut."

Ihre Kleidung ist ein Ausdruck ihrer inneren Haltung zu sich selbst als Frau und zu ihrer Weiblichkeit. Eine Dakini wählt ihre Kleidung sorgsam aus und greift sich morgens nicht einfach irgendetwas aus dem Schrank. Ihr Outfit muss nicht dem neuesten Modetrend folgen, sollte aber so gewählt sein, dass sie sich damit wohlfühlt und es ihrem Typ entspricht. Ein sportlicher Typ wählt andere Kleidung als ein verspielter, und eine Frau im Büro oder in führender Position trägt anderes als die Hausfrau und Mutter. Und wenn sie mit ihrer Familie oder Freunden einen Ausflug macht, zieht sie etwas anderes an als zu einer Theatervorstellung. Das entscheidende Kriterium für ihren Kleidungsstil ist, dass er die Freude an ihrem Körper und ihrer Weiblichkeit ausdrückt, die sie gerne zeigt. Dafür dürften figurbetonende Kleidungsstücke geeigneter sein als ausgebeulte Hosen und Schlabberpullover oder ausgelatschte Sandalen.

Beziehung zu anderen und dem Leben
Die Dakini-Frau erlebt sich als Schöpferin ihres eigenen Lebens und übernimmt die Verantwortung für all ihre Gedanken, Gefühle und Handlungen sowie für die Gestaltung ihrer Beziehungen und ihrer gesamten Lebenswirklichkeit. Sie hat das Handwerkszeug gelernt, um ihr Herz und ihren Geist zu öffnen und in einer beständigen Liebesbeziehung mit sich selbst zu verweilen. Dadurch kann sie sich selbst alles schenken, was sie braucht, um ein glückliches Leben zu führen, und muss das nicht von anderen erwarten oder gar einfordern.

Sie hat gelernt, auf ihre Gefühle und Gedanken Einfluss zu nehmen, sie zu hinterfragen, wenn es ihr mal nicht gut geht, und sie innerlich wieder so auszurichten, dass sie glücklich ist.

Sie hat die Opferrolle, die ihr durchaus durch das kollektive weibliche Unbewusste vertraut ist, aufgegeben. Weder macht sie den anderen (vorzugsweise den Mann) für ihre schlechte Stimmung oder Missgeschicke verantwortlich, noch erwartet sie von ihm, dass er sie glücklich macht. Sie muss auch nicht mehr gegen ihn kämpfen, um sich behaupten zu können, denn sie fühlt sich unabhängig und frei und weiß, dass das Glück einzig und allein in ihrer Hand liegt.

Eine Dakini kann gut und glücklich mit sich allein sein. Sie hat ihre Einsamkeits- und Verlassenheitswunde aus der Kindheit geheilt und hat einen positiven Umgang auch mit unangenehmen Gefühlen wie Angst, Trauer oder Schmerz gefunden. Das entlastet die Partnerschaft und macht das Zusammenleben mit ihr sehr entspannt und angenehm.

Sie hat dadurch eine große innere Freiheit und Unabhängigkeit, die vor allem auch ihrem Partner zugute kommt, den sie kommen und auch wieder gehen lassen kann. Sie muss ihn nicht festhalten, damit er ihr für „immer und ewig" zur Verfügung steht, und muss schon gar nicht alles mit ihm teilen.

Denn eine Dakini ist nicht fixiert auf einen Mann, der ihr alle Bedürfnisse befriedigen soll. Das widerspricht ihrem Wesen. Sie ist so voller Offenheit, Neugierde und Begeisterung für das Leben, dass sie neben ihrem Mann oder auch als Single viele Freundinnen und Freunde hat, mit denen sie die schönen Seiten ihres Lebens teilt.

Besonders mit anderen Frauen ist sie freundschaftlich und sehr nah verbunden. Mit ihnen teilt sie ihre intimen Geheimnisse und tauscht sich über alle Fragen des Lebens aus, auch über ihre Sexualität. Es ist ihr fremd, mit ihren Schwestern um die Anerkennung des Mannes zu buhlen. Sie findet genügend Bestätigung in sich selbst. Daher gibt sie anderen Frauen sehr viel, einfach indem sie da ist oder ihnen mit Rat und Tat zur Seite steht. Dies betrifft auch das Verhältnis von älteren zu jungen Frauen, die sich durch die „Älteren" sehr genährt und unterstützt fühlen können.

Daher sind Dakini-Frauen regelmäßig zusammen und treffen sich auch gern mit anderen Frauen, um miteinander zu feiern, zu tanzen oder Kreatives zu gestalten.

Die Dakini ist begeisterungsfähig sich selbst, dem Leben und den Menschen gegenüber. Sie lässt selten einen Anlass aus, wo sie neue interessante Menschen kennenlernen kann. Sie geht gern auf Partys oder ähnliche Veranstaltungen, bei denen sie ihre Lebensfreude und -lust gebührend mit anderen feiern und ihre Weiblichkeit beim Flirt oder Tanzen genießen kann.

Sie geht mit offenem, interessiertem Blick durchs Leben, ob das nun die Einkaufsmeile in der Stadt ist, die Bar oder Orte, an denen sie anderen Menschen begegnen kann: Ein beiläufiges, nettes Geplänkel, eine liebevolle, aufmerksame Geste oder auch der aufregende kurze Flirt mit einem Mann sind die vielen kleinen Momente, in denen sie sich in ihrer Liebe und Lebensfreude erleben kann.

Neue Wege in Partnerschaft und Erotik

Von Beginn an existieren die Menschen als Frau und Mann, suchen sich, sind in ihrer Polarität aufeinander ausgerichtet. In keiner anderen Beziehung erfahren wir die Liebe so intensiv und allumfassend wie in der Liebesbeziehung. Immer wieder besungen, neu erdichtet, ist die Liebe die Kraft, die uns immer wieder den anderen suchen lässt.

Mann und Frau sind in der Geschichte der Menschheit einen langen Weg miteinander gegangen, der mehr mit Machtkampf und Abhängigkeit als mit wirklicher Liebe zu tun hatte, und sind mittlerweile so weit voneinander entfernt wie der Nordpol vom Südpol.

Eine neue Annäherung kann in diesem Jahrhundert stattfinden, wenn Frau und Mann sich im Kreis des eigenen Geschlechts neu gefunden und definiert sowie die kollektive Wunde für sich erkannt und geheilt haben.

Die Vision eines neuen Miteinanders ist getragen von der Frau, die in ihrer Weiblichkeit ganz angekommen ist, und dem Mann, der seine Männlichkeit in Stolz und Würde lebt, wenn beide die Scham über die eigene Geschlechtlichkeit hinter sich gelassen haben. Indem die alte Beziehungsgeschichte von Entwürdigung und gegenseitiger Verletzung aufgegeben ist, wird Eros befreit und führt die Liebe zwischen Mann und Frau zu ihrer Bestimmung: dem Tanz des Maskulinen mit dem Femininen.

Tango Argentino

Dieser Paartanz zeigt auf schöne Weise, wie die neue befreite Liebesbeziehung zwischen Frau und Mann aussehen kann, welche Formen und Dynamiken beim Tango wesentlich und zu beachten sind. Als Erstes das ganz Offensichtliche, das so banal ist, dass es häufig übersehen wird: Mann und Frau sind unterschiedlich gekleidet, er im Anzug, dunkel, korrekt, was für Führung und Struktur steht. Sie, in schwarzem oder rotem Kleid, drückt das spielerisch-gestaltende Element wie auch die Erotik aus. In dem Tanz akzeptieren beide ihre unterschiedlichen Aufgaben: Der Mann führt, die Frau lässt sich führen.

Der Beziehungs-Tanz hat zunächst nur einen Sinn, er dient dem Genuss der Tanzenden, ist Ausdruck von Lebensfreude und verstärkt diese.

Der Tanz wurde als großartigste Sportart bezeichnet, weil dabei nicht nur der ganze Körper bewegt wird, sondern auch Herz und Seele, und weil Endorphine (Glückshormone) ausgeschüttet werden, ähnlich wie beim Sex. Beherrscht das Paar seinen Tanz, strahlt es eine elegante Würde und Erhabenheit aus, die den Zuschauer berührt.

Tango Argentino basiert wie kaum ein anderer Paartanz auf dem Spiel von Nähe und Distanz, deren Balance auch in der Beziehung gehalten werden will. Mal sind die Körper ganz dicht aneinander geschmiegt, im nächsten Moment streben sie auseinander. Mal ist die Bewegung schwungvoll und dynamisch, und im nächsten Moment „erstarrt" das Paar. Diese Dynamik bewirkt eine permanente Spannung, die die ganze Zeit über gehalten wird. Sie wird niemals aufgegeben, mit keiner Bewegung. Beide Tanzpartner sind äußerst präsent, wach in ihren Körpern und Bewegungen, aufmerksam sich selbst und dem anderen gegenüber. Die Energie der Bewegung sowie ihrer beider Präsenz erzeugen eine Spannung, die wir als Erotik bezeichnen: das Knistern zwischen Frau und Mann.

In diesem Tanz finden beide ihren ganz eigenen Ausdruck ihrer geschlechtlichen Identität, derer sie sich vollkommen bewusst sind und die sie in schöner Form ins Spiel bringen.

So kommen sie sich näher und erleben auf spielerisch-tänzerische Art, ob sie beide zusammenpassen – und das nicht vom Intellekt her, sondern im sinnlich-körperlichen Bereich. Ihre Körper müssen zueinander passen und miteinander harmonieren, die Frau muss den Mann gut riechen können, nicht nur im übertragenen Sinn, sondern auch ganz direkt, wenn er schwitzt (umgekehrt natürlich genauso).

Soll der erotische Tanz gelingen und Freude machen, setzt das voraus, dass beide ihre Rollen akzeptieren und ihre ursprüngliche

Aufgabe wahrnehmen. Der Mann entwickelt einen eigenen guten Führungsstil, während die Frau Freude darüber empfinden darf, sich führen zu lassen. Beide akzeptieren diese polaren Vorgaben. Würden sie bei jedem Tanz neu diskutieren, wer die Führung übernimmt, gäbe es ein ziemliches Chaos – und die Freude wäre dahin. Der Mann entwickelt zwar seinen Führungsstil, doch das übergeordnete Element ist die Musik, die er interpretiert. Er lauscht der Musik, muss ihren Rhythmus in seinem Körper spüren und wissen, wie er sie in Bewegung und Figuren umsetzt.

Die Frau, die sich führen lässt, muss die dafür notwendigen Qualitäten für sich entwickelt haben: Sie muss empathisch sein und die Impulse des Mannes spüren, noch bevor er sie gibt; sie muss mit dem männlichen Körper mitschwingen können und sich ihm anpassen. Die Brillanz gewinnt der Tanz immer durch die Frau. Sie greift die Impulse des Mannes auf und macht etwas Besonderes daraus, einerseits durch die Schönheit und Eleganz ihrer Bewegungen, die sie bewusst einsetzt, andererseits durch die kreative und elegante Gestaltung ihrer Figuren. Aus einem einfachen Tanz ein brillantes Meisterwerk zu schaffen, das fasziniert, gelingt aber nur, wenn beide die für sie notwendigen Qualitäten entwickelt haben und ihre Schritte und Figuren beherrschen. Der Nichtwissende stolpert über seine eigenen Füße und verärgert den Partner, der ihn stehen lässt. Statt Freude wird dann Enttäuschung, Frustration und Zorn produziert – wenngleich auch unbeabsichtigt. Der Tanz verliert seinen Reiz, und die beiden trennen sich, um sich nicht weiter gegenseitig zu enttäuschen und zu frustrieren. Mann und Frau müssen vorher in die Schule gehen und lernen. Zwar kann man auch mit dem Partner lernen und lernt mit jedem Tanz dazu – doch muss man zumindest die Grundschritte beherrschen.

Der Tanz der Polaritäten

Am Paartanz können wir viel über die Beziehungsdynamik von Frau und Mann erkennen. Zunächst gilt es erst einmal die Verschiedenheit der Geschlechter und die daraus entstehenden verschiedenen Aufgaben zu akzeptieren.

Die Frau ist ein in sich ruhendes Wesen, sie ist sich ihrer Kraft, Schönheit und ihrer Fähigkeiten bewusst. Ihre pulsierende

Lebensenergie drängt sie ganz von selbst zu Bewegung, Spiel und Tanz, die ihre ursprüngliche Lebensfreude vermehren. Schon als kleines Mädchen dreht sie sich tanzend im Kreis und bringt ihre Freude auf diese Weise zum Ausdruck.

Diese Wesensart der Frau, die sich um sich selbst dreht, erkennen wir ganz explizit in der Ballerina, aber auch in jeder anderen Tänzerin wieder. Der Tanz ist das Element der Frau, in ihm findet ihr ursprüngliches Wesen seinen Ausdruck. Daher tanzen die meisten Frauen sehr gern und beklagen häufig, dass ihre Männer diese Leidenschaft nicht mit ihnen teilen. Die Eleganz ihrer anmutigen Bewegung zieht den Blick des Mannes auf sie, der sich an ihrer Schönheit erfreut. Der Blick der Frau ist dabei nach innen gerichtet, konzentriert auf die eigene Kreativität. Indem die Frau sich selbst schön findet und sich damit zeigt, erhält sie die bewundernde Aufmerksamkeit des Mannes. Der fühlt sich instinktiv zu ihr hingezogen und spürt sein Begehren, an ihrem Tanz teilzunehmen.

Aufmerksamkeit und Bewunderung ist die Energie, bei der die Frau aufblüht und sich noch mehr zu der farbenprächtigen Blüte entfaltet, die sie tief verborgen in sich trägt. Dabei wächst sie über sich selbst hinaus, indem sie alles schenkt, was sie sonst oft verborgen hält: ihr bezauberndes Lächeln, die anmutigen Bewegungen ihres weichen Körpers, die dem Mann Versprechungen machen und ihn einladen, ihre Geheimnisse zu erkunden. Sein Eroberungswille ist erwacht. Das ist der Flirt zwischen Mann und Frau, der zunächst nur über den Augenkontakt abläuft: ein versprechendes Lächeln, ein verheißungsvoller Blick, eine einladende Geste, die ein fragiles Band von Anziehung entstehen lässt.

Diese Anziehung beginnt, wenn der weibliche auf den männlichen Pol trifft und Energie entfacht wird, sodass die Funken sprühen. Auch wenn nicht gleich ein loderndes leidenschaftliches Feuer entsteht, kommt es doch zu einem energetischen Austausch zwischen den beiden, der eine Bestätigung für das eigene Frau- und Mannsein bewirkt und beide erfreut, erquickt und beherzt. Der Flirt, der am Beginn jeder Beziehung steht, geschieht, wenn sich Frau und Mann ihrer selbst als sexuelles Wesen gewahr sind. Die Einladung geht dabei immer von der Frau aus und kann zu jeder Zeit und an jedem Ort stattfinden: auf der Straße, im Supermarkt, im Büro, am Strand. Es ist die ganz natürliche Eleganz und Würde einer Frau, die sich jeden Moment ihrer Weiblichkeit gewahr ist und diese ausdrückt. Es ist das Strahlen ihrer inneren Sonne, die den Mann stehen bleiben lässt. Manche Frauen missverstehen das Wesen des Flirtens als ein bewusstes „Anbaggern". Sie suchen mit ihren Freundinnen den dafür geeignetsten Ort, die Disco auf, putzen sich übermäßig heraus und halten den ganzen Abend Ausschau nach den Männern. Statt auf sich zu schauen und die tolle Musik und das Tanzen zu genießen, lassen sie ihren Blick im Außen über die anwesenden Männer schweifen. Dabei gehen sie innerlich von sich weg, verlieren den Kontakt zu sich selbst, was oftmals in ihren gleichförmigen Bewegungen und ihrem leeren Blick zum Ausdruck kommt. Gehen sie dann nachts allein nach Haus, fühlen sie sich müde und ausgebrannt, wenn ihre inszenierte Show erfolglos und ohne männlichen Anschluss geblieben ist.

Der Flirt ist in seinem Ursprung eine aufregende Begegnung zwischen Mann und Frau, die manchmal nur einen Augenblick dauert, doch starke erhellende Auswirkungen auf die Stimmung hat. Jede Menge Endorphine werden dabei ausgeschüttet, Freude am Spiel erlebt. Die Frau erhält viel Aufmerksamkeit und Selbstbestätigung, ihr Selbstbewusstsein wird gestärkt. Viele Frauen trauen sich nicht zu flirten oder sind geradezu „Flirtmuffel". Neben einer schlechten Grundstimmung und Angst vor der unsicheren Situation ist der größte Flirtkiller jedoch mangelnde Aufmerksamkeit und das fehlende Gewahrsein der eigenen Weiblichkeit. Eine Frau, die Freude und Stolz auf ihr Frausein ausstrahlt, zeigt mit jeder Zelle ihres Körpers ihre weibliche Sinnlichkeit, die unwillkürlich den Blick des Mannes auf sich zieht.

Am Anfang ist Eros

Im Honeymoon zu Beginn der Beziehung ist die Lust auf den Partner allgegenwärtig. Die Frau sucht die Nähe des Partners und ist beseelt von dem Wunsch, bei ihm zu sein. Eros, das Feuer der Leidenschaft, brennt für den anderen, begehrt ihn, sucht ihn für sich zu gewinnen. Der Adrenalinspiegel erhöht sich enorm, beflügelt von der Aufregung und der Neugierde auf den noch unbekannten Mann. Die Frau will ihn kennenlernen, ihn erforschen und sich selbst dabei erfahren im Spiel der unterschiedlichen Kräfte, im Spannungsfeld der Sexualität.

Eros ist ein wesentlicher Bestandteil unserer Sexualität und lebt von der Fremdheit, von der Distanz. Ohne Distanz gibt es keine Anziehung. Das magnetische Feld der Anziehung entsteht durch die Verschiedenheit und Fremdheit der männlichen und weiblichen Polarität. Alle natürlichen Erscheinungen auf dieser Erde existieren im magnetischen Spannungsfeld zweier Pole. Der Nord- und Südpol der Erde schaffen ein magnetisches Kraftfeld, der positive und negative Pol ermöglichen den elektrischen Stromkreislauf. Auf vergleichbare Weise besteht ein starkes sexuelles Magnetfeld zwischen dem maskulinen und femininen Pol – damit entwickeln sich starke sexuelle Gefühle zwischen Mann und Frau. Mal steigt die Spannung, wenn die Geliebten eine Weile getrennt sind, dann wieder sinkt sie im vertrauten Miteinander von Liebe und Intimität. In diesem Spiel von Nähe und Distanz bleibt die magnetische Spannung, die sexuelle Anziehung, erhalten. Kommt der maskuline Pol mit dem femininen eng zusammen oder verschmelzen sie gar miteinander, wird die magnetische Spannung neutralisiert. Je mehr die Fremdheit zugunsten der Vertrautheit weicht, die Distanz von Nähe und Gemeinsamkeit abgelöst wird, geht die sexuelle Anziehung zwischen Mann und Frau zurück, und die Sexualität verabschiedet sich zunehmend aus der Partnerschaft.

Sicherheit und Geborgenheit contra Abenteuer und Erregung

Stabile Partnerschaften beruhen auf Nähe, Verlässlichkeit, Berechenbarkeit, Vertrautheit. Die Liebe sucht das Gleiche, die Intimität. Je mehr Gemeinsamkeit Sie mit Ihrem Partner entwickeln, umso mehr fühlen Sie sich gesehen und bestätigt. In dieser Liebe und Bestätigung Ihrer selbst fühlen Sie sich erhaben und stark. Diese Gefühle sollen andauern und nicht mehr aufhören; Sie wollen daran festhalten. Sie entwickeln gemeinsame Rituale, Gewohnheiten und Verbindlichkeiten, die helfen sollen, die Liebe verlässlich zu machen. Auf diese Weise beginnen Sie, die Liebe abzusichern – und geben dafür einen Teil Ihrer Freiheit auf. Sie freuen sich über Behaglichkeit und Sicherheit. So könnte es immer weitergehen, würde sich nicht schleichend und unbemerkt wie ein Virus die eheliche Routine und Langeweile ausbreiten. Denn Sie haben dabei übersehen, dass die Hochgefühle in der Verliebtheit

Ihrer Beziehung gerade mit einem gewissen Maß an Unsicherheit verbunden waren und die Schmetterlinge im Bauch durch das Risiko, sich auf den Unbekannten einzulassen, hervorgerufen wurden. Diese Unsicherheit, das Unbekannte, wird jedoch jetzt in der Beziehung verbannt, Spontaneität ist nicht mehr angesagt, und Überraschungen werden zur Mangelware. In allen lang andauernden Beziehungen macht sich diese Entwicklung bemerkbar, weil in ihnen Planung dem Unvorhersehbaren, die Gewohnheit dem Risiko vorgezogen wird. Wir neigen dazu, unsere Ängste davor, den anderen zu verlieren und wieder allein zu sein, mit Kontrollversuchen zu besänftigen, und fühlen uns erst sicher, wenn der andere stets an unserer Seite und unserer Meinung ist. Wir gehen Kompromisse ein, passen uns an und suchen den gemeinsamen Nenner, der immer ein „kleinster" ist. In dem Bemühen, alles Befremdliche und Risikobehaftete aus der Beziehung zu verbannen, kommt die Leidenschaft abhanden.

Dies berichten viele moderne Paare, die über lange Jahre zusammenleben und miteinander sehr vertraut geworden sind. Es ist eines der herausstechendsten Themen in der Therapie, dass Paare im Laufe ihres Zusammenlebens immer weniger Sex haben, obwohl sie sich lieben, der gemeinsame Alltag harmonisch bewältigt wird und sie gut miteinander kommunizieren. Viele Paare bleiben aus den zuletzt genannten Gründen zusammen. Die gewonnene Vertrautheit, die soziale und emotionale Sicherheit, die gemeinsamen Kinder, die aus ihrer Liebe hervorgegangen sind und die sie weiter gemeinsam begleiten wollen, stehen als Motive im Vordergrund, obwohl die lebendige Sexualität schmerzlich vermisst wird. Sexualität aber ist noch immer die Kraft, die uns als Liebespaare zusammenführt und auch zusammenhält. Wir sind von Geburt an sexuelle Wesen. Die Eigenschaft der Sexualität ist, dass sie nach außen drängt, sich versprühen will. Wir wollen uns mit einem anderen Menschen verbinden. Findet die Sexualität in der Partnerschaft keinen adäquaten Ausdruck, sucht sie sich einen Weg außerhalb. Einer oder beide Partner gehen fremd. Für viele scheint es ein unlösbares Dilemma, wie Geborgenheit und Häuslichkeit mit Sexualität vereinbart werden können.

Wir alle haben ein Grundbedürfnis nach sozialer und emotionaler Sicherheit, nach Nähe und Geborgenheit, nach einem Zuhause. Es ist dafür verantwortlich, dass wir auch heute noch verbindliche Partnerschaften eingehen. Der Wunsch nach Intimität und Nähe, Vertrautheit und Miteinander führt uns jedoch in der Paarbeziehung oftmals in eine Symbiose mit dem Partner. Unsere Liebe zum Mann macht, dass wir uns ganz mit ihm verbinden, mit ihm verschmelzen wollen. Wir wollen ihn von Grund auf kennen, alles mit dem anderen teilen. Nichts Trennendes soll zwischen uns stehen – auch keine Geheimnisse. Wir sorgen und kümmern uns um ihn, denn wir fühlen uns für sein Glück verantwortlich. Durch die narzisstische Wunde unserer Kindheit versuchen wir alles, um mit dem Partner ein warmes Nest des Vertrauens, der Nähe und Geborgenheit zu schaffen, suchen alles, was diesen Prozess verstärkt, und meiden, was ihn infrage stellen könnte. So gibt es gemeinsame Projekte wie Hausbau und Kinder, gemeinsamen Urlaub, gemeinsame Hobbys, gemeinsame Philosophie, Glauben etc. Manchmal geht das so weit, dass man sich eigene Wünsche und Träume, die den Partner dabei ausschließen, nicht einmal mehr eingesteht. So wird das symbiotische Band immer enger, bis einem der Beziehungspartner die Luft zum Atmen wegbleibt und die sexuelle Lust auf den anderen immer mehr verkümmert. Diese Partnerschaft gerät erheblich in Schieflage, wenn nur gelebt wird, was der Nähe dient, und alles Befremdliche ausgegrenzt wird. Denn wir haben auch ein nicht minder starkes Bedürfnis nach Abenteuer und fremden Reizen. Wir sind neugierig und gehen gern auf Entdeckungsreise. Wir benötigen die Distanz, die uns den anderen aus einer neuen Perspektive wieder neu erkennen lässt.

In unseren Partnerschaften vermögen wir diese Widersprüche meistens nicht zu lösen, da den meisten das Wissen darüber und die Fähigkeit des bewussten Umgangs damit fehlen. Ja, unsere romantischen Vorstellungen von Liebe, die medienwirksam verbreitet werden, verhindern geradezu, dass wir einen aufgeklärten und bewussten Umgang mit diesen Polen in unserer Beziehung finden und damit auch zu glücklichen und erfüllten Partnerschaften.

In den folgenden Kapiteln gehe ich der Frage nach, wie in einer verbindlichen Partnerschaft die Balance zwischen den Polen von Sicherheit und Abenteuer, Vertrautheit und Fremdheit, Nähe und Distanz, Geborgenheit und Unsicherheit, Liebe und Sex gehalten werden kann. Die Grundthese, die meinen Ausführungen zugrunde liegt, ist die, dass Partnerschaft nur in einem ausgewogenen Verhältnis dieser beiden Pole auf Dauer gelingen kann.

Erotik lebt von der Distanz

Sexuelle Lust, Erotik, Leidenschaft lebt von dem Unbekannten und Geheimnisvollen. Lust verträgt sich nicht mit Wiederholungen und Gewohnheiten. Sie möchte unabhängig von Kontrolle und Sicherheit gelebt werden und lässt sich nicht einzwängen. Natürlich braucht jeder ein gewisses Maß an Geborgenheit und Verlässlichkeit, denn sie geben emotionale Sicherheit, die für unser Wohlbefinden wichtig ist. Gewinnen Sicherheit und Stabilität in der Beziehung jedoch Vorrang, ziehen sich Lust und Leidenschaft zurück. Das, womit wir unsere Beziehungen fördern und stützen wollen: absolute Offenheit, Verständnis und Gleichheit, fördert nicht unbedingt den leidenschaftlichen Sex. Wenn also die beiden Beziehungspartner alles ganz offen miteinander bereden, sie sich ihre Geheimnisse erzählen, fördert das erst einmal das freundschaftliche, vertraute Band zwischen ihnen, nicht aber die Erotik. Nur in den allerwenigsten Fällen kann der „beste Freund" auch zugleich der leidenschaftliche Liebhaber sein.

Gleichmachungswahn versus Erotik

Ein großer Irrtum heutiger Frauen ist, die Errungenschaften des Feminismus eins zu eins auf die Sexualität zu übertragen. Gleichheit, Demokratie, Konsensbildung, Toleranz sind erhabene Werte, auf die heute niemand mehr verzichten will. Werden sie jedoch wortwörtlich ins Schlafzimmer mitgenommen, hat das ziemlich langweiligen Sex zur Folge. Wird der gesellschaftliche Egalitarismus buchstabengetreu auf die Liebesbeziehung von Mann und Frau übertragen, wird diese ent-erotisiert und neutralisiert; aus dem Liebespaar werden „Brüderchen und Schwesterchen", die sich lieb an den Händen halten und sich ansonsten gegenseitig in Ruhe lassen.

Erotik und Sexualität, ja selbst die Liebe untersteht anderen Regeln als eine politisch korrekte feministische Gesinnung, die mit ihrem Gleichheitsanspruch jede Erotik, jedes lodernde Feuer zwischen den Geschlechtern auslöscht. Es steht außer Frage, dass der Feminismus folgenreiche Verbesserungen in allen Lebensbereichen für die Frauen erwirkt hat. Ohne die ökonomische Unabhängigkeit und gesellschaftliche Gleichstellung gäbe es auch keine sexuelle Freiheit für die Frauen. Diese tief greifenden historischen Errungenschaften gilt es zu würdigen. Jedoch zeigen sich heute, in der postemanzipatorischen Zeit, die sicherlich unbeabsichtigten negativen Folgen, die die Fokussierung der Gleichberechtigung auf das Frau-Mann-Verhältnis hat. Frauen wie Männer sind zunehmend verunsichert in ihrer eigenen Identität und ihrem Rollenverhalten. Der vehemente Kampf gegen weibliche Abhängigkeit und Opfertum hat bei Frauen dazu geführt, dass sie den Kontakt zu ihren weiblichen Qualitäten wie Hingabe und Sich-fallen-Lassen verloren haben. Die rigorose Ablehnung von männlicher Dominanz und Aggression hat den Mann kastriert, sie hat ihn seiner männlichen Kraft und Würde beraubt. Dies zeigt sich in Symptomen der Verweichlichung, wenn er die Herausforderungen in der Beziehung als lastenden Druck empfindet, Konflikten nicht standhält und ihnen aus dem Weg geht und mit seiner Beflissenheit, es der Frau recht zu machen, den Zugang zum eigenen Willen und seiner phallischen Kraft verliert. Sein unterwürfiges Verhalten lässt fast ein Unterlegenheitsgefühl gegenüber der Frau vermuten und eine Angst, ihr nahezukommen. Das ist die Klage vieler Frauen, die sich mit der Bewältigung der alltäglichen Anforderungen allein überlastet fühlen und die Unterstützung eines Mannes an ihrer Seite vermissen. Immer wieder höre ich von Frauen im Flirttraining: „Die Männer trauen sich doch gar nicht mehr uns anzusprechen. Sie stehen da, gucken und halten sich an ihrem Bierglas fest. Ich bin offen und versuche zu flirten, aber die Männer reagieren nicht oder sind verschreckt." In der Angleichung der Geschlechter ist der Mann feminisiert worden und hat dabei immer mehr von seiner ureigenen maskulinen Feuer-Energie eingebüßt. Er ist zum „Nice guy" geworden, wie ihn Bjørn Thorsten Leimbach in seinem Buch „Männlichkeit leben" beschreibt: ein sanftmütiger Mann, der darauf bedacht ist, es ihr immer und überall recht zu machen. Er überlässt der Frau die Entscheidungen, hängt sich an ihre Unternehmungen dran, hütet die Kinder, kauft ein und gießt die Blumen. Doch als Liebhaber scheitert er, denn ihm fehlt der Mut, eine Frau anzusprechen und zu begeistern. Das Maskuline hat sich hinter das Feminine zurückgezogen und kommt nicht mehr zum Ausdruck. Die maskuline Energie will doch gerade Unbekanntes entdecken und erobern, liebt das Abenteuer und den Wettkampf, das Risiko und die Herausforderung. Sie liebt es, den weiblichen Pol zu begeistern, mitzureißen und zu erobern. Je mehr die Frau darauf eingeht, mitspielt, sich ihm hingibt, umso mehr wird das maskuline Feuer gestärkt. Die Frau wünscht sich zutiefst nichts anderes, weil das ihrer femininen Essenz entspricht. Sie möchte gesehen und in ihrem Wesen erkannt werden, möchte begeistert und erobert werden.

Gerade weil sie heute durch die beruflichen Anforderungen sehr stark ihre maskuline Energie lebt, hat sie das Bedürfnis, sich in Liebe und Sexualität fallen lassen zu können. In unseren Singleseminaren machen wir zu Beginn eine einfache Übung. Während die Frau mit geschlossenen Augen auf dem Rücken liegt, tritt ein Mann hinter sie, richtet sie behutsam auf und hält sie eine ganz lange Weile in seinen Armen. Die Frau ist dabei eingeladen, einfach nur zu entspannen und sich immer tiefer in seine Arme sinken zu lassen. Es braucht oft eine gewisse Zeit, bis die Frau sich für die Art des Kontaktes ganz öffnen und sich hingeben kann. Gelingt ihr dies, ist sie stark berührt und findet einen tiefen Kontakt zu ihrer weiblichen Energie. So simpel die Übung ist, so ist sie doch für viele Frauen eine der wichtigsten Erfahrungen im Seminar, auf die sie viel zu lange schon verzichten mussten. Sich in die Arme eines Mannes fallen zu lassen, von ihm gehalten zu werden, den Rücken gestärkt zu bekommen ist die tief verborgene Sehnsucht vieler Frauen, die in ihrem Alltag viel zu sehr ihren „Mann" stehen müssen, als dass sie Frau sein könnten.

Viele Frauen haben heute große Probleme, sich ihr Bedürfnis nach Hingabe einzugestehen, denn sie geraten damit in Verdacht, das Erbe der Frauenbewegung zu verraten. Doch sexuelle Liebe ist nicht immer politisch korrekt. Im Gegenteil: Je kontrastreicher die Positionen der Sexualpartner sind, umso mehr Spannung entsteht. Die Lust lebt von dem Spiel mit ungleichen Rollen und den entgegengesetzten Qualitäten von Eroberung und Hingabe, Führung und Vertrauen.

Die weibliche Lust sucht Hingabe in der Liebe. Sie will sich mitnehmen lassen von dem Einfallsreichtum des Mannes, will sich begeistern lassen von seiner phallischen Präsenz, von ihm erobert und genommen werden. Lässt der Mann sich von der Offenheit ihres Herzens und ihrem Vertrauen in ihn berühren, kann die sexuelle Energie zwischen den beiden stark fließen. Die Angst der Frau vor der phallischen Energie kann sich dann in Neugierde, Faszination und Wertschätzung verwandeln; die Angst des Mannes, vom Weiblichen verschlungen zu werden, in pure Kraft, Stolz und Würde. Das sexuelle Liebesspiel ist wie ein Tanz, in dem das Maskuline führt und das Weibliche mitgeht. Das Maskuline und das Feminine sind zwei gleichwertige Qualitäten, die sich gegenseitig bedingen und den gemeinsamen Tanz zur Ekstase vorantreiben. Beide begegnen sich auf Augenhöhe und sind innerlich frei, ihren Part zum Gelingen des gemeinsamen Tanzes beizutragen. Es gibt dabei kein Besser oder Schlechter, kein Größer oder Geringer. Der Machtkampf der Geschlechter hat hier ausgedient, denn beide haben verstanden, dass sie innerlich frei sind. Dies kann nur gelingen, wenn die Frau ihre vulvisch-weibliche Energie vollkommen bejaht und genießt, der Mann seine phallisch-maskuline.

Die Lust liebt durchaus gewisse Machtspiele, baut sich auf durch gebieterische Forderungen, verführerische Dominanz und Bereitschaft, sich auszuliefern. Wer das kategorisch ablehnt, verkennt den Charakter von Erotik und Lust und ist noch in der alten Opfer-Täter-Geschichte verhaftet. Dahinter verbirgt sich oftmals die Angst der Frau, im sensiblen Bereich von Liebe und Sexualität (wieder einmal) verletzt zu werden. Vor allem aber ist sie gefangen in dem alten Opfergefühl, das es ihr nicht erlaubt, sich hinzugeben und ganz zu schenken. Der Mann hält sein kostbarstes Gut, das er zu geben hat, seine phallische Kraft, ebenfalls zurück. Beide weigern sich damit, sich in ihrer ursprünglichen Energie dem anderen zu schenken, und vermeiden so ihr Liebesglück. Der Lebensfluss, der aus dem Tanz der Polaritäten entsteht, versiegt: Die Männer leiden unter Erektionsstörungen, die Frauen unter Orgasmusproblemen. Da die sexuellen Störungen die Liebe und den Sex erheblich belasten und einschränken, ziehen sich beide immer mehr aus Liebe und Sexualität zurück. Sie wollen sich nicht permanent der Frustration und der Scham, die damit verbunden sind, aussetzen und verzichten dann lieber ganz darauf. Der Gleichheitswahn der Emanzipation hat die Lust besiegt. Die Singlegesellschaft heutiger Zeit macht uns darauf aufmerksam, wie sehr Männer und Frauen sich voneinander zurückgezogen haben, weil sie sich mit der herausfordernden Begegnung des anderen Geschlechts überfordert fühlen. Wollen Frauen heute wieder mehr Liebe und Erotik in ihrem Leben erfahren, müssen sie Liebe und Sexualität vom Gleichmachungswahn befreien und den Machtkampf mit dem Mann beenden, indem sie ihre feminin-vulvische Energie zunächst für sich entdecken und genießen, um sich dann damit dem Mann zu schenken.

Mann bleibt Mann und Frau bleibt Frau

*Ich bin nicht du und ich kenne dich nicht.
So bleib ich bei mir und lass dich bei dir.*
(Astrid Leila Bust)

Ich bin nicht du – und du darfst anders sein als ich

Je stärker die Verschmelzungsfantasien in der Partnerschaft aktiviert werden, umso mehr identifiziert sich die Frau mit ihrem Mann. Sein Leben ist ihr Leben, und alles, was er darstellt und tut, wirft ein Licht auf sie selbst – so meint sie. Das führt bei manchen so weit, dass alles aufeinander abgestimmt wird: Freizeit, Hobbys und Freunde gibt es nur noch in Union, Kleidung und Verhaltensweisen werden ausgewogen aufeinander abgestimmt. Je stärker die Identifizierung mit dem Partner ist, umso mehr muss er die eigenen Vorstellungen auch erfüllen. Da wird jede Abweichung für das eigene Ego bedrohlich und jedes unerwartete Verhalten inakzeptabel.

Viele Frauen identifizieren sich sehr stark mit ihrer Beziehung. Die Partnerschaft ist klassischerweise ihre Domäne, was bedeutet, dass sie viel Zeit, Energie und Gedanken darauf verwenden. Frauen reden mit ihren Freundinnen über Beziehungsfragen und über die Männer im Allgemeinen, lesen Beziehungsratgeber, Männer- und Frauenbücher dazu. Da die Frau auch mehr soziale und emotionale Kompetenz in Beziehungsdingen entwickelt hat als der Mann, ist sie leicht geneigt, die Partnerschaft zu dominieren. Sie hat die Belange der Beziehung im Auge und hat eine hohe Motivation, diese zu pflegen und zu gestalten – im Gegensatz zum Mann, für den in den meisten Fällen die Partnerschaft „irgendwie" nebenher läuft und der ihr meist erst Aufmerksamkeit schenkt, wenn sie „stecken geblieben" ist. So scheint es fast natürlich, dass die Frau am besten weiß, wo es für beide langgeht. Ihre genauen Vorstellungen werden oftmals zu Forderungen, von denen der

Partner dann schnell verunsichert und überfordert ist. Er reagiert meist mit dem, was er gelernt hat: Er schweigt und zieht sich zurück. Sein Rückzug macht die Frau wütend, da sie dies als Gleichgültigkeit interpretiert, und sie reagiert noch vehementer, was ihn noch mehr zurückweichen lässt. Hier entsteht ein Teufelskreis aus Forderung, Rückzug und Enttäuschung, der Trennung und Leid erzeugt. An dieser Stelle ist die Frau gut beraten, die Liebe sprechen zu lassen und ihre Forderungen zurückzunehmen.

Dies ist sicherlich einer der schwierigsten Punkte, die Vorstellung von dem, wie es in der Partnerschaft funktioniert, loszulassen und den Partner in seinem Sosein zu lassen, das so ganz konträr zu ihrem eigenen Wesen ist, ihren Werten und ihrem spezifisch weiblichen Verhalten. Diese Einstellung geht weit über das übliche „Den anderen annehmen, wie er ist" hinaus. Es bedeutet für die Frau, den Partner-Mann als gleichwertig und ebenbürtig anzuerkennen und ein Verhalten zu akzeptieren, das ihr selbst so fremd ist, dass sie es oftmals nicht verstehen kann.

Das sind vor allem typisch männliche Verhaltensweisen wie seine Gesprächsverweigerung, sein Schweigen und sein Rückzug, wenn sie wichtige Beziehungsthemen mit ihm klären möchte, sein Desinteresse an inhaltlichen, persönlichen Gesprächen und sein Interesse an rein äußerlichen Dingen wie Computer, Auto, Sport und Geld. Dass er nur die Arbeit im Kopf hat und dieser alles untergeordnet ist, ja er sich von ihr „auffressen" lässt, statt Zeit für die Beziehung und die Kinder zu haben. Die Unfähigkeit, Gefühle wahrzunehmen und sie auszudrücken und tiefere körperliche Empfindungen zu genießen. Der Mangel an Empathie, den sie ihm häufig als Vorwurf, die Frau nicht zu verstehen und nicht zu wissen, was sie braucht, entgegenhält. Dass Männer zu funktional, zu schnell und mechanisch sind, ganz besonders in der Sexualität, statt zu fühlen und zu genießen.

Die Frau fordert hier, dass ihr Mann sich ihren Werten und weiblichen Verhaltensweisen anpasst. Sie erklärt diese damit zum alleinigen Maßstab und kann sehr schwer die maskulinen Verhaltensweisen akzeptieren.

„Du darfst anders sein als ich" bedeutet jedoch, die gegengeschlechtliche Energie und ihren Ausdruck nicht nur zu akzeptieren, sondern als der eigenen gleichwertig zu würdigen. Es bedeutet, den Mann zu lieben, wenn er sich schweigend zurückzieht, und ihm nicht schreiend und zeternd hinterherzulaufen. Zu akzeptieren, wenn er den Samstagnachmittag mit Freunden im Fußballstadion verbringt, statt mit den Kindern im Garten zu spielen oder die Frau beim Shoppen zu begleiten. Es bedeutet Verständnis dafür aufzubringen, wenn er seinen Pragmatismus und seine Schnelligkeit in Beziehung und Sexualität anwendet, wo sie sicherlich unangebracht sind, und zu verstehen, dass der Mangel an Empathie nicht Desinteresse oder Verweigerung ist. Das ist eine radikale Haltung, mit der die Frau darauf verzichtet, ihren Mann erziehen zu wollen, und mit der sie das Anderssein ihres Mannes anerkennt und würdigt.

Sie wissen vielleicht: Männer verlieben sich in die Frau, wie sie ist, und beschweren sich nach Jahren: „Du bist nicht mehr die, in die ich mich damals verliebt habe." Frauen verlieben sich in das Potenzial eines Mannes und versuchen es in ihrem Sinne hervorzulocken. Wird der Mann nicht so, wie sie es sich erhofften, beschweren sie sich: „Du bist ja immer noch der Alte."

Ich kenne dich nicht

Wenn Sie in einer festen Partnerschaft leben und jeden Morgen neben Ihrem Partner im gemeinsamen Bett aufwachen, beginnen Sie Ihren Tag damit, dass Sie sich diesen Satz sagen: „Ich kenne dich nicht" – und bemerken Sie die Auswirkungen auf Ihre Gefühle gegenüber Ihrem Mann.

Die Erwartung der Gemeinsamkeit und Intimität mit dem Partner in einer Beziehung führt dazu, dass wir uns in langen Jahren des vertrauten Miteinanders den anderen „aneignen". Wir glauben, den anderen genau zu kennen. Wir meinen, um seine Stärken und Schwächen zu wissen, seine Gewohnheiten und die Dinge, die er mag und die er ablehnt, zu kennen. Gerade Frauen lieben es, „Therapeutin" für den Mann zu spielen und sein Verhalten und seine Gefühle zu analysieren, um ihm dann die entsprechenden Tipps zu geben. Sie glauben oft, ihren Mann besser zu kennen als dieser sich selbst. „Mein Mann ist wie alle Männer, er zeigt keine Gefühle." „Mein Partner hat zu wenig Lust. Ich denke, er hat ein Mutterproblem." „Ich weiß doch, was du denkst. Sprich es doch aus." „Mein Mann ist mit seiner Arbeit verheiratet. Er hat keine anderen Interessen." „Mein Geliebter hat Bindungsängste. Er will nicht mit mir zusammenziehen." Diese oder ähnliche Aussagen höre ich von Frauen, die glauben, ihren Partner genau zu kennen. Sie haben sich ein festes Bild von ihm gemacht, von dem sie nur schwer abrücken. Tatsächlich wissen wir vom Partner weniger, als wir meinen. Selbst in den längsten Ehen ist es unmöglich, verlässliche Prognosen über den anderen zu stellen. Das zeigen immer wieder schockierende Erlebnisse, wenn Frauen nach Jahren entdecken, dass ihr angeblich treuer Ehemann, der kein Interesse mehr an Sex hat, über lange Zeit eine Geliebte hatte. Manche Frau hat erst nach Jahren erfahren, dass ihr Mann früher musiziert oder getanzt hat, was er in der Ehe aufgab, ohne jemals darüber gesprochen zu haben. Je länger Paare zusammenleben, umso weniger reden sie miteinander über die Dinge, die ihnen wirklich am Herzen liegen. Oftmals drehen sich die Gespräche um äußere, organisatorische Abläufe, hinter denen persönliche Anliegen zu kurz kommen. Manchen macht ein Gespräch über die wirklich persönlichen und intimen Themen vielleicht auch Angst. Die Offenheit, die dazu gehört, birgt die Möglichkeit der Verletzung und der Enttäuschung über den anderen, sodass wir lieber an unserer Vorstellung von ihm festhalten, als mit der Unsicherheit neuer Offenbarungen konfrontiert zu werden. Es ist unser Bedürfnis nach Sicherheit und Beständigkeit in der Beziehung, das unsere Bereitschaft, den anderen näher zu erforschen, begrenzt. Stattdessen stutzen wir ihn so zurecht, dass er dem Bild, das wir uns von ihm machen, entspricht. Es ist der Versuch, Sicherheit in der Beziehung zu gewinnen, indem die Andersartigkeit oder Fremdheit des Partners durch Tabuisierung kontrolliert wird.

Diese „Aneignung" des Partners verkennt ihn jedoch zu einem großen Teil und sorgt dafür, dass wir den Respekt vor ihm verlieren. Da ist es gut, sich vor Augen zu halten, dass wir uns lediglich ein Bild vom anderen machen. Dieses entspricht noch lange nicht der Wahrheit über ihn, auch wenn wir es dafür halten. Es ist geschaffen aus unseren Vorstellungen über den anderen sowie unseren Überzeugungen über Männer ganz allgemein. Auch unsere Wünsche und Erwartungen an den anderen und die Partnerschaft bestimmen unser Bild von ihm. Wir sehen, was wir zu sehen wünschen. Wir nehmen nur die Anteile wahr, die wir akzeptieren, und ignorieren solche Merkmale, die unserer Verbindung bedrohlich erscheinen. Dieses Bild wird dann in einen passenden

Rahmen gesteckt und für alle Zeiten gespeichert und festgehalten. Darin wird jedoch auf eklatante Weise das Wesen des Menschen verkannt, der sich immer wieder verändern möchte und wachsen will. Damit nimmt eine Frau dem Partner die Freiheit, sich auf *seine* und nicht auf *ihre* Weise zu verändern und zu wachsen. Das bedeutet den Tod jeder Beziehung. Manchmal hört man Frauen über ihren Mann sagen: „Ich kenne meinen Mann. Der macht mir nichts mehr vor." In solchen Worten liegt eine Überheblichkeit, die nicht ohne Auswirkung auf die Beziehung bleibt. Dem angeeigneten Mann wird dabei jedes Eigenleben abgesprochen. Überraschungen, die die Frau ins Staunen bringen, sind hierbei ausgeschlossen. Die Faszination durch seine Andersartigkeit wird mit Geringschätzung abgewehrt. Die Behauptung, den Partner zu kennen, ist – auch wenn man ein halbes Leben mit ihm verbracht hat – eine Anmaßung, die den anderen klein und unmündig macht. Sie gibt uns jedoch ein Gefühl von Kontrolle, wenn wir meinen zu wissen, wie der andere sich verhält. Wir können uns dann leichter auf ihn einstellen und mit ihm umgehen.

Die Annahme dagegen, den anderen nicht zu kennen, egal wie lange wir schon mit ihm leben, vermittelt uns ein Gefühl von respektvoller Distanz. Sie erinnert uns daran, dass der Partner ein eigenständiges, einmaliges und von uns unabhängiges Wesen ist, dem wir mit Neugierde und Offenheit immer wieder neu begegnen können. Sie hilft uns, uns an seine Qualitäten zu erinnern, die uns einst so sehr faszinierten. Wir geben uns und ihm dadurch immer wieder die Chance, sein wahres Wesen in seiner Einzigartigkeit und Schönheit zu erkennen. Wir gestehen ihm zu, dass er sich entwickeln und verändern darf, und erfreuen uns an immer wieder neuen Seiten und Facetten, die es für uns zu entdecken gibt. Der Mann, der heute vor mir steht, ist ein anderer als gestern, und das, was gestern für ihn noch wichtig war, kann heute seine Bedeutung verloren haben. Damit erkennen wir an – im Gegensatz zum gesellschaftlichen Trend –, dass sich jeder Mensch verändert und die Beziehung – wie auch das Leben – wandelbar ist. Statt uns ängstlich diesem Prozess zu entziehen, sollten wir lustvoll und neugierig daran teilnehmen. Das hält auch die Beziehung offen und lebendig.

Ich, du und wir

Für viele Frauen (und Männer) gibt es in der Partnerschaft nur noch ein „Wir". Sie sind vielleicht froh und glücklich, dass sie nicht mehr allein sind und jemanden gefunden haben, mit dem sie jetzt gemeinsam durchs Leben gehen können. Diese Vorstellung wird besonders durch die Verliebtheitsphase der Beziehung unterstützt, in der wir so sehr auf den anderen bezogen sind, dass sich die individuellen Grenzen zeitweise ganz auflösen und das „Ich & Du" einem „Wir"-Gefühl weicht. Wir verschmelzen so sehr mit dem anderen, seinen Gewohnheiten, seinen Wünschen und Gefühlen, dass ein Prozess fast vollständiger Anpassung stattfindet. Da das romantische Liebesideal, das in unserer Gesellschaft vorherrscht, die Verliebtheitsphase mit der ganzen Beziehung verwechselt, meinen wir, dass es in einer Beziehung nur Gemeinsames mit dem Partner geben darf, und erklären die Verschmelzung zum Ideal der Beziehung.

Doch irgendwann wird es einem der beiden zu eng. Das Gefühl zu ersticken oder sich aufzulösen nimmt immer mehr zu, und er bricht aus dem Gemeinsamen aus. Er will sich wieder innerhalb der eigenen Grenzen wahrnehmen und das bedrohliche Gefühl der Selbstauflösung beenden. Manchmal entsteht in dem Zuviel an Gemeinsamem auch eine übergroße Angepasstheit, die dazu führt, dass die Partner sich selbst, ihre Gefühle und Wünsche nicht mehr wahrnehmen. Beide nehmen sich in ihrer Andersartigkeit zurück und leben nur noch „den kleinsten gemeinsamen Nenner", was eine starke gegenseitige Beschränkung bedeutet. Dann breitet sich ein Gefühl von Langeweile oder innerer Leere aus, wenn sie das Gefühl haben, nur noch in Rollen äußerlich zu funktionieren. Und die Frage stellt sich dann zum ersten Mal in der Beziehung: „Wer bin ich denn eigentlich?" Auf der Suche nach sich selbst verlangt die Frau wieder nach mehr Zeit und Raum für sich. Sie geht wieder stärker ihren eigenen Interessen nach, unternimmt wieder mehr mit Freunden oder allein – ohne den Partner. Unstimmigkeiten und Widersprüche werden nicht länger verleugnet und verdrängt, sondern angesprochen und diskutiert. Die Streitgespräche nehmen zu.

Wird dieser Prozess in der Beziehung nicht verstanden und wird nicht bewusst damit umgegangen, entwickelt sich daraus der bekannte Machtkampf: Einer drängt nach außen und fordert wieder mehr Autonomie ein, während der andere an der vertrauten Nähe und Gemeinsamkeit festhält. „Komm her – geh weg" oder auch „Lass mich los – ich brauche dich" heißt dieses beliebte Spiel in einer Partnerschaft, das ein Ringen um mehr Autonomie und Selbstständigkeit ist. Hierbei ist jeder der beiden Partner mit einer Position identifiziert, hält sie für die einzige Wahrheit und versucht den anderen auf seine Seite zu ziehen.

Wissen wir um diese Entwicklungsdynamik, können wir dem großen Gezerre von Ansprüchen und Forderungen zuvorkommen, indem wir uns selbst und dem Partner mehr Freiraum geben. Der beginnt damit, dass ich mir deutlich mache, dass mein Partner und ich zwei getrennte Wesen sind, die eigenverantwortlich ihr Leben führen. Es klingt vielleicht paradox: Die Beziehung kann umso besser gelingen, je mehr Mann und Frau auf sich selbst schauen statt auf den anderen. Sie gehen zwar einen gemeinsamen Weg, den der Partnerschaft oder Familie, aber jeder geht auch einen eigenen. Frau wie Mann haben ihren Beruf, ihre Hobbys, ihre Freunde, lieben unterschiedliche Filme oder Musikrichtungen, haben unterschiedliche Vorlieben und Abneigungen. Das gilt es anzuerkennen und gegenseitig zu respektieren, statt im Einheitsbrei der Gemeinsamkeit festzukleben und nicht mehr von der Stelle zu kommen. Hier ist ein neues Verständnis von Partnerschaft erforderlich, das auch in konkreten äußeren Formen zum Ausdruck kommen sollte. Jeder braucht Zeit für sich, für sich allein oder auch mit anderen. Jeder braucht Raum für sich, wo er allein sein kann oder mit jemand anderem als dem eigenen Partner. Jeder hat neben dem gemeinsamen Leben noch ein eigenes, das er selbstverantwortlich gestaltet und zu dem der Partner nicht automatisch Zugang haben sollte. Das beginnt mit so einfachen Dingen wie dem Handy und dem E-Mail-Account, die häufig noch von Paaren gemeinsam genutzt werden. Für viele Frauen (wie Männer) ist das Bestreben nach mehr Autonomie in der Beziehung jedoch bedrohlich, und sie fühlen sich dadurch gleich ausgegrenzt und verdächtigen den Partner, fremdgehen zu wollen. Hier braucht es mehr gegenseitige Freiheit, die dadurch entsteht, dass der andere nicht als ein sicheres Besitzstück betrachtet wird, das es unter allen Umständen zu kontrollieren und festzuhalten gilt.

Eine Beziehung, auch die verbindliche Partnerschaft oder Ehe, sollte neben all den gemeinsamen Planungen und lieb gewonnenen Gewohnheiten vor allem als eine lebendige Form der Begegnung verstanden werden – von Begegnungen, die sich immer ein wenig anders und neu gestalten, die sich immer wieder verändern, auch wenn wir den anderen schon lange kennen. Begegnung findet immer nur im Augenblick statt, ohne den Ballast einer gemeinsamen Vergangenheit und ohne die Illusion der Zukunft. Begegnungen sind kostbare Momente, in denen mir mein Partner etwas von sich zeigt und in denen ich die Gelegenheit habe, ihm etwas von mir zu zeigen und zu schenken. Diese Begegnung, die mich erfreut, berührt oder erquickt, nehme ich mit zurück in mein Leben. Wir gehen wieder auseinander, und jeder geht den eigenen Weg. Bis wir uns von Neuem begegnen voller Neugier und Freude auf das Geschenk, das mir mein Partner dieses Mal bereitet, und beseelt von dem Wunsch, ihn an meinen Erlebnissen teilhaben zu lassen. Das ist der Liebesweg einer gereiften Partnerschaft, in der beide aus dem „Ich & Du" für eine Weile ein „Wir" entstehen lassen, um dann wieder zum „Ich & Du" zurückzukehren. Auf diese Weise haben wir Freude aneinander, können voneinander gewinnen und aneinander wachsen.

Liebe contra Sex

Das ist zunächst eine provokante und auf den ersten Blick vielleicht unverständliche These. Ist es nicht vielmehr so, dass Liebe den Sex sucht und Sex Verbindung und Liebe? Ist Sex, der nicht in Liebe eingebettet und von ihr getragen ist, nicht fad und funktionell? Fehlt der Liebe ohne Sex nicht die Würze? Und ist es nicht so, dass die Häufigkeit und die Intensität der sexuellen Begegnungen auch von der Qualität der Beziehung und der Kommunikation abhängen? Zumindest hat das bisher auch die klassische Paartherapie behauptet.

„Liebe contra Sex" räumt erst einmal mit der lieb gewonnenen Vorstellung auf, dass Paare sich zu sehr auseinandergelebt haben oder die Beziehung nicht mehr stimmt, wenn die Sexualität weniger wird oder gar ganz einschläft. Vielmehr behaupte ich das Gegenteil: dass ein Zuviel an Nähe und Intimität den Sex durch Vereinnahmung neutralisiert. Eine Partnerschaft, in der nur das

Gemeinsame gesucht wird, erstickt Freiheit und Autonomie, die für Erotik und das sexuelle Lustempfinden unerlässlich sind. Wenn Nähe und Intimität in der Beziehung so gelebt werden, dass die Partner miteinander verschmelzen und es nur noch ein „Wir" gibt, ist das Zuviel an Nähe die Ursache für den Rückgang des sexuellen Verlangens. In der Paarbeziehung brauchen wir beides: Zweisamkeit und Unabhängigkeit, Sicherheit und Abenteuer, Geborgenheit und Fremdheit. Intimität und Erotik sind die polaren Kräfte, die in Balance gehalten werden wollen. Sind Distanz und Unabhängigkeit zu groß, kann es nicht zur Bindung kommen. Zu viel Nähe wiederum hebt die Verschiedenheit der Individuen auf. Es existiert dann kein Gegenüber mehr, mit dem man in Kontakt treten will, keine Distanz, die überbrückt werden will, um den anderen Pol zu erreichen, keine Bewegung auf jemand anderes hin. Zu viel Nähe bewirkt Bewegungslosigkeit, Stillstand, verhindert Entwicklung. Daher ist ein gewisser Abstand voneinander die Voraussetzung dafür, dass Anziehung und Verbindung stattfinden. In diesem paradoxen Verhältnis stehen Liebe und Sex.

Das widersprüchliche Bedürfnis nach Bindung und Nähe, Unabhängigkeit und Freiheit ist ein Thema in jeder Beziehung. Bereits in früher Kindheit geht es darum, den Wunsch nach Selbstständigkeit und Ablösung von den Eltern einerseits und das Bedürfnis nach Nähe und Sicherheit andererseits in Einklang zu bringen. Denken Sie an das kleine Kind, das sich immer wieder von Mutters Rockzipfel löst und von ihr wegläuft, um dann wieder zu ihr zurückzukommen und sich ihrer Gegenwart zu versichern. Je nachdem, wie dieser Prozess gelungen ist, suchen manche Menschen mehr Nähe, während andere mehr Freiraum für sich beanspruchen. Menschen, die in ihren Beziehungen viel Nähe und Intimität suchen, wollen vor allem nicht allein sein. Jegliches Beziehungsverhalten steht danach unter der Prämisse, den Partner noch enger an sich zu binden. Entsprechend dick und zäh ist der Klebstoff, den sie überall verteilen, damit die Bindung auch hält. Die anderen wiederum haben Angst vor genau solcher Vereinnahmung. Sie achten von Beginn an in ihrer Beziehung auf genügend Freiraum und Eigenständigkeit. Sexuelle und emotionale Verbindungen erzeugen eine Nähe und Intimität, die von manchen als ein Zuviel empfunden wird, worauf sie mit Fluchttendenzen reagieren. Für uns Menschen ist das Bedürfnis nach Nähe genauso grundlegend wie das nach Nahrung. Neugeborene Kinder sterben unverzüglich, wenn sie nicht mit körperlicher und emotionaler Nähe versorgt werden. Dieses Grundbedürfnis bleibt auch für uns Erwachsene bestehen, wenngleich wir gelernt haben, es auszubalancieren.

Zu Beginn einer Liebesbeziehung ist das Bedürfnis nach Nähe und Intimität noch unproblematisch. Im Gegenteil, dann suchen wir ja gerade die Nähe, um die Fremdheit und Distanz zum Liebespartner zu überwinden. Es existiert eine klar definierte Grenze zwischen beiden, einfach weil sie sich noch nicht gut kennen und einander fremd sind. Sie gehen aufeinander zu, sind neugierig, die Welt des anderen zu entdecken. Jede Begegnung ist neu und aufregend, denn sie haben noch keine gemeinsamen Rituale und Gewohnheiten entwickelt, in denen sie sich eingerichtet haben.

So ist es nur natürlich, dass sich die Liebenden zu Beginn auf die Verbindung fokussieren und diese voranbringen. Sie leben in getrennten Räumen und wollen die räumliche und emotionale Distanz überwinden. In dieser frühen Phase der Beziehung braucht das Getrenntsein nicht gepflegt zu werden, da die Andersartigkeit des Gegenübers offensichtlich ist. Dies ändert sich jedoch mit der Zeit, weil die beiden zusammenziehen und die Verschiedenheit der Individuen immer mehr durch das Gemeinsame aufgehoben wird. Den meisten Frauen wie Männern fällt es schwer, dann in ihrer Partnerschaft einen emotionalen und auch räumlichen Abstand herzustellen, in dem sich beide als freie Individuen fühlen, die sich immer wieder neu für eine Begegnung mit dem Partner entscheiden können.

Das Single-Separee

Bei den meisten Menschen hat man den Eindruck, dass spätestens mit dem Zusammenziehen auch die Individualität und Freiheit eines jeden endet. Dies wird deutlich am Schnitt der meisten Wohnungen und sogar Häuser, in denen es mehrheitlich keine eigenen Räume für die Beziehungspartner gibt. Jedes Paar ist frei, die Wohnung und erst recht das eigene Haus nach den eigenen Bedürfnissen und Wünschen einzurichten, und die meisten wählen die Einteilung der Zimmer so, dass Raum für die Privatsphäre gänzlich fehlt. Küche, Wohnzimmer, Essraum, Schlafzimmer,

Terrasse und Bad sind oft großzügig angelegt – für beide. Eher erhalten die Kinder ein eigenes Zimmer – für die erwachsenen Beziehungspartner ist das nicht vorgesehen. Die äußere Wohneinteilung spiegelt denn auch das nicht vorhandene Eigenleben der beiden und damit ihre Verschmelzung. Doch wie will Frau (oder Mann) mal in Ruhe mit Freunden telefonieren, wenn alle Räume für alle Familienmitglieder frei zugänglich sind? Wo und wann kann eine Frau meditieren oder sich zum Nachdenken oder Tagebuchschreiben zurückziehen, ohne dass ihr Mann oder die Kinder sie permanent belagern können? Wie will sie unabhängig vom Mann den Kontakt mit anderen pflegen, wenn es nur ein gemeinsames Handy und eine gemeinsame E-Mail-Adresse gibt? Sich mal exklusive Schuhe gönnen, auch wenn die ihr Budget sprengen, ohne hinterher dem Mann Rechenschaft ablegen zu müssen, der das Minus auf dem gemeinsamen Bankkonto beklagt? Das Zusammenlegen ehemals eigener Ressorts zu einem gemeinsamen sorgt in der Partnerschaft für allerlei unerfreuliche Verhaltensweisen, die jedoch nicht hinterfragt und thematisiert werden, da dieses Verhalten bereits von den Eltern abgeguckt ist und auch bei befreundeten Paaren üblich erscheint. Übertriebene Fürsorglichkeit, Bevormundung und Rechenschaft, Kontrolle und Angepasstheit zermürben die Beziehungspartner und führen zu einem Mama-Sohn- oder Papa-Tochter-Verhältnis, das den Respekt vor dem anderen zerstört und die Sexualität einfrieren lässt.

Obwohl viele Paare diese leidvollen Erfahrungen machen, fällt es ihnen nach wie vor schwer, umzudenken und mehr Raum zwischen sich entstehen zu lassen. Wenn sich ein Paar nach jahrelanger Gemeinsamkeit emotional und sexuell auseinandergelebt hat, lege ich ihnen nah, ihre Wohnung so umzugestalten, dass jeder sein eigenes Zimmer hat. Die Werkstatt des Mannes im Keller zählt dabei nicht. Beide werden aufgefordert, sich ein eigenes Refugium ganz für sich allein schön gemütlich, ästhetisch oder erotisch herzurichten mit einem eigenen Bett, das groß genug ist, dass beide auch gemeinsam darin schlafen können. Wenn ich Paaren diesen Vorschlag unterbreite, schauen mich meistens zwei entsetzte Augenpaare an, die an meiner Loyalität ihrer Partnerschaft gegenüber zweifeln, als hätte ich sie gerade aufgefordert, die Scheidung einzureichen. Man sollte meinen, dass es Paaren leichter fiele, miteinander zu experimentieren, doch das Gegenteil ist der Fall, wie ich auch immer wieder in den Paarseminaren feststellen kann. Bei der Vorstellung, mehr räumliche Distanz im eigenen Haus zum Partner zu schaffen, schrecken die meisten zurück, weil sie vermuten, den Partner damit zu verlieren. Hierin offenbart sich ein großes Kontrollbedürfnis, das sich im Laufe der Beziehung entwickelt, wenn zum Beispiel die Frau den Partner nicht einmal für Stunden aus den Augen lassen kann. Hier zeigt sich aber auch ein Verständnis von Partnerschaft, das den Partnern jegliches Eigenleben versagt und dies auch noch für natürlich hält. Darüber hinaus wird vergessen, dass es doch gerade die Fremdheit und Distanz zu Beginn der Beziehung waren, die die beglückende Zweisamkeit erst reizvoll und möglich gemacht haben. Mein Vorschlag, Abstand vom Partner zu gewinnen, wird in den meisten Fällen als eine unerträgliche Zumutung abgelehnt.

Wenn wir jedoch nicht lernen, uns abzugrenzen, laufen wir Gefahr, uns ständig mit dem anderen zu beschäftigen: mit seinen Gedanken und Gefühlen, seinen Themen. Wir verlieren das Gefühl für uns selbst und wissen nicht mehr, wo wir aufhören und der andere beginnt. Besonders wir Frauen spüren eine tiefe Sehnsucht, die Trennung zwischen uns und dem anderen, uns und der Welt aufzulösen. Wir sind auf der Suche nach Einheit, die alle Grenzen aufhebt. Dennoch sind wir nicht grenzenlos. Erst die Grenze zwischen mir und dem anderen ermöglicht eine gleichwertige und respektvolle Begegnung zwischen zwei Individuen. Inwieweit sich die beiden annähern oder sogar zulassen, dass Grenzen überschritten werden, das bestimmen die beiden, die Situation und das, was sie miteinander erleben wollen. Was für jede Begegnung gilt, das gilt auch für das Begehren. Wer begehrt, will die Grenzen des anderen erstürmen, die eigenen Grenzen aufgeben, um eins mit dem anderen zu werden. Begehren kann somit nur aus der Polarität der individuellen Grenzen entstehen. Gibt es keine Abgrenzung, gibt es keine Distanz, die überwunden werden will, kann sich kein Begehren entwickeln. Es entsteht aus den wundervollen Gegensätzen des Maskulinen zu dem Femininen, dem Spiel mit den Grenzen zwischen dem ICH und DU. Das erotische Feuer wird geschürt durch die wagemutige Grenzüberschreitung, die gefordert wird, die verführerische Einladung, Grenzen aufzulösen, das spannungsvolle Spiel von sich zieren, verweigern und nachgeben, sich hingeben. Das ist spannungsvoll und aufregend.

In einer Phase der Partnerschaft, in der Nähe und Intimität jegliche Grenzen zwischen den Partnern aufgelöst haben und eine gegenseitige Vereinnahmung selbstverständlich hingenommen wird, ist es ratsam, ein bisschen Fremdheit und Distanz in der Partnerschaft zu pflegen, um wieder mehr Respekt, Neugierde und Abenteuer in die Beziehung zu bringen und das Liebesfeuer neu zu entfachen.

Diejenigen, die in ihrer gemeinsamen Wohnung oder ihrem Haus ein Single-Separee einbauten, haben ganz eindeutig davon in ihrer Beziehung und ihrem Wohlbefinden profitiert. Es beginnt damit, dass beide ihren Raum ganz nach ihrem Geschmack einrichten können, ohne dass das dem anderen gefallen muss. Interessanterweise haben dabei einige Frauen von ihrem Partner ganz neue Facetten seines Geschmacks und seiner Ästhetik erfahren dürfen und darüber, was ihm wichtig ist. Denn mal ganz ehrlich: Die gemeinsame Wohnung, das Haus wird meistens von der Frau eingerichtet und gestaltet. Der Mann darf zwar sein Portemonnaie dafür hinhalten und eignet sich auch als Möbelschlepper und Monteur, aber bewohnbar wird das Haus im Allgemeinen durch die Frau, die den häuslichen Bereich als ihr Reich definiert. Das ist erst einmal durchaus legitim, denn ich habe bereits an anderer Stelle beschrieben, das dies zum weiblichen Wesen gehört. Auch wenn der Mann für den beschriebenen Zustand mitverantwortlich ist, sollte die Frau dennoch hier zurücktreten. Sie sollte aufhören, den häuslichen Bereich zu dominieren, sie sollte dem Mann eigenen Raum zugestehen und ihm die Möglichkeit der Mitgestaltung geben. Immer wieder erlebe ich dieses Thema in der Paarberatung, mit gleichem Inhalt und ähnlichem Wortlaut:

Sie: *„Ich bin enttäuscht und wütend, weil mein Mann immer weniger zu Hause ist. Irgendeine Entschuldigung hat er immer dafür: die Arbeit, Freunde, Sport oder anderes, das er ganz dringend machen will. Für mich, die Kinder und unser gemeinsames Zuhause bleibt keine Zeit mehr. Ich fühle mich von ihm nicht gesehen und werfe ihm Desinteresse an mir und dem gemeinsamen Zuhause vor."*

Der Mann antwortet dann meist: *„Ich fühle mich zu Hause nicht wohl. Wenn ich abgespannt von der Arbeit komme, habe ich keinen Ort, an dem ich entspannen kann. Ich weiß ja nicht einmal, wo ich den Fuß hinsetzen soll, denn im Haus spielen die Kinder, die Haustiere beanspruchen ihren Platz, oder es sind Freundinnen da, mit denen du* *plauderst und Kaffee trinkst. Ich habe durchaus noch Interesse an dir und den Kindern, aber ich fühle mich schon lange nicht mehr wohl in einem Zuhause, das nur deins ist.*"

An diesem Dialog wird deutlich, dass beide in einem Konflikt sind: die Frau, die den häuslichen Bereich dominiert und dem Mann dadurch keinen eigenen Raum lässt, und der Mann, der still vor sich hinleidet und sich zurückzieht, statt seinen Anspruch geltend zu machen. Ein eigenes Zimmer stärkt die Individualität und damit auch das eigene Wohlbefinden in der gemeinsamen Wohnung.

Ich kümmere mich um mich – und du dich um dich
Die meisten von uns konnten an ihren Eltern beobachten, wohin es führt, wenn sich die Partner füreinander in falscher Angepasstheit aufopfern, statt auf die eigenen Bedürfnisse zu achten und sich um sich selbst zu kümmern.

Die Frau, die ihre Gedanken nicht ordnet, ihren auch wunden Gefühlen keinen Raum gibt, die keine Verantwortung für ihre Wünsche übernimmt und nicht für sich eintritt, die lädt ihren Ballast und die damit verbundene Verwirrung bei ihrem Partner ab. Diese Frau ist eine Belastung für den Partner. Sie handelt aus einer falsch verstandenen Angepasstheit, die doch nur die Verantwortung abgeben möchte. Jede Frau, die sich selbst kennenlernen möchte und Verantwortung für die eigenen Bedürfnisse übernimmt, entlastet den Partner und ist ein Vorbild für ihn und auch für die Kinder.

Das Single-Separee stellt daher vor allem für die Sexualität der Frau eine klare Verbesserung dar, indem sie hierbei aufgefordert ist, für die eigenen sexuellen Bedürfnisse die Verantwortung zu übernehmen und ihre eigenen Wünsche zu zeigen.

Viele Frauen in einer Partnerschaft müssen sich für gewöhnlich darum keine Gedanken machen. Nacht für Nacht liegen sie neben ihrem Mann im gemeinsamen Ehebett und müssen sich nicht darüber klar werden, ob sie das überhaupt wollen. Sie müssen sich nicht mehr fragen, ob sie *IHN* überhaupt wollen. Wenn er dann die Hand nach ihr ausstreckt und die ersten Annäherungen stattfinden, ist es meist schon zu spät für sie, herauszufinden, ob sie selbst Lust hat. Sie muss sich nie fragen, wie wichtig ihr das körperliche Zusammensein mit ihrem Mann ist, denn er gehört so selbstverständlich zu ihrem Doppelbett wie der Kleiderschrank in ihr Schlafzimmer. Das Single-Separee beugt der Routine und Langeweile vor und fordert zur Eigeninitiative und Verantwortung heraus. Jeden Abend darf die Frau sich fragen, ob sie mit ihrem Mann zusammenliegen will oder lieber allein, darf sie in sich erspüren, ob sie Sex haben oder nur mit ihm kuscheln will. Begehrt sie ihn, so kann sie kreativ werden: Wie will sie die Einladung an ihn vermitteln – verbal oder eher körperlich-verführerisch? Und: Wozu will sie ihn einladen? Wenn sie ihren Raum für die Begegnung mit ihrem Liebsten aufräumt oder sinnlich herrichtet, hat sie Zeit, sich innerlich auf das intime Zusammensein einzustellen und sich dafür zu öffnen. Trifft sie sich mit ihm zu einer Zeit, wo die Kinder da sind, hängt sie ein Schild an die Tür, das ihnen den Zutritt verwehrt. So lernen auch die Kinder, dass die Liebe nicht gestört werden darf und der eigene Raum der Eltern zu respektieren ist. Sie werden dieser Aufforderung gerne folgen, denn sie wissen, dass es um der Liebe willen geschieht.

Interessanterweise, so ist meine Beobachtung, wird das eigene Zimmer am ehesten von den Ehepartnern eingefordert, die einen eigenen Raum in ihrem Innern entwickelt haben, der ihnen wichtig geworden ist. Die Möglichkeit, auch mal mit sich allein zu sein, wird als eine wohltuende Erweiterung des Zusammenlebens empfunden und nicht als bedrohlich. Den eigenen Raum der Selbstzentriertheit aufzusuchen ist ihnen ein Bedürfnis und Ausdruck ihrer Selbstliebe. Sie wissen, dass ihnen das Allein-mit-sich-Sein guttut und dass sie dem folgen müssen, um in innerem Frieden mit sich und den anderen zu sein. Frauen (wie Männer), die einen Weg für sich gegangen sind und sich selbst nah und mit sich intim sein können, brauchen nicht immer den anderen, der dieses Bedürfnis erfüllen soll. Vielmehr wächst der Wunsch, etwas für sich allein zu erleben, ohne dass der andere innerlich ausgeschlossen wird. Es findet eine Abgrenzung statt, die den anderen mit einschließt. Ein Sowohl-als-auch. Ein Grund für die Ablehnung des Single-Separees in der Partnerschaft ist oftmals die Angst, der andere könnte sich ausgeschlossen fühlen, oder wir selbst fühlen uns zurückgesetzt, wenn der andere allein sein möchte. Alleinsein ist für die meisten von uns mit Angst oder Schuldgefühlen belegt. Darin zeigt sich die frühe Wunde, wenn wir als Kinder mit Stubenarrest oder ähnlichen Arten der Isolierung für ein Fehlverhalten bestraft wurden. Die kindliche Wunde wird dann häufig reaktiviert, wenn unser Partner sich zurückzieht und wir auf uns allein zurückgeworfen sind. Doch auch hier gilt das Paradox: Nur wer mit sich allein intim sein kann, kann es auch mit dem Partner. Wir alle haben ein Bedürfnis nach Alleinsein. Geben wir dem keinen Raum, ziehen wir uns stattdessen innerlich vom Partner zurück, in der Hoffnung, dass das unbemerkt bleibt. Wir inszenieren einen Streit, fällen im Kopf negative Beurteilungen über den anderen, sprechen nicht mit ihm, um eine Distanz zum Partner zu gewinnen. Das sind sehr destruktive Formen der Abgrenzung, die den anderen ausschließen. Mit dem Single-Separee kann eine Frau dem entgegenwirken. Sie steht zu ihrem Bedürfnis, mal für sich zu sein, und kommuniziert dies auf eine positive Weise, die den Partner innerlich mit einschließt.

Ich muss nicht recht behalten

Intimität hat in unserem Zeitalter der Kommunikation einen Verständniswandel erfahren. Früher bezeichnete Intimität eine Vertrautheit, die sich über Jahre im Zusammenleben, bei der gemeinsamen Arbeit auch wortlos entwickeln konnte. Heute kommt ihr eine kommunikative Bedeutung zu, weil die Partner rückhaltlos über ihre Gefühle kommunizieren und ihr Innerstes offenbaren sollen. Das wird zumindest von dem größten Teil der Frauen vertreten. Dabei wird vom Partner erwartet, dass er verständnisvoll zuhört, mitempfindet und ihr das Gefühl vermittelt, gänzlich verstanden und akzeptiert zu sein. Dieses moderne Verständnis engagierter Paarbeziehung ist eindeutig von Frauen beeinflusst. Seitdem sie nicht mehr aus Gründen der ökonomischen Absicherung oder des gesellschaftlichen Status die Ehe eingehen, sondern sich aus Liebe binden, erwarten sie auch entsprechend mehr von der Partnerschaft, die emotional befriedigend sein soll. Beim emotionalen Diskurs können Frauen ihre hoch entwickelten kommunikativen Fähigkeiten und ihre empathische Überlegenheit ins Spiel bringen. Nicht zuletzt aufgrund ihrer weiblichen Kompetenzen der Emotionalität und Kommunikation hat sich die Frau im Laufe der Jahrhunderte zur Expertin von Beziehungsarbeit entwickelt und darin eine Hoheit erworben, mit der sie die Beziehungsarena dominiert. Die Betonung des offenen und ehrlichen Dialogs über die innersten Gefühle stellt eine Feminisierung der Intimität dar, in der der Mann sich weitestgehend ausgeschlossen fühlen muss. Männer sind pragmatisch orientiert, sie packen gern zu und suchen für Probleme nach konkreten Lösungen, statt lange darüber zu reden. Der gute Kontakt zu den eigenen Gefühlen sowie die Fähigkeit, diese auch noch zu kommunizieren, gehören ganz sicherlich nicht zu den herausragenden maskulinen Eigenschaften.

Auch wenn es zu den zeitgemäßen Aufgaben des Mannes gehört, seine Emotionalität und Kommunikationsfähigkeit zu entwickeln oder zu verbessern, will er die Beziehungsarbeit nicht nur der Frau überlassen, ist es doch aktuell noch so, dass Männer im vertrauten Gespräch den Frauen meist hilflos unterlegen sind.

Die Frau jedoch ist es, die die Bedeutung von Intimität definiert und dabei auf Vorlagen femininer Fähigkeiten zurückgreift. Da sie sich mit ihren Fähigkeiten identifiziert, hält sie diese für die Wahrheit und leitet daraus den Anspruch ab, dass der Partner sie als „guter Zuhörer" bestätigt. Ihre emotionale und kommunikative Überlegenheit vermittelt ihr den Eindruck, dass sie sich nicht täuschen kann und recht hat in dem, was sie fühlt. Nicht von ungefähr wurde in den letzten Jahrzehnten in der feminisierten Therapie und Esoterikszene das neue Credo etabliert: „Ich fühle, also bin ich." Die Identifizierung mit der emotionalen Kommunikation führt leicht zu einem Anspruch auf die Gefühlshoheit und Kommunikationsdominanz der Frau, den die Feministin Astrid v. Friesen in ihrem Buch „Schuld sind immer die anderen!" beschreibt, wenn sie sagt: „Was Frau fühlt, ist richtig. Punkt, basta, Schluss."

Mit der Dominanz über die Welt der Gefühle und des Wortes leiten Frauen zugleich die Überzeugung ab, dass dies die allein selig machenden Werkzeuge für gelungene Intimität und Partnerschaft sind. Damit setzen sie ihren Partner mit seiner Art, Intimität herzustellen, ins Unrecht und bestehen darauf, recht zu behalten. Dadurch erzeugen sie bei sich selbst ein chronisches Leiden an dem Gefühl mangelnder Intimität, das trotz fortwährenden Bemühens, den Mann zu intimen Gesprächen zu bewegen, bestehen bleibt. Hierbei übersehen sie, dass der Mann durchaus an Intimität mit ihnen interessiert ist, diese jedoch auf seine Art herstellt. Sein Weg, emotionale Vertrautheit mit der Frau herzustellen, geht über die Körperlichkeit. Im Sex erfährt er auf tiefste Weise die Verbindung mit der Frau, indem er sich nicht nur körperlich, sondern auch im Herzen berühren lässt und sich für die Nähe mit ihr öffnet. Das entspannt und regeneriert ihn. Hier kann er körperlich zum Ausdruck bringen, was ihm nur schwer verbal über die Lippen kommt. Es geht darum, diese Ausdrucksform von Nähe und Intimität als die maskuline Variante als gleichwertig anzuerkennen und zu würdigen. Dann hat auch das Leiden am Intimitätsdefizit ein Ende, ebenso wie die Anstrengung, die es Frauen kostet, permanent vom Mann das Gespräch zu fordern. Sie brauchen ihm dafür lediglich auf halbem Weg entgegenzukommen, indem sie sich auf das körperliche Beisammensein einlassen und dabei ihr Herz und ihre Gefühle zum Sprechen bringen. Diese wortlose Kommunikation können sie erleben, wenn sie ihrem Partner beim Sex in die Augen schauen und ihre Gefühle in diesem Augenblick zeigen. Auch die Langsamkeit beim sogenannten Vorspiel, bei dem die Körper achtsam und liebevoll berührt werden, lassen die Vertrautheit zwischen beiden wachsen. Dies erleben immer wieder Frauen in unseren Partnerschaftsseminaren, wenn wir die Paare anleiten, miteinander eine intime Atmosphäre in der Liebe zu erschaffen. Ihr „Aha"-Erlebnis äußert sich dann oftmals in dem Feedback: *„Jetzt weiß ich, was mir in der Liebe mit meinem Partner immer gefehlt hat. Ich liebe meinen Mann und ich mag auch den Sex mit ihm, aber es ging mir immer zu schnell zur Sache. Ich habe immer versucht, meinen Partner zum Gespräch vorher zu animieren, worüber er selten begeistert war. Jetzt weiß ich, dass es um dieses sinnliche Miteinander geht, in dem ich mich langsam öffnen kann, egal was für einen Stress ich vorher noch hatte. Und das kann auch mein Partner genießen."* Intimität entsteht durch präsente Körperlichkeit, Offenheit und Achtsamkeit sich selbst und dem Partner gegenüber. Weder die vertraute Kommunikation noch der Sex vermitteln diese per se. Wenn Frauen sich auf diese Faktoren fokussieren, brauchen sie nicht länger auf das Gespräch zu insistieren, und sie fühlen sich vom sexuellen Zusammensein genährt.

Intimität oder recht haben – beides geht nicht
Intimität setzt gerade voraus, dass wir aufhören, recht zu behalten. Sie entsteht, wenn wir uns ganz für uns selbst und den Partner geöffnet haben und wir körperlich, emotional und geistig präsent sind. Viele verwechseln Intimität mit Bestätigung. Wenn der Part-

ner die eigene Meinung oder Vorstellung teilt, fühlen sie Nähe. In der Übereinstimmung erleben sie Vertrautheit. Doch damit verkennen sie die Individualität des anderen und leugnen seine Verschiedenheit. Je geringer das Selbstwertgefühl einer Frau ist, umso mehr muss sie darauf bestehen, dass der Partner zu allem „Ja und Amen" sagt, da sie darin die Bestätigung ihrer selbst erfährt. Sie erträgt nicht, dass der Partner anders ist, da sie sich dadurch kritisiert und infrage gestellt sieht. Wahre Intimität setzt voraus, dass wir ein gesundes Selbstwertgefühl haben, denn sie lebt von der Freude an der Verschiedenheit des Partners und begrüßt diese. Respektieren wir nicht seine Andersartigkeit, versuchen wir ihn subtil zu manipulieren, damit er unseren Vorstellungen entspricht. Wollen wir Intimität erleben, setzt das ein Loslassen der eigenen Vorstellungen und Erwartungen an den anderen voraus. Es impliziert den Verzicht auf Bestätigung durch ein angepasstes Verhalten, das die Illusion von Gemeinsamkeit nährt. Intimität mit dem anderen kann nur entwickelt werden, wenn eine Frau in sich selbst ruht und mit ihrem weiblichen Selbst verbunden ist.

Intimität und Nähe

Die meisten Frauen haben ein großes Bedürfnis nach Körperkontakt und Berührung als Ausdruck von Zärtlichkeit und Verbindung. Sie sehnen sich danach, einfach nur in den Arm genommen zu werden, um die Kraft und den Halt bei ihrem Mann zu spüren. Sie möchten achtsam berührt und zärtlich gestreichelt werden, denn das gibt ihnen das Gefühl, gesehen und wertgeschätzt zu werden. Die liebevollen Berührungen am ganzen Körper öffnen diesen ja gerade erst und schaffen die Bereitschaft für weitere sexuelle Handlungen. Doch so weit denkt die Frau in dem Moment gar nicht. Sie wünscht sich die Berührungen als Wertschätzung ihrer Liebe und als Ausdruck ihrer Freude und Begeisterung für ihren Mann. Sie wünscht sich ein körperliches Spiel, bei dem sie ihrem Partner nah sein kann: necken und kabbeln, eine entspannte Massage oder einfach nur ein Beieinanderliegen mit selbstvergessenen Berührungen. Die meisten Männer aber haben in ihren Köpfen die Vorstellung, dass Körperkontakt automatisch Sex bedeutet. Das ist zum einen traurig, weil sich der Mann so selbst auf seine Genitalien reduziert. Es führt aber häufig auch zu Enttäuschungen bei der Frau, die sich von ihm missverstanden und „gebraucht" fühlt. „Wenn er schon von hinten ankommt und seine Hände auf meine Hüften legt, dann krieg ich innerlich schon zu viel. Mein ganzer Körper geht auf Abwehr. Ich weiß genau, es ist mal wieder so weit ... Die ganze Zeit über hat er mich kaum beachtet, aber wenn er scharf ist, kommt er an. Immer will er nur das eine. Wütend befreie ich mich dann aus seinem Zugriff, fege seine Hände mit einer heftigen Handbewegung fort und gehe weg." So oder ähnlich beklagen Frauen die zweckgerichteten Berührungen ihrer Partner. Die Frau hat ein feines Gespür dafür, ob die Berührungen ihres Partners spielerisch, neckisch und aus seiner Lebenslust heraus geschehen oder ob sie nur ein bestimmtes Ziel verfolgen: die Frau zum Sex „rumzukriegen". Die zweckbestimmten Berührungen des Mannes verletzen die Frau, sie machen sie wütend und verschließen Herz und Körper.

Jede Frau und jeder Mann sehnen sich nach Intimität und Nähe. Doch ein Grund, weshalb sie in den wenigsten Beziehungen zu finden sind, liegt darin, dass Frau und Mann sie auf verschiedene Art herzustellen versuchen. Der Mann findet im Sex die Intimität, die Frau sucht sie im „Miteinander-Reden". Das führt meist zu einem großen Missverständnis. Die Frau denkt, dass der Partner sich nicht wirklich einlassen will, und fühlt sich zurückgestoßen und allein gelassen. Wenn der Mann Sex möchte, sagt sie: „Lass uns erst mal miteinander reden", was ihn veranlasst, sich gleich wieder in sein Arbeitszimmer zurückzuziehen. Und beide bleiben mit ihrem Wunsch nach Nähe und Intimität allein und wütend zurück.

Vielleicht hatten Sie beide einen anstrengenden Tag, und Ihr Partner hat das Bedürfnis nach Sex mit Ihnen, weil er dabei am besten abschalten und entspannen kann. Sie aber sind noch mit vielen Dingen beschäftigt, über die Sie gerne sprechen wollen. Sie möchten sich erst einmal alles von der Seele reden, um innerlich frei zu werden und sich damit Ihrem Partner wieder annähern zu können. Vielleicht hatten Sie aber auch Streit miteinander, sind sich schon tagelang aus dem Weg gegangen, haben sich bei den Mahlzeiten gegenseitig angeschwiegen, und Sie meinen jetzt, dass Sie erst einmal ein klärendes Gespräch führen müssten, um Ihrem Partner nah sein zu können. Ihr Partner aber hasst „klärende

Gespräche" wie die Pest, weil sie immer nach dem gleichen Schema ablaufen: Sie klagen, kritisieren, machen Vorwürfe – und Ihr Partner sitzt da wie ein begossener Pudel und fühlt sich schuldig. Um diese Erfahrung von Geringschätzung und Vernichtung nicht wieder machen zu müssen, ergreift er die Flucht. Sie bleiben wieder einmal allein und unverstanden zurück. Ihr Konzept des Miteinander-Redens geht genauso wenig auf wie sein Konzept „Versöhnungssex".

Daher empfehle ich Ihnen an dieser Stelle, mal etwas Neues auszuprobieren. Diese Übung berücksichtigt sowohl das feminine Bedürfnis, im Austausch Nähe zum Partner zu erleben, als auch den maskulinen Wunsch, Intimität im Körperkontakt zu erfahren.

Übung: Sich verbinden
Bitten Sie Ihren Partner, sich mit Ihnen aufs Bett oder an einen anderen bequemen Ort zu legen und Ihnen still in die Augen zu schauen. Sie können beide entspannen, denn er muss nicht reden und Sie müssen keinen Sex haben, und doch sind Sie sich beide körperlich nah. Sie können tiefer atmen und sich etwas mehr für Ihren Partner öffnen, denn er hat Ihrer Bitte entsprochen, worin Sie seine Bereitschaft erkennen können, sich auf Sie einzulassen. Sehr wahrscheinlich erscheint Ihnen diese Art des Zusammenseins erst einmal merkwürdig und fremd. Vielleicht sind Sie verunsichert und müssen kichern, oder es ist Ihnen beiden sogar peinlich. Dann atmen Sie noch etwas tiefer, um zu entspannen, und verpflichten Sie sich innerlich Ihrem eigenen Bedürfnis nach Nähe und Intimität. Bleiben Sie innerlich dabei und erlauben Sie sich, alle auch widersprüchlichen Gefühle da sein zu lassen. Während Sie sich weiter in die Augen schauen, sprechen Sie nun über das, was gerade in Ihnen vorgeht. Sprechen Sie über Ihre Gefühle. Widerstehen Sie der Gewohnheit, in die Vergangenheit abzuschweifen und über Ihr Tagesgeschehen oder Ihre Probleme zu reden. Bleiben Sie in der Gegenwart, indem Sie nur über das reden, was Sie jetzt gerade bewegt. Öffnen Sie sich, so gut Sie können, für alle Körperempfindungen und für alle Gefühle und sprechen Sie sie aus. Geben Sie zwischen-

durch auch Ihrem Partner Zeit und Möglichkeit, seine Empfindungen zu schildern. Damit die „Redezeit" gleich verteilt ist, können Sie sich mit einer gegenseitigen Frage helfen. Sie fragen: „(Name), was ist jetzt?" – Und Ihr Partner antwortet mit einem Satz. Dann fragt er Sie: „(Name), was ist jetzt?" – Und Sie antworten mit nur einem Satz. So geht es hin und her. Vielleicht mag Ihnen das zu Beginn seltsam steif und einschränkend vorkommen. Doch diese feste Fragestruktur hilft Ihnen, aus dem gewohnten Kommunikationsmuster herauszutreten, und gibt Sicherheit in dieser ungewöhnlichen Situation.

Sie verhindern dadurch auch, dass Sie anfangen zu diskutieren und wieder auf die intellektuelle Ebene zu gehen. Bleiben Sie mit Ihrer Aufmerksamkeit im Körper. Seien Sie achtsam mit allen Regungen und Empfindungen und geben Sie diesen nach. Sie werden dabei bemerken, wie sich Ihre Gefühle verändern und Ihr Körper sich immer mehr mit seinen Impulsen öffnet. Auch wenn Sie widersprüchliche Gefühle haben, bewerten Sie diese nicht, zeigen Sie sie. Auch wenn Ihr Partner noch zurückhaltend ist und Ihnen nur schwer folgen kann, bleiben Sie nur bei sich selbst und Ihrem Körper. Vertrauen Sie sich und Ihrem Körper. Hören Sie auf ihn und all seine Impulse. Mal sind Sie vielleicht wütend, dann wieder zaghaft und unsicher, dann wieder lachen Sie über sich selbst, und im nächsten Moment möchten Sie Ihren Partner berühren. Vielleicht spüren Sie sogar Lust auf ihn und wollen sich ihm nähern. Drücken Sie alles mit Ihrem Körper und mit Ihren Worten aus, auf ganz einfache Art. Ihr Partner wird mit Ihnen in Resonanz gehen. Bleiben Sie achtsam, lassen Sie sich nicht fortreißen, wenn Ihre lustvollen Gefühle stärker werden, aber verleihen Sie ihnen Ausdruck. So werden Sie mit Ihrem Partner körperliche und innere Nähe, Intimität erfahren. Sie werden sich ganz gesehen und mit ihm verbunden fühlen, weil Sie mit sich selbst verbunden sind – und vielleicht werden Sie noch miteinander Sex haben, aber das ist in dem Moment nicht wesentlich. Denn Sie erleben das, was Sie sich wünschten: Nähe und Intimität.

Intimität und Nähe können wir nur mit unserem Partner erleben, wenn wir intim mit uns selbst sein können. Intimität benötigt die Bereitschaft, offen die eigenen Gefühle und Impulse zu zeigen. Damit machen wir uns verletzlich, denn wir können immer auch missverstanden werden oder der andere kann verschlossen bleiben. Doch durch das Reden, wie Sie es kennen, stellen Sie keine Nähe her – das ist ein Trugschluss, das beweist Ihr Partner Ihnen immer wieder, indem er sich zurückzieht. Nur: Sie haben es bisher nicht anders gewusst.

Intimität und Nähe sind eine Herzensangelegenheit – wie die Kommunikation – und eine weibliche Gabe. Daher ist es Ihre Aufgabe, dafür zu sorgen, dass Sie auf die „richtige Art" Nähe und Intimität von Herzen mit Ihrem Partner herstellen.

Erotische Kommunikation will gelernt sein

Reden stört beim Sex, denken viele. Aber Reden hilft manchmal auch, damit eine Frau die Berührungen erhält, die sie braucht, um in ihre Lust zu kommen.

Frauen und Männer haben nicht gelernt, in der Sexualität miteinander zu kommunizieren. Weit verbreitet ist immer noch das Denken der Frau: „Wenn er mich liebt, wird er schon merken, was ich brauche." Oder: „Wenn er ein guter Liebhaber ist, weiß er schon, was Frauen wollen." Und sie lässt den Mann machen und tun, obwohl sie seine Berührungen gerade gar nicht lustvoll genießen kann. Er wiederum arbeitet sich ab und quält sich durch die Ungewissheit, ob er es „richtig" macht, anstatt einmal nachzufragen. Er glaubt sich bloßzustellen, wenn er nachfragt, denn dann würde er zugeben müssen, dass er unfähig und ein schlechter Liebhaber ist. Und das wäre ihm peinlich. Und so schweigen lieber beide – und leiden still vor sich hin. Aber mal ganz ehrlich unter uns gefragt: Wie oft wechseln die Wünsche und Bedürfnisse von uns Frauen beim Sex? Was wir an einem Tag schön und stimulierend finden, kann sich beim nächsten Mal schon ganz anders anfühlen. Mal sind wir sehr geil und genießen wilde Bewegungen und eine feste Hand, und mal sind wir eher sinnlich und sensibel gestimmt und wünschen uns ganz zarte Berührungen. Wie soll ein Mann sich da zurechtfinden, wenn Sie die Verantwortung für das sexuelle Gelingen an ihn delegieren und nicht mit ihm sprechen?

Manche schweigen vielleicht in bester Absicht. Sie haben Angst, den Partner damit zu verletzen oder zurückzuweisen, sie fürchten, dass das Gesagte als Kritik missverstanden wird. Doch in diesem Kontext ist das eine falsche Rücksichtnahme, die Sie nicht weiterbringt. Vielmehr hindert es Sie daran, Körper und Herz ganz zu öffnen, um sich voller Lust und Freude Ihrem sexuellen Erleben hinzugeben. Ich bin immer wieder überrascht, wenn Paare am Ende eines Seminars selbst erstaunt feststellen: „Jetzt leben wir schon zwanzig Jahre zusammen, aber wir haben erst in diesen Tagen ganz neue Seiten aneinander entdeckt. Wir wussten bisher nicht, was der andere für Vorlieben hat und was ihn besonders stimuliert."

Eine selbstbestimmte Sexualität setzt voraus, dass wir mit dem Partner über intime Dinge, Vorlieben und Abneigungen beim Sex reden. Doch die wenigsten Frauen haben gelernt, über ihre eigene Sexualität zu sprechen. Wir können über Sex diskutieren wie in den Medien, aber nie über das, was uns persönlich betrifft: die eigenen Gefühle, Wünsche, Vorlieben und Abneigungen. Was hier fehlt, sind ganz einfache Kommunikationsformen, Sprachmuster, die jede Frau erlernen kann, damit das Reden über intime Belange konstruktiv und bereichernd wird. Denn guter Sex hat immer auch mit guter Kommunikation zu tun.

Wer sie beherrscht, ist deutlich im Vorteil. Wir kommen dann den eigenen Wünschen und Fantasien deutlich näher, können uns entspannen und uns ganz unseren Körpersensationen hingeben. Es geht darum, dass Sie dem anderen offen und ehrlich in der erotischen Situation mitteilen, was Sie konkret mögen und was nicht, damit Sie sich entspannen und der sexuellen Energie ganz hingeben können. Wenn Sie das tun, übernehmen Sie die Verantwortung für sich und Ihr lustvolles Erleben. Tun Sie das nicht, dürfen Sie sich nicht beklagen, wenn Sie in der Sexualität zu kurz kommen oder leer ausgehen.

„Ich trete dir nicht zu nah, wenn du dich mir zeigst" –
Kommunikation, die verbindet

Ein offenes Gespräch, in dem sich beide einander vertrauensvoll mitteilen, stärkt die Intimität und die Verbindung des Paares. Oftmals verweigert einer oder beide die offene Kommunikation aus

Angst, verletzt zu werden, indem der andere einem zu nahe kommt und dies für seine Zwecke ausnutzt. Damit das offene Gespräch gelingen kann, sind einige Voraussetzungen und Rahmenbedingungen zu beachten, die die Integrität und Freiheit des anderen wahren und schützen.

1. Das richtige Zuhören

Die Verkopfung unserer Gesellschaft ist auch in unserer Kommunikationsform wiederzufinden. Selbst wenn das Paar sich über vertrauliche und ganz persönliche Dinge austauschen will, verwickelt es sich häufig in eine Diskussion, in der beide ihre Standpunkte vehement vertreten. Gleichzeitig fühlen sich die Partner durch die Meinung des anderen nicht verstanden und angegriffen. Jeder versucht den anderen vom eigenen Standpunkt zu überzeugen und sucht dafür schlagende Argumente, die den anderen dann auch schnell erschlagen. Der Schlagabtausch führt zum Streit, in dem sich das Paar immer mehr verstrickt. Und beide gehen zermürbt, frustriert oder empört aus dem entstandenen Konflikt heraus. Manche Diskurse enden auch in einem Monolog, wenn der rhetorisch Versiertere die Oberhand behält. Der Unterlegene zieht sich dann immer mehr zurück, bis er irgendwann ganz verstummt. Auch hier kommen sich die Partner nicht wie erhofft näher. Sie fühlen sich voneinander innerlich getrennt und wenden sich vom anderen erschöpft ab.

Der Streit wird vermieden, wenn nur einer von beiden darauf verzichtet, Macht auszuüben, und stattdessen versucht, den anderen möglichst genau zu verstehen. Dafür sind statt schlagenden Argumenten Fragen und Wiederholungen des Gesagten geeignet, die helfen, die Sichtweise und Empfindungen des Partners besser wahrzunehmen. „Verstehe ich dich richtig, dass du ..." oder „Meinst du das so oder so ..."

2. Die Herzverbindung

Das Anliegen des offenen Gesprächs ist, dass die Partner sich ehrlich über persönliche und intime Themen, Wünsche und Bedürfnisse mitteilen. Oftmals wollen wir jedoch, dass der andere sein ZVerhalten oder seine Sichtweise verändert. Das ist meistens nicht möglich. Denn in dem Veränderungswunsch ist eine Kritik oder ein Vorwurf enthalten, der den anderen in die Defensive treibt. Aber auch sich selbst kleinzumachen und zu klagen führt nicht zu einer erfolgreichen Kommunikation. Besser formulieren wir *Ich-Botschaften*, in denen wir unsere Gefühle mitteilen und in kurzen Sätzen konkret sagen, was wir wollen. Damit übernehmen wir die Verantwortung für uns selbst und geben unserem Gegenüber die Freiheit, auch seine Empfindungen und Wünsche mitzuteilen. Damit dies gelingt, empfiehlt es sich, zu Beginn ein paar Minuten innezuhalten und sich klarzumachen, dass der Austausch die Verbindung vertiefen und zu einem größeren gegenseitigen Verständnis führen soll.

3. Akzeptanz des anderen
Wir akzeptieren die Meinung des anderen, indem wir seine Worte stehen lassen und sie nicht mit einer Gegenrede zu entkräften suchen. Aber auch die nonverbale körperliche Haltung sollte dem Partner den Eindruck vermitteln, dass wir ihn ernst nehmen. Wir sind ihm zugewandt, schauen ihn an, lassen ihn ausreden, lenken nicht ab und gehen auf das Gesagte ein. Ein anderer wichtiger Faktor für das offene Gespräch ist die Präsenz. Viele Menschen sind im Gespräch so in ihre Gedanken vertieft, dass sie den anderen in seinen nonverbalen Botschaften gar nicht wahrnehmen: Der traurige Blick, die angespannte Haltung, das nervöse Gestikulieren sagen uns etwas über die Gefühle unseres Partners, die es einfach nur wahrzunehmen gilt, ohne sie zu kommentieren, zu analysieren oder zu bewerten.

4. Innere Zentriertheit und Ruhe
Manchmal suchen die Beziehungspartner auch das Gespräch, um sich emotional abzureagieren, was immer schiefgeht. Wenn wir emotional geladen sind, weil wir wütend, aufgebracht oder traurig sind, ist es besser, diese Emotionen erst einmal für sich zu entladen. Reagieren Sie sich ab, aber tun Sie das allein, ohne Ihren Partner. Gehen Sie in den Wald und brüllen Sie laut, joggen Sie oder hauen Sie auf den Boxsack im Keller oder die Kissen auf dem Sofa ein. Danach ist es meist viel eher möglich, ruhig über den Anlass Ihrer Gefühle zu sprechen.

5. Versöhnung
In jeder Beziehung kommt es vor, dass wir einander enttäuschen, verletzen, wütend machen, dass wir streiten. Jeder hat ein anderes

Reaktionsschema darauf. Während sich der Mann vielleicht eher zurückzieht und den Konflikt aussitzt, wird die Frau emotional und geht in die Konfrontation. Unabhängig davon, mit welchem Verhalten Sie im Konflikt reagieren, muss es möglich sein, nach dem Streit die Hand zur Versöhnung zu reichen. Dafür müssen meist Stolz und Trotz überwunden und innere Verhärtungen aufgegeben werden. Versöhnung bedeutet auch, den Vorfall zu vergessen und ad acta zu legen, und die Bereitschaft, dem anderen neu zu begegnen. Findet keine Versöhnung statt, sammeln sich mit der Zeit immer mehr Verletzungen an und werden zu einem unüberwindbaren Ballast für das offene Aufeinanderzugehen.

Gelingt es den Paaren, auf diese Art zu kommunizieren, fühlen sie sich vom anderen gesehen, anerkannt und wertgeschätzt. Dies geschieht gerade dadurch, dass das unverständliche Verhalten des Partners, seine befremdlichen Äußerungen und sein konträrer Standpunkt nicht tabuisiert oder verschwiegen, sondern im offenen Gespräch thematisiert, akzeptiert und damit integriert werden. Die Verbindung erfährt dadurch eine Reifung, wird vertieft und gestärkt.

Projektionen – „Zwei sind nötig, damit sich einer erkennt" (Gregory Bateson)

Alle Ereignisse und Beziehungen in unserem Leben können uns etwas über uns selbst erzählen. Besonders die Menschen, die uns nahestehen, geben uns wichtige Hinweise darauf, wer wir sind und wie wir das Leben sehen. Dabei kommt unseren Liebesbeziehungen und Partnerschaften ein besonderer Stellenwert zu. Im Spiegel unseres Partners können wir uns selbst am deutlichsten erkennen. Denn wie wir ihn sehen und was wir mit ihm erleben, ist geprägt durch unsere Vorstellungen. Wir selbst sind der Projektor, der auf andere bestimmte Bilder projiziert – ganz nach dem Motto: „Wie man in den Wald ruft, so schallt es heraus." In letzter Konsequenz bedeutet dies für unsere Paarbeziehung, dass unser Partner nicht per se so ist, wie er ist, sondern so, wie wir ihn sehen wollen. So ist auch zu verstehen, dass wir ihn zu Beginn der Beziehung ganz toll finden, während wir ihn später vielleicht sogar „verteufeln".

In der Anfangsphase idealisieren wir unseren Partner: Wir schwärmen von ihm und loben ihn in den höchsten Tönen, sodass sich unsere Freunde, die das so gar nicht nachvollziehen können, schon die Ohren zuhalten. Wir jedoch projizieren in ihn all die Dinge hinein, die wir bewundern und großartig finden. Wir sehen sein ganzes Potenzial und erhoffen, dass er sich zu dem wundervollen Menschen entwickelt, den wir in ihm sehen wollen. In der Idealisierungsphase unserer Partnerschaft projizieren wir auch all die Dinge auf den Partner, die wir selbst gern hätten, und bewundern ihn für seine freundlichen und hellen Eigenschaften: seinen Charme, seine Intelligenz, sein Einfühlungsvermögen, seine Kraft. In den nachfolgenden Phasen der Partnerschaft, in denen wir vom Partner desillusioniert werden, sehen wir mit der gleichen Intensität seine Mängel, Schwächen und all die Seiten, die wir abwerten und bekämpfen.

Um dies zu verstehen, sei der innere Ablauf dieses Prozesses dargestellt: Es gibt einen Teil in uns selbst, den wir ablehnen oder abwehren, über den wir ein „negatives" Urteil gefällt haben. Diese Eigenschaften oder Verhaltensweisen verdrängen wir ins Unterbewusstsein und schieben sie dann dem Partner zu. Auf alle Fälle haben wir das Gefühl, nichts damit zu tun zu haben. Unsere „Weste" bleibt rein. Das Wort „Projektion" kommt von dem lateinischen *proicere*, was so viel wie „hinwerfen" bedeutet. Wir werfen also den eigenen unangenehmen Aspekt nach außen auf den Partner, dem wir unsere Selbsteinschätzung aufzwingen. Wenn wir also den Partner positiv oder negativ bewerten, sagen wir damit etwas über uns selbst aus. Gleichzeitig schneiden wir uns dann aber vom anderen ab. Wir lehnen ihn zum Beispiel für seine Schweigsamkeit ab, weil wir uns selbst nur mühsam mitteilen können. Wir verachten ihn für seine Unordnung und sein Chaos, weil wir selbst mit viel Anstrengung und Pedanterie unsere eigene Unordnung in den Griff bekommen wollen. Unser Partner ist schlecht, falsch oder hat unrecht, während wir selbst im hellen Schein der Unfehlbarkeit glänzen dürfen. Damit erhalten wir uns ein Gefühl von Kontrolle und Überlegenheit sowohl über die eigenen abgetrennten Anteile in uns als auch über den Partner. In dem Maße, wie wir Anteile von uns selbst abkapseln, trennen wir uns auch von unserem Liebsten ab und machen uns einsam. Wenn wir Teile unseres Geistes auf andere Menschen projizieren, zwingen wir ihnen unsere Anteile und unser Urteil über diese Anteile auf. Das ist, als wenn wir unseren Kleiderschrank öffneten und die Kleidung, Schuhe, Hüte und Krawatten herausnähmen, die uns nicht mehr gefallen, und wir den Partner bäten, diese für uns zu tragen. „Bitte trage diese Verkleidung für mich." Das hat den Vorteil, dass wir uns unsere abgespaltenen Aspekte aus der Distanz beim anderen anschauen können, wenn wir klug sind. Unser Partner hilft uns somit zu erkennen, was wir in uns verdrängt haben, und weist uns auf unsere blinden Flecken hin. Er ist wie ein Spiegel unseres Bewusstseins, das wir in ihm reflektiert finden. Verstehen wir diese Verhaltensweise und wehren uns nicht gegen das, was sie uns zeigt, wird sie zu einer wertvollen Quelle für unser psychisches und spirituelles Wachstum. In der Reflexion dessen, was wir erleben, erfahren wir uns selbst auf unserem Weg zu einer reiferen und freieren Frau. Die Partnerschaft bietet damit eine der großartigsten Gelegenheiten der Selbsterfahrung, der emotionalen Heilung und des spirituellen Wachstums, wenn wir dies entsprechend nutzen können. Dass dieser Prozess jedoch von vielen nicht verstanden wird, zeigen die häufigen Wiederholungen in unseren Partnerschaften. Die Frau, die in der Projektion hängen bleibt, gibt dem Partner für ihr Unglück die Schuld und meint, sie hätte selbst nichts damit zu tun. Sie hofft, dass beim nächsten Mann alles anders wird. Wer jedoch schon zwei oder drei verbindliche Partnerschaften hinter sich gebracht hat, weiß, dass sich die ungelösten Themen immer wiederholen. Da unsere Psyche, wie auch unser Körper, auf Heilung angelegt ist, lässt sie nichts unversucht, uns auf unsere eigenen blinden Flecken hinzuweisen, damit wir aus dem Schlaf der Unbewusstheit aufwachen und die verdrängten Anteile in uns integrieren, um heil und ganz zu werden. Wenn uns unser Partner nervt, reizt, verletzt und die entsprechenden Knöpfe drückt, müssen wir nicht daran verzweifeln, sondern können uns fragen, was sein Verhalten mit uns zu tun hat, und dies zum Anlass nehmen, uns selbst zu erforschen. Das führt weiter – uns selbst und die Partnerschaft.

Die Klagen in Herausforderung verwandeln
- Die Frau, die sich über ihren schwachen Partner beklagt, darf sich fragen, womit sie diese Eigenschaft in Kontakt bringt. Vielleicht kommt sie in Kontakt mit ihrer Wut, weil sie das Gefühl

hat, immer stark sein zu müssen, und sich selbst aber keine Schwäche zugesteht.
- Beklagt sie dagegen seine Dominanz, kommt sie vielleicht in Kontakt mit ihrer Selbstunsicherheit. Sie wünscht sich vielleicht, selbstsicherer aufzutreten oder mehr bei sich selbst bleiben zu können.
- Beklagt sie den Rückzug ihres Partners, darf sie sich fragen, ob sie sich selbst genügend eigenen Raum zugesteht. Wenn sie dann weiter ihre eigene Anhänglichkeit erforscht, kommt sie vielleicht mit ihrem Kontrollbedürfnis in Kontakt und der Angst, den Partner zu verlieren.
- Beklagt sie, dass der Partner zu viele andere Interessen hat und zu wenig Zeit für sie übrig bleibt, darf sie sich fragen, was mit ihren Interessen ist. Vielleicht hat sie einige Hobbys oder Freundschaften zugunsten der Partnerschaft aufgegeben und Dinge, die ihr einst wichtig waren, vernachlässigt. Vielleicht ist sie eifersüchtig oder neidisch, dass sich ihr Partner Dinge erlaubt, die sie sich selbst versagt.
- Beklagt sie die Lustlosigkeit und Müdigkeit des Partners, darf sie sich fragen, was mit ihrer eigenen Lust ist. Gibt sie sich selbst genügend Aufmerksamkeit und Selbstliebe? Ist sie bei ihren Aufgaben und Projekten mit Engagement und Herzblut dabei oder führt sie diese nur lustlos aus und funktioniert sie nur?

Das Klagen über den Partner hält uns im Bewerten und Verurteilen gefangen und macht uns zum Opfer unserer eigenen Kreationen. Doch während der eine Finger anklagend auf das Gegenüber gerichtet ist, zeigen drei Finger auf uns selbst. Indem wir unsere Klagen hinterfragen, bringen wir uns selbst in den Fokus und übernehmen Verantwortung für unsere Gefühle. Wir katapultieren uns unverzüglich aus der leidenden Haltung des Opfers, das sich bemitleidet, heraus und dürfen erkennen, wer wir sind. Daher besitzen wir die Fähigkeit und Macht des Geistes nicht nur, um uns selbst zu verändern, sondern auch, um das zu verändern, was wir zum Beispiel auf unseren Partner projizieren – und zwar ohne dass dies zu Konflikten führt; einfach indem wir unsere Projektion zurücknehmen und unsere Sichtweise umwandeln. Indem wir Verantwortung übernehmen und unsere Sichtweise über den Partner verändern, verändern wir auch die Menschen und unser Erleben mit ihnen.

Deshalb ist es ein wesentliches Heilungsprinzip auf dem Weg einer verbindlichen und glücklichen Partnerschaft, unsere Projektionen zurückzunehmen und die abgespaltenen Anteile unseres Selbsts anzuerkennen und zu uns zurückzunehmen. So werden wir ganz und heil und schaffen statt Trennung Verbindung mit unserem Liebsten.

Wenn Sie unter Verhaltensweisen Ihres Partners leiden oder durch bestimmte Eigenschaften immer wieder gereizt werden, können Sie diese Übung machen, die Ihnen hilft, mit sich und Ihrem Partner in Frieden zu kommen.

> **Übung: Projektionen zurücknehmen**
> Nehmen Sie sich für diese Übung mindestens 30 Minuten Zeit.
> 1. Legen Sie ein Bild von Ihrem Partner vor sich hin oder führen Sie sich ihn vor Augen.
> 2. Benennen Sie am besten laut, was genau Sie an Ihrem Partner stört, ärgert oder gar „ausflippen" lässt. Formulieren Sie dies in kurzen Sätzen, die Sie auch emotional erreichen. Sagen Sie zum Beispiel: „Rolf, ich kritisiere an dir deine Überheblichkeit." Oder: „Frank, ich werfe dir deine Gleichgültigkeit mir gegenüber vor."
> 3. Machen Sie sich bewusst, dass die Eigenschaften oder das Verhalten, das Sie Ihrem Partner vorwerfen, zum Großteil Ihre eigenen abgelehnten und abgespaltenen Anteile sind. Akzeptieren Sie alle Gefühle, die damit verbunden sind. Vielleicht kritisieren Sie sich selbst auch noch dafür. Vielleicht schämen Sie sich auch. Bewerten Sie das nicht. Nehmen Sie es einfach nur wahr und fahren Sie mit der Übung genau nach Anleitung fort.
> 4. Dann erforschen Sie den Grund dafür. Es könnte beispielsweise sein, dass Sie sich mit Minderwertigkeitsgefühlen plagen und sich oft unsicher fühlen und dass Sie lieber so selbstbewusst und sicher auftreten würden wie Rolf. Daher sagen Sie dann weiter: „Das bringt mich in Kontakt mit meiner eigenen Unsicherheit und dem Wunsch, selbstsicherer zu sein." Oder: „Das bringt mich

in Kontakt mit meiner Geringschätzung mir selbst gegenüber." Am Beispiel Frank kommen Sie vielleicht in Kontakt mit der Vernachlässigung sich selbst gegenüber oder aber mit Ihrem Bedürfnis, wichtig für Ihren Partner zu sein.
5. Akzeptieren Sie Ihre zugrunde liegenden eigenen Gefühle oder Bedürfnisse. Vergeben Sie sich selbst dafür und nehmen Sie den Anteil wieder zu sich zurück. Sagen Sie: „Ich danke dir, Rolf, für den Spiegel der Überheblichkeit. Ich nehme die Überheblichkeit zu mir zurück. Ich erkenne darin meine Minderwertigkeitsgefühle und den eigenen Wunsch nach mehr Selbstsicherheit."
6. Suchen Sie nach dem Sinn gerade dieser Eigenschaft, denn jedes Verhalten, auch das, das wir ablehnen, erfüllt einen Zweck. Forschen Sie nach dem Sinn oder Vorteil. Dann können Sie es annehmen und in sich verwandeln.
7. Anschließend führen Sie sich vor Augen, dass es genau dieser Anteil ist, der Sie mit Ihrem Partner verbindet. Stellen Sie sich dabei vor, wie Sie das, was der andere für Sie repräsentiert, in sich auf- und annehmen.

Ich lasse dich frei

Liebe ohne Freiheit
ist wie ein Lied ohne Stimme,
wie ein Bild ohne Farben,
wie eine Blume ohne Duft.
(Quelle unbekannt)

Liebe und Intimität sind nur im Kontext mit Freiheit erfahrbar. Doch für die meisten Menschen sind Liebe und Freiheit zwei sich widersprechende Konzepte, die nicht zusammenpassen. Der Single, so argumentieren sie, ist frei, doch jemand, der sich bindet, muss ein gewisses Maß an Unfreiheit in Kauf nehmen und Kompromisse eingehen. Dass wir heute überhaupt über Freiheiten in Beziehungen nachdenken, liegt sicherlich daran, dass Frauen mittlerweile ökonomisch und gesellschaftlich unabhängig sind. Solange Frauen von den Männern wirtschaftlich abhängig waren und unter dem Diktat christlicher Moral standen, das sie zur monogamen Ehe verpflichtete, stellte sich die Frage nach der Freiheit nicht. Da wir heute ökonomische und soziale Freiheiten gewonnen haben, bekommt die Frage nach der Freiheit in Beziehungen erst eine Bedeutung.

Der Weg jedes Menschenlebens beginnt in absoluter Unfreiheit, denn das Neugeborene ist vollkommen auf die Zuwendung und Liebe anderer Menschen angewiesen. Unfreiheit impliziert eine Abhängigkeit, und es ist die Aufgabe jedes Menschen, sich aus diesem Zustand zu befreien und autonom zu werden. Diesen Prozess beobachten wir bei Kleinkindern, die, kaum dass sie gehen können, sich vom Schoß der Mutter entfernen, um auf eigenen Beinen stehend die Welt um sich herum zu erforschen. Der Autonomieprozess geht dann weiter in der Phase der Adoleszenz, wenn der junge Mensch sich von den Vorgaben der Eltern löst, bis hin zum Erwachsenenalter, wenn das Elternhaus verlassen wird. Daher gehört der Wunsch nach Freiheit elementar zu uns, genauso wie das Bedürfnis nach Geborgenheit und Nähe, unabhängig davon, ob wir allein oder in Partnerschaft leben.

Es gibt jedoch Frauen (und Männer), die sich in ihren Beziehungen unfrei fühlen. Obwohl sie keine Fesseln angelegt bekommen, sind sie in einer großen inneren Unfreiheit gefangen, die auf Angst beruht: der Angst, abgelehnt, nicht genügend geliebt oder gar verlassen zu werden, wenn sie sich die Freiheit erlauben würden, ihren eigenen Gedanken und Impulsen Ausdruck zu verleihen. Die meisten Menschen verspüren den innigen Wunsch nach Nähe und Intimität. Die Sehnsucht nach Verbundenheit und das Gefühl des Einsseins führt sie in die Verschmelzung. Sie fokussieren sich auf das Gemeinsame und blenden Differenzen und die Verschiedenheit ihrer Persönlichkeiten aus. Der tiefe Wunsch, den Partner glücklich zu sehen, führt schnell dazu, es dem anderen recht zu machen, sich ihm anzupassen und sich selbst zurückzunehmen. Ich erlebe es nicht selten in meiner Seminarpraxis, dass sich eine Frau zu einem bereits gebuchten Seminar kurz vorher wieder abmeldet, da sie sich frisch verliebt hat, was zum Zeitpunkt der Anmeldung noch nicht der Fall war. Wenn eine Frau dann die Reife hat, mit mir über den inneren Konflikt zu sprechen, in den sie die Frage gestürzt hat, ob sie gemeinsame Zeit mit dem Partner verbringen oder allein am Seminar teilnehmen möchte, erkennt sie sehr schnell ihre Ängste, die sie veranlassen, das Seminar abzusagen, um bei ihrem Liebsten zu sein: die Angst, ihn zu enttäuschen, wenn sie nicht bei ihm ist. Dahinter wiederum versteckt sich die Angst, ihn zu verlieren, wenn sie ihn enttäuscht. Und ganz auf dem Grund schlummert die Angst, das gerade gefundene Liebesglück wieder zu verlieren und erneut allein zu sein. Ängste treiben uns dazu, in Liebesbeziehungen faule Kompromisse einzugehen, alles für den anderen zu tun und unsere ursprünglichen Interessen dabei zu vergessen. Wenn sich aber einer für den anderen aufopfert, hinterlässt das im anderen immer das Gefühl einer Bringschuld, die dann zur Belastung für die Partnerschaft wird. Das Gefühl, sich nicht mehr aufrichtig in die Augen schauen zu können, kommt auf. Wenn wir uns aber in Liebe mal von unserem Liebsten zurückziehen, weil wir etwas für uns selbst tun, was uns sehr wichtig ist, können wir das kommunizieren, und es wird uns immer die Akzeptanz und den Respekt unseres Partners einbringen.

Ich erinnere mich dabei an eine andere Teilnehmerin, die sich ebenfalls wieder vom Seminar abgemeldet hatte, als sie sich verliebte. Als die Beziehung nach ein paar Monaten zu Ende ging und sie den Mann nach seinen Gründen fragte, antwortete er: „Du hast zu viel für mich aufgegeben ..."

Hinter Aufopferung steht immer die Angst, den anderen zu verlieren – keine Liebe.

Viele Menschen verwechseln aber Liebe mit gegenseitiger Bedürfnisbefriedigung. Der andere ist dafür da, dass er uns bestätigt, uns Wert gibt, uns vor dem Alleinsein rettet und uns körperlich-sexuell befriedigt. Doch dies geht meistens schief, weil wir dann anfangen, Bedingungen zu stellen: „Wenn ich jetzt bei dir bleibe, musst du das nächste Mal auch auf etwas verzichten, was dir wichtig ist, und bei mir bleiben!" Und schon beginnt ein Tauschgeschäft, bei dem beide einander missbrauchen – um die eigenen Bedürfnisse zu befriedigen und Ängste zu kompensieren.

Es ist daher ein großer Irrtum zu meinen, in der Beziehung müsse man Kompromisse eingehen. Denn tatsächlich ist ein Kompromiss immer faul, wenn die eigene Wahrheit der Harmonie wegen zurückgehalten wird. Wenn dies geschieht, liegt in Wirklichkeit eine große Unfreiheit vor und ein falsches Verständnis von Liebe. Dies wird unterstützt durch eine falsch verstandene christliche Ethik, mit der die meisten von uns groß geworden sind, die dazu auffordert, den anderen mehr zu lieben als sich selbst. Dieses Missverständnis führt zu Opfertum und Missbrauch und hat dadurch schon viel Leiden in unsere Beziehungen gebracht, besonders für die Frauen. Tatsächlich heißt es ja: „Liebe den anderen wie dich selbst." Die Liebe zum anderen ist also der Spiegel für die Eigenliebe. Wer sich selbst nicht liebt, kann auch nicht den anderen lieben. Wer sich selbst nicht liebt, kann sich keinem anderen Menschen öffnen und hingeben. Wahrhaftig lieben und geliebt werden können wir also nur, wenn wir den innigen Kontakt mit uns selbst finden und uns in Liebe und Wertschätzung uns selbst zuwenden.

Äußerlich sind wir frei, doch fühlen wir uns innerlich oft unfrei und in eigenen Begrenzungen gefangen gehalten, die uns hindern, wirklich zu lieben und Intimität zu erleben. Denn auf unserem Weg des Liebens ist jede von uns schon mal verletzt, enttäuscht, zurückgewiesen, allein gelassen worden. Um dies nicht wieder erleben zu müssen, verschließen wir unser Herz und vermeiden, uns ganz hinzugeben. Wir können uns selbst nicht ganz geben und vermissen doch zugleich wirkliche Intimität und Verbundenheit. Die defizitäre Liebe wird dann übertüncht, indem wir besonders gefällig sind und es dem Partner besonders recht machen wollen. Das Gleiche erwarten wir dann auch von unserem Gegenüber. Wir entwickeln Vorstellungen davon, wie unser Partner sein sollte, damit wir ihn lieben können, und wie er sich zu verhalten hat, damit das Gemeinsame nicht gefährdet wird. Entspricht er nicht unseren Erwartungen, ziehen wir uns enttäuscht oder wütend von der Liebe zurück. Damit verstricken wir uns und den anderen in ein Netz aus falscher Angepasstheit, enttäuschten Erwartungen und subtiler Manipulation, das im Laufe der Zeit immer enger wird, bis uns die Luft zum Atmen wegbleibt.

Der Weg in die Freiheit führt genau in die entgegengesetzte Richtung. Es mag paradox klingen, doch wahre Liebe und Intimität entstehen dadurch, dass wir erst einmal auf uns schauen und uns ganz einbringen, mit all dem, was wir sind und wer wir sind, ohne falsche Rücksichtnahme auf den Partner. Es ist der unbequemere Weg, der uns aus der falschen Behaglichkeit und Harmonie, in der wir uns gemeinsam eingerichtet haben, herauskatapultiert. Auf diesem Weg dürfen wir dann den Ängsten begegnen, die wir mit der falschen Angepasstheit kompensieren: die Angst vor dem Verlust der Beziehung und dem Alleinsein.

Es bleibt uns nicht erspart, dieser Angst, die uns lähmt, ins Auge zu schauen, um frei zu werden für wahre Liebe und Intimität. Wahre Intimität erschöpft sich weder in Gemeinsamkeiten, noch entwickelt sie sich daraus. Intimität und Nähe entstehen, wenn die Frau sich ihrem Partner ganz öffnet und hingibt, ohne zu erwarten, dass dieser sie in ihrem Verhalten oder ihren Äußerungen versteht. Das setzt eine innere Freiheit und ein Selbstvertrauen voraus, das nicht auf seine Bestätigung oder seinen Beifall angewiesen ist. Die Frau offenbart sich, auch auf das Risiko hin, dass er nicht auf gleiche Weise mit ihr in Resonanz geht. Sie tut das nur aus einem einzigen Grund: Weil sie lieben will. Und weil sie die Freiheit, sie selbst zu sein, höher schätzt als seine Bestätigung. Das ist eine große Herausforderung, die nur eine selbstbewusste Frau bewältigt. Allzu groß ist die Verlockung, sich vom anderen umgarnen und beeinflussen zu lassen, viel zu häufig die Versuchung, für das Gemeinsame die Verschiedenheit zu negieren und den anderen zu manipulieren.

Intimität und Nähe in der Partnerschaft bedingen die Intimität mit sich selbst. Dafür muss die Frau mit ihrer eigenen Essenz verbunden sein. Je tiefer sie in sich selbst verwurzelt ist, umso leichter entsteht die Verbindung mit dem Geliebten. Selbstbewusstheit, Selbstliebe und den dafür erforderlichen Mut entwickelt nur die Frau, die innerlich frei ist; frei genug, auf sich zu schauen und für sich zu sorgen.

Erst mit dieser inneren Freiheit sind wir fähig, erwachsene, reife Beziehungen zu leben. Erst wenn das Bedürfnis nach Nähe nicht mehr vom Partner erfüllt werden muss, ist eine Frau frei für wahre Intimität und Liebe.

Die eigene Freiheit schließt immer die Freiheit des anderen mit ein. In dem Maße, wie die Frau ihre innere Freiheit entwickelt, kann sie den Mann freilassen. Dies zeigt sich vor allem darin, dass sie ihre Meinungen und Bilder über den Partner loslassen kann, aber auch ihre Vorstellungen von der Gestaltung der Beziehung. Sie hat die innere Freiheit, ihn so zu lassen, wie er ist, und muss ihn nicht nach ihren Vorstellungen verändern. Sie lässt seine Andersartigkeit zu, auch wenn dadurch ein Gefühl von Fremdheit entsteht. Sie kann die Distanz aushalten und sie schätzt auch ihn in seinem Anderssein. Sie bringt sich selbst ganz ein, ohne das Gleiche von ihm zu erwarten, und verzichtet auf alle Versuche, ihn durch Manipulation an sich zu binden. Dies alles tut sie aus Liebe zu sich selbst – und aus Liebe zu ihrem Partner. Nur die Freiheit garantiert die Liebe; und Liebe ist ein Garant für Freiheit. Sie schließen sich nicht aus, sondern bedingen einander.

Du darfst deine Geheimnisse für dich behalten

„Wir haben keine Geheimnisse voreinander, wir erzählen uns alles." Das ist ein Satz, den ich oft von Paaren in der Beratung zu hören bekomme. Er soll die Offenheit und Vertrautheit zwischen ihnen bekunden und die Bereitschaft, über alles zu reden. Offenheit ist in der Beziehung sicherlich eine wesentliche Basis, wenn das Paar gemeinsam in der Beziehung wachsen will. Dem anderen mitzuteilen, was einen bewegt, macht die inneren Beweggründe für ein Verhalten transparent. Und sich mit ihm über intime Gefühle und Tabus auszutauschen schafft eine vertraute und innige Verbindung. Jede Frau, die liebt, hat den Wunsch, den Partner auf diese Weise an sich teilnehmen zu lassen und auch an ihm zu partizipieren. Und für die meisten Frauen ist dieser Austausch Ausdruck ihrer Intimität; gleichzeitig stärken sie die Intimität auf diese Weise. Wenn jedoch die freiwillige Offenheit zu einem Anspruch auf wahrheitsgemäße Auskunftserteilung wird, bewirkt es das Gegenteil. Alles vom anderen wissen zu wollen und alles über sich selbst dem anderen anvertrauen zu *wollen*, fördert nicht immer die Nähe, sondern kann sie auch zerstören.

„Sag mir, dass du mich liebst", „Nun erzähl schon, wie's war", „Ich muss dir etwas erzählen, es ist sehr wichtig für mich", „Hör mir doch mal richtig zu" ist keine Einladung zum Gespräch, sondern Nötigung. Das, was einst freiwillig und als zauberhaftes Spiel der Liebe geschenkt wurde, wird hier vom Partner selbstverständlich eingefordert. Gerade Frauen, für die das Gespräch wichtig ist, dringen damit in ihren Partner ein, als hätten sie bei ihm uneingeschränkte Zutrittserlaubnis. Das ist keine Vertrautheit, die aus Liebe entsteht, sondern Einmischung, die zur Kontrolle wird. Dies geschieht meist in längeren Beziehungen, wenn die Idealisierung in der Verliebtheit von der Desillusionierung abgelöst wird. Das Verhalten des Partners gibt uns Rätsel auf, er geht seine eigenen Wege, von denen wir ausgeschlossen sind, oder wir erhalten nicht mehr die Aufmerksamkeit wie zu Beginn. Solches Verhalten des Partners, in dem wir keine Bestätigung für uns mehr finden, nagt an unserem Selbstwertgefühl. Wir stellen die Beziehung infrage. Hinter dem Wunsch nach Vertrautheit verbirgt sich die Angst vor Ablehnung und dem Verlust der Liebesbeziehung. Unser Selbstwertgefühl gerät ernsthaft in eine Krise, wir fühlen uns hilflos und ohnmächtig angesichts des Verhaltens des Partners. Der Kontrollmechanismus setzt ein, mit dessen Hilfe wir das unsägliche Gefühl der Hilflosigkeit in Macht verwandeln wollen. Je geringer das Selbstwertgefühl und je stärker der Selbstzweifel der Frau ist, umso stärker ist ihr Kontrollbedürfnis. Hinter der Maske der Fürsorglichkeit und des Interesses verbirgt sich der Wunsch, den anderen auszukundschaften und zu überwachen. Die Frau wird zur Vernehmungsbeamtin, die ihren Partner mit den typischen W-Fragen bombardiert: „Wo warst du? Mit wem? Warum so lange? Weshalb? Worüber habt ihr gesprochen?" Je einsilbiger dabei die Antworten des Mannes ausfallen, umso mehr dringt sie in ihn ein, zu diesem Zeitpunkt schon mit einer gehörigen Portion Wut im Bauch. Beschränkt sich die Kommunikation zwischen den beiden auf das Ausfragen anstatt echter Anteilnahme, wird dadurch Nähe unwiederbringlich zerstört. Die ursprüngliche fröhliche Neugier wird zum kalten Ausspionieren, wenn Frauen die Handys oder E-Mails ihrer Partner checken, um dort Hinweise aus Lebensbereichen zu erhalten, die außerhalb des Gemeinsamen liegen. Auf der Suche nach „Beweisen" für den Rückzug oder die Verschwiegenheit des Partners findet sie dann meist auch „Indizien", die ihr Handeln wiederum rechtfertigen. Doch auch hier gilt: Wer recht haben will, kann nicht lieben. Wer den anderen ausspioniert, zerstört die Liebe und das Vertrauen. Der Zweck heiligt eben nicht die Mittel. Die Partnerschaft gerät aus dem Gleichgewicht, wenn der miteinander geteilte Raum unter allen Umständen gestärkt werden soll auf Kosten der Privatsphäre. Wenn der natürliche Impuls, sich über intime Gedanken und Gefühle auszutauschen, zum Zwang wird, werden die persönlichen Grenzen des anderen missachtet.

Worte können verbinden, sie können aber auch verletzen und zurückweisen. Das erlebe ich immer wieder vor allem bei „sehr offenen" Paaren, die sich gegenseitig die Freiheit zugestehen, auch intime Beziehungen mit Dritten einzugehen, und sich hinterher detailgetreu über diese Begegnungen erzählen. Hier bekommt man sehr schnell den Eindruck, dass ihr Mitteilungsdrang noch von ganz anderen, subtileren Motiven ausgelöst wird, wie sich gegenseitig eifersüchtig zu machen, Rachsucht oder auch ein schlechtes Gewissen. Sehr häufig wollen sich dabei die „Fremdgänger" auch nur das Einverständnis des Partners mit ihrem Verhalten holen. Die Offenlegung eines anderen intimen Kontakts kommt dann als besonderer Vertrauensbeweis daher, verletzt jedoch gerade aufgrund der unlieben nicht erkannten Motive den Partner und stößt ihn zurück.

Du darfst dich umschauen

Von dem Moment an, in dem sich eine Frau an einen Mann bindet und die beiden ein Paar werden, entsteht bei vielen der Wunsch, die glückliche Zweisamkeit nach außen abzusichern. Häufig wird dann eine Mauer gezogen, mit der die anderen aus dem Raum der Zweisamkeit ausgegrenzt werden. Dazu gehören vor allem die alleinlebenden Männer und Frauen, die eventuell der trauten Zweisamkeit bedrohlich werden könnten. Aber auch die Fragen „Wie viel Freiraum gestehe ich mir zu?", „Was darf der Partner ohne mich tun?" und „Was machen wir gemeinsam?" werden abgeklärt. Dies geschieht für die meisten eher intuitiv, manche treffen auch explizite Vereinbarungen. Lebt die Frau mit ihrem Mann zusammen, betrifft das ganz alltägliche Fragen. „Kann ich mich allein mit Freunden treffen?", „Allein oder mit Freunden in den Urlaub fahren?", „Gehen wir zusammen schlafen, und das im gemeinsamen Bett?" Schon bei der Gestaltung des Zusammenlebens geht manche Frau Kompromisse ein und gibt eigene Wünsche und Gewohnheiten zugunsten der Gemeinsamkeit auf.

Besonders brisant wird es jedoch, wenn es um die sexuelle Treue geht, die immer noch als die stärkste Beglaubigung der Liebe gilt. Das Gebot der Monogamie ist für die meisten von uns so unauflöslich mit einer verbindlichen Partnerschaft verbunden, dass viele Paare es nicht mal für nötig befinden, darüber zu diskutieren. Obwohl fünfzig Prozent aller Ehen geschieden werden und fast genauso viele Frauen wie Männer in ihrem Leben schon einmal einen Seitensprung gewagt haben, gilt für die meisten die sexuelle Treue immer noch als wichtigstes Kriterium für die Partnerschaft. Wurde die Monogamie einst als wichtiges Kontrollsystem der Fortpflanzung und Erbfolge eingeführt, gilt sie heute als ein Bestandteil der Liebe. Mit dem Wandel der Ehe von einem gesellschaftlich-wirtschaftlichen Arrangement hin zu einer Herzensangelegenheit veränderte sich auch die Bedeutung des Treuebegriffs zu einem beidseitigen Ausdruck von Liebe und Verbindlichkeit. Was einst vor allem für Frauen geltende Vorschrift war, wird nun von beiden Geschlechtern freiwillig eingelöst. Dabei sind die Erwartungen an den anderen und das, was die Verbindung erfüllen soll, jedoch gestiegen. Dazu gehört noch immer das, was die traditionelle Ehe und Familie gewährleistet: Sicherheit, Kinder, sozialer Status und Wohlstand. Gleichzeitig aber soll der Mann, den die Frau liebt, ihr Aufmerksamkeit und Bestätigung geben, ihr bester Freund und Vertrauter sein, ihre Interessen mit ihr teilen und – natürlich ein toller Liebhaber sein. Das romantische Beziehungsideal, von dem wir alle geprägt sind, verspricht uns den Einen, der uns all diese Erwartungen erfüllt. An dieser Vorstellung wird von kaum gemandem gerüttelt, egal wie hoch die Scheidungsrate ist und wie viele Frauen (und Männer) über lange Zeiträume als Single leben. Dann hat die Frau halt noch nicht den „Richtigen" gefunden. Der Fokus liegt auf dem Objekt unseres Begehrens – die Bedeutung der Partnerschaft und ihre Lebensform heute werden dadurch nicht infrage gestellt. Wir halten daran fest, dass es diesen *Einen* in unserem Leben gibt, für den wir jemand ganz Besonderes sind, damit sich endlich doch noch unsere tiefe Sehnsucht nach Beantwortung unserer Vaterliebe erfüllt und die kindliche Wunde sich schließen kann. Je weniger eine Frau die Aufmerksamkeit und Liebe des Vaters erfahren hat, umso entschlossener sucht sie später den perfekten Partner.

Doch selbst wenn unsere erste große Liebe, der Vater, uns von Herzen geliebt hat und wir auch sein *Ein und Alles* waren, wurden wir doch damit konfrontiert, dass es noch jemand „Drittes" gab. Der Vater unterhielt Beziehungen zu anderen Menschen, und vor allem hatte er noch eine andere Geliebte: die Mutter. Schon damals musste das kleine Mädchen realisieren, dass der Vater nie für immer und ganz treu war, dass es außer ihr noch eine andere attraktive Frau gab. Und schon damals reagierte sie darauf mit

Eifersucht, wenn sie bei dieser Liebe ausgeschlossen war und die beiden vor ihr Geheimnisse hatten. So bedroht uns der „Schatten des Dritten" (Esther Perel) von Anfang an. Wir sind damit groß geworden und kennen es nicht anders. Die Isolation in unseren Großstädten verstärkt das Gefühl der Unsicherheit, das wir mit unserer Besitzgier, die romantisch verklärt wird, zu kompensieren suchen. Das Fehlen von sozialen Netzen und die Beliebigkeit von Beziehungen lassen uns austauschbar erscheinen und verstärken in uns den Wunsch nach einer stabilen Partnerschaft. Je weniger Anerkennung wir im Beruf und unter Freunden bekommen, umso mehr brauchen wir sie vom Partner. Je kleiner wir uns in der Welt fühlen, umso größer wollen wir vor dem Partner dastehen. Je unbedeutender uns unser Leben erscheint, umso mehr wünschen wir uns, zumindest für einen Menschen besonders und wertvoll zu sein. So erhält das Leben wieder einen Sinn. Das romantische monogame Ideal soll hier die eigenen Unwertgefühle ausgleichen. Ich bin auserwählt von dem Einen – und du nicht. Er hat mir den Vorrang gegeben vor allen anderen. Das erhöht den eigenen Wert und verleiht Einzigartigkeit.

Heftet sich sein Blick zu lange auf einen anderen Frauenkörper, spricht er schon den halben Abend auf der Party mit einer anderen Frau, geht er mit einem Freund aus, ohne mir zu sagen, was sie gemeinsam aushecken, fährt er allein oder mit einem Freund in den Urlaub und verbringt seine schönste Zeit mit jemand anderem als mit mir, rührt das an den alten Selbstzweifeln, nicht liebenswert oder nicht wichtig genug zu sein. Um diese Wunde nicht spüren zu müssen, verpflichten wir uns – unausgesprochen oder erklärtermaßen – zur gegenseitigen Treue, und die gegenseitige Aufmerksamkeit wird vertraglich sichergestellt.

Vom Umgang mit Eifersucht

Wie kann eine Frau damit umgehen? Viele weigern sich schlichtweg, die Existenz des Dritten überhaupt anzuerkennen. Sie stellen sich blind oder sind so eingenommen von der Zweisamkeit, dass das Auftauchen eines Dritten verdrängt und die damit verbundenen Gefühle geleugnet werden. Andere behaupten, nicht eifersüchtig zu sein, nach dem Motto „Was nicht sein darf, ist auch nicht". Sie schämen sich ihrer Eifersuchtsgefühle und möchten gern darüberstehen. Letztendlich ist Eifersucht ein Konglomerat aus verschiedenen Gefühlen, wie Verlust- und Verlassensängste, Neid und ein Unwertdenken von sich selbst. Eifersucht ist einfach ein Gefühl, das wir akzeptieren oder verleugnen können. Es gibt keinen Grund, sich dafür zu schämen oder es zu verurteilen, denn entscheidend ist, wie ich damit umgehe.

Die meisten, die die Existenz des Dritten ignorieren, entwickeln starke Kontrollmechanismen gegen ihre unbewussten Ängste, wie die bereits beschriebene Vernehmungsbeamtin, die ihrem Partner das Verhör aufnötigt. Sie behaupten zwar – um vor sich selbst das Gesicht zu wahren –, aus Interesse zu fragen, doch verstecken sich meist Unsicherheit und Angst dahinter. Wir führen Regeln ein, in der Hoffnung, dass sich beide daran halten. Er darf sich nicht zum Vergnügen allein mit einer anderen Frau treffen, weder zum Kinobesuch noch zum Tanzen in der Disco. Überhaupt sollte er nicht allein tanzen gehen, denn Discos sind ein beliebtes Flirtareal. Nachtclubbesuche sind nur im Rahmen von Junggesellenabschieden erlaubt. Und täglich mit derselben Arbeitskollegin zu Mittag zu essen ist auch verdächtig.

Der Partner wird an die kurze Leine gelegt und Regelverstoß mit Schmollen, Rückzug und emotionalen Dramen bestraft.

Wenn die Ängste überhandnehmen, greifen wir auch schon mal zu drastischeren Maßnahmen. Wir durchsuchen sein Mobiltelefon nach verräterischen Kontakten, verfolgen die Browserpfade, durchstöbern die E-Mails und überprüfen die Kontoauszüge. Doch alle Verhöre und Anklagen befreien uns nicht von der Angst, der Partner könnte eine andere Frau mehr begehren als uns.

Der Lockruf des Fremden

Zu jedem Paar gesellt sich der Dritte: ein anderer Mensch, die Fremde, die in die Zweisamkeit der Partnerschaft eindringt. Vor dieser Erfahrung bleibt niemand in einer Partnerschaft verschont, egal wie stabil sie auch ist. Es ist die Kassiererin, der der Partner zu tief in den Ausschnitt schaut, die elegante Frau mit den hohen Pumps, zu der er sich umdreht, die Exgeliebte, die ihm ständig noch E-Mails schickt, der Computer, der wahrscheinlich nicht nur zum Arbeiten benutzt wird, die Frauen auf der Party, die mit ihm flirten, wenn er dort allein hingeht. Ob real, virtuell oder nur in der Fantasie: Der Dritte beunruhigt, bedroht uns und ruft Eifersuchtsgefühle in uns hervor – lange bevor es zu einem Seitensprung oder zur Affäre kommt.

Rosa, eine Klientin, ist mit einem Moslem aus Nordafrika bereits über zwanzig Jahre verheiratet. Ihre Kinder machen gerade Abitur und stehen in den Startlöchern, die Familie zu verlassen und ihrer eigenen Wege zu gehen. In den letzten Jahren spricht ihr Mann Achmed immer öfter davon, in sein Heimatland zurückzukehren und dort noch einmal eine neue Familie zu gründen. Er hat jedoch bisher keinerlei Unternehmungen angestoßen, die seine Träume real werden lassen könnten. Sein Reden von einer zweiten Familie hat sicherlich seinen Hintergrund in der Kultur seines Heimatlandes und muss aufgrund dessen auch ernst genommen werden. Doch allein die Tatsache, dass er davon offen träumt, bedeutet für Rosa, dass er den Fremdgang bereits realisiert. Sie fühlt sich und ihre Partnerschaft bedroht und ist mit heftigen Gefühlen von Eifersucht auf eine Frau geplagt, die es real (noch) gar nicht gibt. Sie bereitet innerlich bereits ihr Fortgehen vor.

Im Prinzip verstehen wir, dass jeder in der Partnerschaft seinen privaten Bereich hat, doch in der Praxis stehen uns unsere Eifersuchtsgefühle dabei im Weg. Wir alle suchen Nähe und Intimität in der Partnerschaft, sonst würden wir sie gar nicht eingehen, und haben sehr genaue Vorstellungen über die Zweisamkeit entwickelt. Dabei wird der Raum für die Individualität des Einzelnen zu wenig berücksichtigt und oftmals eingeschränkt. Das trifft auch im Hinblick auf das individuelle sexuelle Profil und das sexuelle Verlangen zu. Das fängt nicht erst beim Fremdgehen an, sondern betrifft das eigene sexuelle Selbst, das unabhängig vom Partner eigene Fantasien entwickelt, spezielle sexuelle Wünsche hat und auf sexuelle Reize reagiert.

Den Dritten in die Beziehung einzuladen bedeutet noch lange nicht, dem Seitensprung Vorschub zu leisten. Es bedeutet, dass die Frau sich der Verlockung des Fremden bewusst ist, statt diese zu ignorieren. So zu tun, als gäbe es außer ihr keine anderen attraktiven Frauen da draußen, macht ihre Beziehung nicht sicherer und blockiert die Intimität mit dem Partner. Diese Tatsache anzuerkennen führt zu mehr Ehrlichkeit und macht es leichter, damit umzugehen. Die Frau kann den Reiz des Fremden und Verbotenen aufgreifen und ihn spielerisch in die Begegnung mit ihrem Liebsten einbringen. Sie lädt ihn ein, sich mit ihr über sexuelle Fantasien auszutauschen, liest ihm erotische Geschichten vor. Sie provoziert ihn, indem sie ihm erzählt, wie ihr der Lieferant an der Haustür schöne Augen gemacht hat, wie sie auf der Straße von einem Fremden angesprochen wurde und sie in der Sauna mit ihrer Freundin von einem attraktiven Mann zu einem Drink eingeladen wurde. Empfangen Sie Ihren Partner nach der Arbeit unerwarteterweise in aufreizenden Dessous oder verabreden Sie sich mit ihm für eine Nacht in einem Hotel. Das sind Möglichkeiten, das Fremde in die Beziehung zu holen, um das Abenteuer nicht im Außen suchen zu müssen. Die Voraussetzung dafür ist, dass die Frau Lust hat zu flirten und auch ihrem Partner den Flirt mit anderen zugesteht. Das Flirten erhöht unseren Energiepegel enorm, denn wir erhalten dabei viel Aufmerksamkeit und die Bestätigung für unser attraktives Frausein. Ein anderer Reiz liegt auch darin, mit der Möglichkeit der Grenzüberschreitung zu spielen, ohne davon Gebrauch machen zu müssen. Wenn eine andere Frau Ihrem Mann schöne Augen macht, fassen Sie dies als Kompliment für sich auf und freuen Sie sich, dass Sie mit einem Mann zusammen sind, den auch andere Frauen attraktiv finden. Wenn Sie den Fremdgang im Blick haben – sowohl Ihren eigenen wie den des Partners –, erkennen Sie dem Partner eine eigene Sexualität zu, unabhängig von Ihnen selbst. Es erinnert Sie daran, dass Ihr Partner nicht Ihr Eigentum ist, und es hilft Ihnen, die Liebe mit ihm nicht für selbstverständlich zu nehmen. In der Unsicherheit wächst unser Verlangen, weshalb es zu Beginn am stärksten ist. Und im Bewusstsein, dass wir die Liebesbeziehung schon morgen an jemand anderen verlieren könnten, lässt sie uns jeden Moment als kostbar genießen. Um sich gegenseitig mehr Freiheiten einzuräumen, braucht es konkrete, verbindliche Absprachen und das Vertrauen ineinander, dass beide sich daran halten. Wir benötigen die emotionale Sicherheit, dass der Partner die vereinbarten Grenzen nicht überschreitet. Treue erfährt hier eine neue Bedeutung im Sinne von Vertrauen; Untreue ist demnach die Verletzung der vereinbarten Grenzen, ein Vertrauensbruch. Die Partner sind sich aus einer inneren Verpflichtung heraus, aus Liebe dem anderen gegenüber treu. Sie wissen um die Verlockungen des Abenteuers und spielen ganz bewusst mit ihr – bis zu einem gewissen Grad. Der Sexualtherapeut Ulrich Clement nennt dies „aktive Treue", der eine bewusste Entscheidung vorausgeht und die die Bereitschaft des Verzichts auf den letzten Schritt beinhaltet – im Gegensatz zur „passiven Treue", die mangels Gelegenheit und mit einer gewissen Ignoranz den sexuellen Bedürfnissen gegenüber von vielen Paaren gelebt wird.

„Du darfst dich umschauen" bedeutet die bewusste Entscheidung zur aktiven Treue, die der sexuellen Verschiedenheit vom Partner Geltung verschafft. Die Integration der Dritten, des Fremden in die Beziehung vermittelt uns die nötige Distanz, nicht über die Sexualität des Partners zu verfügen, und gewährt uns und dem anderen einen größtmöglichen Freiraum. Ohne diesen verkümmert Eros, die Sexualität in jeder Beziehung. Die Gewissheit, dass der Geliebte jeden Tag gehen könnte, erhöht die Aufmerksamkeit und Spannung. Aus dieser Distanz erst können wir die Liebe zu ihm spüren – und die Erregung.

Deine männliche Größe steigert mein Verlangen nach dir

Es sind nicht wenige Frauen, die in der Partnerschaft das Sagen haben und die gemeinsame Richtung vorgeben. Das beginnt bei der Auswahl des Fernsehprogramms, geht weiter mit der Planung des gemeinsamen Urlaubs und endet nicht bei der Entscheidung, ob das Haus einen neuen Anstrich benötigt. Die Frau ist es auch, die entscheidet, ob, wann und auf welche Art Sex stattfindet. Es fällt ihr nicht schwer, die Führung in der Partnerschaft zu übernehmen, doch das Dilemma, das sie dabei erfährt, ist, dass sie die Achtung vor ihrem Mann verliert und ihr sexuelles Begehren nach ihm einbüßt.

Denn obwohl Frau und Mann gleichwertige und gleichberechtigte Menschen sind, unterscheiden sie sich ganz erheblich in ihrem Wesen. Bis auf wenige Ausnahmen ist bei Frauen die ursprüngliche sexuelle Essenz feminin, beim Mann maskulin. Auch wenn sie beruflich großartige Leistungen erbringt und einen straff organisierten Alltag mit Kindern bewältigt, wünscht sie sich, in der Partnerschaft entspannen zu können. Sie möchte sich in seinen Armen zurücklehnen können und sich getrost seiner Führung anvertrauen. Je mehr sie entspannen und sich zurücklehnen kann, umso strahlender und intensiver fühlt sie sich in ihrer Weiblichkeit.

Hier sind die beiden vollkommen entgegengesetzten Kräfte maskuliner und femininer Qualitäten im Spiel und ergänzen sich vollkommen für die Liebe: Führung und Vertrauen, Entscheidung und Hingabe, Aktivität und Rezeptivität.

Über die körperlichen und emotionalen Unterschiede von Frau und Mann lesen und hören wir eine Menge, doch darüber, wie sich die energetische Verschiedenheit in der sexuell-erotischen Liebesbeziehung auswirkt, machen sich die wenigsten Gedanken. Frau und Mann sind mit einer komplementären energetischen Matrix ausgestattet, damit Anziehung stattfindet und sie das Spiel der Liebe miteinander teilen. Trifft die rezeptiv-weibliche Wesensqualität mit dem aktiv-männlichen Element zusammen, entsteht ein mächtiges Feuerwerk der Erotik. Dadurch dass diese gleichwertigen und gleich starken, aber entgegengesetzten Kräfte nicht identisch sind, kreieren sie einen kraftvoll pulsierenden Energiestrom der Liebe und Sexualität. Der mächtige Strom der Erotik und Sexualität fließt umso stärker, je mehr die Frau ihre feminine Essenz, der Mann seine maskuline lebt.

Eine feminine Frau wünscht sich in ihrer Beziehung nichts mehr, als loslassen und sich hingeben zu können, in dem Wissen, dass ihr Mann für die entscheidenden Dinge sorgt. Sie kann die Dinge einfach genießen, ohne selbst zu planen oder ihm zu sagen, was er tun soll. Diese Freiheit hat sie gerade, weil sie weiß, sie könnte es auch selbst tun. Doch sie genießt die Stärke und Kraft ihres Partners, seine Klarheit und Zielgerichtetheit, mit der er nicht nur seinen Weg, sondern auch den gemeinsamen im Auge hat. Es findet ihren Respekt, wenn ihr Mann sich für seine beruflichen Ziele engagiert und die Finanzen gut im Griff hat. Denn wenn er sich um diese äußeren Dinge kümmert, darf sie sich um das für sie Wesentliche kümmern: die Liebe und ihre Liebsten. Denn im Kern ihres Wesens wird die Frau von der Liebe erfüllt. Zwar ist es für Frauen wie auch für Männer gleichermaßen wichtig, unabhängig zu werden, doch steht für die feminine Frau die Intimität mit dem Mann in ihrem Fokus. Entwertet sie den Stellenwert der Partnerschaft, verletzt sie sich selbst, und eine tiefe Sehnsucht in ihr bleibt unerfüllt. Führt sie mit ihrem Partner eine intime und erfüllte Beziehung, erstrahlt ihr Leben mit der Farbe der Liebe, und sie verströmt den Duft der Liebe wie eine geöffnete Blüte.

Die Frau kann sich in der Beziehung vertrauensvoll fallen lassen, wenn sie die innere Stärke ihres Partners spürt. Ist der Mann klar und zuverlässig in dem, was er tut, hat er eine innere Ausrichtung, wohin er mit seinem Leben will, dann folgt sie ihm gern und voller Vertrauen. Sie weiß, wo der Mann steht und dass er die Kraft hat, dafür einzutreten, manchmal sogar gegen ihre eigenen Vorstellungen. In seiner inneren Ausgerichtetheit spürt sie seine Integrität, die sie überaus schätzt und der sie sich gerne anvertraut. Sie kann der Zielsetzung ihres Partners folgen, wenn sie spürt, dass er seine Orientierung aus einer inneren Weisheit bezieht, die seiner spirituellen maskulinen Essenz entspringt. Seine Geradlinigkeit und seine Kraft finden ihre Achtung und Liebe, sie nähren ihr Begehren nach ihm immer wieder neu, auch wenn sie schon lange zusammenleben.

Nimmt sie ihren Partner jedoch als schwach und unsicher wahr, vermisst sie bei ihm einen klaren Willen und Entscheidungsfreude, wandelt sich das Begehren der Frau in Ablehnung und Abwehr gegenüber dem Mann. Das Machtvakuum, das entsteht, füllt sie, indem sie die Vorgaben macht und darüber entscheidet, was für beide passieren soll. Passt der Mann sich aus Bequemlichkeit oder Angst vor Ablehnung allzu sehr an, verliert die Frau die Achtung vor ihm. Ihre Weiblichkeit zieht sich innerlich zurück, und sie verweigert die Fähigkeit, ihre ureigensten weiblichen Gaben zu verschenken.

Das sexuelle Begehren in der Partnerschaft bleibt dann erhalten, wenn beide mit Bewusstheit in ihrer sexuellen Essenz verankert sind und diese in die Beziehung einbringen.

Unsere Kultur ist jedoch so antifeminin, dass Frauen ihren Wunsch nach Hingabe als negativ bewerten und verleugnen und stattdessen die männlichen Qualitäten übernehmen. Sie wollen dann selbst in allen Belangen bestimmen und die Führung übernehmen, da sie die männlichen Qualitäten als besser und größer erachten als die weiblichen, die sie als schlechter, geringer und minderwertiger ablehnen. Sie identifizieren sich mit ihrer eigenen maskulinen Seite und treten zu ihrem Partner in Konkurrenz, statt ihrem Wunsch nach Hingabe zu folgen.

Der Mann trägt seinen eigenen Part dazu bei, wenn er den Kontakt zu seiner maskulinen Essenz verloren, seine Willenskraft und klare innere Ausrichtung aufgegeben hat, um den bequemsten

Weg für sich zu gehen. Die Frau, die das sehr fein wahrnimmt und dabei ist, ihre Achtung vor ihm zu verlieren, will das nicht zulassen. Sie wird unzufrieden, gereizt, kritisiert ihn und nörgelt an ihm herum. Manchmal provoziert sie ihn bis zum Äußersten, damit er einmal mit der Faust auf den Tisch haut, Farbe bekennt und die Führung übernimmt. Doch dieser Weg führt meistens in die Sackgasse. Er endet in einem anhaltenden fruchtlosen Machtkampf, der beide zermürbt. Oder aber der Mann fügt sich, und die Frau gewinnt so viel Dominanz, dass sie eine Mama-Sohn-Beziehung leben. In beiden Fällen ist es das Aus für eine freie partnerschaftliche Liebe und ganz sicher für die erotische Anziehung und den Sex. Die Frau, die mit ihrer Weiblichkeit im Einklang ist, sucht einen maskulinen Mann, so wie auch der Mann von einer femininen Frau angezogen wird, als Gegenpol zu sich selbst. Er wünscht sich eine Frau, die mit der Liebe ihres Herzens verbunden ist und die Freiheit hat, ihrem Verlangen nach Hingabe zu folgen.

Lassen Sie Ihren Mann groß, potent und dominant sein. Je mehr Sie ihn in seiner Männlichkeit bewundern, umso weiblicher und attraktiver werden Sie für ihn. Sie werden nicht kleiner dadurch, sondern zeigen Selbstbewusstsein, weil Sie nicht unablässig darum bemüht sein müssen, Ihre Unabhängigkeit unter Beweis zu stellen. Und das wiederum steigert seine Männlichkeit und Potenz. Genießen Sie seine Dominanz und gehen Sie nicht in Konkurrenz mit ihm, indem Sie es besser wissen, lieber anders mögen oder anderweitig die Kontrolle behalten. Lassen Sie Ihre Vorstellungen los und geben Sie sich ganz dem Erleben der sexuellen Energie hin. Der Mann schafft den Rahmen, in dem Sie sich in Ihrer femininen Energie entfalten können. Basteln Sie nicht mit am Rahmen, sondern konzentrieren Sie sich auf das Kunstwerk, das Sie selbst sind.

„Bis dass der Tod uns scheidet" – ist schon lange gestorben

Der wirtschaftliche, kulturelle und gesellschaftliche Wandel der vergangenen fünf Jahrzehnte hat nicht nur zu einem neuen Rollenverständnis der Geschlechter geführt, sondern auch zu einem Bedeutungswandel von Liebesbeziehung und Ehe. Bis dato war die Ehe eine von Kirche und Staat verordnete Einrichtung, die nicht hinterfragt wurde. Neben dem emotionalen Zusammenhalt diente sie vor allem der wirtschaftlichen Absicherung von Frau und Kindern, die Wohlstand und sozialen Status der ganzen Familie gewährleisten sollte.

Mit der ökonomischen Unabhängigkeit der Frau brach ein erstes wichtiges Standbein der „unantastbaren", „heiligen" Institution weg, die dadurch gewaltig ins Wanken kam. Die sexuelle Revolution führte zu einer weiteren Liberalisierung, indem sie zum ersten Mal in der Geschichte Sexualität aus dem tabuisierten Schattenreich ins öffentliche Licht der Medien holte und zum Mittelpunkt der Diskussion machte.

Seit dem letzten Jahrhundert steht das romantische Liebesideal im Zentrum der Paarbeziehung, das uns den Himmel auf Erden mit der großen Liebe verspricht. Wir wenden uns einer einzigen Person zu, die seit dem Trend zur Kleinfamilie oder zur Kinderlosigkeit all unsere Bedürfnisse erfüllen soll, die bisher von einer größeren Gemeinschaft wie der Familie, Nachbarschaft oder dem Dorf abgedeckt wurden. Einerseits soll die große Liebe uns ein Gefühl von Zugehörigkeit, sozialer und emotionaler Sicherheit und Kontinuität geben, andererseits soll sie leidenschaftlich und sexuell erfüllend sein. Der Partner soll unser bester Freund und unser leidenschaftlicher Liebhaber sein – und das gänzlich und für immer. Das romantische Modell der monogamen Liebesbeziehung, die ein Leben lang halten soll, wird als Ideal von fast allen Menschen übernommen, unabhängig von Alter, Beruf, sozialer Schicht und Nation. Wie können Menschen, die im Durchschnitt mehrmals in ihrem Leben umziehen und häufiger den Beruf oder Arbeitsplatz wechseln, mit nur einem Partner auskommen? In einer Gesellschaft, in der nicht nur Flexibilität gefragt ist, sondern Individualismus großgeschrieben wird, soll ein limitiertes Liebesmodell für alle passen? Wie kann das gehen? – Meist gar nicht.

Die Endlichkeit akzeptieren
Liebesbeziehungen halten eben meistens nicht, bis dass der Tod sie scheidet, sondern bis sich einer der beiden Partner vom anderen trennt. Und das nicht nur einmal. Sondern ungefähr so häufig, wie der Wohnort oder der Arbeitsplatz gewechselt werden. Laut unserer Online-Umfrage haben 45 Prozent aller Männer und Frauen drei Lebenspartner, 18 Prozent vier bis sechs und 26 Prozent nur einen.

Die Soziologen haben dafür den Begriff der „seriellen Monogamie" eingeführt. Die meisten Menschen sind in ihren Beziehungen über weite Zeiträume ihrem Partner sexuell treu. Vergeht die Lust in und an der Beziehung, suchen sich Menschen einen neuen Partner. Das ist Realität und Normalität in unserer Beziehungslandschaft.

Die Tragik liegt nicht darin, dass jede zweite Ehe geschieden wird und Partner sich zwei bis vier Mal in ihrem Leben trennen. Das Leiden entsteht durch den Widerspruch von Ideal und Wirklichkeit. Menschen, die am romantischen Liebesideal festhalten, sehen ihre Beziehung bei einer Trennung als gescheitert an. Niemand trennt sich leichtfertig, denn Trennung erzeugt immer Schmerz, besonders wenn Kinder mit betroffen sind. Doch viele leiden doppelt, weil sie nicht akzeptieren können, dass etwas zu Ende geht, was einst vielversprechend begonnen hat. Sie kommen in die Paartherapie und eröffnen das Gespräch mit den Worten „Meine Ehe ist gescheitert". „Scheitern" suggeriert, dass sie etwas nicht geschafft haben. Sie haben ihr Ideal, lebenslang zusammen oder monogam zu bleiben, nicht aufrechterhalten. Sie erleben das Ende der Liebe oder des sexuellen Begehrens als ein Scheitern, wofür sie sich schämen und sich selbst oder den Partner negativ bewerten. Sie erzeugen Schuldgefühle oder Anklagen, die jene, die sich einst liebten, in einen Rosenkrieg führen.

Wenn ich dann bewusst nachfrage, höre ich, dass sie zehn oder gar zwanzig Jahre zusammenlebten, eine Firma oder andere großartige Projekte gegründet haben, Kinder großgezogen haben, auf die sie stolz sein können, und anderes mehr. Eine langjährige und erfolgreiche Partnerschaft wird mit einem einzigen kleinen Wort ins Nichts befördert – nur weil sie nicht ein Leben lang hält.

Uns Menschen hier im Westen fällt es schwer, die Tatsache zu akzeptieren, dass alles Leben vergänglich und begrenzt ist und irgendwann auch endet. Das betrifft auch unsere Beziehungen. Die östliche Philosophie hilft uns da eher, eine positive Haltung zu gewinnen. „Wir können nicht zweimal im selben Fluss baden, denn der fließt beständig und verändert sich dadurch kontinuierlich", wird Konfuzius in den Mund gelegt. Und: „Wer glücklich sein will, muss sich oft verändern." Ein Denken, das Veränderung und Vergänglichkeit akzeptiert, ist hilfreich, um mit eigenen Begrenzungen oder auch dem Ende einer Beziehung gut umzugehen.

Angesichts der Vergänglichkeit des Lebens ist es geradezu anmaßend, zu meinen, unsere Partnerschaften müssten auf Dauer halten. Dennoch bleibt unser Glaube fest verankert. Dazu gehört auch, dass wir eine Beziehung als gescheitert deklarieren, wenn sie beendet wird. Ich glaube, dass im Tiefsten unsere Angst vor der Endlichkeit des Lebens dahinter steht. Doch Leben ist begrenzt – wie auch unsere Liebesbeziehungen. Sie gehen so lange, bis sie enden. Gerade in der Anerkennung ihrer Begrenztheit liegt der große Schatz der Wertschätzung und Präsenz. Jede Beziehung hat ihren Wert – egal wie lang oder kurz sie andauert. In jeder Partnerschaft, in jeder kurzen Affäre oder Begegnung können wir etwas Besonderes erleben, was sie wertvoll und einzigartig macht: Wir erfahren uns selbst und die Liebe. Das ist ihr tiefster Sinn. Und die meisten Menschen erleben auch die Begrenztheit in der Liebe, die Trennung, die offensichtlich auch zu den Erfahrungen gehört, die wir hier im Leben der Polarität machen wollen.

Verschiedene Beziehungsformen
Die eine kontinuierliche Beziehungsform der Ehe oder lebenslangen Partnerschaft wird heute durch verschiedene Beziehungsformen ergänzt, die nebeneinander existieren und alle gesellschaftlich anerkannt sind. Der „Lebensabschnittspartner" ist bereits in unseren Sprachgebrauch eingegangen und beschreibt die zeitliche Begrenzung und das Nacheinander von mehreren Partnerschaften.
Doch die Paarbeziehung kann nicht nur zeitlich, sondern auch emotional und sexuell begrenzt sein.
Je länger eine Beziehung dauert, umso desillusionierter werden wir vom Partner und auch von der Beziehung. Grenzen und Unterschiede werden deutlich und verschiedene Bedürfnisse und Interessen manchmal so groß, dass sie nicht mehr unter „einem Dach" oder in der Partnerschaft unterzubringen sind. Sehr oft gab bisher der sexuell Fremdgehende Anlass, die Beziehung infrage zu stellen oder gar aufzulösen. Was auch immer die Ursachen für Trennung oder Neubeginn sind, sie hängen von der individuellen Entwicklung der Partner ab. Für die meisten steht das individuelle Glück auf der persönlichen Werteskala an erster Stelle. Glück wird für die meisten mit einer emotional beglückenden Beziehung und erfüllter Sexualität definiert. Viele sind heute nicht mehr gewillt,

für die Kontinuität einer Beziehung auf das Glück zu verzichten. Manche sehen nur in einer Trennung die Möglichkeit, sich selbst treu zu bleiben. Andere wiederum suchen einen Weg, um die unterschiedlichen Bedürfnisse und Interessen gelten zu lassen und eine Beziehungsform miteinander zu finden, die diese berücksichtigt.

Ungewöhnliche Wege für normale Menschen
Verschiedene sexuelle Bedürfnisse hat es immer in der Partnerschaft gegeben. Der Weg, damit umzugehen, hat sich jedoch verändert. Um die Kontinuität der Ehe zu gewährleisten, musste Einigkeit hergestellt werden und das Gemeinsame gefunden werden. Das geschah auf zweierlei Art: Früher war es üblich, dass der Stärkere sich durchsetzte und die Frau sich den Vorgaben des Mannes fügte. Später dann, im Zuge der Gleichberechtigung, wurde der „kleinste gemeinsame Nenner" gesucht, ein Kompromiss, bei dem immer einer zurückstecken musste. Kompromisse halten meist nicht lange. Wenn die Frustration aufgrund unterdrückter Bedürfnisse zu groß wird, brechen die Partner aus der Beziehung aus.

Ein dritter Weg, den Paare beschreiten, liegt darin, die unterschiedlichen individuellen Bedürfnisse geltend zu machen und eine angemessene Beziehungsform zu finden, in der sich beide gesehen, respektiert und geliebt fühlen. Wenn Paare ihre Beziehung für Dritte öffnen, setzt das ein hohes Maß an Bewusstheit voraus, die Bereitschaft, sich mit unliebsamen Gefühlen wie Eifersucht auseinanderzusetzen, und die Fähigkeit, darüber miteinander zu kommunizieren. Es benötigt eine klare Entscheidung für den Partner, eine gemeinsame Verpflichtung und die Integrität, sich daran zu halten.

Inga und Peter sind seit einem Jahrzehnt ein Paar. Inga ist seit ihrer Jugend begeisterte Salsatänzerin. Sie bezieht aus dem Tanz nicht nur ihre Lebensfreude, sondern genießt auch die Sinnlichkeit und unverbindliche Erotik des Tanzes. Zu Beginn ihrer Partnerschaft hat sie versucht, Peter mit ins „Tanzboot" zu nehmen, was aus verschiedenen Gründen nicht gelang. Zum einen ist er ein Tanzmuffel, zum anderen fühlte er sich seiner Partnerin als Anfänger stets unterlegen. Nach mehreren Versuchen, zusammen zu tanzen, die meist im Streit endeten, gaben sie das Vorhaben auf. Für Inga bedeutete dies zunächst, die

Enttäuschung zu überwinden und anzuerkennen, dass ihr Partner nicht ihre große Leidenschaft mit ihr teilte. Peter wiederum durfte lernen, sich seinen eifersüchtigen Gefühlen zu stellen und diese zu kommunizieren. Im Laufe der Zeit lernten sie, die Vorzüge dieses Arrangements anzunehmen. Peter bemerkte, wie die Vorstellung, dass seine Partnerin mit anderen Männern flirtet, sein Begehren nach ihr verstärkte, während Inga es genoss, auch von anderen Männern als Frau bestätigt zu werden. Die beiden kreierten ein erotisches Spiel daraus. Wenn sie vom Tanzen nach Hause kam, neckte er sie und fragte nach ihren neuesten Abenteuern. Sie malte ihm dann bis in die kleinsten Details ihre kleinen Verführungen aus. Dass die Fantasie dabei manchmal größer wurde als die Realität, blieb ihr gemeinsames, unausgesprochenes Geheimnis.

Den sexuellen Unterschied akzeptieren
Schwieriger wird es dann schon, wenn die sexuelle Appetenz der Partner sehr unterschiedlich ist. Wie gehen die beiden damit um, wenn sie mit zwei Mal Sex im Monat zufrieden ist, er ihn sich aber jeden Tag wünscht? Oder wenn die sexuellen Interessen sich langfristig nicht mehr mit der Partnerwahl decken?

Marina und Gerhard sind 25 Jahre verheiratet. Seit ihrer Eheschließung leben sie in einer kleinen konservativen Stadt, wo er ein politisches Amt innehat. Sie haben zwei Kinder, die mittlerweile im Ausland studieren. Sie hatten von Anfang an kein sehr aktives Sexualleben, gaben dem aber auch nicht viel Bedeutung. Im Vordergrund ihrer Ehe stand das Interesse, den Kindern ein liebevolles und sicheres Heim zu bieten. Sie hatten viele gemeinsame Interessen, verstanden sich prima, und der gemeinsame Tagesablauf gestaltete sich sehr harmonisch. Die Sexualität schlief mit den Jahren ganz ein, was von keinem vermisst wurde. Doch vor einigen Jahren ist Marinas sexuelles Interesse neu erwacht, als sie sich in eine Frau verliebte. Nach der anfänglichen Erschütterung ihrer Beziehung beschlossen die Ehepartner, weiterhin an ihrer Ehe und dem gemeinsamen Zusammenleben festzuhalten und der Freundin ein Besuchsrecht im gemeinsamen Haus zu gewähren, das sich dann doch zu einem Dauerwohnrecht etabliert hat.

Die Entscheidung für den Lebenspartner kann man bewusst treffen. Die Sexualität folgt jedoch nicht vernünftigen Entscheidungen. Begehren, Leidenschaft und sexuelle Präferenzen stellen sich ein – oder bleiben aus. Die persönliche und sexuelle Reife zeigt sich darin, inwieweit unterschiedliche Bedürfnisse in einer Partnerschaft einen Platz finden dürfen, auch wenn sich das sexuelle Interesse nicht auf den eigenen Lebenspartner richtet. Hierbei ist bedeutsam, dass alle drei den eigenen Status und die Loyalität gegenüber der ehelichen Verbindung achten.

Selbst wenn beide Partner sexuelle Außenkontakte haben, kann der Umgang damit doch ganz unterschiedlich aussehen.

Isabelle hat neben ihrer Hauptbeziehung mit Gundolf noch eine Affäre, die sie bewusst unverbindlich hält. Es reicht ihr, wenn sie ihren Geliebten ab und zu trifft. Sie genießt bei ihrem außerehelichen Kontakt vor allem das Gefühl von Freiheit und die Bestätigung, die sie dadurch für ihr Frausein erfährt. Gundolf, der auch eine Außenbeziehung hat, nimmt es jedoch nicht so leicht. Er plagt sich einerseits mit schweren Eifersuchtsgefühlen, auf der anderen Seite mit Schuldgefühlen, sowohl der eigenen Partnerin als auch der Geliebten gegenüber. Obwohl hier die Ausgangsbasis der beiden gleich ist, da beide Außenkontakte haben, löst die Affäre doch unterschiedliche Gefühle in ihnen aus, mit denen beide einen Umgang finden müssen.

Die Beispiele von Beziehungskonstellationen, die heute möglich sind, ließen sich beliebig fortsetzen. Sexuelle Bedürfnisse und Orientierungen sind vielfältig und unsere Freiheit groß, ihnen Ausdruck zu verleihen. Es gibt dabei keine Patentlösungen, die für alle Gültigkeit hätten. Es liegt in der Verantwortung eines jeden, dem eigenen sexuellen Profil gemäß zu leben und eine Beziehungsform zu finden, die beiden Partnern gerecht wird. Je größer die Freiheit, umso mehr Verantwortung ist gefordert. Dafür bedarf es jedoch der Akzeptanz und Anerkennung dessen, dass auch unsere Beziehungen sich immer wieder verändern. Die Anerkennung der Unbeständigkeit und Vergänglichkeit unserer Beziehungen verleiht diesen gerade erst ihre besondere Kostbarkeit und hilft uns, sie mit der ganzen Präsenz unserer Herzen auszufüllen und zu leben. Genießen Sie die Gegenwärtigkeit in Ihrer Beziehung!

Eine Vision von Partnerschaft

Was trägt eine Partnerschaft über Jahre hinweg, sodass beide Partner über sich selbst hinauswachsen? Wie schaffen es Paare, auch Krisen gemeinsam zu meistern und für andere ein Vorbild zu sein? Außer der Liebe und einer erfüllten Sexualität braucht es dafür gemeinsame Werte und Visionen. Wenn Mann und Frau sich in jungen Jahren als Paar finden, entwickeln die meisten auch eine gemeinsame Vision von eigenen Kindern und einer Familie. Dies entspricht dem natürlichen Wunsch nach Fortpflanzung, der in der Liebe mit dem Partner umgesetzt wird. Es ist das Wesen der Liebe, sich weiterzuverschenken. Es ist das Wesen der Sexualität, neues Leben zu erschaffen. Sexuelle Energie ist kreative Energie, die etwas bewegen, bewirken, etwas Neues erschaffen will. Auf der biologischen Ebene ist das für alle nachvollziehbar. Viele Paare haben Kinder. Sexuelle Energie kreiert jedoch nicht nur neues Leben auf der biologischen Ebene, sondern auch auf der geistigen, auf der mentalen Ebene. Viele Liebespaare verwirklichen daher gemeinsame Projekte wie Familie und Hausbau oder gründen gemeinsam eine Firma. Wenn alles im Äußeren erreicht ist, die Kinder erwachsen sind oder der Hausbau abgeschlossen ist, entsteht jedoch oftmals ein Vakuum, das das Paar in die Krise führt. Während die Partner sich zu Beginn meist rege über ihre Visionen austauschen, versiegt die kreative Kommunikation über Lebensfragen und innere Ausrichtung mit der Zeit. Ein Gefühl der Leere und Sinnlosigkeit stellt sich ein, oder aber jeder geht seiner eigenen Wege, weil eine neue gemeinsame Vision fehlt.

Die Auseinandersetzung mit Fragen wie „Wohin führt mein persönlicher Weg?", „Wie will ich meine Beziehung leben" und „Wohin gehen wir zusammen?" führt zu einer lebendigen und visionären Partnerschaft, die neue Türen öffnet und mit Klarheit und Bewusstheit erfüllt ist. Sie beendet das einengende Kreisen um sich selbst und die Partnerschaft und die damit verbundene Unzufriedenheit und Sinnlosigkeit. Das Paar wird fähig, über sich selbst hinauszuwachsen, indem es einen Sinn seiner Partnerschaft erkennt und anderen dadurch Vorbild und Unterstützung sein kann.

Beziehungs-Bilanz
In geschäftlichen Bereichen, in der Leitung von Firmen und anderen Organisationen ist es üblich, regelmäßig Bilanz zu ziehen. Warum nicht die Methode, die in anderen Bereichen erfolgreich eingesetzt wird, auch auf die Beziehung anwenden?

Zum Bilanzziehen gehört, sich selbst einige Fragen zu stellen:
- Wie viel Nähe oder Distanz wünsche ich in der Partnerschaft?
- Was möchte ich allein unternehmen und wie viel Gemeinsames mit meinem Partner?
- Habe ich eigene Hobbys oder Freunde?
- Wie viel körperliche Nähe und Sex wünsche ich mir?
- Passt die Wohnung mit gemeinsamem Schlafzimmer, oder braucht jeder sein eigenes Zimmer?
- Wo bin ich unberechtigt eifersüchtig, und welche Grenzen der Intimität mit anderen gibt es?
- Welche neuen gemeinsamen Aktivitäten, Seminare oder Kurse wünsche ich mir?
- Was möchte ich noch in meinem Leben verwirklichen? Was davon kann ich gemeinsam mit meinem Partner angehen, und was ist für mich allein reserviert?

Der Austausch über diese Fragen setzt einen lebendigen kommunikativen Prozess in Gang, der Ehrlichkeit und Authentizität mit dem Partner voraussetzt, aber auch frischen Wind in die Partnerschaft bringt.

Dafür ist es notwendig, von Zeit zu Zeit das partnerschaftliche Versprechen zu erneuern und sich bewusst zu entscheiden, mit dem Partner für eine neue Phase zusammenzugehen. So eine Entscheidung fördert die Bewusstheit, Selbstständigkeit und Freiheit in der Gemeinsamkeit. Die beiden unterstützen sich damit gegenseitig, alten Schmerz von Verletzungen und Enttäuschungen hinter sich zu lassen, da das gemeinsame Ziel im Fokus steht. Die Partnerschaft bleibt dadurch lebendig, da die beiden im Austausch über sich und ihre wesentlichen Anliegen bleiben und sich immer wieder neu aufeinander beziehen.

So wird die Liebe zu einem fortwährenden Abenteuer, das sie beide gemeinsam bestehen wollen. Dies ist von enormem Wert für die Erhaltung einer Partnerschaft.

Sie sind die Frau Ihres Lebens

Die Aufmerksamkeit auf sich selbst richten

Trotz der Suche nach dem Liebesglück leben heute viele Frauen für kürzere oder auch längere Phasen allein – ohne Partner. Manche mögen das beklagen – doch kann diese Singlezeit sehr wertvoll sein, wenn wir uns ganz bewusst uns selbst zuwenden. Für Frauen, die zuvor lange in einer Partnerschaft gelebt haben, kann dies eine Zeit der Rückkehr und Verbindung zu sich selbst sein, in der sie sich neu entdecken können. Gerade wenn eine Frau über ein Jahrzehnt in einer festen Partnerschaft und vielleicht noch mit Familie gelebt und ihre persönlichen Interessen hintangestellt hat, wird sie als Single auf sich allein zurückgeworfen. Sie lernt sich vielleicht noch einmal ganz neu kennen und gestaltet sich ein Leben nach ihren Interessen und mit Freunden, die vorher vielleicht zu wenig Platz in ihrem Leben fanden. Manche, die schon sehr früh und lange in festen Händen waren, haben jetzt die Freiheit, ihre Jugend nachzuholen, und genießen das Abenteuer verschiedener Beziehungen und Affären. Während die Frau allein lebt, kann sie in der Selbstzuwendung ihre weiblichen Qualitäten schulen; ich nenne dies *aktives Warten*. Das gilt auch für Frauen, die in einer Partnerschaft leben, aber mit ihrem Partner oder der Art ihrer Beziehung unzufrieden sind.

Aktives Warten

Aktives Warten bedeutet erst einmal zu akzeptieren, dass der Mann nicht da ist – weil es gerade nicht passt, es ihn in einer Beziehung nicht gibt, er unerreichbar oder mit anderen Dingen beschäftigt ist. Für die Frau in einer Partnerschaft bedeutet es, den Partner so anzunehmen, wie er ist. Situationen zu akzeptieren, wie sie sind, ist eine weibliche Qualität. Nicht kämpfen oder verändern wollen, keine Pläne entwickeln, nicht auf der ständigen Jagd nach neuen Gelegenheiten sein, um ihn zu treffen oder ihn zu verändern, sondern aktiv warten. Aktives Warten darf nicht als Resignation missverstanden werden, wenn sich die Frau enttäuscht zurückzieht.

Aktives Warten beschreibt eine offene und neugierige innere Haltung. Eine innere Gelassenheit, dass es gerade gut ist, wie es ist. Und der Glaube, dass das Universum alle Möglichkeiten für mich bereithält, wenn vielleicht auch nicht zu diesem Zeitpunkt und nicht unbedingt so, wie ich es mir vorstelle. Oder vielleicht kann ich meine Möglichkeiten gerade nicht erkennen, weil ich zu sehr auf bestimmte Ziele fixiert bin.

Aktives Warten heißt auch nicht, dass die Frau die Hände in den Schoß legt und wartet, bis sie vom Märchenprinzen wach geküsst wird. Nein. Natürlich tut sie das, was sie sonst auch tut: Sie amüsiert sich, flirtet, geht aus, hat vielleicht Sex – und tut all die Dinge, die ihr Freude machen, engagiert sich in ihrem Beruf, sorgt für ihre Kinder, geht ihren Interessen nach. Denn sie weiß, dass damit ein Teil ihrer Seele genährt wird. Sie spürt aber auch, dass dieser Teil nur die äußere Schicht ihres Seins berührt. Die ist aber wichtig, die will gelebt und genährt werden. Doch gibt es noch eine tiefere Schicht innen; es ist ihr innerstes Wesen, ihr tiefster Kern, ihre göttliche Essenz.

Die Verbindung mit dem Weiblichen in uns suchen

Die Verbindung mit dem Weiblichen in uns suchen wir, wenn wir uns Liebe, Annahme und Verbindung mit einem Mann wünschen. Wenn kein Mann im Leben der Frau ist oder nicht der „Richtige", dann ist das der richtige Zeitpunkt, sich genau diesem Teil in sich selbst zuzuwenden – in liebevoller Zärtlichkeit und Selbstannahme. Ohne ein Ziel damit zu verfolgen, ohne Plan oder Aufgabe. Wir sind einfach in Liebe mit uns selbst – das ist eine weibliche Qualität. Wann immer wir uns Aufmerksamkeit und tiefe Liebe und Verbundenheit wünschen, geben wir uns diese selbst.

Und dies tun wir nicht, um noch unabhängiger zu werden und uns darin zu bestärken, dass wir niemanden brauchen. Wir tun dies, um die Zärtlichkeit, Liebe und Aufmerksamkeit in uns weiterzuentwickeln und zu pflegen – und nicht unsere Erwartungen auf den Mann zu projizieren. Die Selbsthinwendung und -liebe hilft, uns im eigenen Körper verankert zu fühlen. Wenn wir uns immer wieder in der Selbstliebe für uns selbst öffnen und uns dem Fluss unserer eigenen orgasmischen Energie hingeben, lernen wir auch unser Kontrollbedürfnis über das Leben und die Männer aufzugeben. Eine Frau kann dann leichter ihre Vorstellungen, wie der „richtige Mann" sein sollte und was sie unbedingt von ihm braucht, aufgeben. So kommt sie immer mehr in ihre weiblichen Qualitäten, ohne dass sie das, was sie an männlichen Qualitäten entwickelt hat, aufgeben muss. Sie erweitert einfach dahingehend ihren Radius und erhöht dadurch die Möglichkeit, den Mann zu treffen, mit dem es passt.

Nur wenn wir uns selbst und unserem Innersten zuwenden, können wir Kontakt mit der wahren Liebe aufnehmen. Liebe entspricht unserer wahren Natur. Sie ist in unseren Liebesbeziehungen und Partnerschaften völlig entstellt und verzerrt, da der Kontakt mit der eigenen Liebe in unserem Innersten fehlt. Stattdessen wird dieses Loch mit all den Erwartungen, Hoffnungen und Wünschen an einen Mann gestopft. Insofern sind fast alle Beziehungen, die wir erleben, Spiele unseres Egos und nicht Ausdruck unserer wahren Liebe, die in uns ist. Diese zu entdecken, zu suchen und immer mehr zu entfalten, ist jedoch unsere Aufgabe und Verantwortung in diesem Leben – egal ob mit Mann, ohne Mann oder mit mehreren Männern. Um diese Quelle der wahren Liebe in uns zu finden, ist es notwendig, den Blick weg vom Mann auf uns selbst zu richten und uns Zeit für uns selbst zu nehmen.

Das Leben genießen

Genießen Sie Ihr Leben! Wir leben in einer Wellness-Gesellschaft, und in jeder Stadt finden wir ein großes Angebot an Dingen für Körper und Seele, die uns guttun. Wir hier in Westeuropa und ganz besonders in Deutschland, Österreich und der Schweiz sind so privilegiert, dass wir uns den schönen Seiten des Lebens widmen und unser Leben wirklich genießen können. Lassen Sie nicht zu, dass Sie sich in Ihren Aufgaben für andere aufreiben, dass Sie in Ihren Pflichten und Funktionen rotieren. Halten Sie regelmäßig inne und legen Sie sich eine innere Haltung des Genießens zu.

Genießen entsteht aus einer Haltung der Dankbarkeit, die uns für die Schönheiten des Lebens öffnet und empfänglich sein lässt. Beginnen Sie den Tag mit einem Dank an das Leben, dass ein neuer Tag vor Ihnen liegt. Freuen Sie sich über Ihren gesunden und beweglichen Körper, der Sie überall hinträgt. Gönnen Sie sich Bewegung! Gönnen Sie sich Zeiten, in denen Sie Ihren Körper ganz bewusst bewegen. Manche können das einfach in ihr Leben einbauen, indem sie mit dem Fahrrad zur Arbeit fahren, mit dem Hund spazieren gehen oder die Treppen zum Büro im fünften Stock zu Fuß gehen, statt den Fahrstuhl zu nehmen. Andere wiederum müssen sich diese Zeiten vielleicht extra schaffen. Wählen Sie eine Bewegungsart, die Ihnen entspricht. Wenn Sie gern in Gruppen sind, wählen Sie vielleicht eine entsprechende Teamsportart aus. Wenn Sie lieber allein oder zu zweit sind, bieten sich viele Möglichkeiten auch vorzugsweise im Freien wie Nordic Walking, Laufen, Fahrrad- oder Inlinerfahren. Gehen Sie dabei so viel wie möglich in die Natur und bewegen Sie sich dort. Was auch immer Sie machen, tun Sie es in dem Bewusstsein, sich etwas Gutes zu gönnen. Sie sollten Ihre Bewegungsart nicht danach auswählen, was gerade angesagt ist oder was Ihr Partner oder Ihre beste Freundin machen, sondern danach, was Ihrem Körper guttut. Manche lieben eher ruhige, gleichmäßige Bewegungen, andere haben das Bedürfnis, sich auszupowern. Das hängt von Ihrer Energie und Ihrem Energieniveau ab, das Sie hierbei beachten sollten. Es kam mal eine Teilnehmerin mit der Frage zu mir, was sie körperlich tun könnte, da sie so viel Energie und vor allem sehr viel Wutenergie in sich verspüre. Sie war eine große, kräftige, attraktive Frau, die sehr viel Kontrolle in ihrem Berufsleben ausüben musste. Ich riet ihr, Sport zu machen, was sie bisher nicht getan hatte, und eine kraftvolle, dynamische Sportart zu wählen, in der sie sich auspowern könne. Da begannen ihre Augen zu strahlen, und sie sagte spontan: Rugby. Nun ist Rugby nicht gerade ein Frauensport. Es gibt in Deutschland nur wenige Frauen-Rugby-Trainingsgruppen. Eine davon war ganz in der Nähe ihres Zuhauses. Sie hatte zunächst noch Bedenken, ob diese Sportart nicht ihrer Weiblichkeit schaden würde, doch ich riet ihr, es einfach auszuprobieren. Bei unserem nächsten Treffen erzählte sie mir freudestrahlend von ihrer Rugby-Gruppe, was für tolle Frauen darin seien und wie gut ihr das tue. Wählen auch Sie eine

Bewegungsart, die Ihnen Freude macht, denn sich im Fitnessstudio zu quälen ist nicht für jede Frau geeignet.

Körperliche Berührung

Erfreuen Sie sich an Ihrem Körper und berühren Sie ihn ganz bewusst regelmäßig. Das braucht meistens keine zusätzliche Zeit, denn die meisten Frauen duschen oder baden täglich und cremen sich danach ein. Benutzen Sie dafür lieber weniger, aber dafür qualitätsmäßig gute Cremes oder bessere Öle. Tun Sie das, was Sie sowieso täglich tun – nur bewusst. Schenken Sie Ihrem Körper die ganze Aufmerksamkeit dabei und die Botschaft „Ich tu mir gut". Viele Frauen aus meinen Trainings berichten, dass diese Aufmerksamkeit ihr Körperbewusstsein stärkt und sie es mit in den Tag nehmen.

Wenn Sie wenig körperliche Berührung von anderen in Ihrem Leben haben, berühren Sie sich selbst regelmäßig. Gönnen Sie sich auch hin und wieder mal eine professionelle Massage oder tauschen Sie sich mit einer Freundin aus. Und mit Berührung meine ich keinen Sex, sondern einfach körperliche Berührungen. Die meisten Frauen haben viel zu wenig davon, auch diejenigen, die in einer Partnerschaft leben. Viele denken, wenn sie Sex haben, reicht das. Doch das trifft gerade für uns Frauen nicht zu. Wir benötigen Berührung, absichtslose, ziellose Berührungen, mit denen wir unserem Körper Aufmerksamkeit schenken.

Kleiden Sie sich bewusst

Kleiden Sie sich so, dass Sie sich als Frau empfinden und sich dabei wohlfühlen: Ihrem Typ entsprechend, sinnlich und schön. Kleiden Sie sich bewusst, ziehen Sie nicht irgendetwas an. Die Art, wie Sie sich kleiden, drückt Ihre innere Haltung zu sich selbst aus. Zeigen Sie Achtung und Wertschätzung für sich selbst, oder drückt Ihre Kleidung eher den Wunsch aus, nicht aufzufallen? Viele Frauen haben Angst, in ihrer Weiblichkeit aufzufallen und den neidvollen Blick anderer Frauen auf sich zu ziehen. Sie haben Angst, als „Schlampe" abgestempelt zu werden. Sich schön und weiblich zu kleiden, also so, dass sie auch ihre weiblichen Reize betonen, wird von vielen Frauen als Anbiederung an den Mann verpönt. „Die hat es wohl nötig", wird dann hinter vorgehaltener Hand getuschelt. Gehören Sie auch dazu? Darin zeigt sich, wie viel Abwertung und Hass dem Weiblichen, der Erotik gegenüber in den Frauen selbst steckt. Die Frauen hier im Westen können da viel von ihren Schwestern in Süd- und Mittelamerika und Afrika lernen, die voller Selbstbewusstsein und Stolz ihren weiblichen Körper zur Schau stellen. Sie müssen nicht mit der neuesten Mode gehen oder sieben Zentimeter hohe Schuhe tragen, um sich weiblich und attraktiv zu fühlen. Achten Sie auf Ihre Stimmung, wenn Sie sich morgens ankleiden. Manchmal ist Ihnen vielleicht nach verspielt, manchmal möchten Sie etwas Praktisches anziehen, manchmal eher etwas Förmliches oder Kühles. Doch egal, was Sie anziehen, achten Sie darauf, dass Sie sich damit als Frau und nicht als Neutrum fühlen. Manche haben im Beruf eine Art Dresscode, den Sie natürlich einhalten. Aber auch dem können Sie eine kleine individuelle Note hinzufügen, wie ein besonderes Schmuckstück, heiße Netzstrümpfe, Dessous (die ja niemand sieht!) oder eine ausgefallene Frisur. Stehen Sie nicht morgens vor dem Kleiderschrank und denken: „Oh Gott, was soll ich nur anziehen!" Freuen Sie sich über die vielen Möglichkeiten, die Sie haben, und wählen Sie so, dass Sie sich auch im Büro oder auf der Straße als Frau fühlen.

Erfreuen Sie sich an all den vielen Kleinigkeiten, die wir im Leben so selbstverständlich und oftmals sogar achtlos hinnehmen, wie etwa unsere Nahrung. Ernähren Sie sich besonnen und gut. Ich selbst bin überhaupt keine Dogmatikerin, schon gar nicht, was Ernährung angeht. Doch wir haben hier so viele Möglichkeiten, uns auf eine Weise zu ernähren, die uns und unserem Körper entspricht. Wählen Sie daraus das, was Ihnen guttut, und nicht das, von dem andere meinen, dass es Ihnen guttun würde. Vertrauen Sie Ihrem Körper und Ihrem Gefühl dabei.

Machen Sie Ihren Tag zu einem freudvollen Tag!

Vielleicht haben Sie schon bemerkt, dass es mir bei meinen Ausführungen zu diesen ganz banalen und alltäglichen Dingen darum geht, sie mit Bewusstheit und mit einer Haltung der Dankbarkeit, die Freude bringt, auszufüllen. Die meisten von uns starten eher lustlos in den Tag. Sie haben das Gefühl, sie treten wieder einen Tag mehr in der täglichen Routine an. Sie stehen lustlos auf, essen lustlos ihr Frühstück, steigen in irgendwelche Kleidung, fahren lustlos zur Arbeit und ärgern sich über Staus oder zu schnelle Autofahrer und betreten noch lustloser ihren Arbeitsplatz. Sie fühlen sich als Opfer ihres Lebens. Auf Nachfrage würden sie auch behaupten, sie würden es sich lieber anders aussuchen. Glauben Sie mir, egal was Sie anderes wählen würden, Sie würden sich spätestens nach drei Tagen wieder als Opfer fühlen. Wir haben die Wahl. Wir gestalten unseren täglichen Ablauf. Ich kann meinen inneren Schalter auf Nein stellen; dann habe ich an allem etwas auszusetzen und zu nörgeln, und wenn kein Partner da ist, den ich für mein tagtägliches Unglück verantwortlich machen kann, dann eben den lieben Gott.

Pearl S. Buck hat einmal gesagt: „Die wahre Lebenskunst besteht darin, im Alltäglichen das Wunderbare zu sehen."

Wir haben die Wahl. Der Ja-Nein-Schalter liegt in unserer Hand. Stelle ich ihn auf Nein, bleibe ich besser gleich im Bett und lasse den Tag ohne mich stattfinden. Stelle ich ihn auf Ja, erlebe ich, wie wundervoll das Leben ist – und genieße es. Das Zauberwort, das den Schalter von Nein auf Ja stellt, heißt *Danke*.

Ein kleines Wort mit großer Wirkung. Es macht uns zu einem lebensbejahenden und freudvollen Menschen – einfach so. Die meisten von uns erwarten die Freude jedoch von außen: Ja, wenn die äußeren Umstände glücklicher wären, wenn ich nicht so viel arbeiten müsste oder wenn ich die Arbeit hätte, die ich mir wünsche, wenn mein Partner anders wäre, meine Kinder lieber, der Nachbar netter und noch die Sonne scheinen würde, dann ...

... würde sich gar nichts verändern, behaupte ich. Nichts ändert sich, außer wir ändern es. Der Schalter liegt in unserer Hand. Wir haben die Möglichkeit, Trübsal oder Freude, Missgunst oder Liebe zu wählen. Es liegt in Ihrer Hand. Wählen Sie richtig.

Mit sich selbst Zeit verbringen

Die Frau braucht nicht den Mann, um Liebe in sich zu erfahren – nur den Mut, sich sich selbst zuzuwenden. Denn wenn wir das tun, werden wir erst einmal mit unseren Wunden und all den Unzulänglichkeiten konfrontiert, die der Liebe im Weg stehen – und das ist unangenehm und schmerzhaft. Und doch können nur wir selbst uns heilen. Nur wir selbst können die wahre Liebe in uns befreien, die dann in unseren Liebesbeziehungen und Partnerschaften zum Leben kommen darf.

Wenn Sie diesen Weg der Selbsthinwendung gehen und all die Schätze, die Sie in sich tragen, entdecken, werden Sie sehr wahrscheinlich motiviert sein, mehr Zeit mit sich selbst zu verbringen. Ihre Orientierung verschiebt sich von außen nach innen.

Wenn Sie jetzt beruflich sehr engagiert und eingespannt sind oder mehrere Kinder und einen großen Haushalt zu organisieren haben oder beides zusammen, ist es manchmal schwierig, noch Zeit für sich selbst aufzubringen. Doch gerade wenn Sie sehr eingespannt sind, sollten Sie sich diese Zeit einmal am Tag gönnen. Vielleicht sind anfangs nur zehn Minuten drin, die manchmal schon ausreichen, um den Kopf freizubekommen, sich selbst wieder zu spüren und einmal nach innen zu lauschen, wie Sie sich gerade fühlen. Wenn Sie sich anfangs nur zehn Minuten nehmen, werden Sie nach und nach diese Zeiten verlängern auf eine halbe oder gar ganze Stunde am Tag, so kostbar werden sie Ihnen sein.

Viele Frauen schaffen diesen Ausstieg aus der Aktivität des Tages nicht. Sie haben sich in einen Aktionismus verrannt, der anhält, bis sie müde ins Bett sinken. Und es gibt immer tausend gute Gründe dafür: der Beruf, die Kinder, die Freundinnen und Freunde, der Chat und der Partner. Überprüfen Sie einmal Ihre Prioritäten und halten Sie schriftlich fest, für wen oder wie Sie Ihre Zeit verbringen. Wie viel Zeit bleibt für Sie? Natürlich werden Sie jetzt einwenden, dass Sie ja gern mit diesen Menschen zusammen sind, da Sie sie lieben, oder dass Sie etwas für sich tun, wenn Sie stundenlang im Chat Kontakte aufbauen oder pflegen. Dennoch ist diese Zeit mit uns allein wichtig, um uns wieder mit uns selbst zu verbinden. Wenn wir die Tage ausschließlich in der Außenaktivität und dem Tun für andere verbringen, veräußern wir uns und verlieren unsere Energie, was wiederum Partner, Kinder und Freunde zu spüren bekommen. Gerade für uns Frauen ist es jedoch wichtig, dass wir uns und unsere Energie zusammenhalten. Die weibliche Energie ist eine haltende, in sich ruhende, langsam fließende Energie. Eine wesentliche Qualität männlicher Energie ist das Machen und Tun. Die entsprechende weibliche ist das Halten. Daher sollten wir uns nicht ausschließlich in äußeren Aktivitäten verausgaben, sondern für einen Ausgleich in Entspannung und Ruhe sorgen. Das bedeutet nicht, dass die Frau nicht auch die Aktivität braucht; doch wenn sie den ganzen Tag rotiert, verliert sie schneller als der Mann ihre Essenz. Sie ist unruhig, nervös, gereizt, ungeduldig, und das bekommen dann auch die Menschen um sie herum zu spüren, besonders diejenigen, für die sie das angeblich tut. Äußere Aktivitäten beinhalten meist Zielgerichtetheit, eine gewisse Schnelligkeit und Präzision. Das erzeugt innere Hitze, Feuer, Verbrennung, Elemente, die zum Mann gehören. Weibliche Qualitäten finden sich eher im Element Wasser wieder: langsame, fließende, sich entfaltende Bewegungen. Wenn die Frau also sehr viel Hitze in sich erzeugt, weil sie einen anstrengenden oder stressigen Beruf ausübt, mit hohen Anforderungen und vielen Erwartungen, die sie zu erfüllen hat, oder sie mehrere Kinder und einen großen Haushalt zu versorgen hat, dann sollte sie erst recht für einen kühlenden Ausgleich sorgen, das heißt für Entspannung, Ruhe und Empfänglichkeit, wodurch sie ihre eigenen weiblichen Energien wieder sammeln kann. Ansonsten überhitzt sie, und das bekommt ihr weniger gut als dem Mann.

Sie müssen jetzt nicht an die östliche Energielehren des Tao, Ayurveda oder Tantra glauben, die meiner Sichtweise zugrunde liegen. Es reicht, wenn Sie sich die Auswirkungen einfach mal vor Augen halten. Vielleicht sind Sie selbst jemand, der hohe berufliche Anforderungen zu erfüllen hat, oder Sie haben Freundinnen oder Bekannte, bei denen das so ist. Burn-out und Tinnitus, aber auch Krankheiten wie Depressionen oder grippale Infekte treffen Frauen, die überlastet sind, und „zwingen" sie zur Ruhe. Selbst Frauen, die rein äußerlich gar nicht so arg strapaziert sind durch ihren Beruf oder nur ein oder auch gar kein Kind zu versorgen haben, weisen gewisse Krankheitssymptome auf, wenn sie aus ihrem Rhythmus, aus ihrer Energie fallen und zu viel Hitze erzeugen. Das kann durch inneren Druck oder Stress genauso gut passieren. So ist es sowohl für das eigene weibliche Gleichgewicht als auch für die Paarbeziehung von unglaublichem Wert, wenn eine Frau lernt, sich auf eigene Füße zu stellen und Zeit nur mit sich selbst zu verbringen.

Egal wie beschäftigt Sie sind oder wie groß Ihre Familie oder Ihr Freundeskreis sind, egal ob Sie in einer Partnerschaft leben oder nicht, gönnen Sie sich Zeit mit sich allein. Wir brauchen diese Zeit, in der wir uns sammeln, reflektieren, uns von altem Ballast befreien und uns neu ausrichten auf das, was wesentlich ist. Sie sollten diese Zeiten so wichtig nehmen wie ein Date mit Ihrem Liebsten oder einen Geschäftstermin, denn Sie treffen den wichtigsten Menschen in Ihrem Leben: sich selbst. Ihr Partner, Ihre Kinder oder Ihre Freundinnen werden nicht darunter leiden – im Gegenteil. Sie werden davon profitieren, wenn Sie sich innerlich aufgeräumt und zentriert fühlen, mit sich selbst im Reinen sind und einen inneren Frieden ausstrahlen. Die Begegnung mit Ihren Liebsten wird inniger und leichter sein, und durch Ihre innere Zentriertheit werden Sie Ihr Arbeitspensum locker schaffen.

Wenn wir mit uns allein sind, können wir unsere Energien sammeln und uns an ihnen erfrischen. Es ist wie ein Auftanken. Mit ein paar tiefen Atemzügen finden wir zu uns zurück. Wir bekommen ein deutlicheres Gespür dafür, was wirklich wichtig ist, und ertragen es leichter, wenn Dinge einfach wegfallen, weil sie nicht so wichtig sind. Auch der ein oder andere Kontakt, der nur aus Gewohnheit gepflegt wurde, kann dann unbekümmerter aufgegeben werden.

Die meisten Frauen weichen diesem Alleinsein mit sich selbst aus. Oftmals kommen wir zu Beginn mit einer inneren Leere oder Langeweile in Kontakt, die wir nicht aushalten. Oder dem Gefühl, wir verpassen etwas, wenn wir einfach nur dasitzen: einen spannenden oder lehrreichen Film, eine nette Unterhaltung mit einer Freundin, eine interessante Begegnung mit einem Mann oder ein Liebesabenteuer. Vielleicht kommen wir auch mit einer inneren Antreiberin in Kontakt, die uns Druck macht und vor Augen hält, was alles noch erledigt werden muss. Meistens ist es eins von beiden, was uns zu Beginn begegnet: die Leere und Langeweile oder die eigene Rastlosigkeit. Dies gilt es erst einmal wahrzunehmen und zu beobachten. Es ist noch lange kein Grund, das Alleinsein mit uns aufzukündigen. Wir können all diese Dinge wahrnehmen und in uns halten. Wir halten auch diese unliebsamen Gefühle in uns und akzeptieren sie, auch wenn sie sich nicht besonders toll anfühlen. Unsere Akzeptanz und unser liebevolles Halten transformieren auch diese Gefühle. Und irgendwann, wenn wir wirklich dranbleiben, entdecken wir in der Langeweile die Beobachtung unserer Gedankenaktivität, inneren Bilder und inneren Dialoge, entdecken wir in der Leere ein Angefülltsein von uns selbst, entdecken wir hinter der Rastlosigkeit die wohltuende Stille.

Wie Sie Zeit mit sich allein verbringen können
Gehen Sie in die Natur! Setzen Sie sich in Ihren Garten oder machen Sie einen Spaziergang im Wald. Öffnen Sie Ihre Sinne und nehmen Sie Ihre Umgebung und das, was sie Ihnen anbietet, tief in sich auf. Versenken Sie sich in die Betrachtung einer Blume oder eines Baumes. Spüren Sie die Wärme der Sonnenstrahlen auf Ihrer Haut und nehmen Sie die Farben der Blätter oder Blumen mit Ihren Augen auf. Atmen Sie den frischen Geruch des Waldes oder der Blumenfelder ein. Nehmen Sie Ihre Füße wahr, wie sie gehen und wie sich der Boden darunter anfühlt. Schauen Sie in die Weite des Himmels und hören Sie dem Gesang der Vögel zu. So kommen Sie ganz in den gegenwärtigen Augenblick und können sich an der Vielfalt der Natur und ihrer Elemente erfreuen. Sie sollten dabei nicht an Ihre Steuererklärung oder Ihren Einkaufszettel denken, auch nicht an Ihre Kinder oder den Partner. Tauchen Sie ein in das Leben, das Sie gerade umgibt. Damit öffnen Sie sich immer mehr für die Schönheit des Daseins. Sie lernen, sich an den kleinen Wundern, die uns begegnen, zu erfreuen. Ihr Herz und Geist werden dabei weit, entspannt und ruhig, und Sie lernen, sich mit den natürlichen Lebenselementen um Sie herum zu verbinden. Das gibt Ihnen inneren Frieden und eine Verbundenheit auch mit sich selbst. Sie werden ganz empfänglich dabei – eine Haltung, die Ihnen dann im Zusammenleben mit Ihren Mitmenschen hilfreich sein wird.

Besonders wenn Sorgen oder Probleme Sie bedrücken oder Sie eine stressige Zeit haben, empfehle ich Ihnen, mit dieser Haltung in die Natur zu gehen. Sie tun Ihrem Körper etwas Gutes durch die Bewegung und ebenso Ihrer Seele und Ihrem Geist. Wenn Sie das ganz bewusst tun und für diesen Zeitraum Ihre Probleme und was Sie sonst so beschäftigt hinter sich lassen, werden Sie leichter Lösungen finden, und konfliktreiche Beziehungen können sich beruhigen. Nehmen Sie sich wichtiger als Ihre Probleme und Sorgen. Sagen Sie sich selbst, dass es nur Konstruktionen sind, auf die Sie im Moment sowieso keinen Einfluss haben, und vertrauen Sie darauf, dass sich die Dinge viel einfacher lösen, wenn es Ihnen gut geht und Sie in Einklang mit sich kommen. Das kann Ihnen nicht gelingen, wenn Sie über die Dinge nachdenken.

Übung: Meditieren Sie in Stille
Sie müssen keiner Religion oder spirituellen Bewegung angehören, um zu meditieren. *Meditatio* (lat.) heißt übersetzt „Ausrichtung zur Mitte". Meditation ist also eine Methode, wie wir zu unserer inneren Ruhe und Zentrierung finden. Es gibt sehr viele verschiedene Arten stiller Meditation. Ich stelle Ihnen hier eine vor, die relativ einfach für Anfängerinnen ist.
Suchen Sie sich einen Platz in Ihrer Wohnung. Am besten ist es, wenn Sie diesen Ort fest als Ihren Meditationsplatz einrichten. Vorzugsweise auf dem Boden – es geht aber auch auf einem Stuhl. Vielleicht stellen Sie eine Kerze vor sich auf als Sinnbild Ihres eigenen inneren Lichts oder einen Kristall als Bild für Ihre eigene innere Klarheit. In der stillen Meditation schulen Sie zunächst Ihren inneren Beobachter. Nehmen Sie all Ihre Gedanken und Gefühle wahr, die da sind, vielleicht Ihre innere Unruhe und die Rastlosigkeit der Gedanken, die Angespanntheit Ihres Körpers oder was Ihnen auch immer begegnet. Üben Sie sich in Gleichmut. Beobachten Sie alles, was im Inneren passiert. Und da passiert viel. Wenn Sie äußerlich ruhig werden, können Sie erst die feineren, subtilen Bewegungen in Ihrem Inneren erleben. Bewerten Sie die Dinge nicht. Manche kritisieren sich in solchen Momenten für ihre Unruhe oder ihre Gedanken. Aber das hindert Sie nur daran, zur Ruhe und inneren Balance zu finden. Beobachten Sie dann einfach nur Ihre Kritik als etwas, was Sie gerade erzeugen, um nicht zur Ruhe zu kommen – und Sie können es ganz leicht hinter sich lassen und müssen nicht daran hängen bleiben.
Eine Hilfe, um zur Ruhe zu kommen, ist Ihr Atem. Beobachten Sie eine Weile einfach nur Ihren Atem, wie er ein- und ausströmt. Beobachten Sie, ob Sie mehr in den Bauch oder mehr in den Brustbereich atmen. Vertiefen Sie etwas Ihre Atmung. Wenn Sie sehr gestresst sind, hilft es auch, beim Ausatmen mal kräftig zu stöhnen. Stellen Sie sich vor, dass Sie mit dem Ausatmen alle Unruhe, Gedanken und Gefühle hinausatmen oder eben hinausstöhnen. So befreien Sie

sich von Ihrem Ballast und werden frei für sich selbst. Beginnen Sie mit zehn Minuten täglich oder zweimal 10 Minuten morgens und/oder abends. Sie werden erleben, dass Sie die 10 Minuten gern auf 20 Minuten verlängern, weil Sie Ihnen viel zu kurz sind und Sie mehr Zeit für sich in Stille haben wollen.

Wenn Ihnen die stille Meditation nicht zusagt, wählen Sie vielleicht die Kontemplation. Das Wort Kontemplation kommt vom lateinischen *contemplari* (für „anschauen, betrachten"). Im Allgemeinen bedeutet Kontemplation geistige oder auch beschauliche Betrachtung. Mich persönlich spricht der Zusammenhang mit „Beobachtungsraum" (*templum*) am meisten an. Denn egal ob wir einen Gegenstand im Außen betrachten oder die Gedanken und Gefühle in unserem Inneren, jeder Gegenstand – und Gedanken sind auch Gegenstände – nimmt einen Raum ein, in den wir uns betrachtend oder beobachtend hineinbegeben können. Sie können aber genauso gut eine Musik auflegen, in die Sie sich lauschend hineinversenken. Beides führt zu den gleichen Resultaten: Sie werden innerlich ruhig und weit, alles Enge und Komplizierte in Ihrem Kopf löst sich auf, und Sie können ganz bei sich sein, begleitet von einem inneren Frieden und einer sanften Aufmerksamkeit sich selbst gegenüber.

Und dann gibt es natürlich noch die verschiedensten Bewegungsmeditationen, die Sie allerdings unter Anleitung in der Gruppe kennenlernen sollten:

Yoga (aus der hinduistischen Tradition), Tai-Chi oder Qigong (aus der chinesischen Tradition) sind einige von vielen meditativen und konzentrierten Bewegungsformen. Hier werden durch bestimmte Körperhaltungen, die Sie einnehmen, oder durch sehr langsame Bewegungen Ihre Energien ausbalanciert und harmonisiert.

All diese verschiedenen Meditationsformen praktizieren Sie ganz für sich allein – auch wenn Sie das in einer Gruppe tun. Es ist Zeit nur für Sie selbst und ganz mit Ihnen. Es ist eine Zeit der Stille und des Nichtstuns, in der Sie sich und nur sich selbst wahrnehmen können. Wählen Sie diese Zeit für sich ganz bewusst. Erschaffen Sie sich diese Zeit des Mit-sich-Seins und machen Sie ein Ritual daraus.

Ausblick: Sie sind die Frau Ihres Lebens

"Sich selbst zu lieben ist der Anfang einer lebenslangen Romanze."
(Oscar Wilde)

Immer mehr Frauen begeben sich auf den Weg der Selbstfindung. Nachdem sie sich aus der ökonomischen Abhängigkeit vom Mann gelöst und einen gleichwertigen Platz in der Gesellschaft errungen haben, beginnen sie aus Liebe zu sich selbst, Verantwortung für ihre Gesundheit, ihren Beruf und ihr Glücklichsein zu übernehmen. Denn die erreichte äußere Freiheit erst ermöglicht die innere Freiheit, um jenseits konventioneller Rollen- und Lebenskonzepte die eigene Identität als Frau zu verwirklichen. Es sind vor allem die Frauen, die in den letzten zwanzig Jahren sich auf den Weg machten, ihren Körper und ihre Sexualität zu erforschen, Liebesbeziehungen und Partnerschaften zu hinterfragen und neu zu gestalten, und die begannen, sich um sich selbst zu kümmern. Die Frage nach der weiblichen Identität („Wer bin ich als Frau?") erhielt aber erst in den letzten Jahren eine größere Bedeutung, seitdem die Frauen zunehmend auch in bisherigen Männerdomänen Fuß fassen und sich männlichen Wertesystemen anpassen.

Vor diesem Hintergrund möchte ich Sie als Frau ermutigen, sich mit der ganzen Liebe und dem ganzen Engagement Ihres Herzens sich selbst zuzuwenden und die Quelle Ihres Frauseins, Ihre weibliche Essenz, immer besser zu verstehen und zu genießen. Ich bin fest der Überzeugung, dass es unsere wesentliche Aufgabe als Frau ist, dieses Leben in unserem weiblichen Frauenkörper ganz anzunehmen und voller Freude zu leben – unabhängig von unseren äußeren Rollen- und Lebenskonzepten. Die Verwirklichung unserer essenziellen weiblichen Energie, unserer Wesensart, ermöglicht uns ein Leben, das sich lebendig und aufregend anfühlt, angefüllt mit Freude, Sinnerfüllung und Liebe zu uns selbst und dem Mann. Dafür steht die Vision der Dakini.

Die Dakini ist die Vision einer freien und unabhängigen Frau, die ihr Leben machtvoll und eigenverantwortlich führt. Sie hat einen innigen Kontakt zu ihrer Körperlichkeit, Weiblichkeit und Sexualität und hat diese für sich selbst voll entwickelt. Sie liebt ihren Körper und lebt ihre Sexualität. Sie ist unabhängig von der Bestätigung durch den Mann, denn sie weiß, wer sie ist, und erhält die Vergewisserung ihres Frauseins im Kreis des eigenen Geschlechts. Sie fühlt sich zutiefst als eine liebenswerte und einzigartige Frau, was ihr eine attraktive Ausstrahlung gibt. Unabhängig von weiblichen Rollen und von Konventionen verschiedener Prägungen wie Machismo, Feminismus oder Gender Mainstream lebt sie selbstbewusst ihre Weiblichkeit nach ihrer Art. Eine im Körper verankerte Spiritualität hilft ihr, Herz und Geist offen zu halten und so in einer beständigen Liebesbeziehung mit sich selbst zu sein.

Die Dakini liebt den Mann. Und besonders liebt sie jenen Mann, der klar, aufrecht und integer in seinem Mannsein ist. Sie schätzt seine Klarheit und Stärke und seinen guten Kontakt zu seinem Herzen. Sie liebt die männliche phallische Kraft und kann diese bewundern und sich ihr hingeben.

Die Liebesbeziehungen und Partnerschaften erhalten eine ganz neue Qualität und Tiefe, wenn der andere nicht mehr zur eigenen Bedürfnisbefriedigung und Bestätigung gebraucht wird, weil beide sich selbst lieben und ihr Selbstwertgefühl aus sich und dem Kreis des eigenen Geschlechts beziehen. Die Beziehung ist geprägt von gegenseitiger Liebe, Achtung und Wertschätzung. Die Frau hat die Angst vor der Verschiedenheit und Fremdheit des Mannes in Neugier und Begeisterung verwandelt. Gern lässt sie sich von ihm mitreißen und verführen. Hingabe in Freiheit bedeutet für sie nicht Unterwerfung, sondern ein Leben aus der weiblichen Essenz. Der Mann fühlt sich stark genug und hat seine Angst, von der Frau dominiert zu werden, verloren. Er übernimmt Führung.

Haben beide die Quelle der Liebe in sich selbst entdeckt, brauchen sie sich nicht länger in gegenseitiger Abhängigkeit zu halten. Wenn Frau und Mann sich selbst als eigenverantwortliche, vollständige und bedingungslos liebenswerte Wesen verstehen und lieben, so führt dies zu einer größeren Freiheit im Miteinander und zur gegenseitigen Wertschätzung. Je klarer und innerlich ausgerichteter der Mann in seinem Mannsein ist, umso vertrauensvoller kann die Frau in sich selbst schwingen und ihrer Intuition folgen. Beide können so in sich selbst und für sich stehen, was die Beziehung harmonisch und respektvoll macht.

Die Rückkehr zu unserem Frau- und Mannsein ist meiner Meinung nach das wirkliche Abenteuer, um das es zu Beginn dieses neuen Jahrhunderts geht.

Anmerkungen

[1] Der Begriff der Energie, wie ich ihn hier verwende, ist dem Neotantra entnommen, das seine Wurzeln wiederum in buddhistischer und hinduistischer Spiritualität hat. Im Tantrismus wird davon ausgegangen, dass der Körper (grobstoffliche Materie) von einem System feinstofflicher Energiezentren, den Chakren, und Energiekanälen, den Nadis, durchzogen ist (ähnlich wie unser Blutkreislaufsystem im grobstofflichen Körper). Durch diese Kanäle fließt die universelle Lebensenergie, die auch Prana genannt wird. Sie bewegt sich zwischen Materie (Körper) und dem Immateriellen und prägt die Materie (Körper). Die Vorstellung von feinstofflicher Energie taucht nicht nur in den östlichen Religionen wie dem Hinduismus, Janismus und Buddhismus auf, sondern auch in einigen antiken Philosophien wie dem Platonismus und in der Theosophie des 19. Jahrhunderts (Rudolf Steiner). Auch in Teilen der Alternativmedizin sowie der Traditionellen Chinesischen Medizin sind feinstoffliche Vorstellungen verbreitet, und Vertreter der Homöopathie arbeiten mit feinstofflichen Essenzen in den Medikamenten, die auf Körper und Seele einwirken.

[2] Das kollektive Unbewusste ist ein Begriff, den Carl Gustav Jung innerhalb seiner Analytischen Psychologie prägte. Er versteht das kollektive Unbewusste als einen Ort im Menschen, in dem alle psychischen Erfahrungen der Menschheitsgeschichte abgespeichert sind. Als immer wiederkehrende psychische Muster prägen sie von hier aus ganz entscheidend das Verhalten des Individuums mit.

Literatur

Badinter, Elisabeth: Der Konflikt – Die Frau und die Mutter, C.H. Beck, München 2010

Betz, Robert: Wahre Liebe lässt frei! Wie Frau und Mann zu sich selbst und zueinander finden, Integral, München 2009

Betz, Robert: Zersägt eure Doppelbetten! Die „Geistige Welt" zu Liebe, Partnerschaft und Sexualität in der Neuen Zeit, Ansata, München 2010

Bierhoff, Hans-Werner/Herner, Michael Jürgen: Narzissmus – die Wiederkehr, Hans Huber, Bern 2009

Bovenschen, Silvia: Die imaginierte Weiblichkeit – Exemplarische Untersuchungen zu kulturgeschichtlichen und literarischen Präsentationsformen des Weiblichen, Suhrkamp, Frankfurt/M. Ersterscheinung 1979, Sonderausgabe 2003

Bust, Leila: Die Wiederentdeckung des Weiblichen, Diplomarbeit, Fachbereich Theologie, 1982

Clement, Ulrich: Guter Sex trotz Liebe – Wege aus der verkehrsberuhigten Zone, Ullstein, Berlin 2006

Clement, Ulrich: Wenn Liebe fremdgeht – Vom richtigen Umgang mit Affären, Marion von Schröder, Berlin 2009 (Ullstein, Berlin 2010)

Deida, David: Der Weg des wahren Mannes – Ein Leitfaden für Meisterschaft in Beziehung, Beruf und Sexualität, J. Kamphausen, Bielefeld 6. Auflage 2006

Eckert, Guido: Zickensklaven – Wenn Männer zu sehr lieben, Solibro, Münster 2009

Friesen, Astrid von: Schuld sind immer die anderen! Die Nachwehen des Feminismus: frustrierte Frauen und schweigende Männer, Ellert & Richter Verlag, Hamburg 2006

Ford, Debbie: Spirituelle Trennung – Auseinander gehen, weitergehen, innerlich wachsen, Integral, Econ Ullstein List, München 2001

Jellouschek, Hans: Im Irrgarten der Liebe – Dreiecksbeziehungen und andere Paarkonflikte, Kreuz-Verlag, Stuttgart 2005

Jellouschek, Hans: Warum hast du mir das angetan? Untreue als Chance, Piper, München 1. Auflage 1995, 4. Auflage 2000

Leimbach, Bjørn Thorsten: Männlichkeit leben – Die Stärkung des Maskulinen, Ellert & Richter, Hamburg 2007

Mika, Bascha: Die Feigheit der Frauen. Rollenfallen und Geiselmentalität – eine Streitschrift wider den Selbstbetrug, C. Bertelsmann, München 2011

Northrup, Christiane: Frauen-Körper, Frauen-Weisheit, Zabert Sandmann, München 9. Auflage 2005
Onken, Julia: Vatermänner – Ein Bericht über die Vater-Tochter-Beziehung und ihren Einfluß auf die Partnerschaft, C.H. Beck, München 2003 (Originalausgabe 1993)
Perel, Esther: Wild Life – Die Rückkehr der Erotik in der Liebe, Pendo, München 2006
Piontek, Maitreyi D.: Das Tao der weiblichen Sexualität, Heyne, München 2002
Richardson, Diana: Zeit für Weiblichkeit – Der tantrische Orgasmus der Frau, Innenwelt Verlag, Köln 2004
Satana, Lodovico: Lob des Sexismus – Frauen verstehen, verführen und behalten, Books on Demand GmbH, Norderstedt 2006
Schnarch, David: Die Psychologie sexueller Leidenschaft, Piper, München 2009
Spezzano, Chuck: Von ganzem Herzen lieben – Die innerste Kraft des Lebens geben und empfangen, Integral, München (2. Auflage 2001 Econ Ullstein List)
Storch, Maja: Die Sehnsucht der starken Frau nach dem starken Mann, Goldmann, München 2002
Trobe, Thomas: Liebeskummer lohnt sich doch – Co-Abhängigkeit in Beziehungen und die Ängste des Inneren Kindes, Friedhelm Schrodt, 5. Auflage 2003
Wardetzki, Bärbel: Weiblicher Narzissmus – Der Hunger nach Anerkennung, Kösel, München 21. Auflage 2009

Quellennachweise

- www.focus.de/politik/deutschland/essstoerungen-kinder-im-koerperwahn_aid_180022.html
- http://de.wikipedia.org/wiki/Essstörung
- http://www.tantra.de/625/umfrage-sexualitaet
- Spiegel Nr. 9/2011
- Focus Nr. 28/2011
- Stern Nr. 33/8/2011

**Männlichkeit leben.
Die Stärkung des Maskulinen**
Bjørn Thorsten Leimbach

320 Seiten, Klappenbroschur
978-3-8319-0285-9

Dieses „Männerbuch" bezieht eine eindeutige Position. Es bringt eine neue Sicht in die Geschlechterdiskussion und stellt einen konkreten Leitfaden dar, wie Männer in ihrer Männlichkeit und Identität gestärkt werden. Um als Mann autonomer, emotional und sexuell unabhängiger zu werden, müssen Aggressionen in positiver Form gelebt werden.
Aggressionen sind eine starke Qualität von Männern, die dazu dient, sich abzugrenzen und männliche Ecken und Kanten auszubilden. Dazu ist auch ein Zugang zum eigenen Herzen nötig, um mehr Liebe, Herzlichkeit und Mut zu entwickeln. Das Buch richtet sich an Männer, die ihren Abenteuergeist und Freiheitsdrang auch in einer guten Partnerschaft ausleben wollen.

Dieses Buch ist wirklich notwendig, stellt es doch ein gesundes Gegengewicht zu dem heute weit verbreiteten Feminismus dar. [...] Der echte Mann hat seine Existenzberechtigung verloren, denn die femininen Werte haben heute die Vormachtstellung. [...] Der Feminismus war die notwendige Antwort auf das patriarchale Prinzip, bei dem das männliche Prinzip überhandgenommen hatte. [...] Jedoch wurde das Kind mit dem Bade ausgeschüttet und die männlichen Werte per se in Abrede gestellt. [...] Dieses Buch ist sehr heilsam für Männer.
Tattva Viveka

Tantra.
Das Liebes- und Beziehungstraining
für Singles und Paare
Astrid Leila Bust/
Bjørn Thorsten Leimbach

208 Seiten, Klappenbroschur
978-3-8319-0377-1

Tantra ist mittlerweile durch die öffentlichen Medien ein fast geläufiger Begriff geworden. Dabei wird Tantra jedoch häufig als eine exotische Variante des Liebeslebens gesehen.
Obwohl Tantra ein Weg der Erfahrung und Praxis ist – und kein Glaubenssystem –, lässt es sich nicht einfach in das bisherige Leben an ein paar Stellen einbauen. Vielmehr geht es hierbei um eine Sichtweise, die das eigene Leben tief verändert und mit mehr Liebe und Bewusstheit erfüllen will.
Dieses Buch ist ein Lehrgang, der an der Praxis orientiert ist. Seine Ausrichtung ist die Entwicklung der eigenen Liebes- und Beziehungsfähigkeit, daher sind alle beschriebenen Übungen auch komplett für Singles geeignet.

Als Voraussetzung für ein erfülltes Leben und eine glückliche Partnerschaft zeigt Tantra Wege, sich selbst und dadurch auch dem Liebespartner wirklich nahe zu kommen. In mehr als 20 Übungen lernen Sie, JA zu sich selbst zu sagen, die eigene Sinnlichkeit zu entfalten, und entdecken neue Formen gemeinsamer Intimität. [...] Alle Übungen eignen sich auch für Singles. „Tantra im Alltag" könnte das Motto dieses Titels lauten. Der gesamte Inhalt ist für den Alltag konzipiert, sodass Sie auch ohne Vorerfahrung die ersten Schritte auf dem tantrischen Weg wagen können. Eventuellen Hemmungen und Vorbehalten begegnen die Autoren mit einer sehr respektvollen Sprache, die es leicht macht, sich auf Neues einzulassen.
Körper Geist Seele Berlin

**Springen Sie über Ihren Schatten!
Glück ist keine Glückssache**
*Astrid Leila Bust/
Bjørn Thorsten Leimbach*

224 Seiten, Klappenbroschur
978-3-8319-0439-6

Glück ist keine Glückssache. Aber wie kann es gelingen – das Glück? Was muss man tun, um sein Leben als glücklich zu empfinden?
Stellen Sie sich ein Jahr lang wöchentlich einer neuen Übung und sehen Sie, wie sich Ihre Sichtweisen verändern, wie Sie innerlich freier und willensstärker werden und wie Sie Ihr Leben in die Hand nehmen. Bei diesem Glückskurs geht es nicht darum, die eigenen Marotten zu pflegen und alles beim Alten zu lassen, sondern zunächst die eigenen Denk- und Verhaltensstrukturen zu durchschauen, sie dann zu verändern und schließlich die Freiheit zu erlangen, sein Leben aktiv und kreativ zu gestalten.
Die Anleitung der Therapeuten Astrid Leila Bust und Bjørn Thorsten Leimbach ist provokant, humorvoll und äußerst effektiv. Probieren Sie es aus! Seien Sie mutig, springen Sie über Ihren Schatten! Das Ergebnis ist verblüffend – Sie werden sehen!

Bjørn Thorsten Leimbach ist Heilpraktiker für Psychotherapie sowie Paar- und Sexualtherapeut. Er entwickelte und leitet einzigartige Männertrainings. Gemeinsam mit Astrid Leila Bust konzipiert und leitet er Partnerschaftsseminare sowie das „Liebes- und Beziehungstraining".

Männlichkeit genießen
Die Freude am Maskulinen
Bjørn Thorsten Leimbach

288 Seiten, Klappenbroschur
978-3-8319-0638-3

Immer mehr Männer haben Probleme mit ihrer Männlichkeit. Der bekannte Männercoach und Bestsellerautor Bjørn Thorsten Leimbach beschreibt in seinem Buch, wie sich das Leben eines Mannes anfühlt, der seine Männlichkeit auslebt und genießt.

- Wie sieht echte Freude an der eigenen Männlichkeit aus?
- Was macht das Leben eines Mannes spannend, genussvoll und erfüllend?
- Was prägt eine gute Männerfreundschaft?
- Wie lautet das Rezept, um morgens aufzustehen und sich auf den Tag zu freuen?
- Wie sieht gelebte Männlichkeit in der Praxis aus?

Der Autor ist bekannt für seine konkreten und pragmatischen Aussagen. Und auch in diesem Buch gibt er wieder klare Regeln und Tipps, die sofort umsetzbar und lebbar sind. Bjørn Thorsten Leimbach gibt als einer der Initiatoren einer neuen deutschen Männerbewegung Impulse für eine Neubewertung von Männlichkeit und maskulinen Werten. Ein Buch, das Freude am eigenen Mann-Sein weckt und zu neuen und eigenen Lebenswegen inspiriert.

Zueinander finden
Wege zu einer befreiten Partnerschaft
Astrid Leila Bust/
Bjørn Thorsten Leimbach

176 Seiten, Klappenbroschur
978-3-8319-0700-7

Wie verliebe ich mich neu?
Wie finde ich einen passenden Partner?
Wie halten Liebesbeziehungen dauerhaft?
Wie finden wir wieder zueinander?

Dies sind häufige Fragen von Frauen und Männern, die sich eine dauerhafte und erfüllte Partnerschaft wünschen. Die Autoren geben als Beziehungsexperten Anregungen, die leicht umsetzbar sind, um das eigene Liebesleben in neue Bahnen zu lenken. Die Geheimnisse für eine erfolgreiche und lebendige Liebesbeziehung werden mit Humor und psychologischem Tiefgang vermittelt.

Aus über 20 Jahren Praxis bringen sie spannendes psychologisches Wissen zu Beziehungen anhand vieler Beispiele praxisnah und verständlich auf den Punkt. Sie veröffentlichen hier erstmals Methoden aus ihrem bekannten „Liebes- und Beziehungstraining" für Singles und Paare. Dazu gehört das Wissen, wie man sich dauerhaft von alten Gefühlen und Bindungen befreit. Die Leser lernen in diesem Buch, wie sie den Partner oder Ex-Partner entweder in Frieden gehen lassen oder ihm neu und mit offenem Herzen begegnen können. Dies ist auch die Voraussetzung, um sich als Single wieder zu verlieben und sich unvoreingenommen auf eine neue Partnerschaft einzulassen.
Ein Buch, das neue Wege zu einer guten, erfüllenden Beziehung aufzeigt.

Impressum

Bibliografische Information der Deutschen Nationalbibliothek
Die Deutsche Nationalbibliothek verzeichnet diese Publikation in der Deutschen Nationalbibliografie; detaillierte bibliografische Daten sind im Internet über http://dnb.d-nb.de abrufbar.

ISBN 978-3-8319-0445-7

© Ellert & Richter Verlag GmbH, Hamburg 2012
9. Auflage 2025

Borselstr. 16 C
22765 Hamburg
info@ellert-richter.de

Dieses Werk einschließlich aller seiner Teile ist urheberrechtlich geschützt. Jede Verwertung außerhalb der engen Grenzen des Urheberrechtsgesetzes ist ohne Zustimmung des Verlages unzulässig und strafbar. Dies gilt insbesondere für Vervielfältigungen, Übersetzungen, Mikroverfilmungen und die Einspeicherung und Verarbeitung in elektronischen Systemen.

Gestaltung: BrücknerAping Büro für Gestaltung, Bremen
Gesamtherstellung: CPI books GmbH, Leck
www.ellert-richter.de
www.facebook.com/EllertRichterVerlag
www.instagram.com/ellert_richter_verlag